Ausführliches Verzeichnis der

Guttentag'schen Sammlung

Deutscher Reichs- und Preußischer Gesetze

— Text-Ausgaben mit Anmerkungen; Taschenformat —

welche alle wichtigeren Gesetze in unbedingt zuverlässigen Gesetzestexten und in mustergültiger Weise erläutert enthält, befindet sich hinter dem Sachregister.

Guttentag'sche Sammlung
Nr. 9. Deutscher Reichsgesetze. Nr. 9.
Text-Ausgaben mit Anmerkungen.

Sammlung kleinerer strafrechtlicher Reichsgesetze.

Text-Ausgabe
mit Anmerkungen und Sachregister
von

Dr. jur. R. Hermann Kriegsmann,
Privatdozent in Kiel.

Dritte Auflage

(ursprünglich herausgegeben von M. Werner).

Berlin 1910.
J. Guttentag, Verlagsbuchhandlung,
G. m. b. H.

Vorwort.

Die vorliegende Sammlung hat gegenüber der letzten, 1902 erschienenen Auflage eine wesentliche Vermehrung und eine völlige Neubearbeitung erfahren. Die Aufgaben, die sie sich stellt, sind die alten geblieben: sie will unter grundsätzlicher Ausscheidung der gewerblichen, der Steuer- und der Versicherungsgesetze, diejenigen Strafgesetze des Reichs zusammenfassen, die wegen ihrer allgemeineren Bedeutung sich recht eigentlich als Ergänzungen des Strafgesetzbuchs darstellen. Daß die Auswahl damit auf ein einigermaßen schwankendes Kriterium abgestellt ist, hat der Herausgeber sich nicht verhehlen können; und er ist darauf gefaßt, daß man der Ausgabe die Aufnahme oder Nichtaufnahme des einen oder des anderen Gesetzes wird zum Vorwurfe machen können. Indessen bürgt die freundliche Aufnahme, die die früheren Auflagen des Buches gefunden haben, ihm dafür, daß die Auswahl sich grundsätzlich auf dem richtigen Wege befindet, und berechtigt ihn zu der Hoffnung, daß sie auch in Zukunft der Praxis ihren Dienst wird leisten können. Zugleich möge sie auch der wissenschaftlichen Beschäftigung mit den Reichsstrafgesetzen sich als förderlich erweisen.

Dazu sollen vor allem die Anmerkungen beitragen. Diese wollen nicht einen erschöpfenden Kommentar bieten, sondern beschränken sich darauf, in kurzer Formulierung die Ergebnisse der reichsgerichtlichen Judikatur zur Darstellung zu bringen. Nur in engem Umfange ist auch die Judikatur der Oberlandesgerichte eingearbeitet worden. Anders als die früheren Auflagen, hat die Sammlung die Anmerkungen nunmehr unmittelbar an den Gesetzestext angeschlossen; der Herausgeber hofft, die Brauchbarkeit des Buches dadurch wesentlich gesteigert zu haben.

Im übrigen möge die Ausgabe für sich selbst sprechen.

Hamburg, den 5. September 1910.

N. Hermann Kriegsmann.

Inhaltsverzeichnis.

Abkürzungen.

DJZ. = Deutsche Juristenzeitung.
E. = Entscheidungen des Reichsgerichts in Strafsachen.
GA. = Archiv für Strafrecht und Strafprozeß. Begründet von Goltdammer.
R. = Rechtsprechung des deutschen Reichsgerichts in Strafsachen.
RGBl. = Reichs-Gesetzblatt.
ZBl. = Zentralblatt für das Deutsche Reich.

Gesetz, betreffend die Inhaberpapiere mit Prämien.

Vom 8. Juni 1871. (RGBl. S. 210.)

§ 1. Auf den Inhaber lautende Schuldverschreibungen, in welchen allen Gläubigern oder einem Teile derselben außer der Zahlung der verschriebenen Geldsumme eine Prämie dergestalt zugesichert wird, daß durch Auslosung oder durch eine andere auf den Zufall gestellte Art der Ermittelung die zu prämiierenden Schuldverschreibungen und die Höhe der ihnen zufallenden Prämie bestimmt werden sollen (Inhaberpapiere mit Prämien), dürfen innerhalb des Deutschen Reichs nur auf Grund eines Reichsgesetzes und nur zum Zwecke der Anleihe eines Bundesstaats oder des Reichs ausgegeben werden.

Es genügt nicht, daß die Losziehung nur über den Zeitpunkt der Auszahlung des Nennbetrages entscheidet und daß die Prämie nur in dem Vorteil besteht, den der Inhaber durch die frühzeitige Auszahlung des Nennbetrages erlangen kann; vielmehr muß die Prämie neben der verbrieften Geldsumme zugesagt sein und die Ermittlung ihrer Höhe durch das Los erfolgen. Vgl. E. 42, 438 f.

§ 2. Inhaberpapiere mit Prämien, welche nach Verkündigung des gegenwärtigen Gesetzes, der Bestimmung im § 1 zuwider, im Inlande ausgegeben sein möchten, imgleichen Inhaberpapiere mit Prämien, welche nach dem 30. April 1871 im Auslande ausgegeben sind, dürfen weder weiter begeben, noch an den Börsen, noch an anderen zum Verkehr mit Wertpapieren bestimmten Versammlungsorten zum Gegenstande eines Geschäfts oder einer Geschäftsvermittelung gemacht werden.

Weiterbegeben bezeichnet nicht den Abschluß des auf Eigentumsübertragung gerichteten Rechtsgeschäfts, sondern den Akt, durch welchen das Papier auf Grund eines solchen Geschäfts in den Besitz und die Dispositionsbefugnis eines andern gebracht wird, E. 21, 249 (der im Ausland geschl. Kaufvertr. wird im Inland erfüllt). Der Erwerber ist in der ersten Alternative (priv. Verkehr) nicht strafbar, E. 8, 294. Das Geschäftslokal des Bankiers ist kein zum Verkehr mit Wertpapieren bestimmter Versammlungsort; ebenda.

§ 3. Dasselbe gilt vom 15. Juli 1871 ab von ausländischen Inhaberpapieren mit Prämien, deren Ausgabe vor dem 1. Mai 1871 erfolgt ist, sofern dieselben nicht abgestempelt sind (§§ 4, 5).

Solche Papiere unterliegen nicht der Einziehung aus § 152 StGB.; E. 23, 50.

§ 4. Die Schuldverschreibungen, deren Abstempelung erfolgen soll, müssen spätestens am 15. Juli 1871 zu diesem Zwecke eingereicht werden.

Für die Abstempelung ist eine Gebühr zu entrichten, welche für eine Schuldverschreibung, deren Nominalbetrag den Wert von einhundert Talern nicht übersteigt, 5 Sgr. oder 17½ Kr. S. W.,
für eine Schuldverschreibung, deren Nominalbetrag den Wert von einhundert Talern übersteigt . . . . 10 Sgr. oder 35 Kr. S. W.
beträgt.

Der Ertrag dieser Abstempelungsgebühr fließt zur Reichskasse.

§ 5. Der Bundesrat wird die zur Ausführung dieses Gesetzes erforderliche Instruktion erlassen und in derselben festsetzen, unter welchen Umständen ein gutgläubiger Inhaber, der aus entschuldbaren Gründen die Einreichungsfrist versäumt hat, noch nachträglich Abstempelung seiner Schuldverschreibungen erlangen kann. Der Bundesrat wird ferner zur Berechnung der Stempelabgabe den Talerwert der fremden Valuten feststellen, auch die Behörden bestimmen, bei welchen die Einreichung zur Abstempelung (§ 4) zu erfolgen hat.

§ 6. [L.] Wer den Bestimmungen der §§ 1, 2 oder 3 zuwiderhandelt, verfällt in eine Geldstrafe, welche dem fünften Teile des Nennwertes der den Gegenstand der Zuwiderhandlung bildenden Papiere gleichkommt, mindestens aber einhundert Taler betragen soll.

[A.] Mit Geldstrafe bis zu einhundert Talern oder Gefängnis bis zu drei Monaten wird bestraft, wer ein im § 2 oder § 3 bezeichnetes Inhaberpapier mit Prämie öffentlich ankündigt, ausbietet oder empfiehlt, oder zur Feststellung eines Kurswertes notiert.

Gesetz über die Presse.

Vom 7. Mai 1874. (RGBl. S. 65.)

I. Einleitende Bestimmungen.

§ 1. Die Freiheit der Presse unterliegt nur denjenigen Beschränkungen, welche durch das gegenwärtige Gesetz vorgeschrieben oder zugelassen sind.

Die Aufstellung preßpolizeilicher Vorschriften ist der Landesgesetzgebung versagt, E. 16, 409 a. E. Landesgesetze, die das Verbot gewisser Ankündigungen auf die Benutzung der Presse beschränken, sind ungültig (GA. 39, 196, 197). Deshalb muß auch § 6 des preuß. Gesetzes vom 29. August 1904, betr. das Spiel in außerpreuß. Lotterien als ungültig betrachtet werden. Vgl. Rönnberg, das Reichs- und Landes-Lotteriestrafrecht 1907 S. 470—476 gegen das das. abgedr. Urteil des Kammergerichts v. 10. 5. 96. Dagegen hat RG. mit Recht das preuß. Ges. v. 18. August 1891, betr. das Verbot des Privathandels mit Staatslotterielosen für gültig erklärt, E. 37, 50.

§ 2. Das gegenwärtige Gesetz findet Anwendung auf alle Erzeugnisse der Buchdruckerpresse, sowie auf alle anderen, durch mechanische oder chemische Mittel bewirkten, zur Verbreitung bestimmten Vervielfältigungen von Schriften und bildlichen Darstellungen mit oder ohne Schrift, und von Musikalien mit Text oder Erläuterungen.

Was im folgenden von „Druckschriften" verordnet ist, gilt für alle vorstehend bezeichneten Erzeugnisse.

Vgl. das RGes. v. 12. März 1884, betreffend die Stimmzettel für öffentliche Wahlen (RGBl. 17): „Stimmzettel, welche im Wege der Vervielfältigung hergestellt sind und nur die Bezeichnung der zu wählenden Personen enthalten, gelten nicht als Druckschriften im Sinne der Reichs- und der Landesgesetze.“

Als Druckschriften sind auch Photographien, E. 4, 362, und Ansichtskarten, E. 36, 11, zu betrachten.

§ 3. Als Verbreitung einer Druckschrift im Sinne dieses Gesetzes gilt auch das Anschlagen, Ausstellen oder Auslegen derselben an Orten, wo sie der Kenntnisnahme durch das Publikum zugänglich ist.

Die „Verbreitung“ setzt voraus, daß einem größeren Personenkreise die Druckschrift (selbst, „in ihrer substanziellen Eigenschaft“; Vorlesen genügt nicht, E. 15, 118) zugänglich gemacht wird; sie erfordert nicht, wie die „öffentliche Verbreitung“ der §§ 5 und 21, daß dieser Personenkreis individuell unbestimmt oder unbegrenzt sei, E. 16, 245; 36, 331. Der Begriff der Verbreitung von Druckschriften ist andererseits enger als derjenige der Verbreitung ehrenrühriger Tatsachen (§ 186 StGB.), da letzterer nicht, wohl aber ersterer voraussetzt, daß die Mitteilung an weitere Kreise gelangt, s. E. 30, 224. Eine „vertrauliche“ Mitteilung an eine oder an einige wenige, individuell bestimmte Personen reicht daher nicht aus, E. 9, 292, es sei denn, daß die Druckschrift durch diese Personen in weitere Kreise gelangt, (s. E. 9, 71: Uebersendung einer Schrift mit dem Auftrage, handschriftliche oder hektographierte Vervielfältigungen von Person zu Person weiterzugeben). Die Verbreitungshandlung muß vom Vorsatz getragen sein; Verbreitungsabsicht ist nicht erforderlich; dolus eventualis genügt.

Einen Erfolg braucht die Verbreitung in dem Sinne nicht zu haben, daß eine größere Anzahl von Personen von dem Inhalt der Schrift Kenntnis genommen haben müßte; immerhin muß objektiv die Schrift dem größeren Personenkreis zugänglich geworden sein.

Beginnt die Verbreitungshandlung durch Mitteilung an einen einzelnen, der für die weitere Verbreitung sorgen soll, so liegt ein Versuch der Verbreitung vor. RG. nimmt vollendete Verbreitung an, E. 15, 118; so insbes. in der Aushändigung von Exemplaren seitens des Druckers an den Verfasser, E. 2, 270, oder in der Aufgabe zur Post, mag auch der Adressat unauffindbar sein, E. 16, 245; ausführlicher in R. IX, 490.

Das Anschlagen, Ausstellen und Auslegen setzt voraus, daß die Kenntnisnahme dem Publikum ermöglicht werde. Vgl. zum Begriff des Ausstellens E. 14, 397 (Auslegen unzüchtiger Schriften im Schaufenster) und E. 39, 183 (Vorführung von Films im Kinematographen).

§ 4. Eine Entziehung der Befugnis zum selbständigen Betriebe irgend eines Preßgewerbes oder sonst zur Herausgabe und zum Vertriebe von Druckschriften kann weder im administrativen, noch im richterlichen Wege stattfinden.

Im übrigen sind für den Betrieb der Preßgewerbe die Bestimmungen der Gewerbeordnung maßgebend.

§ 5. Die nicht gewerbsmäßige öffentliche Verbreitung von Druckschriften kann durch die Ortspolizeibehörde denjenigen Personen verboten werden, welchen nach den Bestimmungen der §§ 57 Nr. 1, 2, 4, 57a, 57b Nr. 1 und 2 der Gewerbeordnung ein Legitimationsschein versagt werden darf.

Zuwiderhandlungen gegen ein solches Verbot werden nach § 148 der Gewerbeordnung bestraft.

§ 5 fordert „einen Vertrieb der Druckschriften ihrer körperlichen Substanz nach, ein Verteilen, Verkaufen oder Affichieren der einzelnen Preßerzeugnisse, nicht lediglich ein Zugänglichmachen des Inhalts derselben", E. 11, 107.

II. Ordnung der Presse.

§ 6. Auf jeder im Geltungsbereich dieses Gesetzes erscheinenden Druckschrift muß der Name und Wohnort des Druckers und, wenn sie für den Buchhandel, oder sonst zur Verbreitung bestimmt ist, der Name und Wohnort des Verlegers, oder — beim Selbstvertriebe der Druckschrift — des Verfassers oder Herausgebers genannt sein. An Stelle des Namens des Druckers oder Verlegers genügt die Angabe der in das Handelsregister eingetragenen Firma.

Ausgenommen von dieser Vorschrift sind die nur zu den Zwecken des Gewerbes und Verkehrs, des häuslichen und geselligen Lebens dienenden Druckschriften, als: Formulare, Preiszettel, Visitenkarten und dergleichen, sowie Stimmzettel für öffentliche Wahlen, sofern sie nichts weiter als Zweck, Zeit und Ort der Wahl und die Bezeichnung der zu wählenden Personen enthalten.

Zu Abs. 1.

Die Druckschrift gilt als erschienen mit dem ersten Verbreitungsakte, E. 24, 351. Als Drucker ist regelmäßig der Inhaber der Anstalt anzusehen, in welcher die Vervielfältigung hergestellt wird, E. 16, 145. Sind an der Herstellung der Druckschrift mehrere Drucker selbständig beteiligt, so muß jeder von ihnen bezeichnet werden, E. 21, 160. — Die Verbreitung des Abs. 1 setzt Gewerbsmäßigkeit nicht voraus, E. 20, 64; vgl. im übrigen § 3. Zum Begriff des Verlegers vgl. E. 5, 358; danach ist insb. der Abschluß eines Verlagsvertrages keine unentbehrliche Voraussetzung der Verlegereigenschaft. Die Angabe der Firma genügt nicht für die Bezeichnung des Herausgebers oder des Verfassers.

Die hier geforderten Angaben müssen deutlich und vollständig sein; es genügt nicht, daß der Wohnort sich aus dem Titel der Druckschrift erschließen läßt, E. 6, 367; ebensowenig reicht die Unterschrift „das Komitee" aus, E. 20, 63.

Als Zuwiderhandlung gegen § 6 ist unter Strafe gestellt nicht die Verbreitung der Druckschrift, in der die geforderten Angaben fehlen, E. 16, 409; 24, 351, sondern lediglich die vorsätzliche oder fahrlässige Verursachung einer falschen Angabe oder des Unterbleibens der Angabe. Die vorsätzliche Bewirkung einer falschen Angabe fällt unter § 18 Z. 2, die vorsätzliche oder fahrlässige Herbeiführung der Unterlassung der Angabe sowie die fahrlässige Bewirkung einer falschen Angabe unter § 19 Z. 1. Täter dieser Zuwiderhandlungen kann jeder sein; es entscheiden die allgemeinen Grundsätze, E. 16, 145. Es ist weder gesagt, daß nur der Drucker usw. dem § 6 zuwiderhandeln könne, noch auch, daß er unter allen Umständen der Schuldige sein und bestraft werden müsse; s. auch E. 27, 256. Noch weniger läßt sich von einer unbedingten Haftung des Redakteurs für die Befolgung des § 6 sprechen, E. 6, 369. Bezüglich der Haftung des Verlegers vgl. E. 20, 433. E. 39, 202 macht den Drucker in allgemeiner Formulierung für die Bezeichnung des Verlegers verantwortlich; vgl. dazu Galli in DJZ. 07, 512.

Zu Abs. 2.

Nur die dem regelmäßigen geschäftl. Leben dienenden Druckschriften fallen unter Abs. 2, E. 20, 63; die Motive des Herausgebers kommen dabei nicht in Betracht; die Frage ist rein objektiv zu entscheiden, E. 14, 212. Der Zweck der Druckschrift muß ausschließlich einer derjenigen sein, von welchen in Abs. 2 die Rede ist, E. 36, 11 mit Bezug auf Ansichtspostkarten.

§ 7. Zeitungen und Zeitschriften, welche in monatlichen oder kürzeren, wenn auch unregelmäßigen Fristen erscheinen (periodische Druckschriften im Sinne dieses Gesetzes), müssen außerdem auf jeder Nummer, jedem Stücke oder Hefte den Namen

und Wohnort des verantwortlichen Redakteurs enthalten.

Die Benennung mehrerer Personen als verantwortliche Redakteure ist nur dann zulässig, wenn aus Form und Inhalt der Benennung mit Bestimmtheit zu ersehen ist, für welchen Teil der Druckschrift jede der benannten Personen die Redaktion besorgt.

Hierher gehören nur selbständige periodische Druckschriften, nicht bloße Beilagen, E. 28, 72. Es kommt nicht darauf an, ob die Zeitung dauernd, oder auf unbestimmte Zeit erscheinen soll; das periodische Erscheinen genügt zum Begriff der Z. selbst dann, wenn deren Erscheinen nur auf einen im voraus bestimmten Zeitraum berechnet ist. Die Z. unterscheidet sich von einem in Abteilungen herausgegebenen Lieferungswerk dadurch, daß es nicht dazu bestimmt ist, ein in sich abgeschlossenes Ganze zu bilden, E. 14, 279 (285).

Als verantw. Redakteur betrachtet RG. in neueren Entsch. denjenigen, der diese Stellung mit dem Willen des Unternehmers oder Eigentümers wirklich bekleidet und kraft derselben darüber zu verfügen hat, ob ein Beitrag wegen strafbaren Inhalts zurückzuweisen ist oder Aufnahme finden kann, E. 27, 246, insb. 251; vgl. auch E. 34, 187; 35, 271. Liegen diese Voraussetzungen vor, so kommt es, E. 36, 215, nicht darauf an, ob der Redakteur tatsächlich für die betreffende Nummer die Redaktionstätigkeit ausgeübt hat. (Vgl. gegen diese Entsch. Appelius Z. 27, 657 ff.) Von älteren Entsch. hatte die E. 21, 23 die tatsächliche Ausübung der Redaktionsgeschäfte als entscheidend betrachtet, ohne darauf Gewicht zu legen, ob der Redakteur diese Stelle mit dem Willen des Unternehmers bekleidet. Andererseits hatte E. 25, 180 es für ausreichend erachtet, daß diejenige Person benannt werde, welche die „Verantwortlichkeit" für den Inhalt der Druckschrift als Redakteur übernimmt und sich zu dieser Verantwortlichkeit ausdrücklich bekennt; ebenso hatte E. 23, 9 (11) die Benennung als wesentliches Begriffsmerkmal des verantw. Red. bezeichnet. Diese Auffassung ist aufgegeben. Nach

E. 36, 215 (216) enthält die Nennung lediglich das Bekenntnis des sich Nennenden, daß er der verantw. Red. sei; diesem Bekenntnisse kann und wird für die Regelfälle der Richter Glauben schenken; immerhin bleibt die Nennung nach der jetzt durchgedrungenen Auffassung nur ein Symptom für die tatsächliche Ausübung der Redaktionstätigkeit. Wird eine Person als verantw. Red. bezeichnet, die die Redaktionstätigkeit tatsächlich nicht ausübt, so liegt eine nach E. 18, 2, 19, 1 strafbare falsche Angabe vor, E. 27, 246; 35, 271.

Erfordert ist eine genaue Bezeichnung, E. 25, 180; 28, 399; eine Angabe, aus welcher nur im Wege der Schlußfolgerung erschlossen werden kann, wer der verantw. Red. ist, genügt nicht, E. 28, 399. Die Angabe eines Pseudonyms ist unzulässig, E. 28, 72. Als Wohnort muß ausdrücklich (Schlußfolgerung aus dem Namen der Zeitung genügt nicht, E. 6, 367) der wirkliche Wohnort des Redakteurs angegeben werden; die Nennung des Orts des Erscheinens oder des Orts, an dem sich das Redaktionsbureau befindet, ersetzt diese Bezeichnung nicht, E. 39, 105. — Die Angabe braucht für eine Zeitung nebst Beilagen nur einmal, auf dem ersten Blatt bezw. auf dem Hauptblatt zu erfolgen, E. 7, 45. Vgl. über die Behandlung von Beilagen auch E. 5, 314.

Zu Abs. 2.

Das Gesetz hat den Gedanken der Solidarhaftung abgelehnt. Es fordert, daß das Arbeitsgebiet der einzelnen Redakteure durch äußere, ohne weiteres in die Augen fallende Mittel in deutlicher, keinem Zweifel Raum lassender Weise abgegrenzt ist. Der Fall einer dem Abs. 2 nicht entsprechenden Benennung steht dem gleich, wo überhaupt kein verantw. Red. benannt ist, E. 23, 9; 34, 187; vgl. auch E. 28, 72. Eine Erklärung des Einzelredakteurs bezw. des Teilredakteurs, daß er die Verantwortung für einen in sein Arbeitsgebiet fallenden Artikel ablehne oder die Erklärung eines Dritten, daß er anstatt des Redakteurs die Verantwortung übernehme, kommt nicht in Betracht, E. 34, 187.

Für die Zuwiderhandlungen gegen § 7 vgl. die Bemerkungen zu § 6 Abs. 1 a. E. Die dort aufgestellten Grundsätze erfahren die Einschränkung, daß der Redakteur für die Richtigkeit und Vollständigkeit der seine Person betreffenden Angaben einstehen muß, E. 6, 367; 27, 256; vgl. ferner § 18 Abs. 2.

Bei verschiedenen Verstößen gegen §§ 6, 7 in einer Druckschrift kann Idealkonkurrenz vorliegen, E. 6, 367.

§ 8. Verantwortliche Redakteure periodischer Druckschriften dürfen nur Personen sein, welche verfügungsfähig, im Besitze der bürgerlichen Ehrenrechte sind und im Deutschen Reiche ihren Wohnsitz oder gewöhnlichen Aufenthalt haben.

Geistige Unfähigkeit schließt, wenn die Voraussetzungen des § 8 gegeben sind, nicht die Fähigkeit aus, verantw. Red. zu werden, E. 35, 274.

§ 9. Von jeder Nummer (Heft, Stück) einer periodischen Druckschrift muß der Verleger, sobald die Austeilung oder Versendung beginnt, ein Exemplar gegen eine ihm sofort zu erteilende Bescheinigung an die Polizeibehörde des Ausgabeorts unentgeltlich abliefern.

Diese Vorschrift findet keine Anwendung auf Druckschriften, welche ausschließlich Zwecken der Wissenschaft, der Kunst, des Gewerbes oder der Industrie dienen.

§ 10. Der verantwortliche Redakteur einer periodischen Druckschrift, welche Anzeigen aufnimmt, ist verpflichtet, die ihm von öffentlichen Behörden mitgeteilten amtlichen Bekanntmachungen auf deren Verlangen gegen Zahlung der üblichen Einrückungsgebühren in eine der beiden nächsten Nummern des Blattes aufzunehmen.

§ 11. Der verantwortliche Redakteur einer periodischen Druckschrift ist verpflichtet, eine Berichtigung der in letzterer mitgeteilten Tatsachen auf Verlangen einer beteiligten öffentlichen Behörde oder

Privatperson ohne Einschaltungen oder Weglassungen aufzunehmen, sofern die Berichtigung von dem Einsender unterzeichnet ist, keinen strafbaren Inhalt hat und sich auf tatsächliche Angaben beschränkt.

Der Abdruck muß in der nach Empfang der Einsendung nächstfolgenden, für den Druck nicht bereits abgeschlossenen Nummer und zwar in demselben Teile der Druckschrift und mit derselben Schrift, wie der Abdruck des zu berichtigenden Artikels geschehen.

Die Aufnahme erfolgt kostenfrei, soweit nicht die Entgegnung den Raum der zu berichtigenden Mitteilung überschreitet; für die über dieses Maß hinausgehenden Zeilen sind die üblichen Einrückungsgebühren zu entrichten.

Die Berichtigung muß auch aufgenommen werden, wenn sie inhaltlich unwahr ist; dem Redakteur steht ein Prüfungsrecht in dieser Hinsicht nicht zu, E. 24, 278. Dieselbe E. erklärt trotz § 19 Abs. 2 die Annahme des Red., er sei zur Aufnahme der unwahren Berichtigung nicht verpflichtet, für einen unbeachtlichen Irrtum über das Strafgesetz. — Beteiligt ist nach E. 3, 40 eine Person schon dann, wenn die veröffentlichte Tatsache sie selbst unmittelbar berührt; ein weitergehendes Interesse an der Berichtigung wird vom RG. nicht gefordert. — Der Begriff der „Tatsachen" bezw. der „tatsächlichen Angaben" steht, wie die entspr. Merkmale des § 263 StGB., im Gegensatz nur zu dem Begriff des Werturteils; sog. „innere Tatsachen" fallen unter § 11.

Enthält die Berichtigung eine nach § 193 StGB. straflose Beleidigung, so kommt der Schutz dieser Best. auch dem Redakteur zugute, E. 3, 40. Das an die Redaktion gerichtete schriftliche Berichtigungsersuchen ist eine zum Beweise von Rechten und Rechtsverh. erhebliche Privaturkunde i. S. des § 267 StGB., E. 33, 137.

§ 12. Auf die von den deutschen Reichs-, Staats- und Gemeindebehörden, von dem Reichstage oder von der Landesvertretung eines deutschen Bundesstaats ausgehenden Druckschriften finden, soweit sich ihr Inhalt auf amtliche Mitteilungen beschränkt, die Vorschriften der §§ 6 bis 11 keine Anwendung.

§ 13. Die auf mechanischem oder chemischem Wege vervielfältigten periodischen Mitteilungen (lithographierte, autographierte, metallographierte, durchschriebene Korrespondenzen) unterliegen, sofern sie ausschließlich an Redaktionen verbreitet werden, den in diesem Gesetze für periodische Druckschriften getroffenen Bestimmungen nicht.

Auf die mittels der Buchdruckerpresse vervielfältigten Korrespondenzen erstreckt sich das Privileg des § 13 nicht, E. 11, 406. Die privilegierten Korrespondenzen unterliegen im übrigen den Bestimmungen, welche das Preßgesetz allgemein für die zur Verbreitung bestimmte Vervielfältigung von Schriften trifft, R. IX, 572.

§ 14. Ist gegen eine Nummer (Stück, Heft) einer im Auslande erscheinenden periodischen Druckschrift binnen Jahresfrist zweimal eine Verurteilung auf Grund der §§ 41 und 42 des Strafgesetzbuchs erfolgt, so kann der Reichskanzler innerhalb zwei Monaten nach Eintritt der Rechtskraft des letzten Erkenntnisses das Verbot der ferneren Verbreitung dieser Druckschrift bis auf zwei Jahre durch öffentliche Bekanntmachung aussprechen.

Die in den einzelnen Bundesstaaten auf Grund der Landesgesetzgebung bisher erlassenen Verbote ausländischer periodischer Druckschriften treten außer Wirksamkeit.

Nach E. 36, 408 erstreckt sich das Verbot auch auf diejenigen Nummern der Druckschrift, die vor dem Erlaß der Bekanntmachung erschienen sind. Die nach § 18 Ziff. 1 strafb. Zuwiderhandlung setzt Vorsatz voraus, E. 23, 117.

§ 15. In Zeiten der Kriegsgefahr oder des Krieges können Veröffentlichungen über Truppenbewegungen oder Verteidigungsmittel durch den Reichskanzler mittelst öffentlicher Bekanntmachung verboten werden.

§ 16. Oeffentliche Aufforderungen mittelst der Presse zur Aufbringung der wegen einer strafbaren Handlung erkannten Geldstrafen und Kosten, sowie öffentliche Bescheinigungen mittelst der Presse über den Empfang der zu solchen Zwecken gezahlten Beiträge sind verboten.

Das zufolge solcher Aufforderungen Empfangene oder der Wert desselben ist der Armenkasse des Orts der Sammlung für verfallen zu erklären.

Das Verbot erstreckt sich nicht allgemein auf die Aufforderung, strafgerichtlich verurteilten Personen die pekuniären Folgen ihrer Verurteilung zu erleichtern; insbes. fällt eine Sammlung für die Zahlung einer Buße oder für die Entschädigung eines vom Angeklagten unmittelbar geladenen Zeugen nicht hierher, E. 26, 91.

§ 17. Die Anklageschrift oder andere amtliche Schriftstücke eines Strafprozesses dürfen durch die Presse nicht eher veröffentlicht werden, als bis dieselben in öffentlicher Verhandlung kund gegeben

worden sind oder das Verfahren sein Ende erreicht hat.

Der Strafprozeß umfaßt auch das polizeiliche und staatsanwaltschaftliche Ermittlungsverfahren, es sei denn, daß es sich um gänzlich formlose Erforschungen handelt, E. 22, 273; 28, 141, sowie das Verfahren, in dem über Fortbestand oder Aufhebung der Untersuchungshaft entschieden wird, E. 35, 275, und auch das Privatklageverfahren, DJZ., Sprchs. 18, 62; dagegen unterfällt ein ehrengerichtliches oder Disziplinarverfahren dem Begriff nicht, E. 3, 42.

Amtliche Schriftstücke eines Strafprozesses sind insb. auch das zur gerichtlichen Voruntersuchung erstattete Gutachten, E. 9, 193; polizeiliche Strafverfügungen, E. 28, 141; auch zu den Akten gelangte Schriftsätze des Verteidigers, E. 35, 275; sowie Anzeigen über begangene Delikte, E. 25, 330; indessen fällt die Veröffentlichung einer vor Einreichung der Anzeige genommenen Abschrift nicht unter § 17; ebda.

Ist die Kundgabe des Schriftstücks in einer Hauptverhandlung erfolgt, für welche die Oeffentlichkeit ausgeschlossen war, so bleibt die Veröffentlichung unzulässig, E. 15, 253. Das Kundgeben ist nach E. 28, 411 ein weiterer Begriff als das Verlesen; immerhin reicht die bloße Erörterung „eines Inhalts, der etwa mit dem eines Schriftstücks übereinstimmt", nicht aus. Nach DJZ. 08, 307 fordert das RG. neuestens zur Kundgabe Mitteilung des ganzen Inhalts der Anklageschrift in unveränderter Form. — Der Umstand, daß die StPO. eine Verlesung der Anklageschrift nicht mehr kennt, hat das Verbot des § 17 nicht berührt; nach heutigem Recht darf die Anklageschrift erst nach Beendigung des Verfahrens veröffentlicht werden, E. 14, 340; es sei denn, daß sie ganz oder in einzelnen Teilen während der öffentl. Verh. prozeßordnungsmäßig bekannt gegeben ist, E. 28, 411.

Das Verfahren ist beendet erst mit dem Erlaß einer rechtskräftigen Entscheidung, E. 28, 411; 35, 275; handelt es sich um eine polizeiliche Strafverfügung, mit dem Ablauf der Frist zur Stellung des Antrags auf gerichtliche Entscheidung (vorausgesetzt, daß dieser Antrag nicht gestellt ist); vgl. E. 28, 141. S. auch DJZ. 08, 1404:

Das Verf. ist nicht abgeschlossen, solange noch ein Verf. über die Unbrauchbarmachung (§ 41 StGB.) schwebt.

§ 17 enthält kein generelles Schweigegebot bezüglich der in der Anklageschrift usw. erörterten Tatsachen, E. 22, 273; 25, 330; er verbietet vielmehr nur, „das Schriftstück als solches in seiner Eigenschaft als schriftliche Urkunde" zu veröffentlichen. RG. faßt den Begriff der Veröffentlichung sehr weit: die Veröffentlichung braucht nicht ausdrücklich als Anklageschrift bezeichnet zu sein, E. 28, 416; ebensowenig ist erforderlich, daß der Leser sie als Anklageschrift zu erkennen vermag, R. VII, 214. Das gilt auch für die Veröffentlichung einzelner Auszüge: der Abdruck braucht weder vollständig noch wortgetreu zu sein, E. 9, 193; 28, 416. Vgl. aber gegen den Versuch einer übermäßigen Ausdehnung des Begriffs E. 26, 79.

Wird dasselbe Schriftstück in mehreren Preßorganen veröffentlicht, so nimmt E. 14, 342 Mehrheit der Handlungen an.

Die nach § 18 Ziff. 1 strafbare Zuwiderh. setzt Vorsatz voraus, E. 9, 269; nach R. VIII, 560 genügt dolus eventualis. (Die oben zit. E. sind übrigens auf die Frage, welche Bedeutung der Irrtum über den Zeitpunkt der Beendigung des Verf. usw. habe, nirgends eingegangen!) Täter und Teilnehmer kann jeder sein; es handelt sich um kein Sonderdelikt des Redakteurs usw., E. 40, 360. Das Delikt ist Preßdelikt im Sinne der §§ 20, 21; vgl. R. VIII, 560; E. 9, 269; 36, 191.

§ 18. [L.A.] Mit Geldstrafe bis zu eintausend Mark oder mit Haft oder mit Gefängnis bis zu sechs Monaten werden bestraft:

1. **Zuwiderhandlungen gegen die in den §§ 14, 15, 16 und 17 enthaltenen Verbote;**
2. **Zuwiderhandlungen gegen die Bestimmungen der §§ 6, 7 und 8, welche durch falsche Angaben mit Kenntnis der Unrichtigkeit begangen werden.**

Dieselbe Strafe trifft den Verleger einer periodischen Druckschrift auch dann, wenn er wissentlich geschehen läßt, daß auf derselben eine Person fälschlich als Redakteur benannt wird.

Vgl. die Bemerkungen zu den im § 18 zit. Paragraphen. Die Tatbest. der Ziff. 1, 2 setzen sämtlich Vorsatz voraus. Die falsche Angabe der Ziff. 2 deckt sich nicht mit der bloßen Verschweigung, E. 6, 367. Vgl. aber E. 21, 360: die Angabe nur eines Druckers, in dem Fall, daß bei der Herstellung der Druckschrift mehrere Drucker selbständig beteiligt waren, enthält die falsche Behauptung, die ganze Druckschrift sei von dem einen Drucker allein hergestellt. — § 41 StGB. findet bei Zuwiderh. gegen §§ 6, 7, 8 keine Anwendung, R. IV, 235.

§ 19. [A.] Mit Geldstrafe bis zu einhundert und fünfzig Mark oder mit Haft werden bestraft:

1. Zuwiderhandlungen gegen die §§ 6, 7 und 8, welche nicht durch § 18 Ziffer 2 getroffen sind;
2. Zuwiderhandlungen gegen den § 9;
3. Zuwiderhandlungen gegen die §§ 10 und 11.

In den Fällen der Ziffer 3 tritt die Verfolgung nur auf Antrag ein, und hat das Strafurteil zugleich die Aufnahme des eingesandten Artikels in die nächstfolgende Nummer anzuordnen. Ist die unberechtigte Verweigerung im guten Glauben geschehen, so ist unter Freisprechung von Strafe und Kosten lediglich die nachträgliche Aufnahme anzuordnen.

Vgl. die Bemerkungen zu den im § 19 zit. Paragraphen. § 19 setzt Verschulden voraus; in Ziff. 1 u. 2 genügt Fahrlässigkeit. Bezügl. des guten Glaubens (Abs. 2) vgl. die zu § 11 zit. E. 24, 278.

III. Verantwortlichkeit für die durch die Presse begangenen strafbaren Handlungen.

§ 20. Die Verantwortlichkeit für Handlungen, deren Strafbarkeit durch den Inhalt einer Druckschrift begründet wird, bestimmt sich nach den bestehenden allgemeinen Strafgesetzen.

Ist die Druckschrift eine periodische, so ist der verantwortliche Redakteur als Täter zu bestrafen, wenn nicht durch besondere Umstände die Annahme seiner Täterschaft ausgeschlossen wird.

Der Begriff des Preßdelikts ist in den §§ 20, 21, 22 PG. sowie in § 7, 2 StPO. der gleiche. Er liegt nach E. 36, 270 vor, wenn in der Druckschrift ein Gedanke verkörpert ist, mit dessen Kundgebung nach außen sich ohne weiteres sämtliche Begriffsmerkmale des strafges. Tatbestandes erfüllen. Indessen wird nach E. 32, 69 die Verbreitung der Druckschrift als notw. Tatbestandsmerkmal vorausgesetzt; vgl. E. 5, 355 bezgl. § 166 StGB., E. 36, 145 bezgl. § 130 StGB., E. 40, 354 bezgl. § 184, 3 StGB., die das Ankündigen und Anpreisen praktisch dem Verbreiten gleichstellt; E. 40, 270 hat konsequent die Anw. von § 22 verneint, wenn das Delikt bereits vor der Verbreitung vollendet war; E. 26, 225 erklärt die Begehung des Delikts des § 286 StGB., E. 33, 230 die der Erpressung (§ 253 StGB.) in der Form des Preßdelikts für unmöglich; ebenso wegen des Merkmals der Aergerniserregung E. 30, 194 bezgl. der Gotteslästerung des § 166; vgl. auch E. 42, 87. Ein Preßdelikt liegt nicht vor, wenn die Strafbarkeit nicht durch den Inhalt und die Verbreitung der Druckschrift, sondern durch die Art ihrer Herstellung begründet wurde; vgl. E. 20, 181, 430 bezgl. des Nachdrucks. Ebensowenig können Delikte, deren Strafbarkeit nur durch die besondere Artung des Vorsatzes begründet wird, als Preßdelikte i. S. von §§ 20, 21 erscheinen, E. 23, 153.

Nach E. 22, 65 (PlenBeschl.) enthält Abs. 2 keine Fiktion der Täterschaft, sondern lediglich eine Beweisvermutung; diese richtet sich dahin, daß der Redakteur die Veröffentlichung der Druckschrift mit Kenntnis und Verständnis ihres Inhalts vorsätzlich verursacht habe (78); der Abs. 2 suppliert den Vorsatz nicht. Ein materieller Unterschied zwischen dem präsumtiven Täter des Abs. 2 und dem wirklichen des Abs. 1 besteht nicht; auch dem Redakteur stehen die Schuldausschließungsgründe (einschl. § 193 StGB.) zur Seite. Die besonderen Umstände des Abs. 2 umfassen alle tatsächlichen Momente, durch welche mit der Annahme vorsätzlicher Veröffentlichung zugleich jeder strafbare Vorsatz ausgeschlossen wird (S. 81). „Außerordentliche", vom Redakteur nicht verschuldete Umstände sind nicht erfordert. Bei non liquet bleibt die Vermutung bestehen. Sie wird widerlegt durch den Nachweis, daß der Red. von dem Artikel vor der Veröffentlichung keine Kenntnis erlangt hat, E. 25, 404; 29, 40; s. auch E. 22, 221. Das gilt auch dann, wenn der Red. einem anderen zeitweilig die Redaktionstätigkeit überlassen hat; es ist unzulässig, hier durch Annahme eines generellen Eventualvorsatzes die Verantw. zu begründen, E. 31, 211 a. E.; 39, 87 (bezgl. der Berufung auf geschäftliche Ueberlastung). Wird dem Red. der Artikel erst vor der Ausgabe der Druckschrift in den ausgabefertigen Exemplaren bekannt, so bleibt er verantwortlich, ohne Rücksicht auf eine vertragsm. Beschränkung seiner Befugnis, die Veröffentlichung zu hindern, E. 35, 315. Vgl. über die Wirkungslosigkeit einer bloßen Willensänderung E. 27, 338.

Die Haftung des Red. wird durch den Nachweis des Verfassers nicht ausgeschlossen, E. 2, 28; Red. und Verf. sind in diesem Fall als Mittäter zu behandeln, E. 9, 186. Die Strafbarkeit des Red. kann bestehen bleiben, selbst wenn dem Verf. § 193 StGB. zu gute kommt, E. 26, 18. Der Red. kann aber auch bloßer Gehilfe des Verf. sein; vgl. E. 26, 225.

Bei Begehung mehrerer Rechtsverletzungen durch eine Druckschrift nimmt RG. die Möglichkeit der Realkonkurrenz an; E. 3, 434; R. VIII, 305; E. 33, 46.

§ 21. [L.] **Begründet der Inhalt einer Druckschrift den Tatbestand einer strafbaren Handlung,**

so sind

der verantwortliche Redakteur,

der Verleger,

der Drucker,

derjenige, welcher die Druckschrift gewerbsmäßig vertrieben oder sonst öffentlich verbreitet hat (Verbreiter),

soweit sie nicht nach § 20 als Täter oder Teilnehmer zu bestrafen sind, wegen Fahrlässigkeit mit Geldstrafe bis zu eintausend Mark oder mit Haft oder mit Festungshaft oder Gefängnis bis zu einem Jahre zu belegen, wenn sie nicht die Anwendung der pflichtgemäßen Sorgfalt oder Umstände nachweisen, welche diese Anwendung unmöglich gemacht haben.

Die Bestrafung bleibt jedoch für jede der benannten Personen ausgeschlossen, wenn sie als den Verfasser oder den Einsender, mit dessen Einwilligung die Veröffentlichung geschehen ist, oder, wenn es sich um eine nicht periodische Druckschrift handelt, als den Herausgeber derselben, oder als einen der in obiger Reihenfolge vor ihr Benannten eine Person bis zur Verkündigung des ersten Urteils nachweist, welche in dem Bereich der richterlichen Gewalt eines deutschen Bundesstaats sich befindet, oder falls sie verstorben ist, sich zur Zeit der Veröffentlichung befunden hat; hinsichtlich des Verbreiters ausländischer Druckschriften außerdem, wenn ihm dieselben im Wege des Buchhandels zugekommen sind.

§ 21, der auch für nicht periodische Druckschriften gilt, s. zu § 13, will nicht wegen fahrlässiger Begehung der einzelnen Preßdelikte (über den Begriff s. zu § 20) strafen, sondern stellt ein selbständiges Delikt preßrechtlicher Fahrlässigkeit auf, E. 13, 319 (§ 200 StGB. daher unanwendbar), E. 29, 143 (Antrag selbst dann nicht erforderlich, wenn das in Frage stehende Preßdelikt Antragsdelikt ist).

Die Fahrlässigkeit ist im allgemeinen Sinne zu nehmen, E. 38, 379; eine Präsumtion der Fahrl. stellt § 21 nicht auf, E. 26, 45. Bezüglich der bei der Beurteilung der Fahrlässigkeit im Einzelfall zu berücksichtigenden Gesichtspunkte vgl. für den Redakteur E. 24, 391; E. 26, 45; 38, 379 (Uebertragung eines Teils der Redaktionsgeschäfte auf einen andern); für den Verleger E. 5, 354 (tatsächliche Leitung des Betriebes erforderlich); 19, 358 (Verpflichtung, sich über den Inhalt der verlegten Werke zu unterrichten); E. 23, 274 (Bestellung eines verantw. Red. entlastet den Verl. nicht ohne weiteres); für den Drucker E. 32, 220 (im Einzelfall Kontrollpflicht bezgl. des Inhalts der Druckerzeugnisse); für den Kolporteur E. 39, 317.

Die Haftung entfällt, wenn der Betr. nach § 20 sich schuldig gemacht hat, mag auch seine Verfolgung wegen mangelnden Antrags ausgeschlossen sein, E. 41, 49.

Zum Ausschluß der Haftung (Abs. 2) genügt es, daß eine der hier bezeichneten Personen nachgewiesen (über die Erfordernisse des Nachweises vgl. E. 24, 391) wird; es ist nicht erforderlich, daß gerade der Angeklagte den Vormann benennt, E. 5, 359; ebensowenig braucht der Nachweis erst in einem gegen den Nachmann schwebenden Verfahren geführt zu sein, E. 24, 321. Entscheidend ist der Zeitpunkt, in dem die Behörde die entspr. Kenntnis erlangt; ebda. Ueber das „erste Urteil" vgl. E. 22, 86. Der Nachweis bleibt wirksam, auch wenn die Strafverfolgung gegen den Vormann bereits verjährt, E. 22, 431, oder der Vormann rechtskräftig freigesprochen ist, E. 39, 409. Zum Schlußsatz vgl. E. 23, 110.

IV. Verjährung.

§ 22. Die Strafverfolgung derjenigen Verbrechen und Vergehen, welche durch die Verbreitung von

Druckschriften strafbaren Inhalts begangen werden, sowie derjenigen sonstigen Vergehen, welche in diesem Gesetze mit Strafe bedroht sind, verjährt in sechs Monaten.

Ueber die hierhergehörigen Delikte vgl. zu § 20. Beginn der Verjährung im Fall der Verbreitung s. E. 32, 69; für die Verj. der Zuwiderhdlg. gegen §§ 6, 7, 8 kommt die Verbreitung nicht in Betracht, E. 24, 350. Die Verj. unterliegt den Vorschr. der §§ 67—69 StGB., E. 4, 216. Ist die Verbreitung verjährt, so darf auf die vorbereitenden Akte (Anpreisung usw.) bezw. auf die Einsendung des Manuskripts nicht zurückgegriffen werden, E. 38, 71: 24, 270.

V. Beschlagnahme.

§ 23. Eine Beschlagnahme von Druckschriften ohne richterliche Anordnung findet nur statt:

1. wenn eine Druckschrift den Vorschriften der §§ 6 und 7 nicht entspricht, oder den Vorschriften des § 14 zuwider verbreitet wird,
2. wenn durch eine Druckschrift einem auf Grund des § 15 dieses Gesetzes erlassenen Verbot zuwider gehandelt wird,
3. wenn der Inhalt einer Druckschrift den Tatbestand einer der in den §§ 85, 95, 111, 130 oder 184 des deutschen Strafgesetzbuchs mit Strafe bedrohten Handlungen begründet, in den Fällen der §§ 111 und 130 jedoch nur dann, wenn dringende Gefahr besteht, daß bei Verzögerung der Beschlagnahme die Aufforderung oder Anreizung ein Verbrechen oder Vergehen unmittelbar zur Folge haben werde.

§ 24. Ueber die Bestätigung oder Aufhebung der vorläufigen Beschlagnahme hat das zuständige Gericht zu entscheiden.

Diese Entscheidung muß von der Staatsanwaltschaft binnen vierundzwanzig Stunden nach Anordnung der Beschlagnahme beantragt und von dem Gericht binnen vierundzwanzig Stunden nach Empfang des Antrags erlassen werden.

Hat die Polizeibehörde die Beschlagnahme ohne Anordnung der Staatsanwaltschaft verfügt, so muß sie die Absendung der Verhandlungen an die letztere ohne Verzug und spätestens binnen zwölf Stunden bewirken. Die Staatsanwaltschaft hat entweder die Wiederaufhebung der Beschlagnahme mittels einer sofort vollstreckbaren Verfügung anzuordnen, oder die gerichtliche Bestätigung binnen zwölf Stunden nach Empfang der Verhandlungen zu beantragen.

Wenn nicht bis zum Ablaufe des fünften Tages nach Anordnung der Beschlagnahme der bestätigende Gerichtsbeschluß der Behörde, welche die Beschlagnahme angeordnet hat, zugegangen ist, erlischt die letztere und muß die Freigabe der einzelnen Stücke erfolgen.

§ 25. Gegen den Beschluß des Gerichts, welcher die vorläufige Beschlagnahme aufhebt, findet ein Rechtsmittel nicht statt.

§ 26. Die vom Gericht bestätigte, vorläufige Beschlagnahme ist wieder aufzuheben, wenn nicht binnen zwei Wochen nach der Bestätigung die Strafverfolgung in der Hauptsache eingeleitet worden ist.

§ 27. Die Beschlagnahme von Druckschriften trifft die Exemplare nur da, wo dergleichen zum Zwecke der Verbreitung sich befinden. Sie kann sich auf die zur Vervielfältigung dienenden Platten und Formen erstrecken; bei Druckschriften im engeren Sinne hat auf Antrag des Beteiligten statt Beschlagnahme des Satzes das Ablegen des letzteren zu geschehen.

Bei der Beschlagnahme sind die dieselbe veranlassenden Stellen der Schrift unter Anführung der verletzten Gesetze zu bezeichnen. Trennbare Teile der Druckschrift (Beilagen einer Zeitung usw.), welche nichts Strafbares enthalten, sind von der Beschlagnahme auszuschließen.

§ 28. Während der Dauer der Beschlagnahme ist die Verbreitung der von derselben betroffenen Druckschrift oder der Wiederabdruck der die Beschlagnahme veranlassenden Stellen unstatthaft.

[L.A.] **Wer mit Kenntnis der verfügten Beschlagnahme dieser Bestimmung entgegenhandelt, wird mit Geldstrafe bis fünfhundert Mark oder mit Gefängnis bis zu sechs Monaten bestraft.**

Vgl. E. 30, 323. Dolus eventualis genügt, E. 37, 254.

§ 29. [Aufgehoben.]

VI. Schlußbestimmungen.

§ 30. Die für Zeiten der Kriegsgefahr, des Krieges, des erklärten Kriegs- (Belagerungs-) Zustandes oder innerer Unruhen (Aufruhrs) in bezug auf die Presse bestehenden besonderen gesetzlichen Bestimmungen bleiben auch diesem Gesetze gegenüber bis auf weiteres in Kraft.

Das Recht der Landesgesetzgebung, Vorschriften über das öffentliche Anschlagen, Anheften, Ausstellen, sowie die öffentliche, unentgeltliche Verteilung von Bekanntmachungen, Plakaten und Aufrufen zu erlassen, wird durch dieses Gesetz nicht berührt.

Dasselbe gilt von den Vorschriften der Landesgesetze über Abgabe von Freiexemplaren an Bibliotheken und öffentliche Sammlungen.

Vorbehaltlich der auf den Landesgesetzen beruhenden allgemeinen Gewerbesteuer findet eine besondere Besteuerung der Presse und der einzelnen Preßerzeugnisse (Zeitungs- und Kalenderstempel, Abgaben von Inseraten usw.) nicht statt.

Vgl. zu Abs. 2 E. 35, 53 betr. § 10 des preuß. PreßG. v. 12. Mai 1851.

§ 31. Dieses Gesetz tritt am 1. Juli 1874 in Kraft. Seine Einführung in Elsaß-Lothringen bleibt einem besonderen Gesetze vorbehalten.

Gesetz, betreffend das Urheberrecht an Mustern und Modellen.

Vom 11. Januar 1876. (RGBl. S. 11.)

§ 1. Das Recht, ein gewerbliches Muster oder Modell ganz oder teilweise nachzubilden, steht dem Urheber desselben ausschließlich zu.

Als Muster oder Modelle im Sinne dieses Gesetzes werden nur neue und eigentümliche Erzeugnisse angesehen.

Das Gesetz schützt die Form der Industrieerzeugnisse, nicht die Fabrikationsmethode; vgl. E. 23, 92. Urheber ist nur, wer aus seiner eigenen geistigen schaffenden Tätigkeit heraus ein Erzeugnis mit gewissen wesentlichen, charakteristischen Eigenschaften hervorbringt, — nicht wer das Muster bestellt, sondern wer es wirklich anfertigt, E. 5, 348; 13, 219. — Die Neuheit des Musters usw. unterliegt der Prüfung des Strafrichters, R. IV, 34. Ueber ihre materiellen Erfordernisse vgl. E. 12, 176; 23, 92. Insbesondere wird die Neuheit nicht dadurch begründet, daß eine Form zu einem neuen Gebrauchs- oder Gewerbszweck verwendet wird; ebensowenig allein dadurch, daß das angebl. neue Muster mit älteren Erzeugnissen nicht leicht verwechselt werden kann; vgl. E. 33, 43; 36, 220. — Bildnisse können unter Umständen als Geschmacksmuster in Betracht kommen; vgl. E. 21, 149. — Ueber das Verf. zum Gebrauchsmuster vgl. E. 38, 392. — Zum Begriff der teilweisen Nachbildung s. zu § 41 LitGes.

§ 2. Bei solchen Mustern und Modellen, welche von den in einer inländischen gewerblichen Anstalt beschäftigten Zeichnern, Malern, Bildhauern usw. im Auftrage oder für Rechnung des Eigentümers der gewerblichen Anstalt angefertigt werden, gilt der Letztere, wenn durch Vertrag nichts anderes bestimmt ist, als der Urheber der Muster und Modelle.

Der Zeichner muß in einem auf die Dauer berechneten Engagementsverhältnis zu dem Eigentümer der Anstalt stehen und dadurch zu der Anstalt selbst in ein nahes Zusammengehörigkeitsverhältnis getreten sein, E. 13, 222.

§ 3. Das Recht des Urhebers geht auf dessen Erben über. Dieses Recht kann beschränkt oder unbeschränkt durch Vertrag oder durch Verfügung von Todeswegen auf andere übertragen werden.

§ 4. Die freie Benutzung einzelner Motive eines Musters oder Modells zur Herstellung eines neuen Musters oder Modells ist als Nachbildung nicht anzusehen.

Vgl. über den Begriff der Neuheit zu § 1.

§ 5. Jede Nachbildung eines Musters oder Modells, welche in der Absicht, dieselbe zu verbreiten, ohne Genehmigung des Berechtigten (§§ 1 bis 3) hergestellt wird, ist verboten. Als verbotene Nachbildung ist es auch anzusehen:

1. wenn bei Hervorbringung derselben ein anderes Verfahren angewendet worden ist als bei dem Originalwerke, oder wenn die Nachbildung für einen anderen Gewerbszweig bestimmt ist als das Original;
2. wenn die Nachbildung in anderen räumlichen Abmessungen oder Farben hergestellt wird, als das Original, oder wenn sie sich vom Original nur durch solche Abänderungen unterscheidet, welche nur bei Anwendung besonderer Aufmerksamkeit wahrgenommen werden können;
3. wenn die Nachbildung nicht unmittelbar nach dem Originalwerke, sondern mittelbar nach einer Nachbildung desselben geschaffen ist.

Vgl. zu § 1; dazu E. 37, 158 (Nachbildung eines Musters als Werkzeug für ein anderes Gewerbe). Zum Begriff des Verbreitens vgl. E. 5, 347 (Sendung einer Probe zur Ansicht an einen Geschäftsfreund reicht nicht aus); E. 36, 341 (die Mitgabe eines Musters an Geschäftsreisende enthält kein den Tatb. des Verbreitens erfüll. Inverkehrbringen).

§ 6. Als verbotene Nachbildung ist nicht anzusehen:

1. die Einzelkopie eines Musters oder Modells, sofern dieselbe ohne die Absicht der gewerbs-

mäßigen Verbreitung und Verwertung angefertigt wird;

2. die Nachbildung von Mustern, welche für Flächenerzeugnisse bestimmt sind, durch plastische Erzeugnisse, und umgekehrt;

3. die Aufnahme von Nachbildungen einzelner Muster oder Modelle in ein Schriftwerk.

Die mehrfache Nachbildung des Musters in einem Fabrikationsakt ist keine Einzelkopie, E. 12, 173. Zum Begriff der plastischen Erzeugn. vgl. E. 27, 324; 37, 158.

§ 7. Der Urheber eines Musters oder Modells genießt den Schutz gegen Nachbildung nur dann, wenn er dasselbe zur Eintragung in das Musterregister angemeldet und ein Exemplar oder eine Abbildung des Musters usw. bei der mit Führung des Musterregisters beauftragten Behörde niedergelegt hat.

Die Anmeldung und Niederlegung muß erfolgen, bevor ein nach dem Muster oder Modelle gefertigtes Erzeugnis verbreitet wird.

Das Motiv, jede Konkurrenz auszuschließen, steht der Wirksamkeit der Anmeldung nicht entgegen, E. 27, 323. Zum Begriff der Verbreitung des Abs. 2 vgl. zu § 5. Ein nach dem Muster usw. gefert. Erzeugnis ist jede Ware, die bestimmungsgemäß verwendet werden konnte, mag sie auch noch nicht zur Verwendung kommen sollen, E. 36, 431. — Die Anmeldung usw. bildet lediglich eine formale Voraussetzung für die Ausübung des Rechts; die falsche Bezeichnung des Musters macht den Strafantrag deshalb nicht unwirksam, E. 42, 238.

§ 8. Der Schutz des gegenwärtigen Gesetzes gegen Nachbildung wird dem Urheber des Musters oder Modells nach seiner Wahl ein bis drei Jahre lang, vom Tage der Anmeldung (§ 7) ab, gewährt.

Der Urheber ist berechtigt, gegen Zahlung der im § 12 Absatz 3 bestimmten Gebühr, eine Ausdehnung der Schutzfrist bis auf höchstens fünfzehn Jahre zu verlangen. Die Verlängerung der Schutzfrist wird in dem Musterregister eingetragen.

Der Urheber kann das ihm nach Absatz 2 zustehende Recht außer bei der Anmeldung auch bei Ablauf der dreijährigen und der zehnjährigen Schutzfrist ausüben.

§ 9. Das Musterregister wird von den mit der Führung der Handelsregister beauftragten Gerichtsbehörden geführt.

Der Urheber hat die Anmeldung und Niederlegung des Musters oder Modells bei der Gerichtsbehörde seiner Hauptniederlassung, und falls er eine eingetragene Firma nicht besitzt, bei der betreffenden Gerichtsbehörde seines Wohnortes zu bewirken.

Urheber, welche im Inlande weder eine Niederlassung, noch einen Wohnsitz haben, müssen die Anmeldung und Niederlegung bei dem Handelsgericht in Leipzig bewirken.

Die Muster oder Modelle können offen oder versiegelt, einzeln oder in Paketen niedergelegt werden. Die Pakete dürfen jedoch nicht mehr als 50 Muster oder Modelle enthalten und nicht mehr als 10 Kilogramm wiegen. Die näheren Vorschriften über die Führung des Musterregisters erläßt das Reichskanzleramt.

Die Eröffnung der versiegelt niedergelegten Muster erfolgt drei Jahre nach der Anmeldung (§ 7) beziehentlich, wenn die Schutzfrist eine kürzere ist, nach dem Ablaufe derselben.

Die Eintragung und die Verlängerung der Schutzfrist (§ 8 Alinea 2) wird monatlich im Deutschen Reichsanzeiger bekannt gemacht. Die Kosten der Bekanntmachung hat der Anmeldende zu tragen.

§ 10. Die Eintragungen in das Musterregister werden bewirkt, ohne daß eine zuvorige Prüfung über die Berechtigung des Antragstellers oder über die Richtigkeit der zur Eintragung angemeldeten Tatsachen stattfindet.

§ 11. Es ist jedermann gestattet, von dem Musterregister und den nicht versiegelten Mustern und Modellen Einsicht zu nehmen und sich beglaubigte Auszüge aus dem Musterregister erteilen zu lassen. In Streitfällen darüber, ob ein Muster oder Modell gegen Nachbildung geschützt ist, können zur Herbeiführung der Entscheidung auch die versiegelten Pakete von der mit der Führung des Musterregisters beauftragten Behörde geöffnet werden.

§ 12. Alle Eingaben, Verhandlungen, Atteste, Beglaubigungen, Zeugnisse, Auszüge usw., welche die Eintragung in das Musterregister betreffen, sind stempelfrei.

Für jede Eintragung und Niederlegung eines einzelnen Musters oder eines Pakets mit Mustern usw. (§ 9) wird, insofern die Schutzfrist auf nicht länger als drei Jahre beansprucht wird (§ 8 Absatz 1), eine Gebühr von 1 Mark für jedes Jahr erhoben.

Nimmt der Urheber in Gemäßheit des § 8 Absatz 2 eine längere Schutzfrist in Anspruch, so hat er für jedes weitere Jahr bis zum zehnten Jahre einschließlich eine Gebühr von 2 Mark, von elf bis fünfzehn Jahren eine Gebühr von 3 Mark für jedes einzelne Muster oder Modell zu entrichten. Für jeden Eintragungsschein, sowie für jeden sonstigen Auszug aus dem Musterregister wird eine Gebühr von je 1 Mark erhoben.

§ 13. Derjenige, welcher nach Maßgabe des § 7 das Muster oder Modell zur Eintragung in das Musterregister angemeldet und niedergelegt hat, gilt bis zum Gegenbeweise als Urheber.

Die Vermutung erstreckt sich auch auf die Neuheit des Musters; sie gilt auch für das Strafverfahren; sie entbindet hier aber das Gericht nicht unbedingt von seiner Prüfungspflicht, E. 30, 145.

§ 14. Die Bestimmungen in den §§ 18—36, 38 des Gesetzes vom 11. Juni 1870, betreffend das Urheberrecht an Schriftwerken usw. (Bundes-Gesetzbl. 1870 S. 339) finden auch auf das Urheberrecht an Mustern und Modellen mit der Maßgabe entsprechende Anwendung, daß die vorrätigen Nachbildungen und die zur widerrechtlichen Vervielfältigung bestimmten Vorrichtungen nicht vernichtet, sondern auf Kosten des Eigentümers und nach Wahl desselben entweder ihrer gefährdenden Form entkleidet, oder bis zum Ablauf der Schutzfrist amtlich aufbewahrt werden.

Die Sachverständigenvereine, welche nach § 31 des genannten Gesetzes Gutachten über die Nachbildung von Mustern oder Modellen abzugeben haben, sollen aus Künstlern, aus Gewerbtreibenden verschiedener Gewerbzweige und aus sonstigen Personen, welche mit dem Muster- und Modellwesen vertraut sind, zusammengesetzt werden.

Die Bestimmungen des Ges. v. 11. Juni 1870 sind unten S. 32 f. abgedruckt.

§ 15. Bürgerliche Rechtsstreitigkeiten, in welchen auf Grund der Bestimmungen dieses Gesetzes eine Klage wegen Entschädigung, Bereicherung oder Einziehung angestellt wird, gelten im Sinne der Reichs- und Landesgesetze als Handelssachen.

§ 16. Das gegenwärtige Gesetz findet Anwendung auf alle Muster und Modelle inländischer Urheber, sofern die nach den Mustern oder Modellen hergestellten Erzeugnisse im Inlande verfertigt sind, gleichviel ob dieselben im Inlande oder Auslande verbreitet werden.

Wenn ausländische Urheber im Gebiete des Deutschen Reichs ihre gewerbliche Niederlassung haben, so genießen sie für die im Inlande gefertigten Erzeugnisse den Schutz des gegenwärtigen Gesetzes.

Im übrigen richtet sich der Schutz der ausländischen Urheber nach den bestehenden Staatsverträgen.

§ 17. Das gegenwärtige Gesetz tritt mit dem 1. April 1876 in Kraft. Es findet Anwendung auf alle Muster und Modelle, welche nach dem Inkrafttreten desselben angefertigt worden sind.

Muster und Modelle, welche vor diesem Tage angefertigt worden sind, genießen den Schutz des Gesetzes nur dann, wenn das erste nach dem Muster usw. gefertigte Erzeugnis erst nach dem Inkrafttreten des Gesetzes verbreitet worden ist.

Muster und Modelle, welche schon bisher landesgesetzlich gegen Nachbildung geschützt waren, behalten diesen Schutz; jedoch kann derselbe nur für denjenigen räumlichen Umfang geltend gemacht werden, für welchen er durch die Landesgesetzgebung erteilt war.

Die durch § 14 aufrecht erhaltenen Bestimmungen des Gesetzes betr. das Urheberrecht an Schriftwerken usw. vom 11. Juni 1870 lauten:

§ 18. [L.] **Wer vorsätzlich oder aus Fahrlässigkeit einen Nachdruck (§§ 4 ff.) in der Absicht, denselben innerhalb oder außerhalb des Norddeutschen Bundes zu verbreiten, veranstaltet, ist den Urheber**

oder dessen Rechtsnachfolger zu entschädigen verpflichtet und wird außerdem mit einer Geldstrafe bis zu eintausend Talern bestraft.

Die Bestrafung des Nachdrucks bleibt jedoch ausgeschlossen, wenn der Veranstalter desselben auf Grund entschuldbaren, tatsächlichen oder rechtlichen Irrtums in gutem Glauben gehandelt hat.

Kann die verwirkte Geldstrafe nicht beigetrieben werden, so wird dieselbe nach Maßgabe der allgemeinen Strafgesetze in eine entsprechende Freiheitsstrafe bis zu sechs Monaten umgewandelt.

Statt jeder aus diesem Gesetze entspringenden Entschädigung kann auf Verlangen des Beschädigten neben der Strafe auf eine an den Beschädigten zu erlegende Geldbuße bis zum Betrage von zweitausend Talern erkannt werden. Für diese Buße haften die zu derselben Verurteilten als Gesamtschuldner.

Eine erkannte Buße schließt die Geltendmachung eines weiteren Entschädigungsanspruches aus.

Wenn den Veranstalter des Nachdrucks kein Verschulden trifft, so haftet er dem Urheber oder dessen Rechtsnachfolger für den entstandenen Schaden nur bis zur Höhe seiner Bereicherung.

Vgl. die Bemerkungen zu § 38 LitGes. Ueber den Begriff des Veranst. vgl. E. 12, 34; 20, 431. Die Fahrlässigkeit bestimmt sich nach den allg. Grundsätzen; eine generelle Verpflichtung, nach dem Bestehen etwaigen Musterschutzes Erkundigungen einzuziehen, ist nicht anzuerkennen. So E. 20, 212; anders E. 9, 424. — Gemäß Abs. 2 schützt den Täter auch der Strafrechtsirrtum, sofern er entschuldbar ist;

E. 4, 349; 15, 419; 19, 198. Vgl. über die Nachprüfung der Entschuldbarkeit einerseits E. 9, 422, andererseits R. 9, 520. — Bezgl. Abs. 4 vgl. zu § 40 LitGes.

§ 19. Darüber, ob ein Schaden entstanden ist, und wie hoch sich derselbe beläuft, desgleichen über den Bestand und die Höhe einer Bereicherung, entscheidet das Gericht unter Würdigung aller Umstände nach freier Ueberzeugung.

§ 20. Wer vorsätzlich oder aus Fahrlässigkeit einen anderen zur Veranstaltung eines Nachdrucks veranlaßt, hat die im § 18 festgesetzte Strafe verwirkt, und ist den Urheber oder dessen Rechtsnachfolger nach Maßgabe der §§ 18 und 19 zu entschädigen verpflichtet, und zwar selbst dann, wenn der Veranstalter des Nachdrucks nach § 18 nicht strafbar oder ersatzverbindlich sein sollte.

Wenn der Veranstalter des Nachdrucks ebenfalls vorsätzlich oder aus Fahrlässigkeit gehandelt hat, so haften beide dem Berechtigten solidarisch.

Die Strafbarkeit und die Ersatzverbindlichkeit der übrigen Teilnehmer am Nachdruck richtet sich nach den allgemeinen gesetzlichen Vorschriften.

Die Veranlassung bildet keinen Sonderfall der Anstiftung, sondern einen selbständ. delikt. Tatbestand. Vgl. E. 29, 445; 30, 295. Die Bestimmung des § 18 Abs. 2 gilt auch zugunsten des Veranlassers, E. 4, 351. Als Veranlasser ist jeder anzusehen, der einen andern zur Veranstaltung eines Nachdrucks bestimmt, E. 14, 241; gleichgültig, ob dieser schuldhaft handelt oder nicht, E. 29, 444.

§ 21. Die vorrätigen Nachdrucksexemplare und die zur widerrechtlichen Vervielfältigung ausschließ-

lich bestimmten Vorrichtungen, wie Formen, Platten, Steine, Stereotypabgüsse usw., unterliegen der Einziehung. Dieselben sind, nachdem die Einziehung dem Eigentümer gegenüber rechtskräftig erkannt ist, entweder zu vernichten oder ihrer gefährdenden Form zu entkleiden und alsdann dem Eigentümer zurückzugeben.

Wenn nur ein Teil des Werkes als Nachdruck anzusehen ist, so erstreckt sich die Einziehung nur auf den als Nachdruck erkannten Teil des Werkes und die Vorrichtungen zu diesem Teile.

Die Einziehung erstreckt sich auf alle diejenigen Nachdrucksexemplare und Vorrichtungen, welche sich im Eigentum des Veranstalters des Nachdrucks, des Druckers, der Sortimentsbuchhändler, der gewerbsmäßigen Verbreiter und desjenigen, welcher den Nachdruck veranlaßt hat (§ 20), befinden.

Die Einziehung tritt auch dann ein, wenn der Veranstalter oder Veranlasser des Nachdrucks weder vorsätzlich noch fahrlässig gehandelt hat (§ 18). Sie erfolgt auch gegen die Erben desselben.

Es steht dem Beschädigten frei, die Nachdrucksexemplare und Vorrichtungen ganz oder teilweise gegen die Herstellungskosten zu übernehmen, insofern nicht die Rechte eines Dritten dadurch verletzt oder gefährdet werden.

Vgl. zu § 42 LitGes. Einschränkung s. in § 14 Geschmacksmustergesetz.

§ 22. Das Vergehen des Nachdrucks ist vollendet, sobald ein Nachdrucksexemplar eines Werkes den Vorschriften des gegenwärtigen Gesetzes zuwider, sei es im Gebiete des Norddeutschen Bundes, sei es außerhalb desselben, hergestellt worden ist.

Im Falle des bloßen Versuchs des Nachdrucks tritt weder eine Bestrafung noch eine Entschädigungsverbindlichkeit des Nachdruckers ein. Die Einziehung der Nachdrucksvorrichtungen (§ 21) erfolgt auch in diesem Falle.

Bloße Vorbereitungshandlungen genügen nicht, E. 30, 56 (61). Die Einziehung des Abs. 2 setzt Verschulden nicht voraus; ebda.

§ 23. Wegen Rückfalls findet eine Erhöhung der Strafe über das höchste gesetzliche Maß (§ 18) nicht statt.

§ 24. [A.] Wenn in den Fällen des § 7 Littr. a die Angabe der Quelle oder des Namens des Urhebers vorsätzlich oder aus Fahrlässigkeit unterlassen wird, so haben der Veranstalter und der Veranlasser des Abdrucks eine Geldstrafe bis zu zwanzig Talern verwirkt.

Eine Umwandlung der Geldstrafe in Freiheitsstrafe findet nicht statt.

Eine Entschädigungspflicht tritt nicht ein.

§ 25. Wer vorsätzlich Exemplare eines Werkes, welche den Vorschriften des gegenwärtigen Gesetzes zuwider angefertigt worden sind, innerhalb oder außerhalb des Norddeutschen Bundes gewerbemäßig feilhält, verkauft oder in sonstiger Weise verbreitet, ist nach Maßgabe des von ihm verursachten Schadens den Urheber oder dessen Rechtsnachfolger zu entschädigen verpflichtet und wird außerdem mit Geldstrafe nach § 18 bestraft.

Die Einziehung der zur gewerbemäßigen Verbreitung bestimmten Nachdrucksexemplare nach Maßgabe des § 21 findet auch dann statt, wenn der Verbreiter nicht vorsätzlich gehandelt hat.

Der Entschädigungspflicht, sowie der Bestrafung wegen Verbreitung unterliegen auch der Veranstalter und Veranlasser des Nachdrucks, wenn sie nicht schon als solche entschädigungspflichtig und strafbar sind.

Vgl. zu § 11 LitGes. Strafbar ist hier lediglich das Verbreiten usw. von gesetzwidrig hergestellten Exemplaren, nicht die unbefugte Verbreitung rechtmäßig hergestellter, vgl. E. 39, 110. Es genügt, daß die Nachbildung objektiv rechtswidrig erfolgte; daß der Veranstalter schuldhaft handelte, wird nicht vorausgesetzt. Der § 18 Abs. 2 kommt auch dem gewerbsm. Verbreiter zugute, E. 10, 401.

f) Verfahren.

§ 26. Sowohl die Entscheidung über den Entschädigungsanspruch, als auch die Verhängung der im gegenwärtigen Gesetze angedrohten Strafen und die Einziehung der Nachdrucksexemplare usw. gehört zur Kompetenz der ordentlichen Gerichte.

Die Einziehung der Nachdrucksexemplare usw. kann sowohl im Strafrechtswege beantragt, als im Zivilrechtswege verfolgt werden.

§ 27. **Das gerichtliche Strafverfahren ist nicht von Amtswegen, sondern nur auf den Antrag des Verletzten einzuleiten. Der Antrag auf Bestrafung kann bis zur Verkündung eines auf Strafe lautenden Erkenntnisses zurückgenommen werden.**

Vgl. zu § 45 LitGes. und bezgl. des Einziehungsantrags zu § 42 LitGes.

§ 28. **Die Verfolgung des Nachdrucks steht jedem zu, dessen Urheber- oder Verlagsrechte durch die widerrechtliche Vervielfältigung beeinträchtigt oder gefährdet sind.**

Bei Werken, welche bereits veröffentlicht sind, gilt bis zum Gegenbeweise derjenige als Urheber, welcher nach Maßgabe des § 11 Absatz 1, 2 auf dem Werke als Urheber angegeben ist.

Bei anonymen und pseudonymen Werken ist der Herausgeber, und wenn ein solcher nicht angegeben ist, der Verleger berechtigt, die dem Urheber zustehenden Rechte wahrzunehmen. Der auf dem Werke angegebene Verleger gilt ohne weiteren Nachweis als der Rechtsnachfolger des anonymen oder pseudonymen Urhebers.

§ 29. In den Rechtsstreitigkeiten wegen Nachdrucks, einschließlich der Klagen wegen Bereicherung aus dem Nachdruck, hat der Richter, ohne an positive Regeln über die Wirkung der Beweismittel gebunden zu sein, den Tatbestand nach seiner freien, aus dem Inbegriff der Verhandlungen geschöpften Ueberzeugung festzustellen.

Ebenso ist der Richter bei Entscheidung der Frage: ob der Nachdrucker oder der Veranlasser des Nachdrucks (§§ 18, 20) fahrlässig gehandelt hat, an die in den Landesgesetzen vorgeschriebenen verschiedenen Grade der Fahrlässigkeit nicht gebunden.

§ 30. Sind technische Fragen, von welchen der Tatbestand des Nachdrucks oder der Betrag des Schadens oder der Bereicherung abhängt, zweifelhaft oder streitig, so ist der Richter befugt, das Gutachten Sachverständiger einzuholen.

§ 31. In allen Staaten des Norddeutschen Bundes sollen aus Gelehrten, Schriftstellern, Buchhändlern und anderen geeigneten Personen Sachverständigen-Vereine gebildet werden, welche, auf Erfordern des Richters, Gutachten über die an sie gerichteten Fragen abzugeben verpflichtet sind. Es bleibt den einzelnen Staaten überlassen, sich zu diesem Behufe an andere Staaten des Norddeutschen Bundes anzuschließen, oder auch mit denselben sich zur Bildung gemeinschaftlicher Sachverständigen-Vereine zu verbinden.

Die Sachverständigen-Vereine sind befugt, auf Anrufen der Beteiligten über streitige Entschädigungsansprüche und die Einziehung nach Maßgabe der §§ 18 bis 21 als Schiedsrichter zu verhandeln und zu entscheiden.

Das Bundeskanzleramt erläßt die Instruktion über die Zusammensetzung und den Geschäftsbetrieb der Sachverständigen-Vereine.

§ 32. (Veraltet.)

g) Verjährung.

§ 33. **Die Strafverfolgung des Nachdrucks und die Klage auf Entschädigung wegen Nachdrucks, einschließlich der Klage wegen Bereicherung (§ 18), verjähren in drei Jahren.**

Der Lauf der Verjährung beginnt mit dem Tage, an welchem die Verbreitung der Nachdrucksexemplare zuerst stattgefunden hat.

§ 34. Die Strafverfolgung der Verbreitung von Nachdrucksexemplaren und die Klage auf Entschädigung wegen dieser Verbreitung (§ 25) verjähren ebenfalls in drei Jahren.

Der Lauf der Verjährung beginnt mit dem Tage, an welchem die Verbreitung zuletzt stattgefunden hat.

§ 35. Der Nachdruck und die Verbreitung von Nachdrucksexemplaren sollen straflos bleiben, wenn der zum Strafantrage Berechtigte den Antrag binnen drei Monaten nach erlangter Kenntnis von dem begangenen Vergehen und von der Person des Täters zu machen unterläßt.

§ 36. Der Antrag auf Einziehung und Vernichtung der Nachdrucksexemplare, sowie der zur widerrechtlichen Vervielfältigung ausschließlich bestimmten Vorrichtungen (§ 21), ist solange zulässig, als solche Exemplare und Vorrichtungen vorhanden sind.

§ 38. Die allgemeinen gesetzlichen Vorschriften bestimmen, durch welche Handlungen die Verjährung unterbrochen wird.

Die Einleitung des Strafverfahrens unterbricht die Verjährung der Entschädigungsklage nicht, und ebensowenig unterbricht die Anstellung der Entschädigungsklage die Verjährung des Strafverfahrens.

Gesetz, betreffend Zuwiderhandlungen gegen die zur Abwehr der Rinderpest erlassenen Vieh-Einfuhrverbote.

Vom 21. Mai 1878. (RGBl. S. 95.)

§ 1. [L.] Wer den auf Grund des Gesetzes vom 7. April 1869 (Bundes-Gesetzbl. S. 105) zur Verhütung der Einschleppung der Rinderpest erlassenen Beschränkungen oder Verboten der Einfuhr lebender Wiederkäuer vorsätzlich zuwiderhandelt, wird mit Gefängnis von einem Monat bis zu zwei Jahren bestraft.

Der Versuch ist strafbar.

Voraussetzung für den Erlaß der Beschränkungen und Verbote ist der Ausbruch der Rinderpest in einem Bundesstaat oder in einem an das Reichsgebiet angrenzenden oder mit demselben im direkten Verkehr stehenden Lande. Für diesen Fall verpflichtet und ermächtigt das Gesetz vom 7. April 1869, Maßregeln gegen die Rinderpest betreffend, in § 1 die zuständigen Verwaltungsbehörden der betreffenden Bundesstaaten, alle Maßregeln zu ergreifen, welche geeignet sind, die Verschleppung und beziehentlich die Weiterverbreitung der Seuche zu verhüten und die im Lande selbst ausgebrochene Seuche zu unterdrücken. Zu den zahlreichen, je nach den Umständen zu ergreifenden Maßregeln, welche § 2 des zit. Gesetzes aufzählt, gehören auch die Einfuhr-Verbote und -Beschränkungen. Das Gesetz vom 21. Mai 1878 betrifft lediglich die Einfuhr von Vieh, und zwar nur einer ganz bestimmten Art, nämlich lebender Wiederkäuer. Es enthält insofern einen qualifizierten Fall des § 328 StGB.; letztere Bestimmung bleibt anwendbar, soweit es sich um die Verletzung anderer Einfuhrverbote oder anderer Aufsichts- und Absperrungsmaßregeln handelt. Idealk. von § 1 und § 328 StGB. ist demgemäß ausgeschlossen. Vgl. E. 1, 213; 9, 190; R. VII, 57. Liegen die objektiven Voraussf. des § 1 vor, so kann § 328 StGB. zur Anwendung kommen, wenn der Täter zwar von dem Bestehen des Einfuhrverbots Kenntnis hatte, aber nicht wußte, daß es zur Abwehr gerade der Rinderpest erlassen sei, E. 23, 107; 23, 312.

Die Anordnungen müssen von der zuständigen Behörde erlassen sein, vgl. E. 2, 113; 151; 12, 38. Sie fallen nur insoweit hierher, als sie die Einfuhr in den betr. Bundesstaat, nicht aber, soweit sie den Transport von Vieh innerhalb des Staates regeln, E. 2, 114. Als Bestandteil des bedingten Einfuhrverbots können auch bloße Kontrollvorschriften in Betracht kommen, und zwar selbst solche, die bestimmte Maßnahmen für die Zeit nach der Einfuhr anordnen, vgl. E. 11, 65; 14, 253; 16, 136; s. aber E. 24, 33. — Der Vorsatz setzt das Bewußtsein voraus, einem zur Abwehr der Rinderpest erlassenen Einfuhrverbot zuwiderzuhandeln, vgl. E. 16, 136; 17, 318; 23, 107.

Zum Begriff der Täterschaft vgl. E. 2, 260; s. auch E. 13, 300; über die Strafbarkeit der Beihilfe vgl. E. 11, 20; 20, 169. — Für die Vollendung ist nicht die Ueberschreitung der Landesgrenze, sondern das Passieren der Kontrollstation, das jener vorangehen oder nachfolgen kann, maßgebend, E. 15, 1. — Mit dem Delikt aus § 1 kann die Konterbande ideell konkurrieren, s. E. 1, 353. Ist für die Einfuhr eine behördl. Bewilligung erteilt, benutzt aber ein Dritter den Einfuhrschein, so liegt keine Konterbande vor, E. 1, 353. Handelt es sich um die Verletzung eines Einfuhrverbots, so kann eine Zolldefraudation nicht konkurrieren, E. 2, 370; R. V, 534.

§ 2. [L.] **Wird die Zuwiderhandlung in der Absicht begangen, sich oder einem anderen einen Vermögensvorteil zu verschaffen oder einem anderen Schaden zuzufügen, so tritt Zuchthausstrafe bis zu fünf Jahren oder Gefängnis nicht unter sechs Monaten ein.**

Vermögensvorteil bedeutet jede günstigere Gestaltung der Vermögenslage, die gerade durch die Zuwiderhandlung gegen die Anordnungen des § 1 bewirkt werden soll; daher gehört hierher nicht die wirtschaftliche Nutzung des eingeführten Viehs, E. 15, 1; oder die Veräußerung des Viehs nach Feststellung seiner Unbrauchbarkeit, E. 2, 352. In der Ersparnis der Taxgebühr bei Nichteinholung der behördlichen Einfuhrbewilligung hat E. 3, 378 einen ausreichenden Vermögensvorteil erblickt, vgl. auch R. V, 534.

§ 3. [A.] Wer den im § 1 bezeichneten Beschränkungen oder Verboten aus Fahrlässigkeit zuwiderhandelt, wird mit Geldstrafe bis zu sechshundert Mark oder mit Gefängnis bis zu drei Monaten bestraft.

Bei Personen, welche nicht weiter als fünfzehn Kilometer von der Grenze entfernt ihren Wohnsitz oder gewöhnlichen Aufenthalt haben, ingleichen bei Personen, welche mit den durch die Beschränkungen oder Verbote betroffenen Tieren gewerbsmäßig Handel treiben, insbesondere Fleischern und Viehhändlern, sowie den Gehülfen dieser Personen, ist die Unkenntnis dieser Beschränkungen oder Verbote als durch Fahrlässigkeit verschuldet anzunehmen, wenn sie nicht den Nachweis führen, daß sie ohne ihr Verschulden durch besondere Umstände verhindert waren, von denselben Kenntnis zu erlangen.

§ 4. Ist in Folge der Zuwiderhandlung Vieh von der Seuche ergriffen worden, so ist

[L.] in dem Falle des § 1 auf Gefängnis nicht unter drei Monaten,

[S.] in dem Falle des § 2 auf Zuchthaus bis zu zehn Jahren oder Gefängnis nicht unter einem Jahre,

[L.] in dem Falle des § 3 auf Geldstrafe bis zu zweitausend Mark oder auf Gefängnis bis zu einem Jahre

zu erkennen.

Gesetz, betreffend den Verkehr mit Nahrungsmitteln, Genußmitteln und Gebrauchsgegenständen.

Vom 14. Mai 1879. (RGBl. S. 145.)

§ 1. Der Verkehr mit Nahrungs- und Genußmitteln, sowie mit Spielwaren, Tapeten, Farben, Eß-, Trink- und Kochgeschirr und mit Petroleum unterliegt der Beaufsichtigung nach Maßgabe dieses Gesetzes.

Hierher gehören nur Nahrungs- und Genußmittel für Menschen (nicht Viehfutter, R. II, 294), gleichgültig, ob sie bereits zum Genusse fertig sind oder vor ihm noch einer Zubereitung oder einer Verbindung oder Verarbeitung mit anderen Stoffen bedürfen, R. I, 385; II, 220. Daher auch ungemahlenes Getreide, R. III, 456, Hopfen, R. IV, 684, Hefe, E. 33, 301, 386; aber auch Schlachtvieh, R. VIII, 721; E. 23, 242. Auch Heilmittel können unter den Begriff fallen: Tatfrage E. 4, 393. — Die Gegenstände müssen dem Körper zugeführt und dadurch verbraucht werden; daher scheiden Heiz- und Beleuchtungsmaterialien aus, E. 9, 46, ebenso Blumen, vgl. E. 4, 72 betr. § 370 Ziff. 5 StGB. — Ueber Saffran vgl. R. IX, 138.

§ 2. Die Beamten der Polizei sind befugt, in die Räumlichkeiten, in welchen Gegenstände der in § 1 bezeichneten Art feilgehalten werden, während der üblichen Geschäftsstunden oder während die Räumlichkeiten dem Verkehr geöffnet sind, einzutreten.

Sie sind befugt, von den Gegenständen der in § 1 bezeichneten Art, welche in den angegebenen Räumlichkeiten sich befinden, oder welche an öffentlichen Orten, auf Märkten, Plätzen, Straßen oder im Umherziehen verkauft oder feilgehalten werden, nach ihrer Wahl Proben zum Zwecke der Untersuchung gegen Empfangsbescheinigung zu entnehmen. Auf Verlangen ist dem Besitzer ein Teil der Probe amtlich verschlossen oder versiegelt zurückzulassen. Für die entnommene Probe ist Entschädigung in Höhe des üblichen Kaufpreises zu leisten.

In Preußen erstreckt sich diese Befugnis gemäß § 10 ALR. II, 17; § 6c des Gesetzes über die Polizeiverwaltung auch auf die Nahrungsmittel, die den Gegenstand des Marktverkehrs bilden, E. 9, 121.

§ 3. Die Beamten der Polizei sind befugt, bei Personen, welche auf Grund der §§ 10, 12, 13 dieses Gesetzes zu einer Freiheitsstrafe verurteilt sind, in den Räumlichkeiten, in welchen Gegenstände der in § 1 bezeichneten Art feilgehalten werden, oder welche zur Aufbewahrung oder Herstellung solcher zum Verkaufe bestimmter Gegenstände dienen, während der in § 2 angegebenen Zeit Revisionen vorzunehmen.

Diese Befugnis beginnt mit der Rechtskraft des Urteils und erlischt mit dem Ablauf von drei Jahren von dem Tage an gerechnet, an welchem die Freiheitsstrafe verbüßt, verjährt oder erlassen ist.

§ 4. Die Zuständigkeit der Behörden und Beamten zu den in §§ 2 und 3 bezeichneten Maßnahmen richtet sich nach den einschlägigen landesrechtlichen Bestimmungen.

Landesrechtliche Bestimmungen, welche der Polizei weitergehende Befugnisse als die in §§ 2 und 3 bezeichneten geben, bleiben unberührt.

§ 5. Für das Reich können durch Kaiserliche Verordnung mit Zustimmung des Bundesrats zum Schutze der Gesundheit Vorschriften erlassen werden, welche verbieten:

1. bestimmte Arten der Herstellung, Aufbewahrung und Verpackung von Nahrungs- und Genußmitteln, die zum Verkaufe bestimmt sind;
2. das gewerbsmäßige Verkaufen und Feilhalten von Nahrungs- und Genußmitteln von einer bestimmten Beschaffenheit oder unter einer der wirklichen Beschaffenheit nicht entsprechenden Bezeichnung;
3. das Verkaufen und Feilhalten von Tieren, welche an bestimmten Krankheiten leiden, zum Zwecke des Schlachtens, sowie das Verkaufen und Feilhalten des Fleisches von Tieren, welche mit bestimmten Krankheiten behaftet waren;
4. die Verwendung bestimmter Stoffe und Farben zur Herstellung von Bekleidungsgegenständen, Spielwaren, Tapeten, Eß-, Trink- und Kochgeschirr, sowie das gewerbsmäßige Verkaufen und Feilhalten von Gegenständen, welche diesem Verbote zuwider hergestellt sind;
5. das gewerbsmäßige Verkaufen und Feilhalten von Petroleum von einer bestimmten Beschaffenheit.

Vgl. die Verordnung betr. den Verkehr mit Essigsäure vom 14. Juli 1908 (RGBl. 475) und die Verordnung über das gewerbsmäßige Verkaufen und Feilhalten von Petroleum vom 24. Febr. 1882 (RGBl. 40).

§ 6. Für das Reich kann durch Kaiserliche Verordnung mit Zustimmung des Bundesrats das gewerbsmäßige Herstellen, Verkaufen und Feilhalten von Gegenständen, welche zur Fälschung von Nahrungs- oder Genußmitteln bestimmt sind, verboten oder beschränkt werden.

Verordnung, betr. das Verbot von Maschinen zur Herstellung künstlicher Kaffeebohnen, vom 1. Febr. 1891 (RGBl. 11).

§ 7. Die auf Grund der §§ 5, 6 erlassenen Kaiserlichen Verordnungen sind dem Reichstag, sofern er versammelt ist, sofort, anderenfalls bei dessen nächstem Zusammentreten vorzulegen. Dieselben sind außer Kraft zu setzen, soweit der Reichstag dies verlangt.

§ 8. [A]. Wer den auf Grund der §§ 5, 6 erlassenen Verordnungen zuwiderhandelt, wird mit Geldstrafe bis zu einhundertfünfzig Mark oder mit Haft bestraft.

Landesrechtliche Vorschriften dürfen eine höhere Strafe nicht androhen.

§ 9. [A.] Wer den Vorschriften der §§ 2 bis 4 zuwider den Eintritt in die Räumlichkeiten, die Entnahme einer Probe oder die Revision verweigert, wird mit Geldstrafe von fünfzig bis zu einhundertfünfzig Mark oder mit Haft bestraft.

§ 10. [L. A.] Mit Gefängnis bis zu sechs Monaten und mit Geldstrafe bis zu eintausendfünfhundert Mark oder mit einer dieser Strafen wird bestraft:

1. wer zum Zwecke der Täuschung im Handel und Verkehr Nahrungs- oder Genußmittel nachmacht oder verfälscht;
2. wer wissentlich Nahrungs- oder Genußmittel, welche verdorben oder nachgemacht oder verfälscht sind, unter Verschweigung dieses Umstandes verkauft oder unter einer zur Täuschung geeigneten Bezeichnung feilhält.

Die §§ 10, 11 dienen dem Schutz *wirtschaftlicher Interessen* gegen den unredlichen oder nachlässigen Verkehr mit Nahrungs- usw. Mitteln, §§ 12—14 dem Schutz der *menschlichen Gesundheit*, s. E. 6, 35. Die Täuschung ist daher nur für die §§ 10, 11 wesentlich, R. III, 137.

Zu Ziffer 1.

Nachmachen bedeutet die Herstellung eines Erzeugnisses, welches einem bereits bekannten Nahrungs- oder Genußmittel in der äußeren Erscheinungsform ähnlich, aber nach Wesen und Gehalt nicht gleichwertig ist, E. 41, 207. *Verfälschung* die Verschlechterung eines vorhandenen Nahrungs- oder Genußmittels durch Zusatz oder Entziehen von Stoffen, E. 4, 434; 14, 432; 19, 152; 24, 240, oder durch Nichtentziehung von Bestandteilen, die bei normaler Herstellung entfernt werden müßten, E. 17, 99 (Belassen eines übermäßigen Wasserquantums in der Butter). Das RG. zieht hierher auch die Fälle, in denen durch eine der bezeichneten Manipulationen der Ware der Anschein einer besseren Beschaffenheit gegeben, E. 27, 78 (Färben dürrer Kaffeebohnen mit Ocker und Oel, um sie vollwertig erscheinen zu lassen), E. 30, 393 (Verwendung von Theerfarbe zu Marmelade, um den Anschein eines größeren Gehalts an Obstbestandteilen zu erwecken), insbesondere eine eingetretene Verschlechterung verdeckt wird (s. E. 5, 178: Bestreichen von Fischkiemen mit roter Farbe, E. 6, 51: Färben von Wurst); indessen wird hier mit Binding (Lehrb. II, 76) ein Nachmachen anzunehmen sein (s. auch E. 31, 74: Herstellung von Wurst aus Pferdefleisch anstatt aus Rind- und Schweinefleisch als Nachmachen von Nahrungsmitteln). Immer aber muß auf die Substanz der Ware selbst (falsche Etikettierung reicht daher nicht aus, E. 4, 434; 14, 429) eine Einwirkung stattfinden, die ihre Verschlechterung zur Folge hat; die bloße Verdeckung von Schönheitsfehlern genügt daher nicht, E. 27, 6 (Färben des Kaffees mit Ocker, um ihm ein besseres, gleichmäßiges Aussehen zu geben) E. 37, 203 (Zusatz von Himbeerrot zu alkoholfreiem Traubensaft). Daher scheidet auch die Anwendung von Klärungsmitteln, die keinen Einfluß auf die Substanz und die Zusammensetzung des Bieres üben, hier aus, E. 8, 434; R. VII, 316. Die Verschlechterung setzt eine Abweichung von der normalen Beschaffenheit voraus, E. 14, 429. Bei der Beurteilung der normalen Beschaffenheit sind die Intentionen der Parteien, das Herkommen, berechtigte Geschäftsgebräuche zu berücksichtigen; ebenso die Erwartungen, zu denen das Publikum auf Grund der Ankündigung, des Preises und des Gebrauchszwecks der Waren berechtigt war, s. einerseits E. 6, 51 (53), andererseits E. 41, 438. Dabei kann die gewohnheitsmäßige Täuschung ein hier in Betracht zu ziehendes Herkommen nicht begründen, E. 14, 437; E. 15, 195; vgl. auch E. 25, 118; ebenso bleiben unberechtigte Geschäftsgebräuche außer Betracht, E. 14, 442; 15, 161. Ein Geschäftsgebrauch von nur lokaler Geltung macht die Ware nur insoweit zu einer normalen, als das Absatzgebiet sich auf den Geltungsbereich jenes Geschäftsgebrauchs beschränkt; entspricht die substanzielle Einwirkung zwar den Geschäftsgebräuchen des Herstellungs-, nicht aber denen des Absatzortes, oder umgekehrt, so ist im ersten Falle die Ware für den Absatzort, im zweiten für den Herstellungsort als verfälscht zu betrachten, E. 16, 318; E. 31, 72. Diese Gesichtspunkte gelten auch für neue Waren insofern, als hier durch Ankündigung, Preis und Zweck der Waren die Erwartung einer ganz bestimmten Zusammensetzung hervorgerufen werden kann, E. 40, 148 („Honi-Butti" als Nachmachung einer Mischung von Kokosnußbutter und Naturhonig); E. 41, 435 („Rumverschnitt"); GA. 56, 79 („alkoholfreier Wein"). Ein selbständiges Nahrungsmittel kann als Nachahmung eines andern erscheinen, wenn ihm durch Behandlung seines Stoffs oder seiner Form dessen äußerer Anschein verliehen wird, E. 19, 151 (Margarine als Nachmachung von Milchbutter) E. 25, 183, 186 (ein aus Talg und Speiseöl hergestelltes Kunstprodukt als Nachmachung von Schweineschmalz). — Immerhin reicht nicht jede Abweichung von der üblichen Fabrikationsart aus; vielmehr muß auch in diesen Fällen der Anschein erweckt werden, daß die Ware einen ihr nicht zukommenden Gebrauchs- oder Verkehrswert besitze, E. 7, 339; E. 12, 94 (Zusatz von Süßholz zum Bier, um dieses „vollmündiger" zu machen); E. 29, 258 (Verwendung von Stärkesirup zum Einmachen von Preißelbeeren). — Jede Abweichung von der normalen Beschaffenheit genügt; die Ware braucht nicht als Nahrungsmittel unbrauchbar oder gesundheitsschädlich zu sein, E. 3, 235; R. IV, 195; erfolgt die Verfälschung durch den Zusatz fremdartiger Stoffe, so kommt es auf deren Menge grundsätzlich nicht an, E. 23, 381. — Die Begriffe Nachmachen und Verfälschen sind gleichwertig, E. 21, 439.

Einzelne Arten von Verfälschungen: Naturwein verfälscht durch Zusatz von Wasser und Kunstwein, E. 2, 418; Spritwasser, E. 14, 426; Zucker, E. 15, 192; Hollunderbeersaft, E. 15, 321; Nachmachung durch Verschnittwein, E. 31, 57. Gries: Vermischung von Weizen- und Maisgries, E. 3, 234. Tabak: Einmengung von Tabakstengeln, E. 4, 311. Bier: Zusatz von nicht reinem Traubenzucker, R. VI, 170; Biercouleur, R. VII, 203; VII, 374; Saccharin, E. 24, 36; Wasser, E. 23, 383; Salizyl, E. 39, 90; Vermischung mit Bierneigen, E. 12, 400. Eine Uebertretung des bayr. Malzaufschlaggesetzes vom 16. Mai 1868 begründet zwar nicht ohne weiteres eine Nahrungsmittelfälschung; die Vorschriften des Gesetzes sind indessen von Bedeutung für die Beurteilung der normalen, zu erwartenden Beschaffenheit des bairischen Bieres, E. 11, 298 (Salizylsäure); vgl. ferner E. 10, 266 (Verwendung von Farinzucker zur Weißbierbrauerei); E. 12, 94 (Süßholz, Zuckercouleur usw.); E. 13, 97 (Salizyl); sowie für das württ. Biersteuergesetz vom 4. Juli 1900 E. 38, 355 (Verwendung von Färbebierextrakt). Milch: Zusatz von entrahmter zu nicht entrahmter, R. VI, 796; von mit Wasser verdünnter zu unverdünnter Milch, E. 30, 100; teilweise Entrahmung von Vollmilch, E. 33, 26. Butter: s. E. 17, 99; 19, 151 (oben Abs. 2).

Wurst: Verwendung von Hundefleisch, E. 21, 437; Pferdefleisch, E. 31, 74; Kartoffeln, Stärkemehl und Wasser R. VIII, 552; E. 15, 161. Himbeerlikör: Färben mit Fuchsin, R. IV, 197; s. aber auch R. IV, 519. Kaffee: Quellen und Färben von Kaffeebohnen, E. 25, 117; 27, 73. Most: Zusatz von Salizylsäure, E. 40, 69. Mehl: Zusatz von Saubohnenmehl zu einer Mischung von Roggen- und Weizenmehl, E. 16, 316. Eingemachte Reineclauden: Zusatz von Blaustein, R. VII, 239.

Der Täter muß mit dem Bewußtsein, daß sein Tun denjenigen Zustand des Nahrungs- usw. Mittels zur Folge haben werde, den das Gesetz als „nachgemacht" oder „verfälscht" bezeichnet (E. 14, 437; Subsumtion unter diese Begriffe ist nicht erforderlich) und in der Absicht handeln, über die Qualität des Produkts in Handel und Verkehr zu täuschen. Diese Absicht fehlt, wenn das Genußmittel für den Hausbedarf bestimmt ist, E. 14, 438; sie wird dadurch nicht ausgeschlossen, daß der Täter keine Täuschung seiner unmittelbaren Abnehmer bezweckte; es genügt, wenn der Zweck einer Täuchung von Konsumenten oder Nichtkonsumenten verfolgt wird, in deren Hände das Produkt auf den Wegen des Verkehrslebens gelangen soll, E. 3, 272, 274; 14, 438; 25, 117; 31, 74; 34, 230. Außer der Nachmachung oder Verfälschung ist eine weitere Täuschungshandlung nicht erforderlich, E. 3, 273. Die Absicht richtet sich nicht auf die Verschlechterung, sondern auf Täuschung durch Verschlechterung; diese ist das Mittel jener, E. 15, 323. Gewinnsucht ist nicht erforderlich, E. 12, 94. Die Absicht des Exports der verfälschten Ware nach einem Lande, in dem ein entsprechendes Verbot nicht besteht, schließt die Täuschungsabsicht nicht aus, E. 35, 169 (Zusatz von Bukettstoffen zu Wein, der zum Verkauf nach Amerika bestimmt ist).

Vollendet ist das Delikt mit dem Nachmachen oder Verfälschen; es bedarf weder einer Gesundheitsschädigung oder -gefährdung, noch eines Erfolgs der Täuschungshandlung, E. 6, 55; 3, 234.

Zu Ziffer 2.

Verdorben ist ein Nahrungs- oder Genußmittel, das gegenüber seinem ursprünglich vorhanden gewesenen oder normalen Zustand eine Veränderung erlitten hat, die seine Verwertbarkeit für die Ernährung und den Genuß herabsetzt, E. 5, 291. Diese Veränderung darf nicht durch eine Verfälschungshandlung herbeigeführt sein. Zu berücksichtigen ist der vermutliche Wille der Parteien und die Erwartung, welche nach den Umständen des Falles der Käufer hinsichtlich der Beschaffenheit der Ware hegen durfte, E. 26, 420. Innere Zersetzung ist nicht erforderlich, E. 5, 292; ebensowenig völlige Ungenießbarkeit; es genügt, daß die Ware nach allgemeiner oder nach der Anschauung des Konsumentenkreises (nicht nach der eines einzelnen) sich in ekelerregendem Zustande befindet, E. 5, 292; E. 6, 269; E. 18, 138; E. 23, 409. Dabei entscheidet der objektive Zustand des Nahrungsmittels, nicht die bloße Ansicht des Publikums, E. 12, 407, und zwar sein Zustand zur Zeit des Verkaufs, E. 6, 269; für Gegenstände, welche als Eßware zu dienen bestimmt sind, zur vollen Gebrauchsfähigkeit aber noch einer besonderen Zubereitung durch Kochen usw. bedürfen, entscheidet der zur Zeit des Feilhaltens oder Verkaufs bestehende rohe Zustand. — Fleisch von krankem (E. 5, 344; E. 26, 419) oder abgemagertem (R. V, 510) Vieh ist als verdorben zu betrachten, wenn sein normaler Zustand sich derart verändert hat, daß es zum menschlichen Genuß ungeeignet ist. — Zu Unrecht betrachtet das RG. auch das Fleisch zu früh geborener Kälber (E. 5, 287) und unreifes Obst (E. 4, 274) unter dem Gesichtspunkt, das Nahrungsmittel habe infolge einer Störung in seinem natürlichen Entwicklungsprozeß seinen normalen Zustand nicht erreicht, als verdorbene Nahrungsmittel.

Zum Begriff des V e r k a u f s vgl. E. 23, 396: es genügt die Verabfolgung in Erfüllung eines Vertrages über Leistung von Kost und Wohnung gegen einen Gesamtpreis. — Das F e i l h a l t e n setzt einerseits das Bereithalten der Ware zum Verkauf an das Publikum, andererseits die irgendwie geartete Kundgebung der Verkaufsabsicht (E. 4, 275) voraus. Der bloße Besitz der Ware reicht, selbst wenn ihr Verkauf beabsichtigt ist, nicht aus (E. 35, 169), andererseits ist weder ein Anpreisen, noch ein zur Schau stellen (R. IV, 137; E. 6, 46), noch eine Täuschung des Publikums oder eines Kauflustigen erforderlich, R. V, 316. Es genügt die Verkaufsbereitschaft in einem dem Publikum zugänglichen Verkaufslokal, E. 6, 46, ebenso wie das Angebot durch Zusendung von Proben, Preisverzeichnissen, Reklamezetteln, E. 40, 148, Veröffentlichung von Inseraten, E. 42, 22, oder die Anfrage bei den Kunden, R. VI, 724. Es ist gleichgültig, ob der Kundenkreis auf bestimmte Personen (Engrosbesteller) beschränkt ist, E. 25, 241; E. 14, 436.

Die Verschweigung des Zustands der Nahrungsmittel reicht nur beim Verkauf aus. Der Täter muß seinen Abnehmern gegenüber den Zustand verschweigen, andernfalls kann, wenn diese die Nahrungsmittel unter Verschweigung ihres minderwertigen Zustands weiter verkaufen, für den ersten Verkäufer, wenn nicht Teilnahme an dem zweiten Verkauf vorliegt, nur § 10 Ziff. 1 oder § 367, 7 StGB. in Betracht kommen, E. 31, 74; R.V. 315. Der Verkäufer ist straffrei, wenn der Käufer den Zustand der Waren kannte, vorausgesetzt, daß der Verkäufer um diese Kenntnis des Käufers wußte, E. 26, 114. Die Offensichtlichkeit der Mängel schließt die Bestrafung nicht aus, E. 3, 325.

Das Feilhalten muß unter einer zur Täuschung geeigneten Bezeichnung geschehen, d. h. mit der positiven Angabe, daß die Ware nicht verdorben usw. sei. Deshalb reicht das Aushängen verdorbenen Fleisches auf dem Fleischmarkt, wo das Publikum nur gutes Fleisch zu erhalten erwartet, nicht aus, E. 12, 301; dagegen genügt eine falsche Etikettierung, E. 14, 436. Die Bezeichnung muß geeignet sein, eine nicht ganz unerhebliche Mehrzahl von Personen zu täuschen; es muß gerade der Personenkreis getäuscht werden können, für den die Ware zum Verkauf bestimmt ist. Ueber eine derartige Bezeichnung in Inseraten und Reklamezetteln vgl. E. 42, 22; E. 40, 148.

Vollendung ist in den Fällen des Verkaufs erst mit der Erfüllung, der Uebergabe der Ware gegeben, E. 42, 179; in den Fällen des Feilhaltens mit der Bereithaltung der Ware zum Verkauf und der Kundgebung der Verkaufsabsicht.

§ 10 Abs. 1 und 2 stehen bei Einheitlichkeit des Entschlusses in Ideal-, bei Vorliegen besonderer Willensakte in Realkonkurrenz, E. 3, 269; E. 10, 198; E. 25, 101; E. 41, 205. — Abs. 2 steht zu § 367, 7 StGB. im Verhältnis der Gesetzeskonkurrenz, vgl. E. 6, 34; E. 12, 301; E. 26, 419; er kann in idealer Konkurrenz insbesondere zum § 263 StGB. (Betrug) stehen, E. 29, 36; E. 29, 369; § 10 Abs. 2 ist der letzteren Bestimmung gegenüber nicht lex specialis, E. 3, 234; E. 11, 355; R. IX, 717.

§ 11. [A]. Ist die im § 10 Nr. 2 bezeichnete Handlung aus Fahrlässigkeit begangen worden, so tritt Geldstrafe bis zu einhundertfünfzig Mark oder Haft ein.

Es ist der gesamte Tatbestand des § 10 Nr. 2 vorausgesetzt; insbesondere mussen die Nahrungsmittel auch hier unter einer zur Tauschung geeigneten Bezeichnung feilgehalten sein. Andernfalls kann nur § 367, 7 StGB. in Frage kommen, E. 6, 268; E. 3, 380. Dieser findet auch Anwendung im Fall des Verkaufs ohne Verschweigung des Zustandes der Ware.

§ 12. [L.] Mit Gefängnis, neben welchem auf Verlust der bürgerlichen Ehrenrechte erkannt werden kann, wird bestraft:

1. wer vorsätzlich Gegenstände, welche bestimmt sind, anderen als Nahrungs- oder Genußmittel zu dienen, derart herstellt, daß der Genuß derselben die menschliche Gesundheit zu beschädigen geeignet ist, ingleichen wer wissentlich Gegenstände, deren Genuß die menschliche Gesundheit zu beschädigen geeignet ist, als Nahrungs- oder Genußmittel verkauft, feilhält oder sonst in Verkehr bringt;
2. wer vorsätzlich Bekleidungsgegenstände, Spielwaren, Tapeten, Eß-, Trink- oder Kochgeschirr oder Petroleum derart herstellt, daß der bestimmungsgemäße oder vorauszusehende Gebrauch dieser Gegenstände die menschliche Gesundheit zu beschädigen geeignet ist, ingleichen wer wissentlich solche Gegenstände verkauft, feilhält oder sonst in Verkehr bringt.

Der Versuch ist strafbar.

Ist durch die Handlung eine schwere Körperverletzung oder der Tod eines Menschen verursacht worden, so tritt Zuchthausstrafe bis zu fünf Jahren ein.

Zu Abs. 1 Ziff. 1.

Herstellen ist die Fertigstellung eines gesundheitsschädlichen Nahrungsmittels zum Genuß, sei es, daß an sich unschädliche Stoffe durch Zusammensetzung und Behandlung zu schädlichen umgestaltet oder einem ursprünglich schädlichen Stoff eine Form verliehen wird, welche ihn zum menschlichen Genusse geeignet erscheinen läßt, E. 7, 151. Auch nachträgliche Manipulationen mit einem fertigen, unschädlichen Nahrungsmittel können hierher fallen; doch muß der zugebrachte Stoff wirklicher Bestandteil des Nahrungsmittels werden. Hineinstecken einer Nadel in eine Semmel genügt daher nicht, E. 31, 325.

Inverkehrbringen ist jedes Ueberlassen oder Zugänglichmachen zum Genuß, E. 16, 191; auch das Verschenken, E. 3, 119, das Ueberlassen an Angehörige und Gesinde, R. IV, 448; E. 7, 151; E. 7, 412. Der Käufer der Nahrungsmittel ist nie strafbarer Teilnehmer (notw. Teilnahme), vgl. E. 23, 242. Mit sehr bedenklicher Begründung nimmt E. 16, 191 an, daß der Käufer, der in Ausübung des privatrechtlichen Wandlungsrechts dem Verkäufer das gesundheitsschädliche Nahrungsmittel zurückstellt, sich des Inverkehrbringens schuldig machen könne. — Es ist gleichgültig, ob die Ware unmittelbar an das konsumierende Publikum oder an Zwischenhändler verkauft wird, R. VII, 351. — Die Ware muß „als Nahrungs- oder Genußmittel" in Verkehr gebracht sein; die Ueberlassung zu anderem Zweck reicht nicht aus, E. 5, 389; E. 9, 32. Vgl. auch § 9 des Handfeuerwaffengesetzes.

Der Genuß der Nahrungsmittel muß geeignet sein, die menschliche Gesundheit zu beschädigen; es ist weder der Eintritt einer wirklichen Gesundheitsbeschädigung, E. 3, 122; E. 11, 376, noch auch erforderlich, daß der Genuß der Ware unbedingt unter allen Umständen schädlich wirke, E. 11, 376; 39,

90; ebensowenig braucht schon bei einmaligem Genuß einer geringen Menge des Nahrungsmittels die Gesundheitsgefahr einzutreten, E. 2, 177; E. 39, 90. Es reicht nicht aus, daß der Genuß der Ware Ekel hervorruft, E. 6, 258; E. 18, 135. Vielmehr muß der Genuß des Nahrungsmittels eine nicht ganz unerhebliche Störung des Wohlbefindens, insb. eine Krankheit, hervorzurufen geeignet sein. Die besondere Empfindlichkeit einzelner Personenkreise (Kinder, Kranke) kommt nur in Betracht, wenn das Nahrungs- oder Genußmittel ausdrücklich für deren Genuß bestimmt war, E. 31, 299. In dem gesundheitsschädlichen Zustand muß sich die Ware bereits zur Zeit des Verkaufs, E. 6, 258, bezw. der Uebergabe, E. 4, 92, befinden; eine spätere Verschlechterung genügt nicht. Es genügt, daß die Gesundheitsschädlichkeit bei irgend einer Verwendung der Ware als Genußmittel vorliegt, mag auch die übliche Zubereitung die Gesundheitsschädlichkeit ausschließen, R. VI, 157; E. 4, 274. — Es ist gleichgültig, ob der Erwerber über die Gesundheitsschädlichkeit getäuscht wurde; weder die Kenntnis des Erwerbers, noch die Mitteilung des Verkäufers an ihn schließt die Strafbarkeit aus, es sei denn, daß der Verkäufer besondere Vorkehrungen getroffen hat, um den Gebrauch in der gesundheitsgefährlichen Beschaffenheit zu verhindern, E. 11, 379; R. X, 262.

Der Vorsatz (auch dolus eventualis, R. X, 157) setzt einerseits die Kenntnis der Gesundheitsschädlichkeit (R. IV, 76; E. 6, 257; E. 11, 376; E. 16, 192; R. X, 261; E. 18, 135) selbst, nicht nur die Kenntnis der sie objektiv begründenden Eigenschaften, andererseits das Bewußtsein der Möglichkeit voraus, der Erwerber der Ware werde sie selbst genießen oder als Nahrungsmittel an andere überlassen, R. III, 137; E. 16, 192; s. aber R. X, 261. Ob der Erwerber eine entsprechende Absicht besitzt, ist gleichgültig, R. IV, 67.

Zu Abs. 1 Ziff. 2.

Unter die Trinkgeschirre zählt das RG. nicht die zur Aufbewahrung von Getränken bestimmten Gefäße, E. 20, 333, z. B. Syphons. Der vorauszusehende Gebrauch ist zwar nicht der bestimmungsgemäße, sondern derjenige, welcher erfahrungsmäßig im Leben so häufig vorkommt, daß mit ihm gerechnet werden muß, E. 37, 279.

Zu Abs. 2.

Versuch des Herstellens ist mit dem Beginn des Herstellungsprozesses (s. GA. 56, 211), Versuch des Feilhaltens mit dem Beginn der Bereitstellung gegeben; Ankauf verdorbener Ware reicht nicht aus, E. 6, 46. Vorausgesetzt ist auch für den Versuch des Feilhaltens die Verkaufsabsicht, R. VI, 725; vgl. E. 5, 145. Versuch des Inverkehrbringens liegt möglicherweise im Transport der Ware zur Verkaufsstelle, vgl. R. X, 611; VI, 334; VI, 724; IX, 525. Der Versuch des Verkaufs kann als vollendetes Feilhalten gestraft werden, E. 15, 56.

§ 13. [S.] War in den Fällen des § 12 der Genuß oder Gebrauch des Gegenstandes die menschliche Gesundheit zu zerstören geeignet und war diese Eigenschaft dem Täter bekannt, so tritt Zuchthausstrafe bis zu zehn Jahren, und wenn durch die Handlung der Tod eines Menschen verursacht worden ist, Zuchthausstrafe nicht unter zehn Jahren oder lebenslängliche Zuchthausstrafe ein.

Neben der Strafe kann auf Zulässigkeit von Polizeiaufsicht erkannt werden.

§ 14. [L. A.] Ist eine der in den §§ 12, 13 bezeichneten Handlungen aus Fahrlässigkeit begangen worden, so ist auf Geldstrafe bis zu eintausend Mark oder Gefängnisstrafe bis zu sechs Monaten und, [L.] wenn durch die Handlung ein Schaden an der Gesundheit eines Menschen verursacht worden ist, auf Gefängnisstrafe bis zu einem Jahre, wenn aber der Tod eines Menschen verursacht worden ist, auf Gefängnisstrafe von einem Monat bis zu drei Jahren zu erkennen.

Die Fahrlässigkeit ist im allgem. Sinne zu fassen. Daher kommen für § 14 die Tatbestände der §§ 12, 13 nur als vollendete in Betracht;

der fahrlässige Versuch ist begrifflich unmöglich, R. VII, 634. Die Fahrlässigkeit kann insb. darin liegen, daß die Untersuchung der zur Fabrikation verwendeten Stoffe auf ihre Gesundheitsgefährlichkeit unterblieben ist, E. 3, 274. Sie ist begründet, sofern dem Täter auch nur bezüglich eines Tatbestandsmerkmals der Vorsatz abging, mochte ihm auch die Gesundheitsgefährlichkeit der Ware bekannt sein, E. 9, 31; E. 10, 412; vorausgesetzt nur, daß jene Unkenntnis eine schuldhafte war. Konnte der Veräußerer eines Nahrungsmittels nach den vorliegenden Umständen überzeugt sein, daß es erst nach Beseitigung der gesundheitsschädlichen Eigenschaften genossen werden würde, so ist die Fahrl. ausgeschlossen, E. 17, 247. Ueber die Bedeutung spezieller Vorschriften für die Beurteilung der Fahrl. vgl. E. 6, 41 (42); über die erforderliche individuelle Schuldfeststellung R. III, 622; E. 6, 121. Ein lokaler Gebrauch, der den durch die Verkehrsrücksichten auferlegten Pflichten zuwiderläuft, kann die Fahrlässigkeit nicht ausschließen, E. 39, 5. Die strafschärfend ins Gewicht fallende Verursachung der Gesundheitsbeschädigung (vgl. über den Begriff E. 19, 226; E. 20, 255) oder des Todes eines Menschen braucht von der Schuld nicht umfaßt zu sein; ist der Erfolg fahrlässig herbeigeführt, so nimmt E. 6, 45 Idealkonkurrenz mit §§ 222, 230 StGB. an. Vgl. auch E. 24, 58 (§ 230 das strengere Gesetz).

§ 15. **In den Fällen der §§ 12 bis 14 ist neben der Strafe auf Einziehung der Gegenstände zu erkennen, welche den bezeichneten Vorschriften zuwider hergestellt, verkauft, feilgehalten oder sonst in Verkehr gebracht sind, ohne Unterschied, ob sie dem Verurteilten gehören oder nicht; in den Fällen der §§ 8, 10, 11 kann auf die Einziehung erkannt werden.**

Ist in den Fällen der §§ 12 bis 14 die Verfolgung oder die Verurteilung einer bestimmten Person nicht ausführbar, so kann auf die Einziehung selbständig erkannt werden.

§§ 40, 42 sind nach E. 6, 296 auf die Delikte dieses Gesetzes unanwendbar; vgl. aber E. 40, 361 (betr. § 18 des Weingesetzes vom 24. April 1901). Bei Idealkonk. mit einem strengeren Strafgesetz kann die Einziehung (Nebenstrafe) nicht ausgesprochen werden, E. 26, 406. — Abs. 2 setzt Feststellung des gesamten objektiven und subjektiven Tatbestandes, insb. auch des Vorsatzes oder der Fahrlässigkeit voraus, E. 7, 428; E. 8, 242; er hat nur prozessuale, nicht materiellrechtliche Hindernisse und zwar entweder der Verfolgung oder nur der Verurteilung im Sinne, E. 8, 242. Ueber die Frage der Verfolgbarkeit entscheidet nach E. 27, 352 die Staatsanwaltschaft.

§ 16. In dem Urteil oder dem Strafbefehl kann angeordnet werden, daß die Verurteilung auf Kosten des Schuldigen öffentlich bekannt zu machen sei.

Auf Antrag des freigesprochenen Angeschuldigten hat das Gericht die öffentliche Bekanntmachung der Freisprechung anzuordnen; die Staatskasse trägt die Kosten, insofern dieselben nicht dem Anzeigenden auferlegt worden sind.

In der Anordnung ist die Art der Bekanntmachung zu bestimmen.

Sofern infolge polizeilicher Untersuchung von Gegenständen der im § 1 bezeichneten Art eine rechtskräftige strafrechtliche Verurteilung eintritt, fallen dem Verurteilten die durch die polizeiliche Untersuchung erwachsenen Kosten zur Last. Dieselben sind zugleich mit den Kosten des gerichtlichen Verfahrens festzusetzen und einzuziehen.

Die Bekanntmachung (die sich auch auf die Gründe erstrecken darf, E. 30, 405) kann im Fall der Idealkonkurrenz mit einem strengeren

Gesetze nicht ausgesprochen werden, da sie eine Nebenstrafe darstellt, E. 26, 406.

§ 17. Besteht für den Ort der Tat eine öffentliche Anstalt zur technischen Untersuchung von Nahrungs- und Genußmitteln, so fallen die auf Grund dieses Gesetzes auferlegten Geldstrafen, soweit dieselben dem Staate zustehen, der Kasse zu, welche die Kosten der Unterhaltung der Anstalt trägt.

Gesetz gegen den verbrecherischen und gemeingefährlichen Gebrauch von Sprengstoffen.

Vom 9. Juni 1884. (RGBl. S. 61.)

§ 1. Die Herstellung, der Vertrieb und der Besitz von Sprengstoffen sowie die Einführung derselben aus dem Auslande ist unbeschadet der bestehenden sonstigen Beschränkungen nur mit polizeilicher Genehmigung zulässig.

Wer sich mit der Herstellung oder dem Vertriebe von Sprengstoffen befaßt, hat ein Register zu führen, aus welchem die Mengen der hergestellten, aus dem Auslande eingeführten oder sonst zum Zweck des Vertriebes angeschafften Sprengstoffe, sowie die Bezugsquellen und der Verbleib derselben ersichtlich sein müssen. Dieses Register ist der zuständigen Behörde auf Erfordern jederzeit vorzulegen.

Auf Sprengstoffe, welche vorzugsweise als Schießmittel gebraucht werden, finden vorbehaltlich abweichender landesrechtlicher Vorschriften die Bestimmungen des ersten und des zweiten Absatzes keine Anwendung. Die Bezeichnung dieser Stoffe erfolgt durch Beschluß des Bundesrats.

Insoweit Sprengstoffe zum eigenen Gebrauch durch Reichs- oder Landesbehörden von der zuständigen Verwaltung hergestellt, besessen, eingeführt oder vertrieben werden, bleiben die Vorschriften des ersten und zweiten Absatzes ebenfalls ausgeschlossen.

Der Vertrieb umfaßt jede Tätigkeit, durch welche der Uebergang von Sprengstoffen in den tatsächlichen Besitz eines andern herbeigeführt wird; er setzt voraus, daß der andere tatsächlich den Sprengstoff erwirbt; es genügt dann aber jede Vermittlung des Erwerbs. Dagegen reicht die Ausgabe von Sprengstoffen an Arbeiter, die nicht die Möglichkeit haben, dieselben in anderer Weise als zur Ausführung der ihnen übertragenen Arbeit zu verwenden, nicht aus, E. 15, 242 vgl. auch E. 43, 13. Dem Vertrieb unterfällt das Feilhalten, Verkaufen und sonstige Ueberlassen des § 9; s. die Bem. das. Vgl. ebenda über die Begriffe Besitz, Einführung, sowie bezgl. der polizeilichen Genehmigung.

Die von § 1 Abs. 1, 2 und folgeweise von § 9 eximierten Schießmittel sind bezeichnet in den Bekanntm. vom 29. April 1903 (RGBl. 211) und 20. Juni 1907 (RGBl. 375). Die hier bezeichneten Stoffe bleiben befreit, auch wenn sie in concreto nicht als Schießmittel gebraucht werden sollen, E. 27, 119. Den Gerichten steht eine Prüfung gegenüber jenen Bekanntm. nicht zu, E. 43, 12.

§ 2. Die Zentralbehörden der Bundesstaaten erlassen die zur Ausführung der Vorschriften in dem § 1 Absatz 1 und 2, sowie in dem § 15 erforderlichen näheren Anordnungen und bestimmen die Behörden, welche über die Gesuche um Gestattung der Herstellung, des Vertriebes, des Besitzes und der Einführung von Sprengstoffen Entscheidung zu treffen haben.

§ 3. Gegen die versagende Verfügung ist nur die Beschwerde an die Aufsichtsbehörde innerhalb 14 Tagen zulässig. Dieselbe hat keine aufschiebende Wirkung.

§ 4. Die Erteilung der nach § 1 Absatz 1 erforderlichen Erlaubnis erfolgt in widerruflicher Weise. Wegen der Beschwerde gegen die Zurücknahme gilt die Vorschrift des § 3 des gegenwärtigen Gesetzes.

§ 5. [S.] **Wer vorsätzlich durch Anwendung von Sprengstoffen Gefahr für das Eigentum, die Gesundheit oder das Leben eines anderen herbeiführt, wird mit Zuchthaus bestraft.**

Ist durch die Handlung eine schwere Körperverletzung verursacht worden, so tritt Zuchthausstrafe nicht unter fünf Jahren, und wenn der Tod eines Menschen verursacht worden ist, Zuchthausstrafe nicht unter zehn Jahren oder lebenslängliche Zuchthausstrafe ein.

Ist durch die Handlung der Tod eines Menschen herbeigeführt worden und hat der Täter einen solchen Erfolg voraussehen können, so ist auf Todesstrafe zu erkennen.

Herbeiführung einer Gemeingefahr ist nicht vorausgesetzt; Individualgefährdung genügt. Immer kommt nur die Gefährdung der im Abs. 1 bezeichneten Güter durch Beschädigung oder Zerstörung in Betracht; die Gefährdung des Eigentums durch rechtswidr. Aneignung reicht nicht aus. — Fischen mit Dynamit fällt nicht hierher, da es lediglich ein Okkupationsrecht angreift, R. VII, 611; E. 13,

305 (die freilich hier zu Unrecht den Gedanken der Gemeingefährlichkeit betont). — Ueber Idealkonk. von Abs. 1 und Mordversuch vgl. E. 30, 219.

Der Begriff der schweren Körperverletzung bestimmt sich nach § 224 StGB. Verschulden bezgl. dieses Erfolgs ist nicht erforderlich; ursächl. Zusammenhang genügt.

Abs. 3 fordert neben der Verursachung des Todes, daß der Täter einen solchen Erfolg voraussehen konnte; es ist demgemäß nicht einmal Fahrlässigkeit bezgl. des in concreto eingetretenen Erfolgs erforderlich! — Da die Handlung des Abs. 3 sich nicht notwendig mit denjenigen der §§ 211 ff. StGB. deckt, wird Idealk. von § 5 Abs. 3 und §§ 211 ff. angenommen werden müssen.

§ 6. [S.] **Haben mehrere die Ausführung einer oder mehrerer nach § 5 zu ahndender strafbarer Handlungen verabredet oder sich zur fortgesetzten Begehung derartiger, wenn auch im einzelnen noch nicht bestimmter Handlungen verbunden, so werden dieselben, auch ohne daß der Entschluß der Verübung des Verbrechens durch Handlungen, welche einen Anfang der Ausführung enthalten, betätigt worden ist, mit Zuchthaus nicht unter fünf Jahren bestraft.**

Komplott, soweit sich die Verabredung auf bestimmte, Bande, soweit sie sich auf noch nicht bestimmte Dynamitverbrechen richtet. Bei Ausführung der Verabredung kommt nur § 5 zur Anwendung, dessen Mindeststrafe dann mit Rücksicht auf § 6 auf fünf Jahre Zuchthaus heraufzusetzen ist (vgl. Binding, II, 25, der hier freilich zwischen Komplott und Bande unterscheiden will). Zu Unrecht nimmt Galli bei Stenglein S. 333 Idealk. an. § 6 steht zu § 83 StGB. nicht, wie Galli ebenda annimmt, in Gesetzes-, sondern in Idealkonkurrenz.

§ 7. [S.] **Wer Sprengstoffe herstellt, anschafft, bestellt oder in seinem Besitze hat, in der Absicht,**

durch Anwendung derselben Gefahr für das Eigentum, die Gesundheit oder das Leben eines anderen entweder selbst herbeizuführen oder andere Personen zur Begehung dieses Verbrechens in den Stand zu setzen, wird mit Zuchthaus bis zu zehn Jahren bestraft.

Der gleichen Strafe verfällt, wer Sprengstoffe, wissend, daß dieselben zur Begehung eines in dem § 5 vorgesehenen Verbrechens bestimmt sind, an andere Personen überläßt.

Ueber den Begriff des Besitzes s. zu § 9. § 7 setzt wie §§ 8, 9 wissentlichen Besitz voraus, E. 12, 244, 256; R. VII, 649; E. 13, 47; E. 28, 130. Ueber den Begriff des Ueberlassens s. zu § 9.

§ 8. [L.] Wer Sprengstoffe herstellt, anschafft, bestellt, wissentlich in seinem Besitze hat oder an andere Personen überläßt unter Umständen, welche nicht erweisen, daß dies zu einem erlaubten Zweck geschieht, wird mit Zuchthausstrafe bis zu fünf Jahren oder mit Gefängnis nicht unter einem Jahre bestraft. Diese Bestimmung findet auf die gemäß § 1 Absatz 3 vom Bundesrat bezeichneten Stoffe nicht Anwendung.

Besitz und Ueberlassen s. zu § 9.

§ 8 stellt zu Ungunsten des Täters eine Vermutung der verbrecherischen Absicht i. S. des § 5 dieses Gesetzes auf. Der Nachweis eines Zwecks, der in diesem Gesetz nicht mit Strafe bedroht ist (so Galli a. a. O. S. 336), schließt die Bestrafung aus § 8 selbst dann aus, wenn der Zweck im übrigen ein unerlaubter war oder gegen ein anderes Strafgesetz verstieß. Der erlaubte Zweck des § 8 ist in diesem weiten Sinne interpretiert in den E. 11, 268;

R. VII, 611; E. 13, 305; R. X, 3. Der Nachweis eines solchen erlaubten Zwecks muß hinsichtlich des schließlichen Gebrauchs des Sprengstoffs geführt sein, wenn § 8 ausgeschlossen sein soll, R. IX, 632.

§ 9. [L.] Wer der Vorschrift in dem ersten Absatz des § 1 zuwider es unternimmt, ohne polizeiliche Ermächtigung Sprengstoffe herzustellen, vom Auslande einzuführen, feilzuhalten, zu verkaufen oder sonst an andere zu überlassen, oder wer im Besitze derartiger Stoffe betroffen wird, ohne polizeiliche Erlaubnis hierzu nachweisen zu können, ist mit Gefängnis von drei Monaten bis zu zwei Jahren zu bestrafen.

Gleicher Strafe verfällt, wer die Vorschriften des § 1 Absatz 2, die von den Zentralbehörden in Gemäßheit des § 2 getroffenen Anordnungen oder die bereits bestehenden oder noch zu erlassenden sonstigen polizeilichen Bestimmungen über den Verkehr mit Sprengstoffen, auf welche § 1 Absatz 1 Anwendung findet, übertritt.

§ 9 setzt eine verbrech. Absicht i. S. des § 5 nicht voraus, E. 14, 232; E. 17, 278: Die Bestimmung ist lediglich präventiver Natur. Sie erstreckt sich nicht auf Schießmittel (s. zu § 1); vgl. über die Behandlung der „Sprengkapseln" E. 25, 30.

Zu Abs. 1.

Zum Unternehmen genügt nicht jede vorbereitende Tätigkeit für einen Verkauf oder für ein Ueberlassen, R. VII, 366, noch auch die bloße Bekundung einer auf Verkauf oder Ueberlassung gerichteten Absicht; der Unternehmer muß vielmehr irgendwelche Veranstaltungen getroffen haben, welche dazu bestimmt sind, ihn seinem Ziele mindestens zu nähern oder die Verwirklichung der Absicht herbeizuführen, E. 17, 259. Die Einführung umfaßt jede auf die Beförderung von Sprengstoffen nach dem Inland abzielende Tätigkeit, gleichgültig, auf wessen Rechnung sie erfolgt, E. 27, 119; das Ueberlassen, jede, auch nur einmalige, unentgeltliche, aus Gefälligkeit erfolgte, (E. 14, 231) Einräumung tatsächlicher Gewaltherrschaft, R. VIII, 540; E. 17, 258.

Der Besitz bezeichnet hier wie in § 246 StGB. lediglich die tatsächliche Innehabung; die bürgerlich-rechtliche Regelung des Besitzschutzes kommt für dies Gesetz nicht in Betracht, E. 12, 73; E. 12, 256. Indessen muß der Inhaber selbständig über den Sprengstoff verfügen können, E. 43, 14; vgl. auch zu § 1. Der Besitz braucht (trotz des Ausdrucks: „im Besitze betroffen wird") nicht von einem Dritten wahrgenommen zu sein, E. 13, 35; 13, 48. Da der Tatbestand mit der Besitzergreifung erfüllt ist, so ist Idealkonkurrenz mit Diebstahl möglich, E. 13, 145. Die Menge des Sprengstoffs ist gleichgültig, E. 17, 278 (Zündhütchen zu Dynamitpatronen).

Die polizeiliche Genehmigung muß gerade demjenigen erteilt sein, der eine der Handlungen des Abs. 1 vornimmt; sie deckt nicht ohne weiteres die von ihm herangezogenen Hilfskräfte. Indessen kann sie von vornherein auf die Gehilfen und Vertreter erstreckt werden; es entscheidet die Auslegung des polizeilichen Erlaubnisscheins, E. 12, 433; E. 13, 96. Vgl. auch E. 12, 73. Selbstverständlich deckt die dem Detentor erteilte Erlaubnis auch den juristischen Besitzer, E. 13, 22. Die Erlaubnis schützt nur im Bezirk der Polizeibehörde, die sie erteilt hat, E. 13, 25, und nur vom Zeitpunkt ihrer Erteilung an; sie muß demgemäß bereits bei Beginn des Besitzes vorliegen, E. 13, 38; doch muß „dem unverschuldet in den Besitz von Sprengstoffen geratenen Inhaber derselben nach billigem Ermessen eine mäßige Frist gelassen" werden, innerhalb deren er den gesetzwidrigen Zustand zu beseitigen, E. 28,130, insb. die Erlaubnis einzuholen hat. Diese kann zeitlich oder örtlich oder auf einen ziffernmäßig festgelegten Höchstvorrat, E. 34, 14, beschränkt, oder auch nur für die Verwendung zu einem bestimmten Zweck erteilt werden; ist die Erlaubnis zum Besitz in dieser Weise nicht eingeschränkt worden, so reicht es zur Bestrafung nicht aus, daß der Angeklagte von dem Sprengstoff einen andern, als den vorausgesetzten Gebrauch machte,

E. 33, 41. Die Erlaubnis zum Besitz deckt nicht auch das Ueberlassen, mag sich auch der Empfänger wie der Geber im Besitz eines Erlaubnisscheins befinden, E. 15, 397.

Der subjekt. Tatbest. erfordert Vorsatz, E. 36, 158, insb. das Bewußtsein, keine polizeiliche Genehmigung zu besitzen; irrtümliche Annahme, die Erlaubnis sei erteilt, schließt den Vorsatz selbst dann aus, wenn sie auf Fahrlässigkeit beruht, so E. 36, 158 im Gegensatz zu E. 13, 47, — ebenso ein Irrtum über die Zuständigkeit der Polizeibehörde, E. 12, 433; R. VII, 649. Dagegen betrachtet das RG. einen Irrtum über die Notwendigkeit der polizeil. Erlaubnis in der Konsequenz seiner Irrtumslehre als unbeachtlich, E. 12, 398; E. 13, 35, mit prinzip. Begrdg. auch E. 15, 158.

Zu Abs. 2.

Vgl. über den Begriff der von einer Zentralbehörde in Gemäßheit des § 1 getroffenen Anordnung E. 32, 39. Die weiter genannten polizeilichen Bestimmungen müssen sich auf den Verkehr, d. h. die Herstellung, den Vertrieb und Besitz, sowie die Einführung aus dem Auslande (§ 1) beziehen; der Begriff umfaßt aber auch den Transport der Sprengstoffe, s. E. 13, 26; E. 15, 246. Nach E. 14, 156 ist dabei eine höhere, disponierende Tätigkeit nicht vorausgesetzt. Weitergehend will R. IX, 681 (683) auch die polizeilichen Anordnungen über die Anschaffung, Aufbewahrung, Verausgabung und Verwendung von Sprengstoffen heranziehen; indessen hat E. 34, 440 mit Recht diejenigen polizeilichen Vorschriften ausgeschieden, welche das beim Verbrauch von Sprengstoffen einzuhaltende Verfahren regeln und nur Vorsichtsmaßregeln beim Sprengen betreffen; vgl. auch E. 43, 16. Nach E. 41, 383 fällt dagegen die „Gebarung mit dem Sprengstoffe vor Beginn und nach Abschluß der eigentlichen Schießarbeit" unter den Begriff des Verkehrs. — Unter den polizeilichen Bestimmungen sind nur allgemeine Vorschriften, nicht aber die im Einzelfall auferlegten besonderen Verpflichtungen zu verstehen, R. VIII, 539, es sei denn, daß eine Polizeiverordnung für gewisse Fälle die Beobachtung speziell zu erlassender Anordnungen ausdrücklich vorschreibt, E. 15, 207. Ob die zum Erlaß der Verordnung zuständige Stelle befugt ist, die Nichtbefolgung ihrer Anordnungen unter Strafe zu stellen, ist für den Begriff der hergehörigen Vorschriften gleichgültig; ebenso, ob sich diese als Gesetz, Verordnung oder Reglement darstellen, E. 24, 163. In Betracht kommen insb. Bergpolizeiverordnungen, R. IX, 681; E. 26, 235; E. 41, 381, und bahnpolizeiliche Vorschriften, E. 24, 163; E. 27, 377. Vgl. über die Versendung von Sprengstoffen auf Kleinbahnen E. 39, 177. — Für die Interpretation der preußischen Ministerialverordnung vom 19. Okt. 1893 vgl. bezügl. der Begriffe „Niederlage“ und „Lagern“ E. 28, 292 und E. 33, 417.

§ 9 Abs. 2 setzt Verschulden voraus; Fahrlässigkeit genügt, E. 15, 248. Eine strafrechtliche Haftung für fremdes Verschulden ist dem Gesetz fremd, E. 35, 109. Da die Uebertretungen der einschlägigen Polizeiverordnungen sich als Vergehen gegen dieses Gesetz kennzeichnen, so ist die Beihilfe strafbar, E. 20, 275. — § 367 Ziff. 5 StGB. ist durch § 9 derogiert, soweit er sich auf Sprengstoffe bezieht, E. 13, 22; E. 41, 156.

§ 10. [S.] Wer öffentlich vor einer Menschenmenge oder wer durch Verbreitung oder öffentlichen Anschlag oder öffentliche Ausstellung von Schriften oder anderen Darstellungen, oder wer in Schriften oder anderen Darstellungen zur Begehung einer der in den §§ 5 und 6 bezeichneten strafbaren Handlungen oder zur Teilnahme an denselben auffordert, wird mit Zuchthaus bestraft.

Gleiche Strafe trifft denjenigen, welcher auf die vorbezeichnete Weise zur Begehung der im Absatz 1 gedachten strafbaren Handlungen insbesondere dadurch anreizt oder verleitet, daß er dieselben anpreist oder als etwas Rühmliches darstellt.

Vgl. über den Begriff der Verbreitung § 3 des Preßgesetzes und die Bemerkungen daselbst. Vgl. ferner §§ 85, 110 StGB. Ueber diese Bestimmungen geht § 10 insofern hinaus, als er die Aufforderung in Schriften usw. selbst dann unter Strafe stellt, wenn eine Verbreitung unterbleibt (s. Galli 340). — §§ 49 a, 111 StGB. werden durch § 10 als lex specialis ausgeschlossen.

§ 11. In den Fällen der §§ 5, 6, 7, 8 und 10 kann auf Zulässigkeit von Polizeiaufsicht erkannt werden. In den Fällen der §§ 5, 6, 7, 8 und in dem Falle einer Anwendung der Strafvorschriften des § 9 ist auf Einziehung der zur Zubereitung der Sprengstoffe gebrauchten oder bestimmten Gegenstände, sowie der im Besitze des Verurteilten vorgefundenen Vorräte von Sprengstoffen zu erkennen, ohne Unterschied, ob dieselben dem Verurteilten gehören oder nicht.

§ 12. Die Bestimmungen im § 4 Absatz 2 Nr. 1 des Strafgesetzbuchs für das Deutsche Reich finden auch auf die in den §§ 5, 6, 7, 8 und 10 dieses Gesetzes vorgesehenen Verbrechen Anwendung.

Strafbar, und zwar ohne Rücksicht auf die Strafbarkeit am Tatort, ist der Deutsche oder Ausländer, der sich im Ausland der hier bezeichneten Verbrechen schuldig macht (Weltrechtsprinzip). Für die Verfolgung gilt insoweit das Opportunitätsprinzip. Vgl. § 5 des Sklavenraubgesetzes.

§ 13. [L.] Der in dem § 139 des Strafgesetzbuchs für das Deutsche Reich angedrohten Strafe verfällt, wer von dem Vorhaben eines im § 5 vorgesehenen Verbrechens oder von einer im § 6 vorgesehenen Verabredung oder von dem Tatbestande eines im § 7 des gegenwärtigen Gesetzes unter Strafe gestellten Verbrechens in glaubhafter Weise Kenntnis erhält und es unterläßt, der durch das

Verbrechen bedrohten Person oder der Behörde rechtzeitig Anzeige zu machen.

§ 13 unterscheidet sich von § 139 StGB. insofern, als einerseits nicht vorausgesetzt wird, daß die Kenntnis zu einer Zeit erlangt sei, in welcher die Verhütung des Verbrechens noch möglich ist, und als andererseits die Begehung des Dynamitverbrechens nicht zur Bedingung der Strafbarkeit gemacht worden ist. Soweit es sich um die Nichtanzeige der Verbrechen der §§ 6, 7 handelt, ist hier die Unterlassung der Anzeige vollendeter Verbrechen unter Strafe gestellt.

§ 14. Die §§ 1, 2, 3, 4, 9 dieses Gesetzes treten drei Monate nach dessen Verkündigung, die übrigen Bestimmungen desselben mit dem Tage der Verkündigung in Kraft.

§ 15. (Uebergangsbestimmungen).

Gesetz über den Feingehalt der Gold- und Silberwaren.

Vom 16. Juli 1884. (RGBl. S. 120.)

§ 1. Gold- und Silberwaren dürfen zu jedem Feingehalte angefertigt und feilgehalten werden. Die Angabe des Feingehalts auf denselben ist nur nach Maßgabe der folgenden Bestimmungen gestattet.

§ 2. Auf goldenen Geräten darf der Feingehalt nur in 585 oder mehr Tausendteilen, auf silbernen Geräten nur in 800 oder mehr Tausendteilen angegeben werden.

Der wirkliche Feingehalt darf weder im ganzen der Ware noch auch in deren einzelnen Bestandteilen bei goldenen Geräten mehr als fünf, bei silbernen Geräten mehr als acht Tausendteile unter dem angegebenen Feingehalte bleiben. Vorbehaltlich dieser Abweichung muß der Gegenstand im ganzen und mit der Lötung eingeschmolzen den angegebenen Feingehalt haben.

§ 3. Die Angabe des Feingehalts auf goldenen und silbernen Geräten geschieht durch ein Stempelzeichen, welches die Zahl der Tausendteile und die Firma des Geschäfts, für welches die Stempelung bewirkt ist, kenntlich macht. Die Form des Stempelzeichens wird durch den Bundesrat bestimmt.

Vgl. Bekanntm. vom 7. Jan. 1886 (RGBl. S. 1).

§ 4. Goldene und silberne Uhrgehäuse unterliegen den Bestimmungen der §§ 2 und 3.

Bei einem Uhrgehäuse mit Vorder- und Hinterdeckel bedarf es nur der Stempelung e i n e s Deckels, E. 18, 376.

§ 5. Schmucksachen von Gold und Silber dürfen in jedem Feingehalte gestempelt werden und ist in diesem Falle der letztere in Tausendteilen anzugeben.

Die Fehlergrenze darf zehn Tausendteile nicht überschreiten, wenn der Gegenstand im ganzen eingeschmolzen wird.

Das vom Bundesrat gemäß § 3 bestimmte Stempelzeichen darf auf Schmucksachen von Gold und Silber nicht angebracht werden.

§ 6. Aus dem Auslande eingeführte Gold- und Silberwaren, deren Feingehalt durch eine diesem Gesetze nicht entsprechende Bezeichnung angegeben ist, dürfen nur dann feilgehalten werden, wenn sie außerdem mit einem Stempelzeichen nach Maßgabe dieses Gesetzes versehen sind.

§ 7. Für die Richtigkeit des angegebenen Feingehalts haftet der Verkäufer der Ware. Ist deren Stempelung im Inlande erfolgt, so haftet gleich dem Verkäufer der

Inhaber des Geschäfts, für welches die Stempelung erfolgt ist.

§ 8. Auf Gold- und Silberwaren, welche mit anderen metallischen Stoffen ausgefüllt sind, darf der Feingehalt nicht angegeben werden.

Dasselbe gilt von Gold- und Silberwaren, mit welchen aus anderen Metallen bestehende Verstärkungsvorrichtungen metallisch verbunden sind.

Bei Ermittelung des Feingehalts bleiben alle von dem zu stempelnden Metalle verschiedenen, äußerlich als solche erkennbaren Metalle außer Betracht, welche:

1. zur Verzierung der Ware dienen;
2. zur Herstellung mechanischer Vorrichtungen erforderlich sind;
3. als Verstärkungsvorrichtungen ohne metallische Verbindung sich darstellen.

§ 9. [L.A.] **Mit Geldstrafe bis zu eintausend Mark oder mit Gefängnis bis zu sechs Monaten wird bestraft:**

1. **wer Gold- oder Silberwaren, welche nach diesem Gesetze mit einer Angabe des Feingehalts nicht versehen sein dürfen, mit einer solchen Angabe versieht;**
2. **wer Gold- oder Silberwaren, welche nach diesem Gesetze mit einer Angabe des Feingehalts versehen sein dürfen, mit einer anderen als der nach diesem Gesetze zulässigen Feingehaltsangabe versieht;**
3. **wer gold- oder silberähnliche Waren mit einem durch dieses Gesetz vorgesehenen Stempelzeichen oder mit einem Stempelzeichen ver-**

steht, welches nach diesem Gesetze als Feingehaltsbezeichnung für Gold- und Silberwaren nicht zulässig ist;

4. wer Waren feilhält, welche mit einer gegen die Bestimmungen dieses Gesetzes verstoßenden Bezeichnung versehen sind.

Mit der Verurteilung ist zugleich auf Vernichtung der gesetzwidrigen Bezeichnung oder, wenn diese in anderer Weise nicht möglich ist, auf Zerstörung der Waren zu erkennen.

§ 10. Dieses Gesetz tritt am 1. Januar 1888 in Kraft. An demselben Tage treten alle landesrechtlichen Bestimmungen über den Feingehalt der Gold- und Silberwaren außer Geltung.

Gesetz, betreffend den Schutz des zur Anfertigung von Reichskassenscheinen verwendeten Papiers gegen unbefugte Nachahmung.

Vom 26. Mai 1885. (RGBl. S. 165.)

§ 1. Papier, welches dem zur Herstellung von Reichskassenscheinen verwendeten, durch äußere Merkmale erkennbar gemachten Papier hinsichtlich dieser Merkmale gleicht oder so ähnlich ist, daß die Verschiedenheit nur durch Anwendung besonderer Aufmerksamkeit wahrgenommen werden kann, darf, nachdem die Merkmale in Gemäßheit des § 7 des Gesetzes vom 30. April 1874, betreffend die Ausgabe von Reichskassenscheinen (Reichs-Gesetzbl. S. 40), öffentlich bekannt gemacht worden sind, ohne Erlaubnis des Reichskanzlers oder einer von demselben zur Erteilung der Erlaubnis ermächtigten Behörde weder angefertigt oder aus dem Auslande eingeführt, noch verkauft, feilgehalten oder sonst in Verkehr gebracht werden.

§ 2. [L.] **Wer den Bestimmungen im § 1 vorsätzlich zuwiderhandelt, wird mit Gefängnis bis zu einem Jahre, und wenn die Handlung zum Zweck eines Münzverbrechens begangen worden ist, mit Gefängnis von drei Monaten bis zu zwei Jahren bestraft.** [L.A.] **Ist die Handlung aus Fahrlässigkeit begangen worden, so ist auf Geldstrafe bis zu eintausend Mark oder Gefängnis bis zu sechs Monaten zu erkennen.**

§ 3. Neben der Strafe ist auf Einziehung des Papiers zu erkennen, ohne Unterschied, ob dasselbe dem Verurteilten gehört oder nicht. Auf die Einziehung des Papiers ist auch dann zu erkennen, wenn die Verfolgung oder die Verurteilung einer bestimmten Person nicht stattfindet.

Gesetz, betreffend den Verkehr mit blei- und zinkhaltigen Gegenständen.

Vom 25. Juni 1887. (RGBl. S. 273.)

§ 1. Eß-, Trink- und Kochgeschirr sowie Flüssigkeitsmaße dürfen nicht

1. ganz oder teilweise aus Blei oder einer in 100 Gewichtsteilen mehr als 10 Gewichtsteile Blei enthaltenden Metallegierung hergestellt,
2. an der Innenseite mit einer in 100 Gewichtsteilen mehr als einen Gewichtsteil Blei enthaltenden Metallegierung verzinnt oder mit einer in 100 Gewichtsteilen mehr als 10 Gewichtsteile Blei enthaltenden Metallegierung gelötet,
3. mit Email oder Glasur versehen sein, welche bei halbstündigem Kochen mit einem in 100 Gewichtsteilen 4 Gewichtsteile Essigsäure enthaltenden Essig an den letzteren Blei abgeben.

Auf Geschirre und Flüssigkeitsmaße aus bleifreiem Britanniametall findet die Vorschrift in Ziffer 2 betreffs des Lotes nicht Anwendung.

Zur Herstellung von Druckvorrichtungen zum Ausschank von Bier, sowie von Syphons für kohlensäurehaltige Getränke und von Metallteilen für Kindersaugflaschen dürfen nur Metallegierungen verwendet werden, welche in 100 Gewichtsteilen nicht mehr als einen Gewichtsteil Blei enthalten.

Die Vorschrift der Nr. 1 erstreckt sich auf alle Teile der eingangs bezeichneten Geschirre, E. 37, 277; unter die Trinkgeschirre fallen die Syphons nicht, E. 20, 333.

§ 2. Zur Herstellung von Mundstücken für Saugflaschen, Saugringen und Warzenhütchen darf blei- oder zinkhaltiger Kautschuk nicht verwendet sein.

Zur Herstellung von Trinkbechern und von Spielwaren, mit Ausnahme der massiven Bälle, darf bleihaltiger Kautschuk nicht verwendet sein.

Zu Leitungen für Bier, Wein oder Essig dürfen bleihaltige Kautschukschläuche nicht verwendet werden.

§ 3. Geschirre und Gefäße zur Verfertigung von Getränken und Fruchtsäften dürfen in denjenigen Teilen, welche bei dem bestimmungsgemäßen oder vorauszusehenden Gebrauche mit dem Inhalt in unmittelbare Berührung kommen, nicht den Vorschriften des § 1 zuwider hergestellt sein.

Konservenbüchsen müssen auf der Innenseite den Bedingungen des § 1 entsprechend hergestellt sein.

Zur Aufbewahrung von Getränken dürfen Gefäße nicht verwendet sein, in welchen sich Rückstände von bleihaltigem Schrote befinden. Zur Packung von Schnupf- und Kautabak, sowie Käse dürfen Metallfolien nicht verwendet sein, welche in 100 Gewichtsteilen mehr als einen Gewichtsteil Blei enthalten.

Analoge Ausdehnung dieser Bestimmung auf andere Verpackungsgegenstände ist ausgeschlossen; indessen können insoweit landesrechtliche Bestimmungen eingreifen, GA. 42, 74.

§ 4. [A.] **Mit Geldstrafe bis zu einhundertfünfzig Mark oder mit Haft wird bestraft:**

1. **wer Gegenstände der im § 1, § 2 Absatz 1 und 2, § 3 Absatz 1 und 2 bezeichneten Art den daselbst getroffenen Bestimmungen zuwider gewerbsmäßig herstellt;**
2. **wer Gegenstände, welche den Bestimmungen im § 1, § 2 Absatz 1 und 2 und § 3 zuwider hergestellt, aufbewahrt oder verpackt sind, gewerbsmäßig verkauft oder feilhält;**
3. **wer Druckvorrichtungen, welche den Vorschriften im § 1 Absatz 3 nicht entsprechen, zum Ausschank von Bier oder bleihaltige Schläuche zur Leitung von Bier, Wein oder Essig gewerbsmäßig verwendet.**

Alle drei Bestimmungen setzen Gewerbsmäßigkeit, d. h. die Absicht, sich durch fortgesetzte Herstellung usw. der verbotenen Gegenstände dauernden Erwerb zu verschaffen, voraus, und können deshalb nur vorsätzlich übertreten werden (so mit Recht Galli bei Stenglein S. 842 gegen das Urteil Frankfurt in DJZ., Spruchs. 11, 157).

§ 5. [A.] Gleiche Strafe trifft denjenigen, welcher zur Verfertigung von Nahrungs- oder Genußmitteln bestimmte Mühlsteine unter Verwendung von Blei oder bleihaltigen Stoffen an der Mahlfläche herstellt oder derartig hergestellte Mühlsteine zur Verfertigung von Nahrungs- oder Genußmitteln verwendet.

Hier genügt Fahrlässigkeit.

§ 6. Neben der in den §§ 4 und 5 vorgesehenen Strafe kann auf Einziehung der Gegenstände, welche den betreffenden Vorschriften zuwider hergestellt, verkauft, feilgehalten oder verwendet sind, sowie der vorschriftswidrig hergestellten Mühlsteine erkannt werden.

Ist die Verfolgung oder Verurteilung einer bestimmten Person nicht ausführbar, so kann auf die Einziehung selbständig erkannt werden.

Vgl. zu § 15 des Nahrungsmittelgesetzes.

§ 7. Die Vorschriften des Gesetzes, betreffend den Verkehr mit Nahrungsmitteln, Genußmitteln und Gebrauchsgegenständen, vom 14. Mai 1879 (Reichs-Gesetzbl. S. 145) bleiben unberührt. Die Vorschriften in den §§ 16, 17 desselben finden auch bei Zuwiderhandlungen gegen die Vorschriften des gegenwärtigen Gesetzes Anwendung.

Daher ist insb. Idealkonkurrenz, nicht Gesetzeskonkurrenz mit dem Nahrungsmittelgesetz möglich.

§ 8. Dieses Gesetz tritt am 1. Oktober 1888 in Kraft.

Durch Gesetz vom 22. März 1888 (RGBl. S. 114) ist das Inkrafttreten zum Teil bis zum 1. Okt. 1889 hinausgeschoben worden.

Gesetz, betreffend die Verwendung gesundheitsschädlicher Farben bei der Herstellung von Nahrungsmitteln, Genußmitteln und Gebrauchsgegenständen.

Vom 5. Juli 1887. (RGBl. S. 277.)

§ 1. Gesundheitsschädliche Farben dürfen zur Herstellung von Nahrungs- und Genußmitteln, welche zum Verkauf bestimmt sind, nicht verwendet werden.

Gesundheitsschädliche Farben im Sinne dieser Bestimmung sind diejenigen Farbstoffe und Farbzubereitungen, welche: Antimon, Arsen, Baryum, Blei, Cadmium, Chrom, Kupfer, Quecksilber, Uran, Zink, Zinn, Gummigutti, Korallin, Pikrinsäure enthalten.

Der Reichskanzler ist ermächtigt, nähere Vorschriften über das bei der Feststellung des Vorhandenseins von Arsen und Zinn anzuwendende Verfahren zu erlassen.

Vgl. Bekanntm. vom 10. April 1888 (ZBl. S. 131).

§ 2. Zur Aufbewahrung oder Verpackung von Nahrungs- und Genußmitteln, welche zum Verkauf bestimmt sind, dürfen Gefäße, Umhüllungen oder Schutzbedeckungen, zu deren Herstellung Farben der im § 1 Absatz 2 bezeichneten Art verwendet sind, nicht benutzt werden.

Auf die Verwendung von
schwefelsaurem Baryum (Schwerspath, blanc fixe),
Barytfarblacken, welche von kohlensaurem Baryum frei sind,
Chromoxyd,
Kupfer, Zinn, Zink und deren Legierungen als Metallfarben,
Zinnober,
Zinnoxyd,
Schwefelzinn als Musivgold,
sowie auf alle in Glasmassen, Glasuren oder Emails eingebrannte Farben und auf den äußeren Anstrich von Gefäßen aus wasserdichten Stoffen
findet diese Bestimmung nicht Anwendung.

§ 3. Zur Herstellung von kosmetischen Mitteln (Mitteln zur Reinigung, Pflege oder Färbung der Haut, des Haares oder der Mundhöhle), welche zum Verkauf bestimmt sind, dürfen die im § 1 Absatz 2 bezeichneten Stoffe nicht verwendet werden.

Auf schwefelsaures Baryum (Schwerspath, blanc fixe), Schwefelcadmium, Chromoxyd, Zinnober, Zinkoxyd, Zinnoxyd, Schwefelzink, sowie auf Kupfer, Zinn, Zink und deren Legierungen in Form von Puder findet diese Bestimmung nicht Anwendung.

§ 4. Zur Herstellung von zum Verkauf bestimmten Spielwaren (einschließlich der Bilderbogen, Bilderbücher und Tuschfarben für Kinder), Blumentopfgittern und künstlichen Christbäumen dürfen die im § 1 Absatz 2 bezeichneten Farben nicht verwendet werden.

Auf die im § 2 Absatz 2 bezeichneten Stoffe, sowie auf
Schwefelantimon und Schwefelcadmium als Färbemittel der Gummimasse,
Bleioxyd in Firniß,
Bleiweiß als Bestandteil des sogenannten Wachsgusses, jedoch nur, sofern dasselbe nicht ein Gewichtsteil in 100 Gewichtsteilen der Masse übersteigt,

chromsaures Blei (für sich oder in Verbindung mit schwefelsaurem Blei) als Oel- oder Lackfarbe oder mit Lack- oder Firnißüberzug,

die in Wasser unlöslichen Zinkverbindungen, bei Gummispielwaren jedoch nur, soweit sie als Färbemittel der Gummimasse, als Oel- oder Lackfarben oder mit Lack- oder Firnißüberzug verwendet werden,

alle in Glasuren oder Emails eingebrannten Farben findet diese Bestimmung nicht Anwendung.

Soweit zur Herstellung von Spielwaren die in den §§ 7 und 8 bezeichneten Gegenstände verwendet werden, finden auf letztere lediglich die Vorschriften der §§ 7 und 8 Anwendung.

§ 5. Zur Herstellung von Buch- und Steindruck auf den in den §§ 2, 3 und 4 bezeichneten Gegenständen dürfen nur solche Farben nicht verwendet werden, welche Arsen enthalten.

§ 6. Tuschfarben jeder Art dürfen als frei von gesundheitsschädlichen Stoffen beziehungsweise giftfrei nicht verkauft oder feilgehalten werden, wenn sie den Vorschriften im § 4 Absatz 1 und 2 nicht entsprechen.

§ 7. Zur Herstellung von zum Verkauf bestimmten Tapeten, Möbelstoffen, Teppichen, Stoffen zu Vorhängen oder Bekleidungsgegenständen, Masken, Kerzen, sowie künstlichen Blättern, Blumen und Früchten dürfen Farben, welche Arsen enthalten, nicht verwendet werden.

Auf die Verwendung arsenhaltiger Beizen oder Fixierungsmittel zum Zweck des Färbens oder Bedruckens von Gespinnsten oder Geweben findet diese Bestimmung nicht Anwendung. Doch dürfen derartig bearbeitete Gespinnste oder Gewebe zur Herstellung der im Absatz 1 bezeichneten Gegenstände nicht verwendet werden, wenn sie das Arsen in wasserlöslicher Form oder in solcher Menge enthalten, daß sich in 100 Quadratzentimeter des fertigen Gegenstandes mehr als 2 Milligramm Arsen vorfinden. Der Reichskanzler ist ermächtigt, nähere Vorschriften über das bei der Feststellung des Arsengehalts anzuwendende Verfahren zu erlassen.

Vgl. zu § 1.

§ 8. Die Vorschriften des § 7 finden auch auf die Herstellung von zum Verkauf bestimmten Schreibmaterialien, Lampen- und Lichtschirmen sowie Lichtmanschetten Anwendung.

Die Herstellung der Oblaten unterliegt den Bestimmungen im § 1, jedoch sofern sie nicht zum Genusse bestimmt sind, mit der Maßgabe, daß die Verwendung von schwefelsaurem Baryum (Schwerspath, blanc fixe), Chromoxyd und Zinnober gestattet ist.

§ 9. Arsenhaltige Wasser- oder Leimfarben dürfen zur Herstellung des Anstrichs von Fußböden, Decken, Wänden, Türen, Fenstern der Wohn- oder Geschäftsräume, von Roll-, Zug- oder Klappläden oder Vorhängen, von Möbeln und sonstigen häuslichen Gebrauchsgegenständen nicht verwendet werden.

§ 10. Auf die Verwendung von Farben, welche die im § 1 Absatz 2 bezeichneten Stoffe nicht als konstituierende Bestandteile, sondern nur als Verunreinigungen, und zwar höchstens in einer Menge enthalten, welche sich bei den in der Technik gebräuchlichen Darstellungsverfahren nicht vermeiden läßt, finden die Bestimmungen der §§ 2 bis 9 nicht Anwendung.

§ 11. Auf die Färbung von Pelzwaren finden die Vorschriften dieses Gesetzes nicht Anwendung.

§ 12. [A.] **Mit Geldstrafe bis zu einhundertundfünfzig Mark oder mit Haft wird bestraft:**

1. **wer den Vorschriften der §§ 1 bis 5, 7, 8 und 10 zuwider Nahrungsmittel, Genußmittel oder Gebrauchsgegenstände herstellt, aufbe=**

wahrt oder verpackt, oder derartig hergestellte, aufbewahrte oder verpackte Gegenstände gewerbsmäßig verkauft oder feilhält;
2. wer der Vorschrift des § 6 zuwiderhandelt;
3. wer der Vorschrift des § 9 zuwiderhandelt, imgleichen wer Gegenstände, welche dem § 9 zuwider hergestellt sind, gewerbsmäßig verkauft oder feilhält.

Ziff. 2 kann mit § 263 StGB. ideell konkurrieren.

§ 13. Neben der im § 12 vorgesehenen Strafe kann auf Einziehung der verbotswidrig hergestellten, aufbewahrten, verpackten, verkauften oder feilgehaltenen Gegenstände erkannt werden, ohne Unterschied, ob sie dem Verurteilten gehören oder nicht.

Ist die Verfolgung oder Verurteilung einer bestimmten Person nicht ausführbar, so kann auf die Einziehung selbständig erkannt werden.

Vgl. §§ 40—42, 295 StGB. S. auch zu § 15 Nahrungsmittelgesetz.

§ 14. Die Vorschriften des Gesetzes, betreffend den Verkehr mit Nahrungsmitteln, Genußmitteln und Gebrauchsgegenständen, vom 14. Mai 1879 (Reichs-Gesetzbl. S. 145) bleiben unberührt. Die Vorschriften in den §§ 16, 17 desselben finden auch bei Zuwiderhandlungen gegen die Vorschriften des gegenwärtigen Gesetzes Anwendung.

§ 15. Dieses Gesetz tritt mit dem 1. Mai 1888 in Kraft; mit demselben Tage tritt die Kaiserliche Verordnung, betreffend die Verwendung giftiger Farben, vom 1. Mai 1882 (Reichs-Gesetzbl. S. 55) außer Kraft.

Patentgesetz.

Vom 7. April 1891. (RGBl. 1891 S. 79.)

Erster Abschnitt.

Patentrecht.

§ 1. Patente werden erteilt für neue Erfindungen, welche eine gewerbliche Verwertung gestatten.

Ausgenommen sind:

1. Erfindungen, deren Verwertung den Gesetzen oder guten Sitten zuwiderlaufen würde;
2. Erfindungen von Nahrungs-, Genuß- und Arzneimitteln, sowie von Stoffen, welche auf chemischem Wege hergestellt werden, soweit die Erfindungen nicht ein bestimmtes Verfahren zur Herstellung der Gegenstände betreffen.

Zu Abs. 2 Ziff. 2. Ein chemisches Verfahren selbst ist patentfähig; das Patent erstreckt sich auf die durch das Verfahren unmittelbar hergestellten Erzeugnisse selbst dann, wenn diese als Arzneimittel verwendet werden, E. 21, 205.

§ 2. Eine Erfindung gilt nicht als neu, wenn sie zur Zeit der auf Grund dieses Gesetzes erfolgten Anmeldung in öffentlichen Druckschriften aus den letzten hundert Jahren bereits derart beschrieben oder im Inlande bereits so offenkundig benutzt ist, daß danach die Benutzung durch andere Sachverständige möglich erscheint.

Die im Auslande amtlich herausgegebenen Patentbeschreibungen stehen den öffentlichen Druckschriften erst nach Ablauf von drei Monaten seit dem Tage der Herausgabe gleich, sofern das Patent von demjenigen, welcher die Erfindung im Auslande angemeldet hat, oder von seinem Rechtsnachfolger nachgesucht wird. Diese Begünstigung erstreckt sich jedoch nur auf die amtlichen Patentbeschreibungen derjenigen Staaten, in welchen nach einer im Reichs-Gesetzblatt enthaltenen Bekanntmachung die Gegenseitigkeit verbürgt ist.

§ 3. Auf die Erteilung des Patents hat derjenige Anspruch, welcher die Erfindung zuerst nach Maßgabe dieses Gesetzes angemeldet hat. Eine spätere Anmeldung kann den Anspruch auf ein Patent nicht begründen, wenn die Erfindung Gegenstand des Patents des früheren Anmelders ist. Trifft diese Voraussetzung teilweise zu, so hat der spätere Anmelder nur Anspruch auf Erteilung eines Patents in entsprechender Beschränkung.

Ein Anspruch des Patentsuchers auf Erteilung des Patents findet nicht statt, wenn der wesentliche Inhalt seiner Anmeldung den Beschreibungen, Zeichnungen, Modellen, Gerätschaften oder Einrichtungen eines anderen oder einem von diesem angewendeten Verfahren ohne Einwilligung desselben entnommen und von dem letzteren aus diesem Grunde Einspruch erhoben ist. Hat der Einspruch die Zurücknahme oder Zurückweisung der Anmeldung zur Folge, so kann der Einsprechende, falls er innerhalb eines Monats seit Mitteilung des hierauf bezüglichen Bescheides des Patentamts die Erfindung seinerseits anmeldet, verlangen, daß als Tag seiner Anmeldung der Tag vor Bekanntmachung der früheren Anmeldung festgesetzt werde.

§ 4. Das Patent hat die Wirkung, daß der Patentinhaber ausschließlich befugt ist, gewerbsmäßig den Gegenstand der Erfindung herzustellen, in Verkehr zu bringen, feilzuhalten oder zu ge-

brauchen. Ist das Patent für ein Verfahren erteilt, so erstreckt sich die Wirkung auch auf die durch das Verfahren unmittelbar hergestellten Erzeugnisse.

Einer nicht gewerbsmäßigen Benutzung steht das Recht des Patentinhabers nicht entgegen, E. 26, 377. Zur Gewerbsmäßigkeit genügt hier bereits die einmalige Herstellung usw. im Gewerbebetriebe, E. 15, 34; E. 27, 51. Ueber das Inverkehrbringen vgl. § 12 NahrMittGes.; Gegenstand des Inverkehrbr. kann auch ein Verfahren sein, vgl. E. 37, 110. In den inländ. Verkehr ist eine Sache selbst dann gebracht, wenn sie im Ausland hergestellt, für den Vertrieb im Auslande bestimmt, im Wege des Transithandels das Inland berührt, E. 10, 349; E. 21, 215; E. 36, 180. — Ueber das Feilhalten vgl. § 10 NahrMittGes.; die feilzuhaltende Sache muß zur Zeit der Tat bereits vorhanden sein, E. 11, 241. — Das Kombinationspatent, dessen Wesen im Schutze einer neuen Verbindung bereits bekannter Konstruktionsteile beruht, schließt den Verkauf der einzelnen Elemente, wenn nicht auch diese neu sind und besonderen patentrechtl. Schutz genießen, nicht aus, E. 26, 377, es sei denn, daß die Elemente vom Käufer zur gewerbsm. Herstellung der Kombination verwendet werden sollen und der Verkäufer das weiß. Ebenso steht der Schutz eines Verfahrens dem Verkauf der zu seiner Anwendung erforderlichen Stoffe nicht entgegen, E. 42, 151. — Der Patentschutz richtet sich nur gegen die Herstellung usw. von Sachen bezw. gegen die Anwendung von Verfahrensarten, die mit dem Gegenstand der Erfindung identisch sind. (Eine bewußte „Nachahmung" wird nicht vorausgesetzt, E. 8, 215.) Die Identität ist unter Heranziehung des Patentinhalts und der Patentschrift, E. 23, 21; E. 26, 377, sowie unter Berücksichtigung des Erfindungsgedankens, E. 26, 130, zu prüfen. Sie kann trotz einzelner Abweichungen gegeben sein, wenn diese das Wesen der Erfindung nicht betreffen (E. 23, 21: Die Nachbildung einer Maschine kann hierher gehören, obwohl sie nicht in ihrer Totalität nachgebildet ist, und obwohl die Nachbildung das Patent an Brauchbarkeit übertrifft); sie wird bei Kombinationspatenten durch die Aenderung oder Weglassung einzelner, das Wesen der Erfindung nicht berührender Stücke nicht ausgeschlossen, E. 24, 266. — Der Schlußsatz des Paragraphen setzt voraus, daß das Erzeugnis durch das patentierte Verfahren hergestellt sei, ohne daß es im Anschlusse daran oder daneben der Benutzung eines weiteren Hilfsmittels, insb. eines weiteren Verfahrens bedurfte, E. 42, 357. — Der Patentschutz steht nur einer ohne die Zustimmung des Patentinhabers erfolgten Herstellung usw. entgegen. Der Erwerber des Patents muß die von dem bisherigen Patentinhaber vor dem Uebergang des Patents erteilte Genehmigung gegen sich gelten lassen, E. 31, 92. Vgl. über die patentr. Tragweite vertragsm. Beschränkung der Weiterveräußerung E. 36, 178. — Der Patentschutz richtet sich auch gegen den Erfinder, sobald dieser das Patent veräußert hat, E. 7, 401.

Diese Wirkungen treten ein, sobald das Patent erteilt ist, und sie bleiben bestehen, solange das Patent nicht erloschen (§ 9), für nichtig erklärt (§ 10) oder zurückgenommen ist (§§ 13, 27 ff.), E. 26, 129. Die Frage, ob das Patent hätte erteilt werden dürfen, ist der Kognition des Strafrichters entzogen; er ist insofern an die E. des Patentamts gebunden, E. 3, 252; E. 7, 146; E. 26, 129. Nicht die materielle Nichtigkeit, sondern erst die formelle Nichtigkeitserklärung des Patents hebt den Patentschutz auf, und zwar mit rückwirkender Kraft; die vor der Erklärung der Nichtigkeit begangenen Verletzungen des nichtigen Patents sind straflos, E. 7, 146; E. 14, 261; E. 30, 187. Deshalb ist in Anal. zu § 261 StPO. auf Antrag des Angekl. das Verf. auszusetzen, wenn er das Patent anfechten zu wollen erklärt, es sei denn, daß der Antrag lediglich in Verschleppungsabsicht gestellt ist, E. 7, 146; andererseits ist die Erklärung der Nichtigkeit noch vom Revisionsgericht zu berücksichtigen, mag sie auch erst nach Erlaß des erstinstanzlichen Urteils erfolgt sein, E. 42, 340. Ueber den Fall, daß das Patent nur zum Teil für nichtig erklärt wird, vgl. E. 30, 187.

§ 5. Die Wirkung des Patents tritt gegen denjenigen nicht ein, welcher zur Zeit der Anmeldung bereits im Inlande die Erfindung in Benutzung genommen oder die zur Benutzung erforderlichen

Veranstaltungen getroffen hatte. Derselbe ist befugt, die Erfindung für die Bedürfnisse seines eigenen Betriebes in eigenen oder fremden Werkstätten auszunutzen. Diese Befugnis kann nur zusammen mit dem Betriebe vererbt oder veräußert werden.

Die Wirkung des Patents tritt ferner insoweit nicht ein, als die Erfindung nach Bestimmung des Reichskanzlers für das Heer oder für die Flotte oder sonst im Interesse der öffentlichen Wohlfahrt benutzt werden soll. Doch hat der Patentinhaber in diesem Falle gegenüber dem Reich oder dem Staate, welcher in seinem besonderen Interesse die Beschränkung des Patents beantragt hat, Anspruch auf angemessene Vergütung, welche in Ermangelung einer Verständigung im Rechtswege festgesetzt wird.

Auf Einrichtungen an Fahrzeugen, welche nur vorübergehend in das Inland gelangen, erstreckt sich die Wirkung des Patents nicht.

Der Vorbenutzer ist nur privilegiert, wenn er zur Zeit der — formell korrekten, E. 7, 414 — Anmeldung die Erfindung in Benutzung genommen hat: es reicht nicht aus, daß dies später, wenn auch vor der Bekanntmachung, geschah, E. 23, 22. Dem Inbenutzungnehmen genügt jede der Handlungen des § 4. Privilegiert ist lediglich der berechtigte Besitzstand; § 5 setzt eine selbständige, von der Tätigkeit des Patentinhabers unabhängige Erfindung voraus; er schützt deshalb nicht denjenigen, welcher den Gegenstand der Erfindung den Gerätschaften oder Einrichtungen des Patentinhabers ohne dessen Einwilligung entnommen hat, E. 28, 27. Er kann dagegen dem Fabrikanten zugute kommen, der selbständig auf Bestellung des Erfinders den Gegenstand der Erfindung herstellt und liefert, E. 27, 51. Der Schutz des § 5 beschränkt sich nicht auf die Benutzung in ihrem bisherigen

Umfang; der Vorbenutzer kann die Erfindung weiter gewerblich ausbeuten; auch die Personen, die den Gegenstand der Erfindung von ihm erwerben, sind befugt, ihn feilzuhalten und weiter zu veräußern, E. 5, 762; E. 6, 10; E. 6, 107. — Die zur Benutzung erforderlichen Veranstaltungen brauchen nicht sämtlich getroffen zu sein; andererseits genügt nicht jede Vorbereitungshandlung, E. 16, 414.

§ 6. Der Anspruch auf Erteilung des Patents und das Recht aus dem Patent gehen auf die Erben über. Der Anspruch und das Recht können beschränkt oder unbeschränkt durch Vertrag oder durch Verfügung von Todes wegen auf andere übertragen werden.

§ 7. Die Dauer des Patents ist fünfzehn Jahre; der Lauf dieser Zeit beginnt mit dem auf die Anmeldung der Erfindung folgenden Tage. Bezweckt eine Erfindung die Verbesserung oder sonstige weitere Ausbildung einer anderen, zugunsten des Patentsuchers durch ein Patent geschützten Erfindung, so kann dieser die Erteilung eines Zusatzpatents nachsuchen, welches mit dem Patent für die ältere Erfindung sein Ende erreicht.

Wird durch die Erklärung der Nichtigkeit des Hauptpatents ein Zusatzpatent zu einem selbständigen Patent, so bestimmt sich dessen Dauer und der Fälligkeitstag der Gebühren nach dem Anfangstage des Hauptpatents. Für den Jahresbetrag der Gebühren ist der Anfangstag des Zusatzpatents maßgebend. Dabei gilt als erstes Patentjahr der Zeitabschnitt zwischen dem Tage der Anmeldung des Zusatzpatents und dem nächstfolgenden Jahrestage des Anfangs des Hauptpatents.

§ 8. Für jedes Patent ist vor der Erteilung eine Gebühr von dreißig Mark zu entrichten (§ 24 Absatz 1).

Mit Ausnahme der Zusatzpatente (§ 7) ist außerdem für das Patent mit Beginn des zweiten und jedes folgenden Jahres der Dauer eine Gebühr zu entrichten, welche das erste Mal fünfzig Mark beträgt und weiterhin jedes Jahr um fünfzig Mark steigt.

Diese Gebühr (Absatz 2) ist innerhalb sechs Wochen nach der Fälligkeit zu entrichten. Nach Ablauf der Frist kann die Zahlung nur unter Zuschlag einer Gebühr von zehn Mark innerhalb weiterer sechs Wochen erfolgen.

Einem Patentinhaber, welcher seine Bedürftigkeit nachweist, können die Gebühren für das erste und zweite Jahr der Dauer des Patents bis zum dritten Jahre gestundet und, wenn das Patent im dritten Jahre erlischt, erlassen werden.

Die Zahlung der Gebühren kann vor Eintritt der Fälligkeit erfolgen. Wird auf das Patent verzichtet oder dasselbe für nichtig erklärt oder zurückgenommen, so erfolgt die Rückzahlung der nicht fällig gewordenen Gebühren.

Durch Beschluß des Bundesrats kann eine Herabsetzung der Gebühren angeordnet werden.

§ 9. Das Patent erlischt, wenn der Patentinhaber auf dasselbe verzichtet, oder wenn die Gebühren nicht rechtzeitig bei der Kasse des Patentamts oder zur Ueberweisung an dieselbe bei einer Postanstalt im Gebiete des Deutschen Reichs eingezahlt sind.

§ 10. Das Patent wird für nichtig erklärt, wenn sich ergibt:

1. daß der Gegenstand nach §§ 1 und 2 nicht patentfähig war,
2. daß die Erfindung Gegenstand des Patents eines früheren Anmelders ist,
3. daß der wesentliche Inhalt der Anmeldung den Beschreibungen, Zeichnungen, Modellen, Gerätschaften oder Einrichtungen eines anderen oder einem von diesem angewendeten Verfahren ohne Einwilligung desselben entnommen war.

Trifft eine dieser Voraussetzungen (1 bis 3) nur teilweise zu, so erfolgt die Erklärung der Nichtigkeit durch entsprechende Beschränkung des Patents.

Ueber die strafr. Bedeutung der Nichtigkeitserklärung vgl. zu § 4.

§ 11. Das Patent kann nach Ablauf von drei Jahren, von dem Tage der über die Erteilung des Patents erfolgten Bekanntmachung (§ 27 Absatz 1) gerechnet, zurückgenommen werden:

1. wenn der Patentinhaber es unterläßt, im Inlande die Erfindung in angemessenem Umfange zur Ausführung zu bringen, oder doch alles zu tun, was erforderlich ist, um diese Ausführung zu sichern;
2. wenn im öffentlichen Interesse die Erteilung der Erlaubnis zur Benutzung der Erfindung an andere geboten erscheint, der Patentinhaber aber gleichwohl sich weigert, diese Erlaubnis gegen angemessene Vergütung und genügende Sicherstellung zu erteilen.

§ 12. Wer nicht im Inlande wohnt, kann den Anspruch auf die Erteilung eines Patents und die Rechte aus dem Patent nur geltend machen, wenn er im Inlande einen Vertreter bestellt hat. Der Letztere ist zur Vertretung in dem nach Maßgabe dieses Gesetzes stattfindenden Verfahren, sowie in den das Patent betreffenden bürgerlichen Rechtsstreitigkeiten und zur Stellung von Strafanträgen befugt. Der Ort, wo der Vertreter seinen Wohnsitz hat, und in Ermangelung eines solchen der Ort, wo das Patentamt seinen Sitz hat, gilt im Sinne des § 24 der Zivilprozeßordnung als der Ort, wo sich der Vermögensgegenstand befindet.

Unter Zustimmung des Bundesrats kann durch Anordnung des Reichskanzlers bestimmt werden, daß gegen die Angehörigen eines ausländischen Staates ein Vergeltungsrecht zur Anwendung gebracht werde.

Zweiter Abschnitt.

Patentamt.

§ 13. Die Erteilung, die Erklärung der Nichtigkeit und die Zurücknahme der Patente erfolgt durch das Patentamt.

Das Patentamt hat seinen Sitz in Berlin. Es besteht aus einem Präsidenten, aus Mitgliedern, welche die Befähigung zum Richteramt oder zum höheren Verwaltungsdienst besitzen (rechtskundige Mitglieder) und aus Mitgliedern, welche in einem Zweige der Technik sachverständig sind (technische Mitglieder). Die Mitglieder werden, und zwar der Präsident auf Vorschlag des Bundesrats, vom Kaiser ernannt. Die Berufung der rechtskundigen Mitglieder erfolgt, wenn sie im Reichs- oder Staatsdienst ein Amt bekleiden, auf die Dauer dieses Amts, anderenfalls auf Lebenszeit. Die Berufung der technischen Mitglieder erfolgt entweder auf Lebenszeit oder auf fünf Jahre. In letzterem Falle finden auf sie die Bestimmungen im § 16 des Gesetzes, betreffend die Rechtsverhältnisse der Reichsbeamten, vom 31. März 1873 keine Anwendung.

§ 14. In dem Patentamt werden

1. Abteilungen für die Patentanmeldungen (Anmeldeabteilungen),
2. eine Abteilung für die Anträge auf Erklärung der Nichtigkeit oder auf Zurücknahme von Patenten (Nichtigkeitsabteilung),
3. Abteilungen für die Beschwerden (Beschwerdeabteilungen)

gebildet.

In den Anmeldeabteilungen dürfen nur solche technische Mitglieder mitwirken, welche auf Lebenszeit berufen sind. Die technischen Mitglieder der Anmeldeabteilungen dürfen nicht in den übrigen Abteilungen, die technischen Mitglieder der letzteren nicht in den Anmeldeabteilungen mitwirken.

Die Beschlußfähigkeit der Anmeldeabteilungen ist durch die Anwesenheit von mindestens drei Mitgliedern bedingt, unter welchen sich zwei technische Mitglieder befinden müssen.

Die Entscheidungen der Nichtigkeitsabteilung und der Beschwerdeabteilungen erfolgen in der Besetzung von zwei rechtskundigen und drei technischen Mitgliedern. Zu anderen Beschlußfassungen genügt die Anwesenheit von drei Mitgliedern.

Die Bestimmungen der Zivilprozeßordnung über Ausschließung und Ablehnung der Gerichtspersonen finden entsprechende Anwendung.

Zu den Beratungen können Sachverständige, welche nicht Mitglieder sind, zugezogen werden; dieselben dürfen an den Abstimmungen nicht teilnehmen.

§ 15. Die Beschlüsse und die Entscheidungen der Abteilungen erfolgen im Namen des Patentamts; sie sind mit Gründen zu versehen, schriftlich auszufertigen und allen Beteiligten von Amts wegen zuzustellen.

§ 16. Gegen die Beschlüsse der Anmeldeabteilungen und der Nichtigkeitsabteilung findet die Beschwerde statt. An der Beschlußfassung über die Beschwerde darf kein Mitglied teilnehmen, welches bei dem angefochtenen Beschlusse mitgewirkt hat.

§ 17. Die Bildung der Abteilungen, die Bestimmung ihres Geschäftskreises, die Formen des Verfahrens, einschließlich des Zustellungswesens, und der Geschäftsgang des Patentamts werden, insoweit dieses Gesetz nicht Bestimmungen darüber trifft, durch Kaiserliche Verordnung unter Zustimmung des Bundesrats geregelt.

§ 18. Das Patentamt ist verpflichtet, auf Ersuchen der Gerichte über Fragen, welche Patente betreffen, Gutachten abzugeben, sofern in dem gerichtlichen Verfahren von einander abweichende Gutachten mehrerer Sachverständiger vorliegen.

Im übrigen ist das Patentamt nicht befugt, ohne Genehmigung des Reichskanzlers außerhalb seines gesetzlichen Geschäftskreises Beschlüsse zu fassen oder Gutachten abzugeben.

§ 19. Bei dem Patentamt wird eine Rolle geführt, welche den Gegenstand und die Dauer der erteilten Patente, sowie den Namen und Wohnort der Patentinhaber und ihrer bei Anmeldung der Erfindung etwa bestellten Vertreter angibt. Der Anfang, der Ablauf, das Erlöschen, die Erklärung der Nichtigkeit und die Zurücknahme der Patente sind, unter gleichzeitiger Bekanntmachung durch den Reichsanzeiger, in der Rolle zu vermerken.

Tritt in der Person des Patentinhabers oder seines Vertreters eine Aenderung ein, so wird dieselbe, wenn sie in beweisender Form zur Kenntnis des Patentamts gebracht ist, ebenfalls in der Rolle vermerkt und durch den Reichsanzeiger veröffentlicht. Solange dieses nicht geschehen ist, bleiben der frühere Patentinhaber und sein früherer Vertreter nach Maßgabe dieses Gesetzes berechtigt und verpflichtet.

Die Einsicht der Rolle, der Beschreibungen, Zeichnungen, Modelle und Probestücke, auf Grund deren die Erteilung der Patente erfolgt ist, steht, soweit es sich nicht um ein im Namen der Reichsverwaltung für die Zwecke des Heeres oder der Flotte genommenes Patent handelt, jedermann frei.

Das Patentamt veröffentlicht die Beschreibungen und Zeichnungen, soweit deren Einsicht jedermann freisteht, in ihren wesentlichen Teilen durch ein amtliches Blatt. In dasselbe sind auch die Bekanntmachungen aufzunehmen, welche durch den Reichsanzeiger nach Maßgabe dieses Gesetzes erfolgen müssen.

Dritter Abschnitt.

Verfahren in Patentsachen.

§ 20. Die Anmeldung einer Erfindung behufs Erteilung eines Patents geschieht schriftlich bei dem Patentamt. Für jede Erfindung ist eine besondere Anmeldung erforderlich. Die Anmeldung muß den Antrag auf Erteilung des Patents enthalten und in dem Antrage den Gegenstand, welcher durch das Patent geschützt werden soll, genau bezeichnen. In einer Anlage ist die Erfindung dergestalt zu beschreiben, daß danach die Benutzung derselben durch andere Sachverständige möglich erscheint. Am Schlusse der Beschreibung ist dasjenige anzugeben, was als patentfähig unter Schutz gestellt werden soll (Patentanspruch). Auch sind die erforderlichen Zeichnungen, bildlichen Darstellungen, Modelle und Probestücke beizufügen.

Das Patentamt erläßt Bestimmungen über die sonstigen Erfordernisse der Anmeldung.

Bis zu dem Beschlusse über die Bekanntmachung der Anmeldung sind Abänderungen der darin enthaltenen Angaben zulässig. Gleichzeitig mit der Anmeldung sind für die Kosten des Verfahrens zwanzig Mark zu zahlen.

§ 21. Die Anmeldung unterliegt einer Vorprüfung durch ein Mitglied der Anmeldeabteilung.

Erscheint hierbei die Anmeldung als den vorgeschriebenen Anforderungen (§ 20) nicht genügend, so wird durch Vorbescheid der Patentsucher aufgefordert, die Mängel innerhalb einer bestimmten Frist zu beseitigen.

Insoweit die Vorprüfung ergibt, daß eine nach §§ 1, 2, 3 Absatz 1 patentfähige Erfindung nicht vorliegt, wird der Patentsucher hiervon unter Angabe der Gründe mit der Aufforderung benachrichtigt, sich binnen einer bestimmten Frist zu äußern.

Erklärt sich der Patentsucher auf den Vorbescheid (Absatz 2 und 3) nicht rechtzeitig, so gilt die Anmeldung als zurückgenommen; erklärt er sich innerhalb der Frist, so faßt die Anmeldeabteilung Beschluß.

§ 22. Ist durch die Anmeldung den vorgeschriebenen Anforderungen (§ 20) nicht genügt oder ergibt sich, daß eine nach §§ 1, 2, 3 Absatz 1 patentfähige Erfindung nicht vorliegt, so wird die Anmeldung von der Abteilung zurückgewiesen. An der Beschlußfassung darf das Mitglied, welches den Vorbescheid erlassen hat, nicht teilnehmen.

Soll die Zurückweisung auf Grund von Umständen erfolgen, welche nicht bereits durch den Vorbescheid dem Patentsucher mitgeteilt waren, so ist demselben vorher Gelegenheit zu geben, sich über diese Umstände binnen einer bestimmten Frist zu äußern.

§ 23. Erachtet das Patentamt die Anmeldung für gehörig erfolgt und die Erteilung eines Patents nicht für ausgeschlossen, so beschließt es die Bekanntmachung der Anmeldung. Mit der Bekanntmachung treten für den Gegenstand der Anmeldung zugunsten des Patentsuchers einstweilen die gesetzlichen Wirkungen des Patents ein (§§ 4 und 5).

Die Bekanntmachung geschieht in der Weise, daß der Name des Patentsuchers und der wesentliche Inhalt des in seiner Anmeldung enthaltenen Antrags durch den Reichsanzeiger einmal veröffentlicht wird. Mit der Veröffentlichung ist die Anzeige zu verbinden, daß der Gegenstand der Anmeldung einstweilen gegen unbefugte Benutzung geschützt sei.

Gleichzeitig ist die Anmeldung mit sämtlichen Beilagen bei dem Patentamt zur Einsicht für jedermann auszulegen. Auf dem durch § 17 des Gesetzes bestimmten Wege kann angeordnet werden, daß die Auslegung auch außerhalb Berlins zu erfolgen habe.

Die Bekanntmachung kann auf Antrag des Patentsuchers auf die Dauer von höchstens sechs Monaten, vom Tage des Beschlusses über die Bekanntmachung an gerechnet, ausgesetzt werden. Bis zur Dauer von drei Monaten darf die Aussetzung nicht versagt werden.

Handelt es sich um ein im Namen der Reichsverwaltung für die Zwecke des Heeres oder der Flotte nachgesuchtes Patent, so erfolgt auf Antrag die Patenterteilung ohne jede Bekanntmachung. In diesem Falle unterbleibt auch die Eintragung in die Patentrolle.

§ 24. Innerhalb der Frist von zwei Monaten nach der Veröffentlichung (§ 23) ist die erste Jahresgebühr (§ 8 Absatz 1) einzuzahlen. Erfolgt die Einzahlung nicht binnen dieser Frist, so gilt die Anmeldung als zurückgenommen.

Innerhalb der gleichen Frist kann gegen die Erteilung des Patents Einspruch erhoben werden. Der Einspruch muß schriftlich erfolgen und mit Gründen versehen sein. Er kann nur auf die Behauptung gestützt werden, daß der Gegenstand nach §§ 1 und 2 nicht patentfähig sei, oder daß dem Patentsucher ein Anspruch auf das Patent nach § 3 nicht zustehe. Im Falle des § 3 Absatz 2 ist nur der Verletzte zum Einspruch berechtigt.

Nach Ablauf der Frist hat das Patentamt über die Erteilung des Patents Beschluß zu fassen. An der Beschlußfassung darf das Mitglied, welches den Vorbescheid (§ 21) erlassen hat, nicht teilnehmen.

§ 25. Bei der Vorprüfung und in dem Verfahren vor der Anmeldeabteilung kann jederzeit die Ladung und Anhörung der Beteiligten, die Vernehmung von Zeugen und Sachverständigen, sowie die Vornahme sonstiger zur Aufklärung der Sache erfolderlicher Ermittelungen angeordnet werden.

§ 26. Gegen den Beschluß, durch welchen die Anmeldung zurückgewiesen wird, kann der Patentsucher, und gegen den Beschluß, durch welchen über die Erteilung des Patents entschieden wird, der Patentsucher oder der Einsprechende innerhalb eines Monats nach der Zustellung Beschwerde einlegen. Mit der Einlegung der Beschwerde sind für die Kosten des Beschwerdeverfahrens zwanzig Mark zu zahlen; erfolgt die Zahlung nicht, so gilt die Beschwerde als nicht erhoben.

Ist die Beschwerde an sich nicht statthaft oder ist dieselbe verspätet eingelegt, so wird sie als unzulässig verworfen.

Wird die Beschwerde für zulässig befunden, so richtet sich das weitere Verfahren nach § 25. Die Ladung und Anhörung der Beteiligten muß auf Antrag eines derselben erfolgen. Dieser Antrag kann nur abgelehnt werden, wenn die Ladung des Antragstellers in dem Verfahren vor der Anmeldeabteilung bereits erfolgt war.

Soll die Entscheidung über die Beschwerde auf Grund anderer als der in dem angegriffenen Beschlusse berücksichtigten Umstände erfolgen, so ist den Beteiligten zuvor Gelegenheit zu geben, sich hierüber zu äußern.

Das Patentamt kann nach freiem Ermessen bestimmen, inwieweit einem Beteiligten im Falle des Unterliegens die Kosten des Beschwerdeverfahrens zur Last fallen, sowie anordnen, daß dem Beteiligten, dessen Beschwerde für gerechtfertigt befunden ist, die Gebühr (Absatz 1) zurückgezahlt wird.

§ 27. Ist die Erteilung des Patents endgültig beschlossen, so erläßt das Patentamt darüber durch den Reichsanzeiger eine Bekanntmachung und fertigt demnächst für den Patentinhaber eine Urkunde aus.

Wird die Anmeldung nach der Veröffentlichung (§ 23) zurückgenommen oder wird das Patent versagt, so ist dies ebenfalls bekannt zu machen. Die eingezahlte Jahresgebühr wird in diesen Fällen erstattet. Mit der Versagung des Patents gelten die Wirkungen des einstweiligen Schutzes als nicht eingetreten.

§ 28. Die Einleitung des Verfahrens wegen Erklärung der Nichtigkeit oder wegen Zurücknahme des Patents erfolgt nur auf Antrag.

Im Falle des § 10 Nr. 3 ist nur der Verletzte zu dem Antrage berechtigt.

Im Falle des § 10 Nr. 1 ist nach Ablauf von fünf Jahren, von dem Tage der über die Erteilung des Patents erfolgten Bekanntmachung (§ 27 Absatz 1) gerechnet, der Antrag unstatthaft.

Der Antrag ist schriftlich an das Patentamt zu richten und hat die Tatsachen anzugeben, auf welche er gestützt wird. Mit dem Antrage ist eine Gebühr von fünfzig Mark zu zahlen. Erfolgt die Zahlung nicht, so gilt der Antrag als nicht gestellt. Die Gebühr wird erstattet, wenn das Verfahren ohne Anhörung der Beteiligten beendet wird.

Wohnt der Antragsteller im Auslande, so hat er dem Gegner auf dessen Verlangen Sicherheit wegen der Kosten des Verfahrens zu leisten. Die Höhe der Sicherheit wird von dem Patentamt nach freiem Ermessen festgesetzt. Dem Antragsteller wird bei Anordnung der Sicherheitsleistung eine Frist bestimmt, binnen welcher die Sicherheit zu leisten ist. Erfolgt die Sicherheitsleistung nicht vor Ablauf der Frist, so gilt der Antrag als zurückgenommen.

§ 29. Nachdem die Einleitung des Verfahrens verfügt ist, fordert das Patentamt den Patentinhaber unter Mitteilung des Antrags auf, sich über denselben innerhalb eines Monats zu erklären.

Erklärt der Patentinhaber binnen der Frist sich nicht, so kann ohne Ladung und Anhörung der Beteiligten sofort nach dem Antrage entschieden und bei dieser Entscheidung jede von dem Antragsteller behauptete Tatsache für erwiesen angenommen werden.

§ 30. Widerspricht der Patentinhaber rechtzeitig, oder wird im Falle des § 29 Absatz 2 nicht sofort nach dem Antrage entschieden, so trifft das Patentamt, und zwar im ersteren Falle unter Mitteilung des Widerspruchs an den Antragsteller, die zur Aufklärung der Sache erforderlichen Verfügungen. Es kann die Vernehmung von Zeugen und Sachverständigen anordnen. Auf dieselben finden die Vorschriften der Zivilprozeßordnung entsprechende Anwendung. Die Beweisverhandlungen sind unter Zuziehung eines beeidigten Protokollführers aufzunehmen.

Die Entscheidung erfolgt nach Ladung und Anhörung der Beteiligten.

Wird die Zurücknahme des Patents auf Grund des § 11 Nr. 2 beantragt, so muß der diesem Antrage entsprechenden Entscheidung eine Androhung der Zurücknahme unter Angabe von Gründen und unter Festsetzung einer angemessenen Frist vorausgehen.

§ 31. In der Entscheidung (§§ 29, 30) hat das Patentamt nach freiem Ermessen zu bestimmen, zu welchem Anteile die Kosten des Verfahrens den Beteiligten zur Last fallen.

§ 32. Die Gerichte sind verpflichtet, dem Patentamt Rechtshilfe zu leisten. Die Festsetzung einer Strafe gegen Zeugen und Sachverständige, welche nicht erscheinen oder ihre Aussage oder deren Beeidigung verweigern, sowie die Vorführung eines nicht erschienenen Zeugen erfolgt auf Ersuchen durch die Gerichte.

§ 33. Gegen die Entscheidung des Patentamts (§§ 29, 30) ist die Berufung zulässig. Die Berufung geht an das Reichsgericht. Sie ist binnen sechs Wochen nach der Zustellung bei dem Patentamt schriftlich anzumelden und zu begründen.

Durch das Urteil des Gerichtshofs ist nach Maßgabe des § 31 auch über die Kosten des Verfahrens zu bestimmen.

Im übrigen wird das Verfahren vor dem Gerichtshof durch ein Regulativ bestimmt, welches von dem Gerichtshof zu entwerfen ist und durch Kaiserliche Verordnung unter Zustimmung des Bundesrats festgestellt wird.

§ 34. In betreff der Geschäftssprache vor dem Patentamt finden die Bestimmungen des Gerichtsverfassungsgesetzes über die Gerichtssprache entsprechende Anwendung. Eingaben, welche nicht in deutscher Sprache abgefaßt sind, werden nicht berücksichtigt.

Vierter Abschnitt.

Strafen und Entschädigung.

§ 35. Wer wissentlich oder aus grober Fahrlässigkeit den Bestimmungen der §§ 4 und 5 zuwider eine Erfindung in Benutzung nimmt, ist dem Verletzten zur Entschädigung verpflichtet.

Handelt es sich um eine Erfindung, welche ein Verfahren zur Herstellung eines neuen Stoffes zum Gegenstand hat, so gilt bis zum Beweise des Gegenteils jeder Stoff von gleicher Beschaffenheit als nach dem patentierten Verfahren hergestellt.

§ 36. Wer wissentlich den Bestimmungen der §§ 4 und 5 zuwider eine Erfindung in Benutzung nimmt, wird mit Geldstrafe bis zu fünftausend Mark oder mit Gefängnis bis zu einem Jahre bestraft.

Die Strafverfolgung tritt nur auf Antrag ein. Die Zurücknahme des Antrags ist zulässig.

Wird auf Strafe erkannt, so ist zugleich dem Verletzten die Befugnis zuzusprechen, die Verurteilung auf Kosten des Verurteilten öffentlich bekannt zu machen. Die Art der Bekanntmachung, sowie die Frist zu derselben ist im Urteil zu bestimmen.

Jede Handlung des § 4 genügt; das „in Benutzung nehmen“ des § 36 bezeichnet kein besonderes Tatbestandsmerkmal. Vgl. zum Begriff der Patentverletzung zu §§ 4, 5. Ihre Feststellung setzt nicht voraus, daß bezüglich des Gegenstandes der Erfindung ein Patentstreit schwebt, E. 39, 322. Ueber einen Fall mittelb. Täterschaft s. E. 42, 151.

§ 36 verlangt Wissentlichkeit; grobe Fahrlässigkeit genügt (anders § 35) nicht (E. 5, 268: der Angeklagte hatte es unterlassen, die Bekanntmachungen des Patentamts zu lesen), wohl aber dolus eventualis, E. 15, 34. Der Vorsatz setzt die Kenntnis des Patents, das Bewußtsein, eine dem Patentschutz unterfallende Handlung vorzunehmen, und das Bewußtsein, ohne Zustimmung des Patentinhabers zu handeln, voraus, E. 4, 12; E. 5, 268. Die Annahme, das Patent sei materiell nichtig, schließt den Vorsatz nicht aus, wenn der Täter um den formellen Bestand des Patents weiß, E. 6, 224; E. 26, 129; E. 30, 187; ebensowenig bei Identität der eigenen und der patentrechtlich geschützten die Annahme, die eigene Erfindung sei „älter", E. 8, 215. Beachtlich ist dagegen die Annahme des Täters, er habe die Erfindung bereits vor der Zeit der Anmeldung in Benutzung genommen (§ 5); oder, das Patent sei für nichtig erklärt, E. 6, 224. — Ueber den Irrtum in den Fällen des Transithandels vgl. E. 10, 349; E. 21, 205.

Antragsberechtigt nach Abs. 2 ist nicht nur der Patentinhaber sondern auch derjenige, dem er die Ausübung des Patentrechts übertragen hat, E. 11, 266; vgl. auch R. VI, 144. Der Patentinhaber ist auch, wenn er nicht im Inlande wohnt, berechtigt, selbst oder durch einen Bevollmächtigten den Antrag zu stellen; es ist nicht erforderlich, daß der Patentvertreter (§ 12) den Antrag stellt, nicht einmal, daß ein solcher bestellt ist, E. 6, 10; E. 6, 119.

Einziehung aus § 40 StGB ist unzulässig, wenn die Patentverletzung ausschließlich in dem Verkauf fertiger Sachen besteht, E. 27, 245.

§ 37. Statt jeder aus diesem Gesetze entspringenden Entschädigung kann auf Verlangen des Beschädigten neben der Strafe auf eine an ihn zu erlegende Buße bis zum Betrage von zehntausend Mark erkannt werden. Für diese Buße haften die zu derselben Verurteilten als Gesamtschuldner.

Eine erkannte Buße schließt die Geltendmachung eines weiteren Entschädigungsanspruchs aus.

Im Fall des § 40 kann auf Buße nicht erkannt werden, E. 35, 25.

§ 38. In bürgerlichen Rechtsstreitigkeiten, in welchen durch Klage oder Widerklage ein Anspruch auf Grund der Bestimmungen dieses Gesetzes geltend gemacht ist, wird die Verhandlung und Entscheidung letzter Instanz im Sinne des § 8 des Einführungsgesetzes zum Gerichtsverfassungsgesetze dem Reichsgericht zugewiesen.

§ 39. Die Klagen wegen Verletzung des Patentrechts verjähren rücksichtlich jeder einzelnen dieselbe begründenden Handlung in drei Jahen.

§ 39 bezieht sich nicht auf die Strafverfolgung, E. 26, 129.

§ 40. **Mit Geldstrafe bis zu eintausend Mark wird bestraft:**

1. **wer Gegenstände oder deren Verpackung mit einer Bezeichnung versieht, welche geeignet ist, den Irrtum zu erregen, daß die Gegenstände durch ein Patent nach Maßgabe dieses Gesetzes geschützt seien;**
2. **wer in öffentlichen Anzeigen, auf Aushängeschildern, auf Empfehlungskarten oder in ähnlichen Kundgebungen eine Bezeichnung anwendet, welche geeignet ist, den Irrtum zu erregen, daß die darin erwähnten Gegenstände durch ein Patent nach Maßgabe dieses Gesetzes geschützt seien.**

Die Möglichkeit der Irrtumserregung wird durch die Bezeichnung „D. R. G. M. Nr." oder „D. R. P. a." nicht ausgeschlossen, E. 26, 192; E. 38, 244. Es steht der Anwendung des § 40 nicht entgegen, daß ein Bestandteil des als patentiert bezeichneten Gegenstandes unter Patentschutz steht, sofern der Gegenstand als Ganzes des Patentschutzes entbehrt, E. 42, 357; andererseits liegt keine Patentanmaßung vor, wenn außer der Nummer eines noch gültigen Patents die Nummern anderer, bezgl. der Sache erworbener, aber erloschener Patente angegeben werden, E. 28, 14. Die bloße Anmeldung zur Patentierung berechtigt nicht dazu, die Sache als patentrechtlich geschützt zu bezeichnen, E. 38, 244. — Eine öffentl. Anzeige (Ziff. 2) liegt auch in der Ankündigung in einer Fachzeitschrift, E. 26, 192. Ueber den Begriff der ähnlichen Kundgebungen vgl. E. 25, 78. — Nach E. 24, 399; E. 26, 192 fordert § 40 zur Verschuldung lediglich Fahrlässigkeit.

Gesetz, betreffend die Prüfung der Läufe und Verschlüsse der Handfeuerwaffen.

Vom 19. Mai 1891. (RGBl. S. 109.)

§ 1. Handfeuerwaffen jeder Art dürfen nur dann feilgehalten oder in den Verkehr gebracht werden, wenn ihre Läufe und Verschlüsse nach den Vorschriften dieses Gesetzes in amtlichen Prüfungsanstalten geprüft und mit Prüfungszeichen versehen sind.

Historische und Kunstgegenstände, Schau- und Dekorationsstücke fallen nicht unter das Gesetz. S. DJZ., Spruchs. XI, 131. Der Besitz einer ungeprüften Waffe ist straflos, E. 28, 316.

§ 2. Die Prüfung besteht in einer Beschußprobe mit verstärkter Ladung.

Die Prüfung findet bei Terzerolen und Revolvern einmal statt. Auch bei anderen Handfeuerwaffen kann, wenn dieselben Würgebohrung nicht erhalten haben, die Prüfung auf Antrag des Einsenders auf eine einmalige Beschußprobe beschränkt werden. Im übrigen findet eine zweimalige Beschußprobe statt, die erste mit vorgerichteten Läufen, die zweite (Endprobe) nach Fertigstellung der

Läufe einschließlich der Vereinigung bei Mehrläufen und der Anbringung der Verschlußstücke. Findet auf Antrag des Einsenders eine einmalige Prüfung statt, so ist dieselbe an den Waffen in dem sonst für die zweite Probe vorgeschriebenen Zustande vorzunehmen.

§ 3. Läufe oder Verschlußteile, welche nach einer Beschußprobe unganz oder aufgebaucht befunden werden, sind durch Einsägen oder Zerschlagen unbrauchbar zu machen.

Für Waffen, an deren Läufen oder Verschlüssen nach einer Beschußprobe andere Mängel vorgefunden werden, ist nach Beseitigung der letzteren eine einmalige Wiederholung der Beschußprobe zulässig. Läufe oder Verschlußteile, welche nach der wiederholten Beschußprobe mangelhaft befunden werden, sind durch Einsägen oder Zerschlagen unbrauchbar zu machen.

§ 4. Wird an einer bereits geprüften Waffe während oder nach der Herstellung in dem Kaliber oder an dem Verschlusse eine Veränderung vorgenommen, so ist eine erneute Prüfung erforderlich. Dieselbe richtet sich bei Waffen, welche der Regel nach einer zweimaligen Prüfung unterliegen, nach dem Stande der Herstellung, in welchem die Waffe sich befindet.

§ 5. Bis zu dem Zeitpunkte, mit welchem dieses Gesetz seinem ganzen Umfange nach in Kraft tritt, sind Handfeuerwaffen auf Antrag der Einsender durch die Ortspolizeibehörde oder eine andere von der Landeszentralbehörde zu bezeichnende Behörde mit einem Vorratszeichen, welches durch den Bundesrat bestimmt werden wird, zu versehen.

§ 6. Auf Handfeuerwaffen,

1. welche mit dem Vorratszeichen versehen sind,
2. welche aus dem Auslande eingeführt und mit den vollständigen, den inländischen gleichwertigen Prüfungszeichen eines auswärtigen Staates versehen sind,

3. welche durch eine Militärverwaltung oder im Auftrage einer solchen hergestellt und geprüft worden sind,

finden die Vorschriften dieses Gesetzes solange keine Anwendung, als an den Waffen keine Veränderung des Kalibers oder des Verschlusses vorgenommen wird. Wird eine solche Veränderung vorgenommen, so bedürfen Waffen dieser Art der im § 4 vorgeschriebenen Prüfung, die unter 3 bezeichneten jedoch nur dann, wenn die Veränderung nicht durch eine Militärverwaltung ausgeführt oder geprüft worden ist.

Der Bundesrat bestimmt, welche Prüfungszeichen eines auswärtigen Staates als den inländischen gleichwertig anzuerkennen sind.

Bekanntm. vom 1. Febr. 1894 (ZBl. S. 20), vom 30. Juni 1894 (ZBl. S. 350), vom 26. April 1899 (RGBl. S. 275) und vom 15. Juli 1904 (RGBl. S. 309).

§ 7. Die näheren Bestimmungen über das Verfahren bei der Prüfung, über das Gewicht und die Beschaffenheit des bei der Beschußprobe zu verwendenden Pulvers und Bleies, sowie über die Form und das Schlagen der Prüfungszeichen werden durch den Bundesrat erlassen.

Vgl. die Bekanntm. vom 22. Juni 1892 (RGBl. S. 674) [berichtigt: RGBl. 93 S. 3], vom 23. Juli 1893 (RGBl. S. 227), vom 8. Mai 1895 (RGBl. S. 232).

§ 8. Die Errichtung der Prüfungsanstalten erfolgt durch die Landesregierungen. Für die Prüfung können Gebühren erhoben werden. Dieselben dürfen die Kosten der Prüfung nicht übersteigen.

§ 9. [L.A.] **Mit Geldstrafe bis zu eintausend Mark oder mit Gefängnis bis zu sechs Monaten wird bestraft:**

wer Handfeuerwaffen feilhält oder in den Verkehr bringt, deren Läufe oder Verschlüsse nicht mit den

vorgeschriebenen oder zugelassenen (§ 6) Prüfungszeichen versehen sind.

Neben der verwirkten Strafe ist auf die Einziehung der vorschriftswidrig feilgehaltenen oder in den Verkehr gebrachten Waffen zu erkennen, ohne Unterschied, ob sie dem Verurteilten gehören oder nicht.

Ist die Verfolgung oder Verurteilung einer bestimmten Person nicht ausführbar, so kann die im vorstehenden Absatz bezeichnete Maßnahme selbständig erkannt werden.

Ueber den Begriff des „Feilhaltens" vgl. § 10 Ziff. 2 des NahrMittGes., insb. die dort zit. E. 25, 241; über den des „In Verkehrbringens" daselbst § 12 Abs. 1 Ziff. 1 und die Bem. dazu. Vgl. ferner E. 36, 426 (es genügt nicht, daß die Waffe lediglich leihweise einem bestimmten Dritten zu einem bestimmten Zwecke vorübergehend mit der Verpflichtung alsbaldiger Rückgabe überlassen wird). E. 26, 51 hat Inverkehrbringen bei einem Büchsenmacher angenommen, der die Waffe nach Abänderung des Verschlusses (s. § 4) dem Eigentümer zurückgab, ohne sie mit dem vorschriftsmäßigen Prüfungszeichen versehen zu lassen, E. 28, 316 bei einem Gerichtsvollzieher, der eine nicht vorschriftsmäßig gezeichnete Waffe im Wege der Zwangsvollstreckung versteigerte und übergab. Der Tatbestand setzt Verschulden voraus; Fahrlässigkeit genügt. Vgl. über die Beurteilung der Fahrlässigkeit E. 25, 251. — Täter des Delikts kann jeder, nicht nur der Hersteller und Händler sein.

In der Einziehung des Abs. 2 erblickt RG. (E. 27, 352) eine polizeiliche Präventivmaßregel. Das objektive Verfahren (Abs. 3) — über dessen Vorauss. die Staatsanwaltschaft zu entscheiden hat — ist trotz der in einem früheren Strafurteil entschiedenen Ablehnung eines Antrags, als Nebenstrafe gegen bestimmte Angeklagte auf Einziehung zu erkennen, zulässig, da der Grundsatz ne bis in idem insoweit nicht durchgreift, E. 27, 352.

§ 10. Der § 8 tritt mit dem Tage der Verkündigung dieses Gesetzes in Kraft.

Im übrigen wird der Zeitpunkt, mit welchem das Gesetz in Kraft tritt, mit Zustimmung des Bundesrats durch Kaiserliche Verordnung bestimmt.

Verordnung vom 20. Dez. 1892 (RGBl. S. 1055): § 5 mit dem 1. Jan. 1893, im übrigen mit dem 1. April 1893.

Gesetz, betreffend den Schutz von Gebrauchsmustern.

Vom 1. Juni 1891. (RGBl. S. 290).

§ 1. Modelle von Arbeitsgerätschaften oder Gebrauchsgegenständen oder von Teilen derselben werden, insoweit sie dem Arbeits- oder Gebrauchszweck durch eine neue Gestaltung, Anordnung oder Vorrichtung dienen sollen, als Gebrauchsmuster nach Maßgabe dieses Gesetzes geschützt.

Modelle gelten insoweit nicht als neu, als sie zur Zeit der auf Grund dieses Gesetzes erfolgten Anmeldung bereits in öffentlichen Druckschriften beschrieben oder im Inlande offenkundig benutzt sind.

Geschützt wird das Modell, d. h. stets ein körperlicher Gegenstand, nicht ein Verfahren, E. 29, 435. Eine durchaus originelle Idee setzt § 1 nicht voraus, E. 32, 375. Die Herstellung bekannter Gebrauchsgegenstände aus einem bisher nicht verwendeten Material ist ebensowenig schutzfähig (vgl. aber die bei Stengl. 4 S. 168 Ziff. 9 zit. neuen Entsch. des RG. in Zivils.) wie die Verwendung des

Gegenstandes zu einem neuen Zweck, E. 29, 435. Maschinen fallen nicht hierher; über die Abgrenzung gegenüber den Arbeitsgerätschaften, vgl. E. 28, 185. — Die Frage der Neuheit der Gestaltung usw. unterliegt hier (anders als im Patentrecht) der Kognition der Gerichte, E. 29, 435; Soerg. IV, 257. Die Konstruktion muß ein Arbeitsgerät oder einen Gebrauchsgegenstand zur Erscheinung bringen, wie sie in dieser Art und Weise der Herstellung noch nicht bestanden; zugleich muß durch die Konstruktion der Arbeitszweck besser als durch die bisher angewandte Herstellungsweise gefördert werden, E. 32, 377. Abweichend erklärt E. 32, 4 es für genügend, daß der neue Gegenstand diesem Zwecke dienen solle; die Bestimmung, nicht der Erfolg sei das Entscheidende. Vgl. aber DJZ. Spruchs. 7, 6. Die Neuerung kann in der Verbindung bekannter Einzelheiten zu einer neuen Konstruktion (E. 29, 437) oder darin bestehen, daß ein bisher aus verschiedenen Stücken zusammengesetzter Gegenstand aus einem Stück geschaffen wird, E. 32, 377.

Zur Benutzung des Abs. 2 genügt jede Handlung des § 4; ein besonderer darüber hinausgehender Gebrauch ist nicht erfordert, E. 35, 401. Abs. 2 findet auch Anwendung, wenn der Anmeldende selbst den Gegenstand offenkundig benutzte, E. 25, 61. Das Probieren eines Modells genügt regelmäßig nicht, E. 30, 240. — Offenkundig ist nicht gleichbedeutend mit öffentlich; eine offenkundige Benutzung liegt vor, sobald der Gegenstand durch die Benutzung der Allgemeinheit zugänglich gemacht, dem Publikum von dem Gegenstand eine solche Kunde gegeben ist, von der Kenntnis zu nehmen jedem offen steht, E. 25, 61; 28, 185; 30, 240; vor allem aber E. 25, 158. Offenkundige Benutzung im Auslande schließt den Schutz nicht aus; Soerg. IV, 257.

Es steht dem Gebrauchsmusterschutz nicht entgegen, daß der Gegenstand zugleich sich zum Geschmacksmuster eignet, E. 38, 392. Ebensowenig schließen Gebrauchsmusterschutz und Patentschutz einander aus. Vgl. über das Verhältnis dieses Gesetzes zum Patentgesetz insb. E. 25, 214.

§ 2. Modelle, für welche der Schutz als Gebrauchsmuster verlangt wird, sind bei dem Patentamt schriftlich anzumelden.

Die Anmeldung muß angeben, unter welcher Bezeichnung das Modell eingetragen werden und welche neue Gestaltung oder Vorrichtung dem Arbeits- oder Gebrauchszweck dienen soll.

Jeder Anmeldung ist eine Nach- oder Abbildung des Modells beizufügen.

Ueber die sonstigen Erfordernisse der Anmeldung trifft das Patentamt Bestimmung.

Gleichzeitig mit der Anmeldung ist für jedes angemeldete Modell eine Gebühr von fünfzehn Mark einzuzahlen.

§ 3. Entspricht die Anmeldung den Anforderungen des § 2, so verfügt das Patentamt die Eintragung in die Rolle für Gebrauchsmuster.

Die Eintragung muß den Namen und Wohnsitz des Anmelders, sowie die Zeit der Anmeldung angeben.

Die Eintragungen sind durch den Reichs-Anzeiger in bestimmten Fristen bekannt zu machen.

Aenderungen in der Person des Eingetragenen werden auf Antrag in der Rolle vermerkt.

Die Einsicht der Rolle sowie der Anmeldungen, auf Grund deren die Eintragungen erfolgt sind, steht jedermann frei.

§ 4. Die Eintragung eines Gebrauchsmusters im Sinne des § 1 hat die Wirkung, daß dem Eingetragenen ausschließlich das Recht zusteht, gewerbsmäßig das Muster nachzubilden, die durch Nachbildung hervorgebrachten Gerätschaften und Gegenstände in Verkehr zu bringen, feilzuhalten oder zu gebrauchen.

Das durch eine spätere Anmeldung begründete Recht darf, soweit es in das Recht des auf Grund früherer Anmeldung Eingetragenen eingreift, ohne Erlaubnis des letzteren nicht ausgeübt werden.

Wenn der wesentliche Inhalt der Eintragung den Beschreibungen, Zeichnungen, Modellen, Gerätschaften oder Einrichtungen eines anderen ohne Einwilligung desselben entnommen ist, so tritt dem Verletzten gegenüber der Schutz des Gesetzes nicht ein.

Vgl. § 4 des Patentgesetzes. Der Schutz des Gesetzes richtet sich nur gegen die gewerbsmäßige Nachbildung usw. Zur Gewerbsmäßigkeit genügt die Nachbildung usw. im Gewerbebetriebe. Dem § 4 widerstreitet auch der gewerbsmäßige Gebrauch einer nicht gewerbsmäßig hergestellten Nachbildung, E. 27, 85; die Verwendung des Gebrauchsmusters ist rechtswidrig selbst dann, wenn sie zu einem andern, als dem von dem Anmeldenden bezeichneten Zweck geschieht, E. 35, 348. Die Verletzung des Gebrauchsmusters wird dadurch nicht ausgeschlossen, daß die Nachbildung in einzelnen Punkten von dem Muster abweicht; selbst wesentliche Verbesserungen berechtigen nicht zur Nachbildung, wenn sie von der Benutzung des Musters abhängig sind. Vgl. über die bei der Prüfung der Identität zu beobachtenden Gesichtspunkte, E. 25, 214. Nach Soerg. IV, 257 ist insbesondere auch der geltend gemachte Schutzanspruch zu berücksichtigen.

§ 5. Soweit ein nach § 4 begründetes Recht in ein Patent eingreift, dessen Anmeldung vor der Anmeldung des Modells erfolgt ist, darf der Eingetragene das Recht ohne Erlaubnis des Patentinhabers nicht ausüben.

Imgleichen darf, soweit in ein nach § 4 begründetes Recht durch ein später angemeldetes Patent eingegriffen wird, das Recht aus diesem Patent ohne Erlaubnis des Eingetragenen nicht ausgeübt werden.

§ 6. Liegen die Erfordernisse des § 1 nicht vor, so hat jedermann gegen den Eingetragenen Anspruch auf Löschung des Gebrauchsmusters.

Im Falle des § 4 Absatz 3 steht dem Verletzten ein Anspruch auf Löschung zu.

§ 7. Das durch die Eintragung begründete Recht geht auf die Erben über und kann beschränkt oder unbeschränkt durch Vertrag oder Verfügung von Todeswegen auf Andere übertragen werden.

§ 8. Die Dauer des Schutzes ist drei Jahre; der Lauf dieser Zeit beginnt mit dem auf die Anmeldung folgenden Tage. Bei Zahlung einer weiteren Gebühr von sechzig Mark vor Ablauf der Zeit tritt eine Verlängerung der Schutzfrist um drei Jahre ein. Die Verlängerung wird in der Rolle vermerkt.

Wenn der Eingetragene während der Dauer der Frist auf den Schutz Verzicht leistet, so wird die Eintragung gelöscht.

Die nicht in Folge von Ablauf der Frist stattfindenden Löschungen von Eintragungen sind durch den Reichs-Anzeiger in bestimmten Fristen bekannt zu machen.

§ 9. Wer wissentlich oder aus grober Fahrlässigkeit den Bestimmungen der §§ 4 und 5 zuwider ein Gebrauchsmuster in Benutzung nimmt, ist dem Verletzten zur Entschädigung verpflichtet.

Die Klagen wegen Verletzung des Schutzrechtes verjähren rücksichtlich jeder einzelnen dieselbe begründenden Handlung in drei Jahren.

§ 10. [L]. Wer wissentlich den Bestimmungen der §§ 4 und 5 zuwider ein Gebrauchsmuster in Benutzung nimmt, wird mit Geldstrafe bis zu fünftausend Mark oder mit Gefängnis bis zu einem Jahre bestraft.

Die Strafverfolgung tritt nur auf Antrag ein. Die Zurücknahme des Antrags ist zulässig.

Wird auf Strafe erkannt, so ist zugleich dem Verletzten die Befugnis zuzusprechen, die Verurteilung auf Kosten des Verurteilten öffentlich bekannt zu machen. Die Art der Bekanntmachung, sowie die Frist zu derselben ist im Urteil zu bestimmen.

Vgl. § 36 Patentgesetz, § 4 dieses Gesetzes. Dolus eventualis genügt, E. 32, 4. Der Vorsatz erfordert die Kenntnis des Bestehens und des Umfangs des Gebrauchsmusterschutzes, sowie das Bewußtsein, das fremde Gebrauchsmuster ohne Zustimmung des Berechtigten nachzubilden. Der Irrtum, jede noch so geringfügige Abweichung rechtfertige die Nachbildung, ist als strafrechtlicher unbeachtlich, Soerg. II, 373; DJZ. Spruchs. VII, 7.

§ 11. Statt jeder aus diesem Gesetze entspringenden Entschädigung kann auf Verlangen des Beschädigten neben der Strafe auf eine an ihn zu erlegende Buße bis zum Betrage von zehntausend Mark erkannt werden. Für diese Buße haften die zu derselben Verurteilten als Gesamtschuldner.

Eine erkannte Buße schließt die Geltendmachung eines weiteren Entschädigungsanspruchs aus.

§ 12. In bürgerlichen Rechtsstreitigkeiten, in welchen durch Klage oder Widerklage ein Anspruch auf Grund der Bestimmungen dieses Gesetzes geltend gemacht ist, wird die Verhandlung und Entscheidung letzter Instanz im Sinne des § 8 des Einführungsgesetzes zum Gerichtsverfassungsgesetze dem Reichsgericht zugewiesen.

§ 13. Wer im Inlande einen Wohnsitz oder eine Niederlassung nicht hat, kann nur dann den Anspruch auf den Schutz dieses Gesetzes geltend machen, wenn in dem Staate, in welchem sein Wohnsitz oder seine

Niederlassung sich befindet, nach einer im Reichs-Gesetzblatt enthaltenen Bekanntmachung deutsche Gebrauchsmuster einen Schutz genießen.

Wer auf Grund dieser Bestimmung eine Anmeldung bewirkt, muß gleichzeitig einen im Inlande wohnhaften Vertreter bestellen. Name und Wohnsitz des Vertreters werden in die Rolle eingetragen. Der eingetragene Vertreter ist zur Vertretung des Schutzberechtigten in den das Gebrauchsmuster betreffenden Rechtsstreitigkeiten und zur Stellung von Strafanträgen befugt. Der Ort, wo der Vertreter seinen Wohnsitz hat, und in Ermangelung eines solchen der Ort, wo das Patentamt seinen Sitz hat, gilt im Sinne des § 24 der Zivilprozeßordnung als der Ort, wo der Vermögensgegenstand sich befindet.

Vgl. § 23 Warenzeichengesetz. An Staatsverträgen kommt insbesondere die Pariser Union vom 17. Dezember 1880 in Betracht, RGBl. 1903 S. 147. Eine Zusammenstellung der einschlägigen Staatsverträge gibt Ebermayer bei Stenglein 4 S. 177.

§ 14. Die zur Ausführung dieses Gesetzes erforderlichen Bestimmungen über die Einrichtung und den Geschäftsgang des Patentamts werden durch Kaiserliche Verordnung unter Zustimmung des Bundesrats getroffen.

§ 15. Dieses Gesetz tritt mit dem 1. Oktober 1891 in Kraft.

Gesetz gegen den Verrat militärischer Geheimnisse.

Vom 3. Juli 1893. (RGBl. S. 205.).

§ 1. [R.] **Wer vorsätzlich Schriften, Zeichnungen oder andere Gegenstände, deren Geheimhaltung im Interesse der Landesverteidigung erforderlich ist,**

in den Besitz oder zur Kenntnis eines anderen gelangen läßt, wird, wenn er weiß, daß dadurch die Sicherheit des Deutschen Reichs gefährdet wird, mit Zuchthaus nicht unter zwei Jahren bestraft, neben welchem auf Geldstrafe bis zu fünfzehntausend Mark erkannt werden kann.

Sind mildernde Umstände vorhanden, so tritt Festungshaft nicht unter sechs Monaten ein, neben welcher auf Geldstrafe bis zu zehntausend Mark erkannt werden kann.

Unter die „Gegenstände" fallen auch unbewegliche Sachen; E. 25, 45. Vgl. ebenda über den Begriff der Geheimhaltung. § 92 Nr. 1 StGB. ist unanwendbar, soweit es sich um die Geheimhaltung im Interesse der Landesverteidigung handelt; deshalb ist die Mitteilung von Nachrichten über Vorgänge selbst dann straflos, wenn sie dem Tatbestand des § 92 Nr. 1 entspricht; ebenda.

§ 2. [L.] Wer außer dem Falle des § 1 vorsätzlich und rechtswidrig Gegenstände der daselbst bezeichneten Art in den Besitz oder zur Kenntnis eines anderen gelangen läßt, wird mit Gefängnis oder mit Festungshaft bis zu fünf Jahren bestraft.

Neben der Freiheitsstrafe kann auf Geldstrafe bis zu fünftausend Mark erkannt werden.

Der Versuch ist strafbar.

Vgl. über den Begriff der Rechtswidrigkeit i. S. des § 2 E. 28, 266.

§ 3. [R]. Wer vorsätzlich den Besitz oder die Kenntnis von Gegenständen der im § 1 bezeichneten Art in der Absicht sich verschafft, davon zu einer die Sicherheit des Deutschen Reichs gefährdenden Mitteilung an andere Gebrauch zu machen, wird mit Zuchthaus bis zu zehn Jahren bestraft, neben welchem auf Geldstrafe bis zu zehntausend Mark erkannt werden kann.

§ 3 ist nach E. 25, 45 § 1 gegenüber subsidiär.

§ 4. [L]. Wer ohne die vorbezeichnete Absicht vorsätzlich oder rechtswidrig den Besitz oder die Kenntnis von Gegenständen der im § 1 bezeichneten Art sich verschafft, wird mit Gefängnis bis zu drei Jahren oder mit Festungshaft von gleicher Dauer bestraft.

Neben der Freiheitsstrafe kann auf Geldstrafe bis zu fünftausend Mark erkannt werden.

Sind mildernde Umstände vorhanden, so kann ausschließlich auf die Geldstrafe erkannt werden.

Der Versuch ist strafbar.

§ 4 ist gegenüber § 2 subsidiär; E. 28, 268.

§ 5. [L.] Haben mehrere ein Verbrechen der in den §§ 1, 3 bezeichneten Art verabredet, ohne daß es zur Ausführung oder zu einem strafbaren Versuch desselben gekommen ist, so tritt Gefängnis nicht unter drei Monaten ein.

Neben der Freiheitsstrafe kann auf Geldstrafe bis zu fünftausend Mark erkannt werden.

Straflos bleibt der an einer Verabredung der vorbezeichneten Art Beteiligte, wenn er von derselben zu einer Zeit, wo die Behörde nicht schon anderweit davon unterrichtet ist, in einer Weise

Anzeige macht, daß die Verhütung des Verbrechens möglich ist.

§ 6. In den Fällen der §§ 1, 3, 5 kann neben Gefängnis auf Verlust der bekleideten öffentlichen Ämter und der aus öffentlichen Wahlen hervorgegangenen Rechte, neben jeder Freiheitsstrafe auf Zulässigkeit von Polizeiaufsicht erkannt werden.

§ 7. [L.] Wer aus Fahrlässigkeit Gegenstände der im § 1 bezeichneten Art, die ihm amtlich anvertraut oder kraft seines Amtes oder eines von amtlicher Seite erteilten Auftrages zugänglich sind, in einer die Sicherheit des Deutschen Reichs gefährdenden Weise in den Besitz oder zur Kenntnis eines anderen gelangen läßt, wird mit Gefängnis oder Festungshaft bis zu drei Jahren oder mit Geldstrafe bis zu dreitausend Mark bestraft.

Neben der Freiheitsstrafe kann auf Geldstrafe bis zu dreitausend Mark erkannt werden.

§ 8. [A]. Wer den von der Militärbehörde erlassenen, an Ort und Stelle erkennbar gemachten Anordnungen zuwider Befestigungsanlagen, Anstalten des Heeres oder der Marine, Kriegsschiffe, Kriegsfahrzeuge oder militärische Versuchs- oder Übungsplätze betritt, wird mit Geldstrafe bis zu einhundertfünfzig Mark oder mit Haft bestraft.

§ 9. [L.] Wer von dem Vorhaben eines der in den §§ 1 und 3 vorgesehenen Verbrechen zu einer Zeit, in welcher die Verhütung des Verbrechens möglich ist, glaubhafte Kenntnis erhält und es unterläßt, hiervon der Behörde zur rechten Zeit Anzeige zu machen, ist, wenn das Verbrechen oder ein strafbarer Versuch desselben begangen worden ist, mit Gefängnis zu bestrafen.

Vgl. § 139 StGB., § 13 Sprengstoffges.

§ 10. Die Bestimmungen im § 4 Absatz 2 Nr. 2 des Strafgesetzbuchs für das Deutsche Reich finden auch auf die in den §§ 1, 3, 5 dieses Gesetzes vorgesehenen Verbrechen und Vergehen Anwendung.

Vgl. zu § 12 Sprengstoffges.

§ 11 (ändert die Fassung der §§ 89, 90 des Strafgesetzbuches ab).

§ 12. Für die Untersuchung und Entscheidung in erster und letzter Instanz in den Fällen der in den §§ 1, 3 vorgesehenen Verbrechen ist das Reichsgericht zuständig. Die Militärgerichtsbarkeit wird hierdurch nicht berührt.

Gesetz zum Schutz der Warenbezeichnungen.

Vom 12. Mai 1894. (RGBl. S. 441.)

§ 1. Wer in seinem Geschäftsbetriebe zur Unterscheidung seiner Waren von den Waren anderer eines Warenzeichens sich bedienen will, kann dieses Zeichen zur Eintragung in die Zeichenrolle anmelden.

Ware ist jedes Erzeugnis, welches aus einem auf Gewinn abzielenden Unternehmen im Bereiche der Produktion oder des Handels in den wirtschaftlichen Verkehr gebracht wird, E. 28, 275; auch Zeitungen, E. 40, 343, Werke der Literatur und Kunst können hierher fallen, E. 39, 93. Durch die lösliche oder unlösliche Verbindung mit einer andern Ware verliert der Gegenstand den Charakter der Ware nicht, E. 42, 184.

Das Warenzeichen ist ein Merkzeichen, durch das kenntlich gemacht werden soll, daß die mit ihm versehene Ware aus der Fabrik oder dem Geschäfte eines bestimmten Gewerbetreibenden herstammt. E. 28, 475; E. 42, 184. Nicht unter den Begriff fallen Zeitungstitel, E. 28, 475; Bezeichnungen, die lediglich den Inhalt eines Bildes zum Ausdruck bringen, E. 35, 3. Etiketten können Warenz. sein, E. 14, 59; s. auch E. 26, 392. Für dieselbe Warengattung können mehrere Warenzeichen erworben werden, vgl. E. 6, 28; die Eintragung, nicht die Absicht des Anmeldenden entscheidet dann darüber, ob diese einzeln oder nur vereinigt geschützt sind, E. 6, 28; E. 7, 214.

§ 2. Die Zeichenrolle wird bei dem Patentamt geführt. Die Anmeldung eines Warenzeichens hat schriftlich bei dem Patentamt zu erfolgen. Jeder Anmeldung muß die Bezeichnung des Geschäftsbetriebes, in welchem das Zeichen verwendet werden soll, ein Verzeichnis der Waren, für welche es bestimmt ist, sowie eine deutliche Darstellung und soweit erforderlich eine Beschreibung des Zeichens beigefügt sein.

Das Patentamt erläßt Bestimmungen über die sonstigen Erfordernisse der Anmeldung.

Für jedes Zeichen ist bei der Anmeldung eine Gebühr von dreißig Mark, bei jeder Erneuerung der Anmeldung eine Gebühr von zehn Mark zu entrichten. Führt die erste Anmeldung nicht zur Eintragung, so werden von der Gebühr zwanzig Mark erstattet.

§ 3. Die Zeichenrolle soll enthalten:

1. den Zeitpunkt des Eingangs der Anmeldung;
2. die nach § 2 Absatz 1 der Anmeldung beizufügenden Angaben;

3. Namen und Wohnort des Zeicheninhabers und seines etwaigen Vertreters, sowie Aenderungen in der Person, im Namen oder im Wohnorte des Inhabers oder des Vertreters;
4. den Zeitpunkt einer Erneuerung der Anmeldung;
5. den Zeitpunkt der Löschung des Zeichens.

Die Einsicht der Zeichenrolle steht jedermann frei.

Jede Eintragung und jede Löschung wird amtlich bekannt gemacht. Das Patentamt veröffentlicht in regelmäßiger Wiederholung Uebersichten über die in der Zwischenzeit eingetragenen und gelöschten Zeichen.

§ 4. Die Eintragung in die Rolle ist zu versagen für Freizeichen, sowie für Warenzeichen,

1. welche ausschließlich in Zahlen, Buchstaben oder solchen Wörtern bestehen, die Angaben über Art, Zeit und Ort der Herstellung, über die Beschaffenheit, über die Bestimmung, über Preis-, Mengen- oder Gewichtsverhältnisse der Ware enthalten;
2. welche in- oder ausländische Staatswappen oder Wappen eines inländischen Ortes, eines inländischen Gemeinde- oder weiteren Kommunalverbandes enthalten;
3. welche Aergernis erregende Darstellungen oder solche Angaben enthalten, die ersichtlich den tatsächlichen Verhältnissen nicht entsprechen und die Gefahr einer Täuschung begründen.

Zeichen, welche gelöscht sind, dürfen für die Waren, für welche sie eingetragen waren, oder für gleichartige Waren, zu gunsten eines anderen als des letzten Inhabers erst nach Ablauf von zwei Jahren seit dem Tage der Löschung von neuem eingetragen werden.

§ 5. Erachtet das Patentamt, daß ein zur Anmeldung gebrachtes Warenzeichen mit einem anderen, für dieselben oder für gleichartige Waren auf Grund des Gesetzes über Markenschutz vom 30. November 1874 (Reichs-Gesetzbl.

S. 143) oder auf Grund des gegenwärtigen Gesetzes früher angemeldeten Zeichen übereinstimmt, so macht es dem Inhaber dieses Zeichens hiervon Mitteilung. Erhebt derselbe nicht innerhalb eines Monats nach der Zustellung Widerspruch gegen die Eintragung des neuangemeldeten Zeichens, so ist das Zeichen einzutragen. Im anderen Falle entscheidet das Patentamt durch Beschluß, ob die Zeichen übereinstimmen.

Aus dem Unterbleiben der im ersten Absatz vorgesehenen Mitteilung erwächst ein Ersatzanspruch nicht.

§ 6. Wird durch den Beschluß (§ 5 Absatz 1) die Uebereinstimmung der Zeichen verneint, so ist das neuangemeldete Zeichen einzutragen.

Wird durch den Beschluß die Uebereinstimmung der Zeichen festgestellt, so ist die Eintragung zu versagen. Sofern der Anmelder geltend machen will, daß ihm ungeachtet der durch die Entscheidung des Patentamts festgestellten Uebereinstimmung ein Anspruch auf die Eintragung zustehe, hat er diesen Anspruch im Wege der Klage gegenüber dem Widersprechenden zur Anerkennung zu bringen. Die Eintragung auf Grund einer zu seinen Gunsten ergehenden Entscheidung wird unter dem Zeitpunkte der ursprünglichen Anmeldung bewirkt.

§ 7. Das durch die Anmeldung oder Eintragung eines Warenzeichens begründete Recht geht auf die Erben über und kann durch Vertrag oder durch Verfügung von Todeswegen auf andere übertragen werden. Das Recht kann jedoch nur mit dem Geschäftsbetriebe, zu welchem das Warenzeichen gehört, auf einen anderen übergehen. Der Uebergang wird auf Antrag des Rechtsnachfolgers in der Zeichenrolle vermerkt, sofern die Einwilligung des Berechtigten in beweisender Form beigebracht wird. Ist der Berechtigte verstorben, so ist der Nachweis der Rechtsnachfolge zu führen.

Solange der Uebergang in der Zeichenrolle nicht vermerkt ist, kann der Rechtsnachfolger sein Recht aus der Eintragung des Warenzeichens nicht geltend machen.

Verfügungen und Beschlüsse des Patentamts, welche einer Zustellung an den Inhaber des Zeichens bedürfen, sind stets an den eingetragenen Inhaber zu richten. Ergibt sich, daß derselbe verstorben ist, so kann das Patentamt nach seinem Ermessen die Zustellung als bewirkt ansehen oder zum Zweck der Zustellung an die Erben deren Ermittelung veranlassen.

Der Uebergang des Rechts ist von der Eintragung nicht abhängig; diese hat nur formale Bedeutung; der Rechtsnachfolger ist deshalb auch antragsberechtigt, wenn in der Zeit zwischen der Uebertragung des Rechts und der Eintragung in das Zeichenrecht eingegriffen wird, E. 34, 34. Ist das Wz. für eine Firma eingetragen, so bedürfen bei dem Uebergang derselben die neuen Firmeninhaber der Eintragung aus § 7 nicht, E. 41, 422.

§ 8. Auf Antrag des Inhabers wird das Zeichen jederzeit in der Rolle gelöscht.

Von Amtswegen erfolgt die Löschung:

1. wenn seit der Anmeldung des Zeichens oder seit ihrer Erneuerung zehn Jahre verflossen sind;
2. wenn die Eintragung des Zeichens hätte versagt werden müssen.

Soll die Löschung ohne Antrag des Inhabers erfolgen, so gibt das Patentamt diesem zuvor Nachricht. Widerspricht er innerhalb eines Monats nach der Zustellung nicht, so erfolgt die Löschung. Widerspricht er, so faßt das Patentamt Beschluß. Soll infolge Ablaufs der zehnjährigen Frist die Löschung erfolgen, so ist von derselben abzusehen, wenn der Inhaber des Zeichens bis zum Ablauf eines Monats nach der Zustellung unter Zahlung einer Gebühr von zehn Mark neben der Erneuerungsgebühr die Erneuerung der Anmeldung nachholt; die Erneuerung gilt dann als an dem Tage des Ablaufs der früheren Frist geschehen.

§ 9. Ein Dritter kann die Löschung eines Warenzeichens beantragen:

1. wenn das Zeichen für ihn auf Grund einer früheren Anmeldung für dieselben oder für gleichartige Waren in der Zeichenrolle oder in den nach Maßgabe des Gesetzes über den Markenschutz vom 30. November 1874 geführten Zeichenregistern eingetragen steht;
2. wenn der Geschäftsbetrieb, zu welchem das Warenzeichen gehört, von dem eingetragenen Inhaber nicht mehr fortgesetzt wird;
3. wenn Umstände vorliegen, aus denen sich ergibt, daß der Inhalt des Warenzeichens den tatsächlichen Verhältnissen nicht entspricht und die Gefahr einer Täuschung begründet.

Hat ein nach dem Gesetze über Markenschutz vom 30. November 1874 von der Eintragung ausgeschlossenes Warenzeichen bis zum Erlaß des gegenwärtigen Gesetzes innerhalb beteiligter Verkehrskreise als Kennzeichen der Waren eines bestimmten Geschäftsbetriebes gegolten, so kann der Inhaber des letzteren, falls das Zeichen nach Maßgabe des gegenwärtigen Gesetzes für einen anderen in die Zeichenrolle eingetragen wird, bis zum 1. Oktober 1895 die Löschung beantragen. Wird dem Antrage stattgegeben, so darf das Zeichen für den Antragsteller schon vor Ablauf der im § 4 Absatz 2 bestimmten Frist in die Zeichenrolle eingetragen werden.

Der Antrag auf Löschung ist im Wege der Klage geltend zu machen und gegen den eingetragenen Inhaber oder, wenn dieser gestorben, gegen dessen Erben zu richten.

Hat vor oder nach Erhebung der Klage ein Uebergang des Warenzeichens auf einen anderen stattgefunden, so ist die Entscheidung in Ansehung der Sache auch gegen den Rechtsnachfolger wirksam und vollstreckbar. Auf die Befugnis des Rechtsnachfolgers, in den Rechtsstreit einzutreten, finden die Bestimmungen der §§ 63 bis 66 und 73 (jetzt §§ 66 bis 69 und 76) der Zivilprozeßordnung entsprechende Anwendung.

In den Fällen des Absatz 1 Nr. 2 kann der Antrag auf Löschung zunächst bei dem Patentamt angebracht werden. Das Patentamt gibt dem als Inhaber des Warenzeichens Eingetragenen davon Nachricht. Widerspricht derselbe innerhalb eines Monats nach der Zustellung nicht, so erfolgt die Löschung. Widerspricht er, so wird dem Antragsteller anheimgegeben, den Anspruch auf Löschung im Wege der Klage zu verfolgen.

§ 10. Anmeldungen von Warenzeichen, Anträge auf Uebertragung und Widersprüche gegen die Löschung derselben werden in dem für Patentangelegenheiten maßgebenden Verfahren durch Vorbescheid und Beschluß erledigt. In den Fällen des § 5 Absatz 1 wird ein Vorbescheid nicht erlassen.

Gegen den Beschluß, durch welchen ein Antrag zurückgewiesen wird, kann der Antragsteller, und gegen den Beschluß, durch welchen Widerspruchs ungeachtet die Löschung angeordnet wird, der Inhaber des Zeichens innerhalb eines Monats nach der Zustellung bei dem Patentamt Beschwerde einlegen.

Zustellungen, welche die Eintragung, die Uebertragung oder die Löschung eines Warenzeichens betreffen, erfolgen mittels eingeschriebenen Briefes. Kann eine Zustellung im Inlande nicht erfolgen, so wird sie durch Aufgabe zur Post nach Maßgabe der §§ 161, 175 (jetzt §§ 175, 192) der Zivilprozeßordnung bewirkt.

§ 11. Das Patentamt ist verpflichtet, auf Ersuchen der Gerichte über Fragen, welche eingetragene Warenzeichen betreffen, Gutachten abzugeben, sofern in dem gerichtlichen Verfahren von einander abweichende Gutachten mehrerer Sachverständigen vorliegen.

§ 12. Die Eintragung eines Warenzeichens hat die Wirkung, daß dem Eingetragenen ausschließlich das Recht zusteht, Waren der angemeldeten Art oder deren Verpackung oder Umhüllung mit dem Warenzeichen zu versehen, die so bezeichneten Waren

in Verkehr zu setzen, sowie auf Ankündigungen, Preislisten, Geschäftsbriefen, Empfehlungen, Rechnungen oder dergleichen das Zeichen anzubringen.

Im Falle der Löschung können für die Zeit, in welcher ein Rechtsgrund für die Löschung früher bereits vorgelegen hat, Rechte aus der Eintragung nicht mehr geltend gemacht werden.

Für das Benutzungsrecht ist nicht die wirkliche Verwendung des Wz., sondern allein dessen Eintragung maßgebend, E. 32, 368; die Prüfung, ob diese mit Recht erfolgt ist, ist dem Gericht entzogen; E. 42, 88. Die Eintragung berechtigt den Inhaber nur zum Gebrauch des Wz. in der eingetragenen Gestalt, nicht zur Benutzung eines Bestandteils des Wz., der selbständig für einen andern als Wz. eingetragen ist, E. 34, 169. Die Eintragung eines Bildes berechtigt nicht zur Benutzung des entsprechenden Wortes und umgekehrt, E. 32, 368. Der Abnehmer der geschützten Ware ist zur Benutzung des Wz., wenn die Ware in veränderter Gestalt weiter verkauft wird, nicht ohne weiteres befugt, vgl. E. 30, 95.

§ 13. Durch die Eintragung eines Warenzeichens wird niemand gehindert, seinen Namen, seine Firma, seine Wohnung, sowie Angaben über Art, Zeit und Ort der Herstellung, über die Beschaffenheit, über die Bestimmung, über Preis-, Mengen- oder Gewichtsverhältnisse von Waren, sei es auch in abgekürzter Gestalt, auf Waren, auf deren Verpackung oder Umhüllung anzubringen und derartige Angaben im Geschäftsverkehr zu gebrauchen.

Der Schutz des § 13 wird dadurch nicht ausgeschlossen, daß jemand seinen Namen oder seine Firma in der Absicht verwendet, Verwechslungen mit dem Eingetragenen hervorzurufen, E. 40, 81; E. 32, 313; er erstreckt sich andererseits bei Firmen, die erst nach Erlangung des Schutzrechts eingetragen werden, nur auf die nach dem Gesetz notwendigen Bestandteile der Firma, nicht auf willkürl. gewählte Zusätze, E. 30, 12. Qualitätsbezeichnungen sind gedeckt, selbst wenn sie einem eingetr. Wortzeichen im Klange ähnlich sind, E. 33, 307. Der Schutz der Angaben über die Art der Herstellung bezieht sich nur auf reine und ausschließliche geschäfts- oder verkehrsübliche Angaben, nicht auf willkürliche und eigenartige, für einen andern geschützte Bezeichnungen, E. 39, 172; auf Herkunftsangaben nur, wenn sie den wirklichen Herkunftsort bezeichnen, E. 38, 391. Zum Begriff der Angaben über die Beschaffenheit vgl. E. 36, 199; über die Zulässigkeit von Abkürzungen E. 32, 397.

§ 14. Wer wissentlich oder aus grober Fahrlässigkeit Waren oder deren Verpackung oder Umhüllung, oder Ankündigungen, Preislisten, Geschäftsbriefe, Empfehlungen, Rechnungen oder dergleichen mit dem Namen oder der Firma eines anderen oder mit einem nach Maßgabe dieses Gesetzes geschützten Warenzeichen widerrechtlich versieht oder dergleichen widerrechtlich gekennzeichnete Waren in Verkehr bringt oder feilhält, ist dem Verletzten zur Entschädigung verpflichtet.

[L.] Hat er die Handlung wissentlich begangen, so wird er außerdem mit Geldstrafe von einhundertfünfzig bis fünftausend Mark oder mit Gefängnis bis zu sechs Monaten bestraft. Die Strafverfolgung tritt nur auf Antrag ein. Die Zurücknahme des Antrages ist zulässig.

Ueber den Begriff der Ware s. zu § 1; der Verpackung vgl. E. 21, 214 (218). Der Schutz gilt nicht der Verpackung selbst, sondern dem auf ihr angebrachten Unterscheidungszeichen, E. 26, 392. Ueber die Umhüllung vgl. E. 36, 87. — Der Schutz des Namens kommt jeder existierenden (E. 30, 93), physischen oder juristischen (Ortsgemeinde: E. 31, 289) Person zu; Produzent oder Handeltreibender braucht diese nicht zu sein, E. 29, 363. Personen, die im

Ausland wohnen, bedürfen zur Geltendmachung des Namensschutzes weder eines Vertreters aus § 23, 2, noch brauchen sie im Ausland eine gewerbliche Niederlassung zu haben (§ 23, 1), E. 31, 30. Die Benutzung des fremden Namens ist nicht unbedingt, sondern nur insoweit verboten, als durch sie der Ware der Anschein einer für die Wertschätzung erheblichen Beziehung zur Person des Namensträgers gegeben wird; nicht hierher fällt die Benutzung des Namens zur Bezeichnung der Herstellungsart oder des Materials (E. 29, 333) oder zur Empfehlung der Ware, E. 31, 33. Der Schutz der Firma aus § 14 erstreckt sich nur auf den im Handelsregister eingetragenen Wortlaut, R. X, 144; vgl. aber § 20. Ueber den Begriff des Warenzeichens vgl. zu § 1. Der Schutz gilt dem Wz. in allen, auch in den unwesentlichen Bestandteilen, E. 33, 90; auf die Kolorierung des Wz. erstreckt er sich nur, wenn diese in die dem Patentamt eingereichte Darstellung oder Beschreibung aufgenommen ist, ebda. Das Wortzeichen ist auch gegen die Verwendung in Zusammensetzungen geschützt, E. 36, 200. Vgl. im übrigen zu § 20. Versehen ist nicht identisch mit Kennzeichnen, sondern mit Anbringen; es setzt voraus, daß zwischen Ware und Zeichen eine sichtbare Verbindung hergestellt erscheint, d. h. zum Ausdruck gelangt ist, daß Waren vertrieben werden, auf die sich das eingetragene Zeichen bezieht, E. 41, 78; vgl. auch E. 43, 87 (104). Dem Anbringen auf Ankündigungen steht das Anbringen als Ankündigung gleich; hierher fällt auch die gewerbliche Benutzung des vorher angebrachten Zeichens, E. 37, 258. Gleichgültig ist, ob das Wz. äußerlich und sofort sichtbar angebracht ist, E. 25, 18. Der Schutz richtet sich nur gegen die Verwendung zur Bezeichnung der bei der Anmeldung bestimmten Waren sowie für die anderen Zwecke des § 12, nicht gegen die Verwendung zu einem sonstigen Zweck, E. 30, 353. Der Privatgebrauch des Wz. ist zeichenrechtl. frei, insbes. auch die Verwendung einer fremden geschützten Verpackung zu Verwahrungszwecken, vgl. E. 24, 97. Aber auch der Verkäufer macht sich zeichenrechtlich nicht verantwortlich, welcher dem Käufer in ein mit einem fremden Wz. versehenes, zum Privatgebrauch bestimmtes Gefäß Waren einfüllt, und zwar gleichgültig, ob er die verlangte, dem Wz. entsprechende oder eine andere Ware liefert. Vgl. E. 43, 87. Strafbar ist dagegen die unbefugte Anbringung des echten Wz. an

Waren des Berechtigten durch einen seiner Kunden, vgl. E. 4, 171; E. 23, 366. Die Strafbarkeit wird durch die Beifügung eines Stempels, der eigenen Firma, des eigenen Zeichens oder durch das Ueberkleben mit einer Etikette nicht ausgeschlossen, E. 14, 415; E. 1, 130; E. 24, 100; E. 29, 313. Dagegen entfällt die Widerrechtlichkeit, wenn und solange das Wz., dessen Gebrauch das Zeichenrecht verletzt, für den Täter eingetragen ist; der Umstand, daß dem Inhaber des verletzten Zeichenrechts ein Anspruch auf Löschung der Eintragung zusteht, kann den Gebrauch des eingetr. Wz. nicht zu einem widerrechtlichen machen, E. 30, 211; E. 34, 275. Bezügl. des Inverkehrbringens vgl. § 12 NahrMittGes.; s. auch E. 39, 93, derzufolge der Erzeuger eines Geisteswerks als solcher die Sache, in der sich dieses verkörpert, nicht in Verkehr bringt. — Die Kennzeichnung der Sache muß zur Zeit des Inverkehrbringens als widerrechtlich erscheinen; es ist gleichgültig, ob bereits ihre Anbringung rechtswidrig und schuldhaft erfolgte, E. 5, 106; E. 26, 337. — Das Inverkehrbringen widerrechtl. gekennz. Preislisten ist nicht strafbar, E. 35, 415. — Zum Begriff des Feilhaltens vgl. § 10 NahrMittGes.; s. auch E. 29, 353 (Feilhalten durch Ankündigung in Zeitungen).

Der subj. Tatbest. fordert Wissentlichkeit; nach E. 6, 273 genügt dolus eventualis (?). In der Behandlung des Irrtums folgt das RG. den allg. Grunds.; vgl. E. 29, 312; 353; E. 30, 91. Eine Täuschungsabsicht setzt § 14 nicht voraus. Der Täter ist deshalb nicht dadurch entlastet, daß er den Käufer über die Widerrechtl. der Kennzeichnung usw. aufklärt oder seine Angestellten zu solcher Aufklärung anweist, E. 42, 137; E. 43, 87.

Vollendet ist das Delikt des „Versehens" usw. nicht schon mit der Anfertigung des Wz., sondern erst dann, wenn die Ware mit dem Wz. verbunden ist, E. 37, 327. Die Handlungen des Versehens und des Inverkehrbringens können in Realkonkurrenz stehen; häufig werden sie aber als eine Gesamthandlung anzusehen sein, E. 35, 91. Das Delikt kann als fortgesetztes selbst dann begangen werden, wenn die verletzten Wz. verschiedenen Berechtigten zustehen, E. 43, 134.

Der Antrag setzt einen Anspruch auf Schadensersatz nicht voraus, E. 31, 30. Er steht insb. auch dem Gesellschafter einer offenen

Handelsgesellschaft, und zwar auch für die Zeit der Liquidation der Gesellschaft zu, E. 41, 377; ebenso für eine Verletzung des Namensrechts auch demjenigen, dem der Namensträger die Führung seines Namens zur Kennzeichnung von Waren gestattet hat, E. 29, 353, 363; für die Verletzung des Zeichenrechts auch dem sog. Monopolisten, d. h. demjenigen, welchem der ausschließliche Vertrieb der Ware für ein bestimmtes Territorium übertragen ist, E. 38, 39. Eine Firma ist antragsberechtigt, wenn das Wz. für sie eingetragen ist, E. 28, 275. Vgl. ferner E. 34, 70 und die zu § 7 zit. E. 34, 34. — Ueber die Wirkung des Antrags gegenüber mehreren Beteil. vgl. E. 33, 161; E. 38, 430.

Nach E. 40, 270 unterliegt das Delikt nie der preßr. Verjährg. S. aber E. 42, 88.

§ 15. [L.]. **Wer zum Zweck der Täuschung in Handel und Verkehr Waren oder deren Verpackung oder Umhüllung, oder Ankündigungen, Preislisten, Geschäftsbriefe, Empfehlungen, Rechnungen oder dergleichen mit einer Ausstattung, welche innerhalb beteiligter Verkehrskreise als Kennzeichen gleichartiger Waren eines anderen gilt, ohne dessen Genehmigung versieht, oder wer zu dem gleichen Zweck derartig gekennzeichnete Waren in Verkehr bringt oder feilhält, ist dem Verletzten zur Entschädigung verpflichtet und wird mit Geldstrafe von einhundert bis dreitausend Mark oder mit Gefängnis bis zu drei Monaten bestraft. Die Strafverfolgung tritt nur auf Antrag ein. Die Zurücknahme des Antrages ist zulässig.**

§ 15 setzt Täuschungsabsicht, nicht aber voraus, daß wirklich jemand getäuscht sei, E. 40, 343; E. 42, 141. Ueber den Begriff der Ausstattung vgl. E. 35, 180; danach können auch Worte, die auf Ankündigungen, Preislisten usw. angebracht sind, den Charakter der Ausst. annehmen. Ueber die Ausst. von Zeitungen vgl. E. 40, 343.

Da § 4 sich nur auf die Warenzeichen, nicht aber auf die Ausstattungen des § 15 bezieht, so können Zeichen, die an sich nicht als Warenzeichen verwendet werden können, als Ausstattung Verwendung finden; so einzelne Buchstaben, E. 38, 439; ausländische Wappen, E. 34, 26. § 15 schützt nur die wirklich verwendete — wenn auch vielleicht seit kurzem aufgegebene — Ausstattung; nicht aber eine Ausst., die nur als eine solche des Berechtigten gilt, ohne von ihm in Benutzung genommen zu sein, E. 31, 28; E. 29, 249. Zu den beteiligten Verkehrskreisen gehören auch die unmittelbaren Abnehmer, E. 32, 151. Dem § 15 ist genügt, wenn in dem Verkehrskreis aus der besonderen Art der Ausstattung ein Hinweis auf eine gewisse, wenn auch nicht genauer bekannte Bezugsquelle entnommen wird; es ist nicht erforderlich, daß man innerhalb der Verkehrskreise über die Ursprungsstelle näher unterrichtet ist, E. 38, 439; E. 32, 152. Die Strafbarkeit wird dadurch nicht ausgeschlossen, daß der Täter als Bestandteil der unbefugt verwendeten Ausstattung ein Warenzeichen anbringt, das für ihn eingetragen ist; der im § 14 gewährte Schutz steht dem nicht entgegen, E. 29, 159.

§ 16. [L.] Wer Waren oder deren Verpackung oder Umhüllung oder Ankündigungen, Preislisten, Geschäftsbriefe, Empfehlungen, Rechnungen oder dergleichen fälschlich mit einem Staatswappen oder mit dem Namen oder Wappen eines Ortes, eines Gemeinde- oder weiteren Kommunalverbandes zu dem Zweck versieht, über Beschaffenheit und Wert der Waren einen Irrtum zu erregen, oder wer zu dem gleichen Zweck derartig bezeichnete Waren in Verkehr bringt oder feilhält, wird mit Geldstrafe von einhundertfünfzig bis fünftausend Mark oder mit Gefängnis bis zu sechs Monaten bestraft.

Die Verwendung von Namen, welche nach Handelsgebrauch zur Benennung gewisser Waren dienen, ohne deren Herkunft bezeichnen zu sollen, fällt unter diese Bestimmung nicht.

Fälschlich ist lediglich die dem wahren Herstellungsorte nicht entsprechende Ursprungsbezeichnung, E. 30, 410. Deshalb fällt nicht hierher die Benutzung des Wappens des Herkunftsortes zu dem Zweck, den Schein eines Vorrechtes zu erregen, oder eine unrichtige Angabe über die Herstellungsart der Ware, E. 31, 1. Ueber den Begriff des Versehens vgl. zu § 14; einen Fall des Versehens durch pflichtw. Unterlassung s. in E. 37, 131. Die Absicht des Täters muß sich dahin richten, gerade durch die Täuschung über den Herkunftsort einen Irrtum — sei es auch nur bei einem Teil der Abnehmer, E. 36, 62 — über die Beschaffenheit und den Wert — nicht den inneren, sondern den Handelswert, E. 28, 371 — der Ware zu erregen, E. 28, 353; vgl. auch E. 39, 410. Einen Erfolg braucht die Täuschungshandlung nicht zu haben, E. 34, 26.

Zu Abs. 2 vgl. bezüglich des Handelsgebrauchs E. 36, 60; E. 40, 288. Nach E. 39, 410 können Ortsbezeichnungen, die im Verkehr zu Beschaffenheits- und Gattungsbezeichnungen geworden sind, im Einzelfall durch Zusätze wieder zu Herkunftsangaben werden. Die Privilegierung kommt nach E. 31, 289 nur einer handelsgebräuchlichen Verwendung des Namens zu Bezeichnung einer bestimmten Ware oder Warengattung zu gute; sie gilt dagegen nicht ohne weiteres für die Verwendung desselben Namens für andere Waren (Karlsbader Salz — Pralinés de Carlsbad).

§ 17. Ausländische Waren, welche mit einer deutschen Firma und Ortsbezeichnung, oder mit einem in die Zeichenrolle eingetragenen Warenzeichen widerrechtlich versehen sind, unterliegen bei ihrem Eingang nach Deutschland zur Einfuhr oder Durchfuhr auf Antrag des Verletzten und gegen Sicherheitsleistung der Beschlagnahme und Einziehung. Die Beschlagnahme erfolgt durch die Zoll- und Steuerbehörden, die Festsetzung der Einziehung durch Strafbescheid der Verwaltungsbehörden (§ 459 der Strafprozeßordnung).

§ 18. Statt jeder aus diesem Gesetze entspringenden Entschädigung kann auf Verlangen des Beschädigten neben der Strafe auf eine an ihn zu erlegende Buße bis zum Betrage von zehntausend Mark erkannt werden. Für diese Buße haften die zu derselben Verurteilten als Gesamtschuldner.

Eine erkannte Buße schließt die Geltendmachung eines weiteren Entschädigungsanspruchs aus.

Vorausgesetzt ist das Vorhandensein eines Schadens, E. 33, 13. Die Buße kann nur in einer einzigen Geldsumme zum Ausdruck gebracht werden; es ist unzulässig, den Betrag desselben Schadens in mehrere Bußen zu zerlegen, E. 37, 401. Die Verurteilung zu einer Gesamtbuße ist unzulässig, wenn die verschiedenen Verurteilten unabhängig von einander handelten, E. 33, 13. Von mehreren Beschuldigten kann jeder den ihm erwachsenen Schaden geltend machen oder Buße, diese allerdings nicht bis zum Höchstbetrage, verlangen, E. 41, 380. Der Bußanspruch richtet sich auch gegen den Gehilfen, E. 38, 194.

§ 19. Erfolgt eine Verurteilung auf Grund der §§ 14 bis 16, 18, so ist bezüglich der im Besitz des Verurteilten befindlichen Gegenstände auf Beseitigung der widerrechtlichen Kennzeichnung, oder, wenn die Beseitigung in anderer Weise nicht möglich ist, auf Vernichtung der damit versehenen Gegenstände zu erkennen.

Erfolgt die Verurteilung im Strafverfahren, so ist in den Fällen der §§ 14 und 15 dem Verletzten die Befugnis zuzusprechen, die Verurteilung auf

Kosten des Verurteilten öffentlich bekannt zu machen. Die Art der Bekanntmachung sowie die Frist zu derselben ist in dem Urteil zu bestimmen.

E. 37, 139 spricht der Maßregel des Abs. 1 präventivpolizeilichen, E. 35, 19 der des Abs. 2 Strafcharakter zu.

§ 20. Die Anwendung der Bestimmungen dieses Gesetzes wird durch Abweichungen nicht ausgeschlossen, mit denen fremde Namen, Firmen, Zeichen, Wappen und sonstige Kennzeichnungen von Waren wiedergegeben werden, sofern ungeachtet dieser Abweichungen die Gefahr einer Verwechselung im Verkehr vorliegt.

§ 20 erstreckt sich auf alle Tatbestände der §§ 14—16 und trifft deshalb auch Warenkennzeichnungen in Ankündigungen, E. 31, 1. Über die Prüfung der Verwechslungsgefahr vgl. E. 33, 90; 40, 244; entscheidend ist danach der Gesamteindruck, der verglichenen Zeichen; berücksichtigt muß stets auch das bei den Abnehmern vorauszusetzende Erinnerungsbild werden. Vgl. auch E. 19, 316. Im einzelnen kommt für die Verwechslung von Wortzeichen sowohl die Ähnlichkeit des klanglichen Eindruckes in Betracht, E. 30, 351; 33, 307 (s. auch E. 28, 275) wie auch die Ähnlichkeit der sprachbegrifflichen Bedeutung, E. 34, 313 (Negergarn—Mohrengarn). Für eine Firma kann bereits durch den Gebrauch einzelner der Firma entnommenen Laute die Verwechslungsgefahr geschaffen sein, E. 40, 395. Für die Verwechslung von Bildzeichen ist stets die Farbengebung zu berücksichtigen, E. 33, 98; 40, 244.

§ 21. In bürgerlichen Rechtsstreitigkeiten, in welchen durch Klage oder Widerklage ein Anspruch auf Grund dieses Gesetzes geltend gemacht ist, wird die Verhandlung und Entscheidung letzter Instanz im Sinne des § 8 des Einführungsgesetzes zum Gerichtsverfassungsgesetze dem Reichsgericht zugewiesen.

§ 22. Wenn deutsche Waren im Auslande bei der Einfuhr oder Durchfuhr der Verpflichtung unterliegen, eine Bezeichnung zu tragen, welche ihre deutsche Herkunft erkennen läßt, oder wenn dieselben bei der Zollabfertigung in Beziehung auf die Warenbezeichnungen ungünstiger als die Waren anderer Länder behandelt werden, so ist der Bundesrat ermächtigt, den fremden Waren bei ihrem Eingang nach Deutschland zur Einfuhr oder Durchfuhr eine entsprechende Auflage zu machen, und anzuordnen, daß für den Fall der Zuwiderhandlung die Beschlagnahme und Einziehung der Waren erfolge. Die Beschlagnahme erfolgt durch die Zoll- und Steuerbehörden, die Festsetzung der Einziehung durch Strafbescheid der Verwaltungsbehörden (§ 459 der Strafprozeßordnung).

§ 23. Wer im Inlande eine Niederlassung nicht besitzt, hat auf den Schutz dieses Gesetzes nur Anspruch, wenn in dem Staate, in welchem seine Niederlassung sich befindet, nach einer im Reichs-Gesetzblatt enthaltenen Bekanntmachung deutsche Warenbezeichnungen in gleichem Umfange wie inländische Warenbezeichnungen zum gesetzlichen Schutz zugelassen werden.

Der Anspruch auf Schutz eines Warenzeichens nnd das durch die Eintragung begründete Recht können nur durch einen im Inlande bestellten Vertreter geltend gemacht werden. Der letztere ist zur Vertretung in dem nach Maßgabe dieses Gesetzes vor dem Patentamt stattfindenden Verfahren, sowie in den das Zeichen betreffenden bürgerlichen Rechtsstreitigkeiten und zur Stellung von Strafanträgen befugt. Für die das Zeichen betreffenden Klagen gegen den eingetragenen Inhaber ist das Gericht zuständig, in dessen Bezirk der Vertreter seinen Wohnsitz hat, in dessen Ermangelung das Gericht, in dessen Bezirk das Patentamt seinen Sitz hat.

Wer ein ausländisches Warenzeichen zur Anmeldung bringt, hat damit den Nachweis zu verbinden, daß er in dem Staate, in welchem seine Niederlassung sich befindet, für dieses Zeichen den Markenschutz nachgesucht und erhalten hat. Die Eintragung ist, soweit nicht Staatsverträge ein anderes bestimmen, nur dann zulässig, wenn das Zeichen den Anforderungen dieses Gesetzes entspricht.

Vgl. zu Abs. 1 die Bek. vom 22. 9. 94 (RGBl. 521), 16. 5. 99 (RGBl. 284), 17. 8. 99 (RGBl. 543), 1. 10. 01 (RGBl. 375). Diese Bek. sind für die Gerichte bindend; eine Nachprüfung, wie weit sich die Gegenseitigkeit erstreckt, steht ihnen nicht zu, E. 34, 277.

Zu Abs. 2 vgl. E. 35, 321; 38, 435; danach trägt der Schutz des ausländischen Wz. selbst dann, wenn es in Deutschland eingetragen ist, akzessorischen Charakter: das Gericht hat in jedem Einzelfall zu prüfen, ob auch nach ausländischem Recht ein Zeichenschutz besteht. Entsprechendes gilt für den Schutz von Ausstattungen. — Über den Antrag aus Abs. 2 vgl. E. 36, 413. Die Bestimmungen finden auf ausl. Staatsangehörige, die in Deutschland eine Handelsniederlassung haben, keine Anwendung, E. 35, 415.

§ 24. Auf die in Gemäßheit des Gesetzes über Markenschutz vom 30. November 1874 in die Zeichenregister eingetragenen Warenzeichen finden bis zum 1. Oktober 1898 die Bestimmungen jenes Gesetzes noch ferner Anwendung. Die Zeichen können bis zum 1. Oktober 1898 jederzeit zur Eintragung in die Zeichenrolle nach Maßgabe des gegenwärtigen Gesetzes angemeldet werden und unterliegen alsdann dessen Bestimmungen. Die Eintragung darf nicht versagt werden hinsichtlich derjenigen Zeichen, welche auf Grund eines älteren landesgesetzlichen Schutzes in die Zeichenregister eingetragen worden sind. Die Eintragung geschieht unentgeltlich und unter dem Zeitpunkte der ersten Anmeldung. Ueber den Inhalt der ersten Eintragung ist ein Zeugnis der bisherigen Registerbehörde beizubringen.

Mit der Eintragung in die Zeichenrolle oder, sofern eine solche nicht erfolgt ist, mit dem 1. Oktober 1898 erlischt der den Warenzeichen bis dahin gewährte Schutz.

§ 25. Die zur Ausführung dieses Gesetzes erforderlichen Bestimmungen über die Einrichtung und den Geschäftsgang des Patentamts, sowie über das Verfahren vor demselben werden durch Kaiserliche Verordnung unter Zustimmung des Bundesrats getroffen.

§ 26. Dieses Gesetz tritt mit dem 1. Oktober 1894 in Kraft.

Von dem gleichen Zeitpunkte ab werden Anmeldungen von Warenzeichen auf Grund des Gesetzes über Markenschutz vom 30. November 1874 nicht mehr angenommen.

Gesetz, betreffend die Abzahlungsgeschäfte.

Vom 16. Mai 1894. (RGBl. S. 450)

§ 1. Hat bei dem Verkauf einer dem Käufer übergebenen beweglichen Sache, deren Kaufpreis in Teilzahlungen berichtigt werden soll, der Verkäufer sich das Recht vorbehalten, wegen Nichterfüllung der dem Käufer obliegenden Verpflichtungen von dem Vertrage zurückzutreten, so ist im Falle dieses Rücktritts jeder Teil verpflichtet, dem anderen Teil die empfangenen Leistungen zurückzugewähren. Eine entgegenstehende Vereinbarung ist nichtig.

Dem Vorbehalte des Rücktrittsrechts steht es gleich, wenn der Verkäufer wegen Nichterfüllung der dem Käufer obliegenden Verpflichtungen kraft Gesetzes die Auflösung des Vertrages verlangen kann.

§ 2. Der Käufer hat im Falle des Rücktritts dem Verkäufer für die infolge des Vertrages gemachten Aufwendungen, sowie für solche Beschädigungen der Sache Ersatz zu leisten, welche durch ein Verschulden des Käufers oder durch einen sonstigen von ihm zu vertretenden Umstand verursacht sind. Für die Ueberlassung des Gebrauchs oder der Benutzung ist deren Wert zu vergüten, wobei auf die inzwischen eingetretene Wertminderung der Sache Rücksicht zu nehmen ist. Eine entgegenstehende Vereinbarung, insbesondere die vor Ausübung des Rücktrittsrechts erfolgte vertragsmäßige Festsetzung einer höheren Vergütung, ist nichtig.

Auf die Festsetzung der Höhe der Vergütung finden die Vorschriften des § 260 Absatz 1 (jetzt § 287) der Zivilprozeßordnung entsprechende Anwendung.

§ 3. Die nach den Bestimmungen der §§ 1, 2 begründeten gegenseitigen Verpflichtungen sind Zug um Zug zu erfüllen.

§ 4. Eine wegen Nichterfüllung der dem Käufer obliegenden Verpflichtungen verwirkte Vertragsstrafe kann, wenn sie unverhältnismäßig hoch ist, auf Antrag des Käufers durch Urteil auf den angemessenen Betrag herabgesetzt werden. Die Herabsetzung einer entrichteten Strafe ist ausgeschlossen.

Die Abrede, daß die Nichterfüllung der dem Käufer obliegenden Verpflichtungen die Fälligkeit der Restschuld zur Folge haben solle, kann rechtsgültig nur für den Fall getroffen werden, daß der Käufer mit mindestens zwei auf einander folgenden Teilzahlungen ganz oder teilweise im Verzug ist und der Betrag, mit dessen Zahlung er im Verzug ist, mindestens dem zehnten Teile des Kaufpreises der übergebenen Sache gleichkommt.

§ 5. Hat der Verkäufer auf Grund des ihm vorbehaltenen Eigentums die verkaufte Sache wieder an sich genommen, so gilt dies als Ausübung des Rücktrittsrechts.

§ 6. Die Vorschriften der §§ 1 bis 5 finden auf Verträge, welche darauf abzielen, die Zwecke eines Abzahlungsgeschäfts (§ 1) in einer anderen Rechtsform, insbesondere durch mietweise Ueberlassung der Sache zu erreichen, entsprechende Anwendung, gleichviel ob dem Empfänger der Sache ein Recht, später deren Eigentum zu erwerben, eingeräumt ist oder nicht.

§ 7. Wer Lotterielose, Inhaberpapiere mit Prämien (Gesetz vom 8. Juni 1871, Reichs-Gesetzbl. S. 210) oder Bezugs- oder Anteilscheine auf solche Lose oder Inhaberpapiere gegen Teilzahlungen verkauft oder durch sonstige auf die gleichen Zwecke abzielende Verträge veräußert, wird mit Geldstrafe bis zu fünfhundert Mark bestraft.

Es begründet keinen Unterschied, ob die Uebergabe des Papiers vor oder nach der Zahlung des Preises erfolgt.

Zum Begriff der Veräußerung s. E. 39, 262 unten; Übertragung ideeller Anteile genügt, E. 30, 165. Abzahlungsgeschäft i. S. des § 1 ist nicht vorausgesetzt. Über andere Fälle verschleierten Verkaufs vgl. GA. 43, 427, auch GA. 50, 126, Soergel III, 346. — Zum Begriff des Anteilscheines vgl. RG. in GA. 48, 11 (Idealkonk. mit 286 StGB). § 7 findet auch Anwendung, wenn sich der Verkäufer im Inlande, der Käufer im Auslande befindet (E. 37, 288); umgekehrt ist die Vermittlung des Vertrags zwischen inl. Käufer und ausl. Verk. als Teiln. strafbar (E. 39, 262). Vgl. über die Vermittlg. als Teilnahme auch GA. 51, 404. — Teilzahlg.: schon bei Zerlegung des Kaufpreises in zwei nacheinander zu entricht. Beträge; Befugnis des Käufers, den Preis auf einmal zu zahlen, ist unbeachtlich. Soergel II, 358.

§ 8. Die Bestimmungen dieses Gesetzes finden keine Anwendung, wenn der Empfänger der Ware als Kaufmann in das Handelsregister eingetragen ist.

§ 9. Verträge, welche vor dem Inkrafttreten dieses Gesetzes abgeschlossen worden sind, unterliegen den Vorschriften desselben nicht.

Gesetz, betreffend die Bestrafung des Sklavenraubes und des Sklavenhandels.

Vom 28. Juli 1895. (RGBl. S. 425.)

§ 1. [S.] Die vorsätzliche Mitwirkung an einem auf Sklavenraub gerichteten Unternehmen wird mit Zuchthaus bestraft. Die Veranstalter und Anführer des Unternehmens trifft Zuchthaus nicht unter drei Jahren.

Ist durch einen zum Zweck des Sklavenraubes unternommenen Streifzug der Tod einer der Personen, gegen welche der Streifzug gerichtet war, verursacht worden, so ist gegen die Veranstalter und Anführer auf Todesstrafe, gegen die übrigen Teilnehmer auf Zuchthaus nicht unter drei Jahren zu erkennen.

Die Mitwirkung umfaßt nur die physische Betätigung bei der Ausführung des Unternehmens, nicht aber die Anstiftung und die vor der Tat geleistete Beihilfe. Unter das Unternehmen wird hier mit Binding, (I, 111) jede Veranstaltung zu ziehen sein, die zum Zweck hat, einen Sklavenraub zu ermöglichen, vorzubereiten oder auszuführen.

Abs. 2 setzt schuldhafte Verursachung des Todes seitens der Veranstalter, Anführer und Teilnehmer nicht voraus. Demgegenüber bedeutet die absolute Androhung der Todesstrafe eine nicht zu rechtfertigende Anomalie.

§ 2. [S.] Wer Sklavenhandel betreibt oder bei der diesem Handel dienenden Beförderung von Sklaven vorsätzlich mitwirkt, wird mit Zuchthaus bestraft. Sind mildernde Umstände vorhanden, so tritt Gefängnisstrafe nicht unter drei Monaten ein.

Sklavenhandel: Gewerbsmäßiger, Abschluß von Kauf- und Verkaufsverträgen über Menschen. Einmalige Vornahme eines Handelsgeschäfts reicht nur aus, wenn dasselbe von der Absicht begleitet war, den Abschluß solcher Geschäfte zur dauernden Erwerbsquelle zu machen. Versuch ist nicht denkbar.

§ 3. In den Fällen der §§ 1 und 2 dieses Gesetzes ist neben der Freiheitsstrafe auf eine Geldstrafe bis einhunderttausend Mark zu erkennen. Neben der Freiheitsstrafe kann in diesen Fällen zugleich auf Zulässigkeit von Polizeiaufsicht erkannt werden. Auch kann auf die Einziehung aller zur Begehung des Verbrechens gebrauchten oder bestimmten Gegenstände erkannt werden, ohne Unterschied, ob sie dem Verurteilten gehören oder nicht. Ist die Verfolgung einer bestimmten Person nicht ausführbar, so kann auf die Einziehung selbständig erkannt werden.

§ 4. [L.] Wer den vom Kaiser mit Zustimmung des Bundesrats zur Verhütung des Sklavenraubes und des Sklavenhandels erlassenen Verordnungen zuwiderhandelt, wird mit Geldstrafe bis zu sechstausend Mark oder mit Gefängnis bestraft.

§ 5. Die Bestimmung im § 4 Absatz 2 Nr. 1 des Strafgesetzbuchs findet auch auf die in diesem Gesetze vorgesehenen strafbaren Handlungen Anwendung.

Demgemäß wird auch bestraft der Deutsche oder Ausländer, der im Ausland sich der hier bezeichneten Delikte schuldig gemacht hat, und zwar ohne Rücksicht auf die Strafbarkeit am Tatort. Für die Verfolgung gilt insofern das Opportunitätsprinzip. Vgl. § 12 des Sprengstoffgesetzes.

Gesetz, betreffend die Pflichten der Kaufleute bei Aufbewahrung fremder Wertpapiere.

Vom 5. Juli 1896. (RGBl. S. 183 und 194.)

§ 1. Ein Kaufmann, welchem im Betriebe seines Handelsgewerbes Aktien, Kuxe, Interimsscheine, Erneuerungsscheine (Talons), auf den Inhaber lautende oder durch Indossament übertragbare Schuldverschreibungen, oder vertretbare andere Wertpapiere mit Ausnahme von Banknoten und Papiergeld unverschlossen zur Verwahrung oder als Pfand übergeben sind, ist verpflichtet:

1. diese Wertpapiere unter äußerlich erkennbarer Bezeichnung jedes Hinterlegers oder Verpfänders gesondert von seinen eigenen Beständen und von denen Dritter aufzubewahren,
2. ein Handelsbuch zu führen, in welches die Wertpapiere jedes Hinterlegers oder Verpfänders nach Gattung, Nennwert, Nummern oder sonstigen Unterscheidungsmerkmalen der Stücke einzutragen sind; der Eintragung steht die Bezugnahme auf Verzeichnisse gleich, welche neben dem Handelsbuche geführt werden. Die Eintragung kann unterbleiben, insoweit die Wertpapiere zurückgegeben sind, bevor die Eintragung bei ordnungsmäßigem Geschäftsgange erfolgen konnte.

Etwaige Rechte und Pflichten des Verwahrers oder Pfandgläubigers, im Interesse des Hinterlegers oder Verpfänders Verfügungen oder Verwaltungshandlungen vorzunehmen, werden durch die Bestimmung unter Ziffer 1 nicht berührt.

§ 2. Eine Erklärung des Hinterlegers oder Verpfänders, durch welche der Verwahrer oder Pfandgläubiger ermächtigt wird, an Stelle hinterlegter oder verpfändeter Wertpapiere der im § 1 bezeichneten Art gleichartige Wertpapiere zurückzugewähren oder über die Papiere zu seinem Nutzen zu verfügen, ist, falls der Hinterleger oder Verpfänder nicht gewerbsmäßig Bank- oder Geldwechslergeschäfte betreibt, nur gültig, soweit sie für das einzelne Geschäft ausdrücklich und schriftlich abgegeben wird.

Wird der Verwahrer oder Pfandgläubiger ermächtigt, an Stelle hinterlegter oder verpfändeter Wertpapiere der im § 1 bezeichneten Art gleichartige Wertpapiere zurückzugewähren, so finden die Bestimmungen des § 1 keine Anwendung.

§ 3. Der Kommissionär (§§ 383, 406 des Handelsgesetzbuchs), welcher einen Auftrag zum Einkaufe von Wertpapieren der im § 1 bezeichneten Art ausführt, hat dem Kommittenten binnen drei Tagen ein Verzeichnis der Stücke mit Angabe der Gattung, des Nennwertes, der Nummern oder sonstiger Unterscheidungsmerkmale zu übersenden. Die Frist beginnt, falls der Kommissionär bei der Anzeige über die Ausführung des Auftrages einen Dritten als Verkäufer namhaft gemacht hat, mit dem Erwerbe der Stücke, andernfalls mit dem Ablaufe des Zeitraums, innerhalb dessen der Kommissionär nach der Erstattung der Ausführungsanzeige die Stücke bei ordnungsmäßigem Geschäftsgange ohne schuldhafte Verzögerung beziehen konnte.

Ein Verzicht des Kommittenten auf die Uebersendung des Stückeverzeichnisses ist, falls der Kommittent nicht gewerbsmäßig Bank- oder Geldwechslergeschäfte betreibt, nur dann wirksam, wenn er bezüglich des einzelnen Auftrages ausdrücklich und schriftlich erklärt wird.

Soweit die Auslieferung der eingekauften Stücke an den Kommittenten erfolgt oder ein Auftrag des Kommittenten zur Wiederveräußerung ausgeführt ist, kann die Uebersendung des Stückeverzeichnisses unterbleiben.

§ 4. Ist der Kommissionär mit Erfüllung der ihm nach den Bestimmungen des § 3 obliegenden Verpflichtungen im Verzuge und holt er das Versäumte auf eine danach an ihn ergangene Aufforderung des Kommittenten nicht binnen drei Tagen nach ,so ist der Kommittent berechtigt, das Geschäft als nicht für seine Rechnung abgeschlossen zurückzuweisen und Schadensersatz wegen Nichterfüllung zu beanspruchen.

Die Aufforderung des Kommittenten verliert ihre Wirkung, wenn er dem Kommissionär nicht binnen drei Tagen nach dem Ablaufe der Nachholungsfrist erklärt, daß er von dem im Absatz 1 bezeichneten Rechte Gebrauch machen wolle.

§ 5. Der Kommissionär, welcher einen Auftrag zum Umtausche von Wertpapieren der im § 1 bezeichneten Art oder zur Geltendmachung eines Bezugsrechtes auf solche Wertpapiere ausführt, hat binnen zwei Wochen nach dem Empfange der neuen Stücke dem Kommittenten ein Verzeichnis der Stücke mit den im § 3 Absatz 1 vorgeschriebenen Angaben zu übersenden, soweit er ihm die Stücke nicht innerhalb dieser Frist aushändigt.

§ 6. Der Kommissionär, welcher den im § 5 ihm auferlegten Pflichten nicht genügt, verliert das Recht, für die Ausführung des Auftrages Provision zu fordern (§ 396 Absatz 1 des HGB.).

§ 7. Mit der Absendung des Stückeverzeichnisses geht das Eigentum an den darin verzeichneten Wertpapieren auf den Kommittenten über, soweit der Kommissionär über die Papiere zu verfügen berechtigt ist. Die Bestimmungen des bürgerlichen Rechts, nach welchen der Uebergang des Eigentums schon in einem früheren Zeitpunkte eintritt, bleiben unberührt.

Der Kommissionär hat bezüglich der in seinem Gewahrsam befindlichen, in das Eigentum des Kommittenten übergegangenen Wertpapiere die im § 1 bezeichneten Pflichten eines Verwahrers.

§ 8. Ein Kaufmann, welcher im Betriebe seines Handelsgewerbes fremde Wertpapiere der im § 1 bezeichneten Art einem Dritten zum Zweck der Aufbewahrung, der Veräußerung, des Umtausches oder des Bezuges von anderen Wertpapieren, Zins- oder Gewinnanteilscheinen ausantwortet, hat hierbei dem Dritten mitzuteilen, daß die Papiere fremde seien. Ebenso hat er in dem Falle, daß er einen ihm erteilten Auftrag zur Anschaffung solcher Wertpapiere an einen Dritten weitergibt, diesem hierbei mitzuteilen, daß die Anschaffung für fremde Rechnung geschehe.

Der Dritte, welcher eine solche Mitteilung empfangen hat, kann an den übergebenen oder an den neu beschafften Papieren ein Pfandrecht oder ein Zurückbehaltungsrecht nur wegen solcher Forderungen an seinen Auftraggeber geltend machen, welche mit Bezug auf diese Papiere entstanden sind.

§ 9. [L.] Wenn ein Kaufmann über Wertpapiere der im § 1 bezeichneten Art, welche ihm zur Verwahrung oder als Pfand übergeben sind, oder welche er als Kommissionär für den Kommittenten in Besitz genommen hat, außer dem Falle des § 246 des Strafgesetzbuchs zum eigenen Nutzen oder zum Nutzen eines Dritten rechtswidrig verfügt, wird er mit Gefängnis bis zu einem Jahre und Geldstrafe bis zu dreitausend Mark oder mit einer dieser Strafen bestraft.

Der gleichen Strafe unterliegt, wer der Vorschrift des § 8 zum eigenen Nutzen oder zum Nutzen eines Dritten vorsätzlich zuwiderhandelt.

Ist der Täter ein Angehöriger (§ 52 Abs. 2 des Strafgesetzbuchs) des Verletzten, so tritt die Verfolgung nur auf Antrag ein. Die Zurücknahme des Antrages ist zulässig. Der § 247 Absatz 2 und 3 des Strafgesetzbuchs findet entsprechende Anwendung.

Der Tatbestand ist ausgeschlossen, wenn der Kommissionär sich die Papiere zueignet; deshalb kann § 9 weder mit § 246 StGB., noch mit § 11 dies. Ges. in Ideallk. treten; E. 34, 241. Der Besitz i. S. des Abs. 1 ist nach den Vorschriften des bürgerlichen Rechts zu bestimmen und deckt sich nicht mit dem Besitzbegriff des § 246 StGB.; s. aber E. 37, 230. — Das Delikt setzt vorsätzliche Begehung voraus. Einen Vermögensvorteil braucht der Täter nicht zu erstreben; es genügt jeder andere Vorteil.

Abs. 2 beruht auf dem Gedanken, daß in dem hier getroffenen Verhalten bereits eine rechtswidrige Verfügung enthalten sei; vgl. E. 34, 241; daraus zieht E. 37, 228 den Schluß, daß weitere rechtswidrige Verfügungen nicht auch noch nach Abs. 1 gestraft werden können. Daß der Kommittent einen Vermögensschaden erlitten habe, setzt Abs. 2 nicht voraus.

§ 10. [L.] Ein Kaufmann, welcher seine Zahlungen eingestellt hat oder über dessen Vermögen das Konkursverfahren eröffnet worden ist, wird mit Gefängnis bis zu zwei Jahren bestraft, wenn er den Vorschriften des § 1 Ziffer 1 oder 2 vorsätzlich zuwidergehandelt hat und dadurch der Berechtigte bezüglich des Anspruches auf Aussonderung der von jenem zu verwahrenden Wertpapiere benachteiligt wird, desgleichen wenn er als Kommissionär den Vorschriften der §§ 3 oder 5 vorsätzlich zuwidergehandelt hat und dadurch der Berechtigte bezüglich des Anspruches auf Aussonderung der von jenem eingekauften, eingetauschten oder bezogenen Wert papiere benachteiligt wird.

Vgl. §§ 239 ff. KO.

§ 11. [S.] Ein Kaufmann, welcher seine Zahlungen eingestellt hat oder über dessen Vermögen das Konkursverfahren eröffnet worden ist, wird mit Zuchthaus bestraft, wenn er im Bewußtsein seiner Zahlungsunfähigkeit oder Ueberschuldung fremde Wertpapiere, welche er im Betriebe seines Handelsgewerbes als Verwahrer, Pfandgläubiger oder Kommissionär in Gewahrsam genommen, sich rechtswidrig zugeeignet hat.

Sind mildernde Umstände vorhanden, so tritt Gefängnisstrafe nicht unter drei Monaten ein.

§ 11 stellt einen qualifizierten Fall der Unterschlagung auf, vgl. GA. 55, 328. Mehrere Zueignungshandlungen enthalten nur e i n Delikt gegen § 11, s. E. 34, 239. — Die Absicht, die Gläubiger zu benachteiligen, ist nicht vorausgesetzt.

§ 12. Die Strafvorschrift des § 9 findet gegen die Mitglieder des Vorstandes einer Aktiengesellschaft oder eingetragenen Genossenschaft, die Geschäftsführer einer Gesellschaft mit beschränkter Haftung, sowie gegen die Liquidatoren einer Handelsgesellschaft oder eingetragenen Genossenschaft Anwendung, wenn sie in Ansehung von Wertpapieren, die sich im Besitze der Gesellschaft oder Genossenschaft befinden oder von dieser einem Dritten ausgeantwortet sind, die mit Strafe bedrohte Handlung begangen haben.

Die vorbezeichneten Personen werden, wenn die Gesellschaft oder Genossenschaft ihre Zahlungen eingestellt hat, oder wenn über deren Vermögen das Konkursverfahren eröffnet worden ist, bestraft

1. gemäß § 10, wenn sie den Vorschriften des § 1 Ziffer 1 oder 2 oder den Vorschriften der §§ 3 oder 5 vorsätzlich zuwidergehandelt haben und dadurch der Berechtigte bezüglich des Anspruches auf Aussonderung der von der Gesellschaft oder Genossenschaft zu verwahrenden oder von ihr eingekauften, eingetauschten oder bezogenen Wertpapiere benachteiligt wird,
2. gemäß § 11, wenn sie im Bewußtsein der Zahlungsunfähigkeit oder Ueberschuldung der Gesellschaft oder Genossenschaft fremde Wertpapiere, welche von dieser als Verwahrer, Pfandgläubiger oder Kommissionär in Gewahrsam genommen sind, sich rechtswidrig zugeeignet haben.

Vgl. E. 34, 378 f.: § 12 beruht auf der Annahme, daß auf die diesen Kategorien angehörigen Personen, wenn sie eine der mit Strafe bedrohten Handlungen begangen haben, die Strafvorschriften des

Gesetzes nicht angewendet werden könnten, weil nicht der gesamte Tatbestand der strafbaren Handlungen in ihrer Person sich erfülle.

§ 13. Dieses Gesetz findet auf diejenigen Klassen von Kaufleuten keine Anwendung, für welche gemäß § 4 des Handelsgesetzbuchs die Vorschriften über die Handelsbücher keine Geltung haben.

Gesetz über das Auswanderungswesen.

Vom 9. Juni 1897. (RGBl. S. 463.)

I. Unternehmer.

§ 1. Wer die Beförderung von Auswanderern nach außerdeutschen Ländern betreiben will (Unternehmer), bedarf hierzu der Erlaubnis.

Auswanderer: Absicht, dauernden Wohnsitz im Ausland zu nehmen (Gegensatz: Reisende, E. 40, 278); auch Durchwanderer, E. 37, 67, und Deutschland berührende Rückwanderer, E. 37, 348. Irrtum über Auswandererqualität des Beförderten schließt den Vorsatz aus, E. 40, 278. Gewerbsmäßigkeit nicht erforderlich.

§ 2. Zur Erteilung oder Versagung der Erlaubnis ist der Reichskanzler unter Zustimmung des Bundesrats zuständig.

Bek. im ZBl. 98 S. 221, 273, 289, 335; 99 S. 2, 42, 127, 128, 406; 00 S. 21, 662; 01 S. 306.

§ 3. Die Erlaubnis ist in der Regel nur zu erteilen:

a) an Reichsangehörige, welche ihre gewerbliche Niederlassung im Reichsgebiete haben;

b) an Handelsgesellschaften, eingetragene Genossenschaften und juristische Personen, welche im Reichsgebiet ihren Sitz haben; an offene Handelsgesellschaften, Kommanditgesellschaften und Kommanditgesellschaften auf Aktien jedoch nur, wenn ihre persönlich haftenden Gesellschafter sämtlich Reichsangehörige sind.

§ 4. Ausländischen Personen oder Gesellschaften, sowie solchen Reichsangehörigen, welche ihre gewerbliche Niederlassung nicht im Reichsgebiete haben, darf die Erlaubnis nur erteilt werden, wenn sie

a) einen im Reichsgebiete wohnhaften Reichsangehörigen zu ihrem Bevollmächtigten bestellen, welcher sie in den auf die Beförderung der Auswanderer bezüglichen Angelegenheiten Behörden und Privaten gegenüber rechtsverbindlich zu vertreten hat,
b) wegen der aus der Annahme und Beförderung der Auswanderer erwachsenden Rechtsstreitigkeiten dem deutschen Rechte und den deutschen Gerichten sich unterwerfen.

§ 5. Vor Erteilung der Erlaubnis hat der Nachsuchende eine Sicherheit im Mindestbetrage von fünfzigtausend Mark zu bestellen und im Falle beabsichtigter überseeischer Beförderung den Nachweis zu führen, daß er Reeder ist.

§ 6. Die Erlaubnis ist nur für bestimmte Länder, Teile von solchen oder bestimmte Orte und im Falle überseeischer Beförderung nur für bestimmte Einschiffungshäfen zu erteilen.

Anderweitige Einschränkungen zulässig, soweit Inhalt und Zweck des Gesetzes nicht entgegenstehen, E. 32, 432.

§ 7. Bei Erteilung der Erlaubnis an solche deutsche Gesellschaften, welche sich die Besiedelung eines von ihnen in überseeischen Ländern erworbenen Gebiets zur Aufgabe machen, ist der Reichskanzler an die Vorschriften des § 5 nicht gebunden.

Im übrigen können aus besonderen Gründen Ausnahmen von den Vorschriften des § 5 zugelassen werden.

§ 8. Die Erlaubnis berechtigt den Unternehmer zum Geschäftsbetrieb im ganzen Reichsgebiete mit der Einschränkung, daß er außerhalb des Gemeindebezirkes seiner gewerblichen Niederlassung und des Gemeindebezirkes seiner etwaigen Zweigniederlassungen bei der Ausübung seines gesamten Geschäftsbetriebs, soweit es sich dabei nicht lediglich um die Erteilung von Auskunft auf Anfrage oder um die Veröffentlichung der Beförderungsgelegenheiten und Beförderungsbedingungen handelt, ausschließlich der Vermittelung seiner nach §§ 11 ff. zugelassenen Agenten sich zu bedienen hat.

Agentenzwang. Jede Korrespondenz des Unternehmers mit dem Auswanderungslustigen, die über die Auskunfterteilung hinausgeht, ist verboten, E. 33, 85.

§ 9. Der Unternehmer kann seine Befugnisse zum Geschäftsbetriebe durch Stellvertreter ausüben. Die Bestellung eines solchen ist erforderlich für die Geschäftsführung in Zweigniederlassungen.

Nach dem Tode des Unternehmers sowie im Falle einer Vormundschaft oder Pflegschaft kann der Geschäftsbetrieb noch längstens sechs Monate durch Stellvertreter fortgesetzt werden.

Die Bestellung eines Stellvertreters bedarf der Genehmigung des Reichskanzlers.

§ 10. Die den Unternehmern erteilte Erlaubnis kann unter Zustimmung des Bundesrats vom Reichskanzler jederzeit beschränkt oder widerrufen werden. Die Genehmigung der Bestellung eines Stellvertreters kann vom Reichskanzler jederzeit widerrufen werden.

II. Agenten.

§ 11. Wer bei einem Betriebe der im § 1 bezeichneten Art durch Vorbereitung, Vermittelung oder Abschluß des Beförderungsvertrags gewerbsmäßig mitwirken will (Agent), bedarf hierzu der Erlaubnis.

Vorbereitung: jede den demnächstigen Abschluß des Beförderungsvertrages bezweckende Tätigkeit, s. E. 33, 366.

§ 12. Die Erlaubnis wird von der höheren Verwaltungsbehörde erteilt.

§ 13. Die Erlaubnis darf nur erteilt werden an Reichsangehörige, welche im Bezirke der höheren Verwaltungsbehörde (§ 12) ihre gewerbliche Niederlassung oder ihren Wohnsitz haben und von einem zugelassenen Unternehmer (§ 1) bevollmächtigt sind.

Die Erlaubnis darf auch bei Erfüllung der vorstehenden Erfordernisse nicht erteilt werden:

a) wenn Tatsachen vorliegen, welche die Unzuverlässigkeit des Nachsuchenden in Beziehung auf den beabsichtigten Geschäftsbetrieb dartun;

b) wenn einer den Verhältnissen des Verwaltungsbezirkes der zuständigen Verwaltungsbehörde entsprechenden Anzahl von Personen die Erlaubnis zum Betriebe des Geschäfts eines Auswanderungsagenten erteilt oder ausgedehnt (§ 15) worden ist.

§ 14. Vor Erteilung der Erlaubnis hat der Nachsuchende eine Sicherheit im Mindestbetrage von fünfzehnhundert Mark zu bestellen.

§ 15. Die Erlaubnis berechtigt zum Geschäftsbetrieb im Bezirke der die Erlaubnis erteilenden Behörde, wenn sie nicht auf einen Teil desselben beschränkt wird. Im Einvernehmen mit dieser Behörde kann jedoch dem Agenten die Ausdehnung seines Geschäftsbetriebs auf benachbarte Bezirke von den für letztere zuständigen höheren Verwaltungsbehörden gestattet werden.

Anderweitige Beschränkungen sind zulässig, E. 32, 432.

§ 16. Für andere als den in der Erlaubnisurkunde namhaft gemachten Unternehmer sowie auf eigene Rechnung darf der Agent Geschäfte der im § 11 bezeichneten Art nicht besorgen.

§ 17. Dem Agenten ist es untersagt, seine Geschäfte in Zweigniederlassungen, durch Stellvertreter oder im Umherziehen zu betreiben.

Stellvertreter: nicht im Sinne des § 9 dies. Ges. oder § 164 BGB., sondern jeder, der mit Zustimmung des Agenten für ihn Agenturgeschäfte vornimmt, s. E. 37, 69 ff.

§ 18. Die dem Agenten erteilte Erlaubnis kann jederzeit beschränkt oder widerrufen werden.

Die Erlaubnis muß widerrufen werden:

a) wenn den Erfordernissen nicht mehr genügt wird, an welche die Erteilung der Erlaubnis nach § 13 Absatz 1 gebunden ist;
b) wenn Tatsachen vorliegen, welche die Unzuverlässigkeit des Agenten in Beziehung auf den Geschäftsbetrieb dartun;
c) wenn die Sicherheit ganz oder zum Teil zur Deckung der auf ihr haftenden Ansprüche verwendet worden ist und nicht binnen vier Wochen nach ergangener Aufforderung neu bestellt oder ergänzt wird.

§ 19. Gegen die auf Grund der §§ 11 bis 15 und 18 von der höheren Verwaltungsbehörde getroffenen Verfügungen ist Beschwerde an die Aufsichtsbehörde zulässig. Die Frist zur Einlegung der Beschwerde beträgt zwei Wochen.

III. Gemeinsame Bestimmungen für Unternehmer und Agenten.

§ 20. Die von den Unternehmern und von den Agenten bestellten Sicherheiten haften für alle anläßlich ihres Geschäftsbetriebs gegenüber den Behörden und gegenüber den Auswanderern begründeten Verbindlichkeiten sowie für Geldstrafen und Kosten.

§ 21. Der Bundesrat erläßt nähere Bestimmungen über den Geschäftsbetrieb der Unternehmer und Agenten und deren Beaufsichtigung, namentlich auch

a) über die von ihnen zu führenden Bücher, Listen, statistischen und sonstigen Nachweisungen sowie über die in Anwendung zu bringenden Vertragsformulare;

b) über die Art und Weise der Sicherheitsbestellung und die Bedingungen, welche über die Haftbarkeit sowie über die Ergänzung und die Rückgabe der Sicherheit in die Bestellungsurkunde aufzunehmen sind.

Bek. vom 14. März 1898 (RGBl. 39) und vom 23. August 1901 (RGBl. 274).

IV. Allgemeine Bestimmungen über die Beförderung von Auswanderern.

§ 22. Der Unternehmer darf Auswanderer nur befördern auf Grund eines vorher abgeschlossenen schriftlichen Vertrags.

Den Auswanderern darf nicht die Verpflichtung auferlegt werden, den Beförderungspreis oder einen Teil desselben oder ihnen geleistete Vorschüsse nach ihrer Ankunft am Bestimmungsorte zu zahlen oder zurückzuerstatten oder durch Arbeit abzuverdienen; ebensowenig dürfen sie in der Wahl ihres Aufenthaltsorts oder ihrer Beschäftigung im Bestimmungslande beschränkt werden.

§ 23. Verboten ist die Beförderung sowie der Abschluß von Verträgen über die Beförderung:

a) von Wehrpflichtigen im Alter vom vollendeten siebzehnten bis zum vollendeten fünfundzwanzigsten Lebensjahre, bevor sie eine Entlassungsurkunde (§ 14 des Gesetzes über die Erwerbung und den Verlust der Bundes- und Staatsangehörigkeit vom 1. Juni 1870) oder ein Zeugnis der Ersatzkommission darüber beigebracht haben, daß ihrer Auswanderung aus dem Grunde der Wehrpflicht kein Hindernis entgegensteht;

b) von Personen, deren Verhaftung oder Festnahme von einer Gerichts- oder Polizeibehörde angeordnet ist;

c) von Reichsangehörigen, für welche von fremden Regierungen oder von Kolonisationsgesellschaften oder ähnlichen Unternehmungen der Beförderungspreis ganz oder teilweise bezahlt wird oder Vorschüsse geleistet werden; Ausnahmen von dieser Bestimmung kann der Reichskanzler zulassen.

§ 24. Auswanderer, welche sich nicht im Besitze der nach § 23, a erforderlichen Urkunde befinden, oder welche zu den im § 23 unter b und c bezeichneten Personen gehören, können durch die Polizeibehörden am Verlassen des Reichsgebiets verhindert werden.

Die Polizeibehörden in den Hafenorten sind befugt, die Unternehmer an der Einschiffung von Personen zu verhindern, deren Beförderung auf Grund dieses Gesetzes verboten ist.

V. Besondere Bestimmungen für die überseeische Auswanderung nach außereuropäischen Ländern.

§ 25. Verträge über die überseeische Beförderung von Auswanderern müssen auf Beförderung und Verpflegung bis zur Landung im außereuropäischen Ausschiffungshafen gerichtet sein. Sie sind auf die Weiterbeförderung und Verpflegung vom Ausschiffungshafen bis an das Auswanderungsziel zu erstrecken, insoweit dies bei der Erteilung der Erlaubnis (§ 1) zur Bedingung gemacht ist.

Soll das Schiff in einem außerdeutschen Hafen bestiegen oder gewechselt werden, so ist dies in den Beförderungsvertrag aufzunehmen.

§ 26. Der Verkauf von Fahrscheinen an Auswanderer zur Weiterbeförderung von einem überseeischen Platze aus ist verboten.

Dieses Verbot findet jedoch keine Anwendung auf Verträge, durch welche der Unternehmer (§ 1) sich zugleich zur Weiterbeförderung vom überseeischen Ausschiffungshafen aus verpflichtet.

§ 27. Der Unternehmer ist verpflichtet, den Auswanderern an dem zu ihrer Einschiffung oder Weiterbeförderung bestimmten Orte bei jeder nicht von ihnen selbst verschuldeten Verzögerung der Beförderung von dem vertragsmäßig bestimmten Abfahrtstag an ohne besondere Vergütung Unterkunft und Verpflegung zu gewähren.

§ 28. Falls die Verzögerung länger als eine Woche dauert, hat der Auswanderer, unbeschadet der ihm nach dem bürgerlichen Rechte etwa zustehenden Ansprüche auf Schadensersatz, das Recht, von dem Vertrage zurückzutreten und die Rückerstattung des gezahlten Ueberfahrtsgeldes zu verlangen.

§ 29. Die Rückerstattung des Ueberfahrtsgeldes kann auch dann verlangt werden, wenn der Auswanderer oder einer der ihn begleitenden Familienangehörigen vor Antritt der Seereise stirbt oder nachweislich durch Krankheit oder durch sonstige außer seiner Macht liegende Zwischenfälle am Antritte der Seereise verhindert wird.

Das Gleiche gilt, wenn in Fällen des § 26 Absatz 2 die Verhinderung im überseeischen Ausschiffungshafen eintritt, rücksichtlich des den Weiterbeförderungskosten entsprechenden Teiles des Ueberfahrtsgeldes.

Die Hälfte des Ueberfahrtsgeldes kann zurückverlangt werden, wenn der Auswanderer vor Antritt der Reise vom Vertrag aus anderen Gründen zurücktritt.

§ 30. Wird das Schiff durch einen Seeunfall oder einen anderen Umstand an der Fortsetzung der Reise verhindert oder zu einer längeren Unterbrechung derselben genötigt, so ist der Unternehmer (§ 1) verpflichtet, ohne besondere Vergütung den Auswanderern angemessene Unterkunft und Verpflegung zu gewähren und die Beförderung derselben und ihres Gepäcks nach dem Bestimmungsorte sobald als möglich herbeizuführen.

Diese Vorschrift findet sinngemäße Anwendung auf die Weiterbeförderung vom überseeischen Ausschiffungshafen aus (§ 26 Absatz 2).

§ 31. Vereinbarungen, welche den Bestimmungen der §§ 27 bis 30 zuwiderlaufen, haben keine rechtliche Wirkung.

§ 32. Der Unternehmer kann verpflichtet werden, zur Sicherstellung der ihm aus den §§ 27 bis 30 entstehenden Verpflichtungen eine das Ueberfahrtsgeld um den halben Betrag übersteigende Summe zu versichern oder einen der Versicherungssumme entsprechenden Betrag zu hinterlegen.

§ 33. Der Unternehmer hat dafür Sorge zu tragen, daß das Schiff, mit welchem die Auswanderer befördert werden sollen, für die beabsichtigte Reise völlig seetüchtig, vorschriftsmäßig eingerichtet, ausgerüstet und verproviantiert ist.

Die gleiche Verpflichtung trifft den Führer des Schiffes.

§ 34. Jedes Auswandererschiff unterliegt vor dem Antritte der Reise einer Untersuchung über seine Seetüchtigkeit, Einrichtung, Ausrüstung und Verproviantierung.

Die Untersuchung erfolgt durch amtliche, von den Landesregierungen bestellte Besichtiger.

§ 35. Vor Abgang des Schiffes ist der Gesundheitszustand der Auswanderer und der Schiffsbesatzung durch einen von der Auswanderungsbehörde (§ 40) zu bestimmenden Arzt zu untersuchen.

§ 36. Der Bundesrat erläßt Vorschriften über die Beschaffenheit, Einrichtung, Ausrüstung und Verproviantierung der Auswandererschiffe, über die amtliche Besichtigung und Kontrolle dieser Schiffe, ferner über die ärztliche Untersuchung der Reisenden und der Schiffsbesatzung vor der Einschiffung, über die Ausschließung kranker Personen, über das Verfahren bei der Einschiffung und über den Schutz der Auswanderer in gesundheitlicher und sittlicher Hinsicht.

Die vom Bundesrat erlassenen Vorschriften sind durch das Reichs-Gesetzblatt zu veröffentlichen und dem Reichstage bei seinem nächsten Zusammentritte zur Kenntnisnahme vorzulegen.

Vgl. Bek. v. 14. März 1898 (RGBl. 57, 917), 18. Febr. 1903 (RGBl. 37), 26. Febr. 1904 (RGBl. 14), 1. März 1904 (RGBl. 138 vom 20. Dezember 1905 (Rgbl. 779) und 3. August 1909 (Rgbl 904.)

§ 37. Als Auswandererschiffe im Sinne dieses Gesetzes gelten alle nach außereuropäischen Häfen bestimmten Seeschiffe, mit denen, abgesehen von den Kajütspassagieren, mindestens fünfundzwanzig Reisende befördert werden sollen.

VI. Auswanderungsbehörden.

§ 38. Zur Mitwirkung bei Ausübung der dem Reichskanzler auf dem Gebiete des Auswanderungswesens zustehenden Befugnisse wird ein sachverständiger Beirat gebildet, welcher aus einem Vorsitzenden und mindestens vierzehn Mitgliedern besteht. Den Vorsitzenden ernennt der Kaiser. Die Mitglieder werden vom Bundesrate gewählt. Alle zwei Jahre findet eine Neuwahl sämtlicher Mitglieder statt. Im Uebrigen wird die Organisation des Beirats durch ein vom Bundesrate zu erlassendes Regulativ und seine Tätigkeit durch eine selbstgegebene Geschäftsordnung geregelt.

Bek. v. 17. Febr. 1898 (ZBl. 98).

§ 39. Die Anhörung des Beirats muß erfolgen vor Erteilung der Erlaubnis für solche Unternehmungen, welche die Besiedelung eines bestimmten Gebiets in überseeischen Ländern zum Gegenstande haben, sowie im Falle der Beschränkung oder des Widerrufs der einem Unternehmer erteilten Erlaubnis.

Außerdem können auf dem Gebiete des Auswanderungswesens von dem Reichskanzler geeignete wichtigere Fragen dem Beirate zur Begutachtung vorgelegt und von letzterem Anträge an den Reichskanzler gestellt werden.

§ 40. Zur Ueberwachung des Auswanderungswesens und der Ausführung der darauf bezüglichen Bestimmungen sind an denjenigen Hafenplätzen, für welche Unternehmer zugelassen sind, von den Landesregierungen Auswanderungsbehörden zu bestellen.

§ 41. In den Hafenorten übt der Reichskanzler die Aufsicht über das Auswanderungswesen durch von ihm bestellte Kommissare aus.

Diese Kommissare sind befugt, den im § 34 vorgesehenen Untersuchungen beizuwohnen, auch selbständig Untersuchungen der Auswandererschiffe vorzunehmen. Sie haben die Landesbehörden auf die von ihnen wahrgenommenen Mängel und Verstöße aufmerksam zu machen und auf deren Abstellung zu bringen.

Die Führer von Auswandererschiffen sind verpflichtet, den Kommissaren auf Erfordern wahrheitsgetreue Auskunft über alle Verhältnisse des Schiffes und über dessen Reise zu erteilen, sowie jederzeit das Betreten der Schiffsräume und die Einsicht in die Schiffspapiere zu gestatten.

Im Auslande werden die Obliegenheiten der Kommissare behufs Wahrnehmung der Interessen deutscher Auswanderer von den Behörden des Reichs wahrgenommen, denen erforderlichenfalls besondere Kommissare als Hülfsbeamte beizugeben sind.

VII. Beförderung von außerdeutschen Häfen aus.

§ 42. Durch Kaiserliche Verordnung mit Zustimmung des Bundesrats können zur Regelung der Beförderung von Auswanderern und Passagieren auf deutschen Schiffen, welche von außerdeutschen Häfen ausgehen, Vorschriften der im § 36 bezeichneten Art erlassen werden.

VIII. Strafbestimmungen.

§ 43. [L.] Unternehmer (§ 1), welche den Bestimmungen der §§ 8, 22, 23, 25, 32 und 33 Absatz 1 oder den für die Ausübung ihres Geschäftsbetriebs von den zuständigen Behörden erlassenen Vorschriften zuwiderhandeln, werden mit Geldstrafe von einhundertfünfzig bis zu sechstausend Mark oder mit Gefängnis bis zu sechs Monaten bestraft.

Sind die Zuwiderhandlungen von einem Stellvertreter (§ 9) begangen worden, so trifft die Strafe diesen; der Unternehmer ist neben demselben strafbar, wenn die Zuwiderhandlung mit seinem Vorwissen begangen ist, oder wenn er bei der nach den Verhältnissen möglichen eigenen Beaufsichtigung des Stellvertreters es an der erforderlichen Sorgfalt hat fehlen lassen.

Die gleiche Strafe trifft Schiffsführer, welche den ihnen im § 33 Absatz 2 und im § 41 Absatz 3 auferlegten Verpflichtungen oder den auf Grund des § 36 erlassenen Vorschriften zuwiderhandeln, ohne Unterschied, ob die Zuwiderhandlung im Inland oder im Auslande begangen ist.

§ 44. [L.] Agenten (§ 11), welche den Bestimmungen der §§ 15, 16, 17, 22 Absatz 2, 23 und 25 oder den für die Ausübung ihres Geschäftsbetriebs von den zuständigen Behörden erlassenen Vorschriften zuwiderhandeln, werden mit Geldstrafe von dreißig bis zu dreitausend Mark oder mit Gefängnis bis zu drei Monaten bestraft.

§ 45. [L.] Wer ohne die nach §§ 1 und 11 erforderliche Erlaubnis die Beförderung von Auswanderern betreibt oder bei einem solchen Betriebe gewerbsmäßig mitwirkt, wird mit Gefängnis bis zu einem Jahre und mit Geldstrafe bis zu sechstausend Mark oder mit einer dieser Strafen bestraft.

Die gleiche Strafe trifft denjenigen, welcher sich zum Geschäfte macht, zur Auswanderung anzuwerben.

Die Mitwirkung (Abs. 1) fällt nur hierher, wenn sie in einer der Handlungen des § 11 besteht, E. 33, 368. Irrtüml. Annahme des Angekl., seine Handlung enthalte keine Mitwirkung in diesem Sinne, und er bedürfe daher keiner Konzession, ist als Strafrechtsirrtum unbeachtlich, s. E. 33, 366. § 144 StGB. geht dem Abs. 2 als lex specialis vor.

§ 46. [A.] Wer der Vorschrift des § 26 Absatz 1 zuwiderhandelt, wird mit Geldstrafe bis zu einhundertfünfzig Mark oder mit Haft bestraft.

§ 47. [L.] Wer den auf Grund des § 42 erlassenen Vorschriften zuwiderhandelt, wird mit Geldstrafe von einhundertfünfzig bis zu sechstausend Mark oder mit Gefängnis bis zu sechs Monaten bestraft.

§ 48. [L.] Wer eine Frauensperson zu dem Zwecke, sie der gewerbsmäßigen Unzucht zuzuführen, mittelst arglistiger Verschweigung dieses Zweckes zur Auswanderung verleitet, wird mit Zuchthaus bis zu fünf Jahren bestraft. Neben der Zuchthausstrafe ist der Verlust der bürgerlichen Ehrenrechte auszusprechen; auch kann zugleich auf Geldstrafe von einhundertfünfzig bis zu sechstausend Mark sowie auf Zulässigkeit von Polizeiaufsicht erkannt werden.

Dieselben Strafvorschriften finden auf denjenigen Anwendung, welcher mit Kenntnis des vom Täter in solcher Weise verfolgten Zweckes die Auswanderung der Frauensperson vorsätzlich befördert; sind mildernde Umstände vorhanden, so tritt Gefängnisstrafe nicht unter drei Monaten ein, neben welcher auf Geldstrafe von einhundertfünfzig bis zu sechstausend Mark erkannt werden kann.

Auswanderung hier in weiterem Sinne: insb. nicht ausgeschlossen durch Absicht späterer Rückkehr, E. 37, 333. Auch eine bereits zur Auswanderung entschlossene Person kann Objekt des Delikts sein, E. 37, 333. Vollendung mit Antritt der Reise (v. Liszt 608). Idealk. mit §§ 180, 181 StGB. — Abs. 2 stellt die Beihilfe der Täterschaft gleich.

Schlußbestimmungen.

§ 49. Welche Behörden in jedem Bundesstaat unter der Bezeichnung: Aufsichtsbehörde, höhere Verwaltungsbehörde, Polizeibehörde zu verstehen sind, wird von der Zentralbehörde des Bundesstaats bekannt gemacht.

§ 50. Dieses Gesetz tritt am 1. April 1898 in Kraft. Mit dem gleichen Zeitpunkt erlöschen die auf Grund landesgesetzlicher Vorschriften erteilten Genehmigungen zur Beförderung oder zur Mitwirkung bei der Beförderung von Auswanderern.

Gesetz, betreffend den Verkehr mit Butter, Käse, Schmalz und deren Ersatzmitteln.

Vom 15. Juni 1897. (RGBl. S. 475.)

§ 1. Die Geschäftsräume und sonstigen Verkaufsstellen, einschließlich der Marktstände, in denen Margarine, Margarinekäse oder Kunstspeisefett gewerbsmäßig verkauft oder feilgehalten wird, müssen an in die Augen fallender Stelle die deutliche, nicht verwischbare Inschrift „Verkauf von Margarine", „Verkauf von Margarinekäse", „Verkauf von Kunstspeisefett" tragen.

Margarine im Sinne dieses Gesetzes sind diejenigen, der Milchbutter oder dem Butterschmalz ähnlichen Zubereitungen, deren Fettgehalt nicht ausschließlich der Milch entstammt.

Margarinekäse im Sinne dieses Gesetzes sind diejenigen käseartigen Zubereitungen, deren Fettgehalt nicht ausschließlich der Milch entstammt.

Kunstspeisefett im Sinne dieses Gesetzes sind diejenigen, dem Schweineschmalz ähnlichen Zubereitungen, deren Fettgehalt nicht ausschließlich aus Schweinefett besteht. Ausgenommen sind unverfälschte Fette bestimmter Tier- oder Pflanzenarten, welche unter den ihrem Ursprung entsprechenden Bezeichnungen in den Verkehr gebracht werden.

Zum Begriff der Butterähnlichkeit vgl. E. 42, 46: „Die Zubereitung muß die stoffliche Beschaffenheit der Milchbutter besitzen, d. h. eine erstarrte Emulsion eines oder mehrerer Fette mit einer wässerigen Flüssigkeit sein, ferner einen butterähnlichen Geruch und Geschmack und eine butterähnliche Farbe haben"; infolge dieser Eigenschaften muß „im allgemeinen Verkehr eine Verwechslung mit Milchbutter oder Butterschmalz möglich" sein, E. 41, 33. Nach E. 40, 151 kommen für das Gesetz auch solche Zubereitungen in Betracht, die nicht für Butter schlechthin, sondern für Butter in Verbindung mit einem anderen nicht fetthaltigen Stoff (Kunsthonig) als Ersatzmittel dienen sollen und deshalb nicht der Butter selbst, sondern der Butter in Verbindung mit diesem Stoffe ähnlich sind.

Abs. 1 erstreckt sich nicht auf Erzeugnisse, welche zum Genusse für Menschen nicht bestimmt sind (s. § 13).

Abs. 4 Satz 2 bezieht sich „nur auf schweineschmalzähnliche, nicht aber auf die im Sinne des Gesetzes als Margarine anzusehenden butterähnlichen Zubereitungen", E. 42, 45.

§ 2. Die Gefäße und äußeren Umhüllungen, in welchen Margarine, Margarinekäse oder Kunstspeisefett gewerbsmäßig verkauft oder feilgehalten wird, müssen an in die in Augen fallenden Stellen die deutliche, nicht verwischbare Inschrift „Margarine", „Margarinekäse", „Kunstspeisefett" tragen. Die Gefäße müssen außerdem mit einem stets sichtbaren, bandförmigen Streifen von roter Farbe versehen sein, welcher bei Gefäßen bis zu 35 Zentimeter Höhe mindestens 2 Zentimeter, bei höheren Gefäßen mindestens 5 Zentimeter breit sein muß.

Wird Margarine, Margarinekäse oder Kunstspeisefett in ganzen Gebinden oder Kisten gewerbsmäßig verkauft oder feilgehalten, so hat die Inschrift außerdem den Namen oder die Firma des Fabrikanten, sowie die von dem Fabrikanten zur Kennzeichnung der Beschaffenheit seiner Erzeugnisse angewendeten Zeichen (Fabrikmarke) zu enthalten.

Im gewerbsmäßigen Einzelverkaufe müssen Margarine, Margarinekäse und Kunstspeisefett an den Käufer in einer Umhüllung abgegeben werden, auf welcher die Inschrift

„Margarine", „Margarinekäse", „Kunstspeisefett" mit dem Namen oder der Firma des Verkäufers angebracht ist.

Wird Margarine oder Margarinekäse in regelmäßig geformten Stücken gewerbsmäßig verkauft oder feilgehalten, so müssen dieselben von Würfelform sein, auch muß denselben die Inschrift „Margarine", „Margarinekäse" eingepreßt sein.

Vgl. die Ausführungsbek. v. 4. Juli 1897 (RGBl. 591).

Zum Begriff des „Feilhaltens" vgl. § 12 des NahrMittGes. und die Bemerkungen das.

§ 3. Die Vermischung von Butter oder Butterschmalz mit Margarine oder anderen Speisefetten zum Zwecke des Handels mit diesen Mischungen ist verboten.

Unter diese Bestimmung fällt auch die Verwendung von Milch oder Rahm bei der gewerbsmäßigen Herstellung von Margarine, sofern mehr als 100 Gewichtsteile Milch oder eine dementsprechende Menge Rahm auf 100 Gewichtsteile der nicht der Milch entstammenden Fette in Anwendung kommen.

§ 4. In Räumen, woselbst Butter oder Butterschmalz gewerbsmäßig hergestellt, aufbewahrt, verpackt oder feilgehalten wird, ist die Herstellung, Aufbewahrung, Verpackung oder das Feilhalten von Margarine oder Kunstspeisefett verboten. Ebenso ist in Räumen, woselbst Käse gewerbsmäßig hergestellt, aufbewahrt, verpackt oder feilgehalten wird, die Herstellung, Aufbewahrung, Verpackung oder das Feilhalten von Margarinekäse untersagt.

In Orten, welche nach dem endgültigen Ergebnisse der letztmaligen Volkszählung weniger als 5000 Einwohner hatten, findet die Bestimmung des vorstehenden Absatzes auf den Kleinhandel und das Aufbewahren der für den Kleinhandel erforderlichen Bedarfsmengen in öffentlichen Verkaufsstätten, sowie auf das Verpacken der daselbst im Kleinhandel zum Verkaufe gelangenden Waren keine Anwendung. Jedoch müssen Margarine, Margarinekäse und

Kunstspeisefett innerhalb der Verkaufsräume in besonderen Vorratsgefäßen und an besonderen Lagerstellen, welche von den zur Aufbewahrung von Butter, Butterschmalz und Käse dienenden Lagerstellen getrennt sind, aufbewahrt werden.

Für Orte, deren Einwohnerzahl erst nach dem endgültigen Ergebnis einer späteren Volkszählung die angegebene Grenze überschreitet, wird der Zeitpunkt, von welchem ab die Vorschrift des zweiten Absatzes nicht mehr Anwendung findet, durch die nach Anordnung der Landes-Zentralbehörde zuständigen Verwaltungsstellen bestimmt. Mit Genehmigung der Landes-Zentralbehörde können diese Verwaltungsstellen bestimmen, daß die Vorschrift des zweiten Absatzes von einem bestimmten Zeitpunkt ab ausnahmsweise in einzelnen Orten mit weniger als 5000 Einwohnern nicht Anwendung findet, sofern der unmittelbare räumliche Zusammenhang mit einer Ortschaft von mehr als 5000 Einwohnern ein Bedürfnis hierfür begründet.

Die auf Grund des dritten Absatzes ergehenden Bestimmungen sind mindestens sechs Monate vor dem Eintritte des darin bezeichneten Zeitpunktes öffentlich bekannt zu machen.

§ 5. In öffentlichen Angeboten, sowie in Schlußscheinen, Rechnungen, Frachtbriefen, Konnossementen, Lagerscheinen, Ladescheinen und sonstigen im Handelsverkehr üblichen Schriftstücken, welche sich auf die Lieferung von Margarine, Margarinekäse oder Kunstspeisefett beziehen, müssen die diesem Gesetz entsprechenden Warenbezeichnungen angewendet werden.

§ 6. Margarine und Margarinekäse, welche zu Handelszwecken bestimmt sind, müssen einen die allgemeine Erkennbarkeit der Ware mittels chemischer Untersuchung erleichternden, Beschaffenheit und Farbe derselben nicht schädigenden Zusatz enthalten.

Die näheren Bestimmungen hierüber werden vom Bundesrat erlassen und im Reichs-Gesetzblatte veröffentlicht.

S. Bek. v. 4. Juli 1897 (RGBl. 591).

§ 7. **Wer Margarine, Margarinekäse oder Kunstspeisefett gewerbsmäßig herstellen will, hat davon der nach den landesrechtlichen Bestimmungen zuständigen Behörde Anzeige zu erstatten, hierbei auch die für die Herstellung, Aufbewahrung, Verpackung und Feilhaltung der Waren dauernd bestimmten Räume zu bezeichnen und die etwa bestellten Betriebsleiter und Aufsichtspersonen namhaft zu machen.**

Für bereits bestehende Betriebe ist eine entsprechende Anzeige binnen zwei Monaten nach Inkrafttreten dieses Gesetzes zu erstatten.

Veränderungen bezüglich der der Anzeigepflicht unterliegenden Räume und Personen sind nach Maßgabe der Bestimmung des Absatzes 1 der zuständigen Behörde binnen drei Tagen anzuzeigen.

§ 8. Die Beamten der Polizei und die von der Polizeibehörde beauftragten Sachverständigen sind befugt, in die Räume, in denen Butter, Margarine, Margarinekäse oder Kunstspeisefett gewerbsmäßig hergestellt wird, jederzeit, in die Räume, in denen Butter, Margarine, Margarinekäse oder Kunstspeisefett aufbewahrt, feilgehalten oder verpackt wird, während der Geschäftszeit einzutreten und daselbst Revisionen vorzunehmen, auch nach ihrer Auswahl Proben zum Zwecke der Untersuchung gegen Empfangsbescheinigung zu entnehmen. Auf Verlangen ist ein Teil der Probe amtlich verschlossen oder versiegelt zurückzulassen und für die entnommene Probe eine angemessene Entschädigung zu leisten.

§ 9. Die Unternehmer von Betrieben, in denen Margarine, Margarinekäse oder Kunstspeisefett gewerbsmäßig hergestellt wird, sowie die von ihnen bestellten

Betriebsleiter und Aufsichtspersonen sind verpflichtet, der Polizeibehörde oder deren Beauftragten auf Erfordern Auskunft über das Verfahren bei Herstellung der Erzeugnisse, über den Umfang des Betriebs und über die zur Verarbeitung gelangenden Rohstoffe, insbesondere auch über deren Menge und Herkunft zu erteilen.

§ 10. Die Beauftragten der Polizeibehörde sind, vorbehaltlich der dienstlichen Berichterstattung und der Anzeige von Gesetzwidrigkeiten, verpflichtet, über die Tatsachen und Einrichtungen, welche durch die Ueberwachung und Kontrolle der Betriebe zu ihrer Kenntnis kommen, Verschwiegenheit zu beobachten und sich der Mitteilung und Nachahmung der von den Betriebsunternehmern geheim gehaltenen, zu ihrer Kenntnis gelangten Betriebseinrichtungen und Betriebsweisen, solange als diese Betriebsgeheimnisse sind, zu enthalten.

Die Beauftragten der Polizeibehörde sind hierauf zu beeidigen.

§ 11. Der Bundesrat ist ermächtigt, das gewerbsmäßige Verkaufen und Feilhalten von Butter, deren Fettgehalt nicht eine bestimmte Grenze erreicht oder deren Wasser- oder Salzgehalt eine bestimmte Grenze überschreitet, zu verbieten.

S. Bek. v. 1. März 1902 (RGBl. 64).

§ 12. Der Bundesrat ist ermächtigt,

1. nähere, im Reichs-Gesetzblatte zu veröffentlichende Bestimmungen zur Ausführung der Vorschriften des § 2 zu erlassen,
2. Grundsätze aufzustellen, nach welchen die zur Durchführung dieses Gesetzes, sowie des Gesetzes vom 14. Mai 1879, betreffend den Verkehr mit Nahrungsmitteln, Genußmitteln und Gebrauchsgegenständen (Reichs-Gesetzbl. S. 145), erforderlichen Untersuchungen von Fetten und Käsen vorzunehmen sind.

S. zu Ziff. 1 Bek. v. 4. Juli 1897 (RGBl. 591), zu Ziff. 2 Bek. v. 1. April 1898 (ZBl. 201, 271).

§ 13. Die Vorschriften dieses Gesetzes finden auf solche Erzeugnisse der im § 1 bezeichneten Art, welche zum Genusse für Menschen nicht bestimmt sind, keine Anwendung.

§ 14. [L.A.] **Mit Gefängnis bis zu sechs Monaten und mit Geldstrafe bis zu eintausendfünfhundert Mark oder mit einer dieser Strafen wird bestraft:**

1. **wer zum Zwecke der Täuschung im Handel und Verkehr eine der nach § 3 unzulässigen Mischungen herstellt;**
2. **wer in Ausübung eines Gewerbes wissentlich solche Mischungen verkauft, feilhält oder sonst in Verkehr bringt;**
3. **wer Margarine oder Margarinekäse ohne den nach § 6 erforderlichen Zusatz vorsätzlich herstellt oder wissentlich verkauft, feilhält oder sonst in Verkehr bringt.**

[L.A.] **Im Wiederholungsfalle tritt Gefängnisstrafe bis zu sechs Monaten ein, neben welcher auf Geldstrafe bis zu eintausendfünfhundert Mark erkannt werden kann; diese Bestimmung findet nicht Anwendung, wenn seit dem Zeitpunkt, in welchem die für die frühere Zuwiderhandlung erkannte Strafe verbüßt oder erlassen ist, drei Jahre verflossen sind.**

Ziff. 1, 2 können mit § 10 Ziff. 1, 2 des NahrMittGes. in Idealkonk. treten (nicht Gesetzeskonkurrenz!), DJZ. Spruchs. 4, 168.

Zu Ziff. 3. Da die nach § 6 Abs. 2 erlassenen Bestimmungen einen integrierenden Bestandteil des § 6 bilden, so zieht auch die Unterlassung des vom Bundesrat in der Bek. v. 4. Juli 1897 vorgeschriebenen Zusatzes von Sesamöl Bestrafung nach sich, E. 38, 355. — Vorsatz setzt nicht voraus, daß der Täter sich bewußt war, Margarine im Sinne des Gesetzes herzustellen; es reicht aus, wenn er weiß, daß er äußerlich eine „die Milchbutter oder dem Butterschmalz ähnliche Zubereitung, deren Fettgehalt nicht ausschließlich der Milch entstammt", herstellt, E. 41, 35.

Abs. 2: Wiederholungsfall: Wiederbegehung derselben strafbaren Handlung nach vorhergegangener rechtskräftiger Verurteilung (nicht notw. Strafverbüßung), E. 32, 349.

§ 15. [L.A.] Mit Geldstrafe bis zu eintausendfünfhundert Mark oder mit Gefängnis bis zu drei Monaten wird bestraft, wer als Beauftragter der Polizeibehörde unbefugt Betriebsgeheimnisse, welche kraft seines Auftrags zu seiner Kenntnis gekommen sind, offenbart, oder geheimgehaltene Betriebseinrichtungen oder Betriebsweisen, von denen er kraft seines Auftrags Kenntnis erlangt hat, nachahmt, solange dieselben noch Betriebsgeheimnisse sind.

Die Verfolgung tritt nur auf Antrag des Betriebsunternehmers ein.

Vgl. über den Begriff des Betriebsgeheimnisses die Bem. zu § 17 des Ges. gegen den unlaut. Wettbewerb; über den Begriff „unbefugt" vgl. § 300 StGB. und die Bem. bei Frank S. 500. Im Gegensatz zu Galli bei Stenglein S. 657 ist anzunehmen, daß § 15 ebenso vorsätzliche Begehung voraussetzt wie § 300 StGB.

§ 16. [A.] Mit Geldstrafe von fünfzig bis zu einhundertfünfzig Mark oder mit Haft wird bestraft:

1. wer den Vorschriften des § 8 zuwider den Eintritt in die Räume, die Entnahme einer Probe oder die Revision verweigert;
2. wer die in Gemäßheit des § 9 von ihm erforderte Auskunft nicht erteilt oder bei der Auskunfterteilung wissentlich unwahre Angaben macht.

§ 17. [A.] Mit Geldstrafe bis zu einhundertfünfzig Mark oder mit Haft bis zu vier Wochen wird bestraft:

1. wer den Vorschriften des § 7 zuwiderhandelt;
2. wer bei der nach § 9 von ihm erforderten Auskunfterteilung aus Fahrlässigkeit unwahre Angaben macht.

§ 18. [A.] Außer den Fällen der §§ 14 bis 17 werden Zuwiderhandlungen gegen die Vorschriften dieses Gesetzes sowie gegen die in Gemäßheit der §§ 11 und 12 Ziffer 1 ergehenden Bestimmungen des Bundesrats mit Geldstrafe bis zu einhundertfünfzig Mark oder mit Haft bestraft.

[A.] Im Wiederholungsfall ist auf Geldstrafe bis zu sechshundert Mark, oder auf Haft, oder auf Gefängnis bis zu drei Monaten zu erkennen. Diese Bestimmung findet keine Anwendung, wenn seit dem Zeitpunkt, in welchem die für die frühere Zuwiderhandlung erkannte Strafe verbüßt oder erlassen ist, drei Jahre verflossen sind.

Wiederholungsfall: s. zu § 14.

§ 19. **In den Fällen der §§ 14 und 18 kann neben der Strafe auf Einziehung der verbotswidrig hergestellten, verkauften, feilgehaltenen oder sonst in Verkehr gebrachten Gegenstände erkannt werden, ohne Unterschied, ob sie dem Verurteilten gehören oder nicht.**

Ist die Verfolgung oder Verurteilung einer bestimmten Person nicht ausführbar, so kann auf die Einziehung selbständig erkannt werden.

Vgl. die Bem. zu § 15 des NahrMittGes.

§ 20. Die Vorschriften des Gesetzes, betreffend den Verkehr mit Nahrungsmitteln, Genußmitteln und Gebrauchsgegenständen, vom 14. Mai 1879 (Reichs-Gesetzbl. S. 145) bleiben unberührt. Die Vorschriften in den §§ 16, 17 desselben finden auch bei Zuwiderhandlungen gegen die Vorschriften des gegenwärtigen Gesetzes mit der Maßgabe Anwendung, daß in den Fällen des § 14 die öffentliche Bekanntmachung der Verurteilung angeordnet werden muß.

§ 21. Die Bestimmungen des § 4 treten mit dem 1. April 1898 in Kraft.

Im Uebrigen tritt dieses Gesetz am 1. Oktober 1897 in Kraft. Mit diesem Zeitpunkte tritt das Gesetz, betreffend den Verkehr mit Ersatzmitteln für Butter, vom 12. Juli 1887 (Reichs-Gesetzbl. S. 375) außer Kraft.

Gesetz, betreffend die gemeinsamen Rechte der Besitzer von Schuldverschreibungen.

Vom 4. Dezember 1899. (RGBl. S. 691).

§ 1. Sind von jemand, der im Inlande seinen Wohnsitz oder seine gewerbliche Niederlassung hat, im Inlande Schuldverschreibungen mit im voraus bestimmten Nennwerten ausgestellt, die nach dem Verhältnisse dieser Werte den Gläubigern gleiche Rechte gewähren, und betragen die Nennwerte der ausgegebenen Schuldverschreibungen zusammen mindestens dreihunderttausend Mark und die Zahl der ausgegebenen Stücke mindestens dreihundert, so haben die Beschlüsse, welche von einer Versammlung der Gläubiger aus diesen Schuldverschreibungen zur Wahrung ihrer gemeinsamen Interessen gefaßt werden, nach Maßgabe dieses Gesetzes verbindliche Kraft für alle Gläubiger der bezeichneten Art.

Die Versammlung kann insbesondere zur Wahrnehmung der Rechte der Gläubiger einen gemeinsamen Vertreter für diese bestellen.

Eine Verpflichtung zu Leistungen kann für die Gläubiger durch Beschluß der Gläubigerversammlung nicht begründet werden.

§ 2. Sinkt der Gesamtbetrag der im Umlaufe befindlichen Schuldverschreibungen unter einhunderttausend Mark oder sinkt die Zahl der im Umlaufe befindlichen Stücke unter einhundert, so ist dies von dem Schuldner unverzüglich im Deutschen Reichsanzeiger bekannt zu machen. Von dem auf die Bekanntmachung folgenden Tage an können Gläubigerversammlungen auf Grund dieses Gesetzes nicht mehr abgehalten werden; mit dem bezeichneten Zeitpunkt erlischt das Amt eines von der Gläubigerversammlung bestellten Vertreters der Gläubiger.

§ 3. Die Versammlung wird durch den Schuldner berufen.

Die Versammlung ist zu berufen, wenn Gläubiger, deren Schuldverschreibungen zusammen den zwanzigsten Teil des Gesamtbetrags der im Umlaufe befindlichen Schuldverschreibungen erreichen, oder ein von der Gläubigerversammlung bestellter Vertreter der Gläubiger die Berufung schriftlich unter Angabe des Zweckes und der Gründe verlangen.

Die Kosten der Berufung und Abhaltung der Versammlung trägt, soweit nicht in diesem Gesetz ein Anderes vorgeschrieben ist, der Schuldner.

§ 4. Wird einem nach § 3 Abs. 2 gestellten Verlangen nicht entsprochen, so kann das Amtsgericht, in dessen Bezirke der Schuldner seinen Wohnsitz oder seine gewerbliche Niederlassung hat, die Antragsteller ermächtigen, die Versammlung zu berufen. Hat in dem Zeitpunkt, in welchem der Antrag gestellt werden soll, der Schuldner im Inlande weder einen Wohnsitz noch eine gewerbliche Niederlassung, so ist das Amtsgericht zuständig, in dessen Bezirk er zuletzt seinen Wohnsitz oder seine gewerbliche Niederlassung gehabt hat.

Wird der Antrag von Gläubigern gestellt, so haben diese ihre Schuldverschreibungen bei der Reichsbank, bei einem Notar oder bei einer anderen durch die Landesregierung dazu für geeignet erklärten Stelle zu hinterlegen.

Wird die Ermächtigung zur Berufung der Gläubigerversammlung erteilt, so kann das Gericht zugleich über den Vorsitz in der Versammlung Bestimmung treffen. Das Gericht entscheidet darüber, ob die durch den Antrag sowie die durch die Berufung und Abhaltung der Versammlung entstehenden Kosten von den Antragstellern oder von dem Schuldner zu tragen sind.

Vor der Verfügung, durch welche über den Antrag auf Ermächtigung zur Berufung der Gläubigerversammlung oder über die Tragung der Kosten entschieden wird, ist soweit tunlich der Schuldner und, wenn ein Vertreter der Gläubiger bestellt ist, auch dieser zu hören. Gegen die Verfügung findet die sofortige Beschwerde statt.

§ 5. Steht der Geschäftsbetrieb des Schuldners unter staatlicher Aufsicht, so hat das Gericht vor der im § 4 Abs. 4 bezeichneten Verfügung auch die Aufsichtsbehörde zu hören.

Die Aufsichtsbehörde kann die Gläubigerversammlung auf Kosten des Schuldners berufen oder die Berufung durch den Schuldner anordnen.

Sie hat das Recht, einen Vertreter in die Versammlung zu entsenden.

§ 6. Die Berufung der Gläubigerversammlung erfolgt durch mindestens zweimalige Bekanntmachung im Deutschen Reichsanzeiger und in den sonstigen Blättern, durch welche für den Bezirk des im § 4 bezeichneten Gerichts die Eintragungen in das Handelsregister bekannt gemacht werden. An die Stelle der letzteren Blätter treten, wenn der Schuldner eine Aktiengesellschaft, eine Kommanditgesellschaft auf Aktien, eine Gesellschaft mit beschränkter Haftung oder eine eingetragene Genossenschaft ist, die für die Veröffentlichungen der Gesellschaft oder der Genossenschaft bestimmten Blätter.

Die Frist zwischen der letzten Bekanntmachung und dem Tage der Versammlung ist so zu bemessen, daß mindestens zwei Wochen für die im § 10 Abs. 2 vorgesehene Hinterlegung der Schuldverschreibungen frei bleiben.

In dem Falle des § 4 muß bei der Berufung auf die gerichtliche Ermächtigung Bezug genommen werden.

§ 7. Der Zweck der Versammlung soll bei der Berufung bekannt gemacht werden. Jedem Gläubiger ist auf Verlangen eine Abschrift der Anträge zu erteilen.

Ueber Gegenstände, die nicht gemäß § 6 Abs. 1, 2 ihrem wesentlichen Inhalte nach angekündigt sind, können Beschlüsse nicht gefaßt werden.

Die Vorschriften der §§ 3, 4, des § 5 Abs. 1, 2 und des § 6 Abs. 3 finden auf die Ankündigung von Gegenständen zur Beschlußfassung einer Versammlung entsprechende Anwendung.

§ 8. Bei dem Beginne der Versammlung ist ein Verzeichnis der erschienenen Gläubiger oder Vertreter von Gläubigern mit Angabe ihres Namens und Wohnorts sowie des Betrags der von jedem vertretenen Schuldverschreibungen aufzustellen. Das Verzeichnis ist sofort nach der Aufstellung, spätestens aber vor der ersten Abstimmung zur Einsicht aufzulegen; es ist von dem Vorsitzenden zu unterzeichnen.

§ 9. Jeder Beschluß der Versammlung bedarf zu seiner Gültigkeit der Beurkundung durch ein über die Verhandlung gerichtlich oder notariell aufgenommenes Protokoll.

In dem Protokolle sind der Ort und der Tag der Verhandlung, der Name des Richters oder des Notars sowie die Art und das Ergebnis der Beschlußfassungen anzugeben.

Das nach § 8 aufgestellte Verzeichnis der Teilnehmer der Versammlung sowie die Belege über die ordnungsmäßige Berufung der Versammlung sind dem Protokolle beizufügen. Die Beifügung der Belege über die Berufung der Versammlung kann unterbleiben, wenn die Belege unter Angabe ihres Inhalts in dem Protokoll aufgeführt werden.

Das Protokoll muß von dem Richter oder dem Notar vollzogen werden. Die Zuziehung von Zeugen ist nicht erforderlich.

§ 10. Die Beschlüsse bedürfen, soweit nicht in diesem Gesetz ein anderes vorgeschrieben ist, der Mehrheit der abgegebenen Stimmen. Die Mehrheit wird nach den Beträgen der Schuldverschreibungen berechnet. Bei Gleichheit der Stimmen entscheidet die Zahl der Gläubiger.

Gezählt werden nur die Stimmen derjenigen Gläubiger, welche ihre Schuldverschreibungen spätestens am zweiten Tage vor der Versammlung bei der Reichsbank, bei einem Notar oder bei einer anderen durch die Landesregierung dazu für geeignet erklärten Stelle hinterlegt haben.

Das Stimmrecht kann durch einen Bevollmächtigten ausgeübt werden. Für die Vollmacht ist die schriftliche Form erforderlich und genügend.

Der Schuldner ist für die in seinem Besitze befindlichen Schuldverschreibungen nicht stimmberechtigt. Soweit ihm an den Schuldverschreibungen ein Pfandrecht oder ein Zurückbehaltungsrecht zusteht, ist er auf Verlangen des Eigentümers verpflichtet, die Schuldverschreibungen bei einer der im Abs. 2 bezeichneten Stellen in der Weise zu hinterlegen, daß, unbeschadet der Fortdauer des Pfandrechts oder Zurückbehaltungsrechts, dem Eigentümer die Ausübung des Stimmrechts ermöglicht wird; die Kosten der Hinterlegung hat der Eigentümer zu tragen und vorzuschießen.

§ 11. Die Aufgabe oder Beschränkung von Rechten der Gläubiger, insbesondere die Ermäßigung des Zinsfußes oder die Bewilligung einer Stundung, kann von der Gläubigerversammlung nur zur Abwendung einer Zahlungseinstellung oder des Konkurses des Schuldners beschlossen werden.

Der Beschluß, durch welchen Rechte der Gläubiger aufgegeben oder beschränkt werden, bedarf einer Mehrheit von mindestens drei Vierteilen der abgegebenen Stimmen. Die Mehrheit muß mindestens die Hälfte des Nennwerts der im Umlaufe befindlichen Schuldverschreibungen und, wenn dieser nicht mehr als zwölf Millionen Mark beträgt, mindestens zwei Dritteile des Nennwerts erreichen; beträgt der Nennwert der im Umlaufe befindlichen Schuldverschreibungen weniger als sechzehn Millionen, aber mehr als zwölf Millionen Mark, so muß die Mehrheit acht Millionen Mark erreichen.

In diesen Fällen bleiben bei der Berechnung des Nennwerts der umlaufenden Schuldverschreibungen die im Besitze des Schuldners befindlichen Schuldverschreibungen, für welche das Stimmrecht nach § 10 Abs. 4 ausgeschlossen ist, außer Ansatz.

Der Schuldner ist verpflichtet, in der Gläubigerversammlung Auskunft über den Betrag der im Umlaufe befindlichen, zum Stimmen berechtigenden Schuldverschreibungen zu erteilen.

§ 12. Ein Beschluß der im § 11 bezeichneten Art muß für alle Gläubiger die gleichen Bedingungen festsetzen. Die Festsetzung ungleicher Bedingungen ist nur mit ausdrücklicher Einwilligung der zurückgesetzten Gläubiger zulässig. Jedes sonstige Abkommen des Schuldners oder eines Dritten mit einem Gläubiger, durch welches dieser begünstigt werden soll, ist nichtig. Ein Beschluß der Versammlung, der durch Begünstigung einzelner Gläubiger zustande gebracht ist, hat den übrigen Gläubigern gegenüber keine verbindliche Kraft.

Der Schuldner hat den Beschluß in der im § 6 Abs. 1 bezeichneten Weise bekannt zu machen.

Auf die dem Nennwerte der Schuldverschreibungen entsprechenden Kapitalansprüche kann durch Beschluß der Versammlung nicht verzichtet werden.

§ 13. Steht der Geschäftsbetrieb des Schuldners unter staatlicher Aufsicht, so ist zu einem Beschlusse der im § 11 bezeichneten Art die Bestätigung durch die Aufsichtsbehörde erforderlich.

Die Aufsichtsbehörde hat die Erteilung sowie die Versagung der Bestätigung öffentlich bekannt zu machen.

§ 14. Beschließt die Versammlung die Bestellung eines Vertreters der Gläubiger, so muß zugleich der Umfang seiner Befugnisse bestimmt werden.

Soweit der Vertreter zur Geltendmachung von Rechten der Gläubiger ermächtigt ist, kann durch Beschluß der

Gläubigerversammlung die Befugnis der einzelnen Gläubiger zur selbständigen Geltendmachung ausgeschlossen werden. Der Beschluß unterliegt den Vorschriften des § 11 Abs. 2 bis 4, des § 12 Abs. 2 und des § 13.

Zum Verzicht auf Rechte der Gläubiger ist der Vertreter nur auf Grund eines ihn hierzu im einzelnen Falle besonders ermächtigenden Beschlusses der Gläubigerversammlung befugt. Der Beschluß unterliegt den Vorschriften der §§ 11 bis 13.

Führt der Vertreter für die Gesamtheit der Gläubiger einen Rechtsstreit, so hat er in diesem die Stellung eines gesetzlichen Vertreters. Für die Kosten des Rechtsstreits, welche den Gläubigern zur Last fallen, haftet der Schuldner, unbeschadet seines Rückgriffs gegen die Gläubiger.

Sind mehrere Vertreter bestellt, so können sie, falls nicht ein anderes bestimmt ist, ihre Befugnisse nur in Gemeinschaft ausüben.

Ein Vertreter kann, unbeschadet des Anspruchs auf die vertragsmäßige Vergütung, von der Gläubigerversammlung jederzeit abberufen werden. Der Beschluß bedarf einer Mehrheit von drei Vierteilen der abgegebenen Stimmen; die Mehrheit muß, wenn dem Vertreter nach Maßgabe des Abs. 2 die ausschließliche Geltendmachung von Rechten der Gläubiger übertragen ist, mindestens die Hälfte des Nennwerts der im Umlaufe befindlichen Schuldverschreibungen betragen; die Vorschriften des § 11 Abs. 3, 4 und des § 12 Abs. 2 finden Anwendung.

§ 15. Ist der Schuldner eine Gesellschaft oder juristische Person, deren Mitglieder in Versammlungen Beschlüsse fassen, so ist jeder nach Maßgabe dieses Gesetzes bestellte Vertreter der Gläubiger befugt, den Mitgliederversammlungen beizuwohnen und sich an den Beratungen zu beteiligen.

Soweit nach den Gesetzen Schriftstücke, die sich auf die Verhandlungen in der Mitgliederversammlung oder auf die Vermögenslage oder den Geschäftsbetrieb der

Gesellschaft beziehen, den Gesellschaftern mitzuteilen sind, hat die Mitteilung in gleicher Weise auch an den Vertreter der Gläubiger zu erfolgen.

§ 16. Die Befugnisse und Verpflichtungen eines Vertreters, dessen Bestellung gemäß § 1189 des Bürgerlichen Gesetzbuchs oder auf Grund einer bei Ausgabe der Schuldverschreibungen in verbindlicher Weise getroffenen Festsetzung erfolgt, werden durch die nach diesem Gesetze vorgenommene Bestellung eines Vertreters nicht berührt.

Die Rechte, welche nach den Vorschriften des § 3 und des § 7 Abs. 3 einem von der Gläubigerversammlung bestellten Vertreter hinsichtlich der Berufung der Versammlung und der Ankündigung von Gegenständen zur Beschlußfassung zustehen, können auch von einem Vertreter der im Abs. 1 bezeichneten Art geltend gemacht werden.

Auf Antrag von Gläubigern, deren Schuldverschreibungen zusammen den fünften Teil des Gesamtbetrags der im Umlaufe befindlichen Schuldverschreibungen erreichen, kann das Gericht, wenn ein wichtiger Grund vorliegt, den Vertreter abberufen. Zuständig ist das im § 4 bezeichnete Amtsgericht. Vor der Verfügung, durch welche über den Antrag entschieden wird, sind soweit tunlich der Vertreter und der Schuldner zu hören. Gegen die Verfügung findet die sofortige Beschwerde statt.

§ 17. Die Vorschriften des § 16 finden auch auf einen Vertreter Anwendung, der für die Besitzer von Schuldverschreibungen vor dem Inkrafttreten des Bürgerlichen Gesetzbuchs in Gemäßheit des bisherigen Rechtes bestellt worden ist oder nach dem Inkrafttreten des Bürgerlichen Gesetzbuchs bis zu dem Zeitpunkt, in welchem das Grundbuch als angelegt anzusehen ist, in Gemäßheit des Landesrechts durch Eintragung in das Hypothekenbuch oder ein ähnliches Buch bestellt wird.

Ein solcher Vertreter steht im Sinne des § 44 Abs. 2

der Grundbuchordnung einem nach § 1189 des Bürgerlichen Gesetzbuchs bestellten Vertreter gleich. Dasselbe gilt in Ansehung eines durch die Gläubigerversammlung bestellten Vertreters.

§ 18. Ist über das Vermögen des Schuldners der Konkurs eröffnet, so gelten in Ansehung der Versammlung der im § 1 bezeichneten Gläubiger die folgenden besonderen Vorschriften.

Die Versammlung wird von dem Konkursgerichte berufen und geleitet.

Unverzüglich nach der Eröffnung des Konkurses ist eine Versammlung der Gläubiger zu berufen, um über die Bestellung eines gemeinsamen Vertreters im Konkursverfahren zu beschließen; die Berufung kann unterbleiben, wenn schon vorher von einer Versammlung über die Bestellung eines solchen Vertreters Beschluß gefaßt worden ist.

Das Konkursgericht hat außer den Fällen des § 3 Abs. 2 eine Versammlung der Gläubiger zu berufen, wenn dies von dem Konkursverwalter, dem Ausschusse der Konkursgläubiger oder der Aufsichtsbehörde verlangt wird.

Die Stelle, bei welcher die Gläubiger die Schuldverschreibungen zu hinterlegen haben, wird durch das Konkursgericht bestimmt.

Die Vorschriften des § 5 Abs. 1, 2, des § 11 Abs. 1, des § 12 Abs. 3 und des § 13 finden keine Anwendung.

§ 19. Werden im Konkurse die Forderungen aus den Schuldverschreibungen durch den von der Gläubigerversammlung bestellten Vertreter der Gläubiger angemeldet, so bedarf es der Beifügung der Schuldverschreibungen nicht. Zur Erhebung der bei einer Verteilung auf die Schuldverschreibungen fallenden Beträge ist die Vorlegung der Schuldverschreibungen erforderlich; auf die Erhebung findet die Vorschrift des § 14 Abs. 2 keine Anwendung.

§ **20.** Die in diesem Gesetze der Gläubigerversammlung und dem Vertreter der Gläubiger eingeräumten Befugnisse können durch Festsetzungen in den Schuldverschreibungen nicht ausgeschlossen oder beschränkt werden.

§ **21.** [L.] Wer Schuldverschreibungen, die sich im Besitze des Schuldners befinden, einem Anderen zu dem Zwecke überläßt, das Stimmrecht der Vorschrift des § 10 Abs. 4 zuwider an Stelle des Schuldners auszuüben, wird mit Gefängnis bis zu einem Jahre und mit Geldstrafe bis zu fünftausend Mark bestraft. Die gleiche Strafe trifft denjenigen, welcher die Schuldverschreibungen zu dem bezeichneten Zwecke verwendet.

Sind mildernde Umstände vorhanden, so tritt ausschließlich die Geldstrafe ein.

§ **22.** [L.] Wer in der Bekanntmachung, die gemäß § 2 erlassen wird, oder in der Auskunft, die gemäß § 11 Abs. 4 in der Gläubigerversammlung erteilt wird, wissentlich unwahre Angaben über Tatsachen macht, deren Mitteilung ihm nach den bezeichneten Vorschriften obliegt, wird mit Gefängnis bis zu einem Jahre oder mit Geldstrafe bis zu dreitausend Mark bestraft.

Wer es unterläßt, die nach § 2 ihm obliegende Bekanntmachung zu bewirken, wird mit Geldstrafe bis zu dreitausend Mark bestraft.

§ **23.** [L.] Wer sich besondere Vorteile dafür gewähren oder versprechen läßt, daß er bei einer

Abstimmung in der Gläubigerversammlung in einem gewissen Sinne stimme oder an der Abstimmung in der Gläubigerversammlung nicht Teil nehme, wird mit Geldstrafe bis zu dreitausend Mark oder mit Gefängnis bis zu einem Jahre bestraft.

Die gleiche Strafe trifft denjenigen, welcher besondere Vorteile dafür gewährt oder verspricht, daß jemand bei einer Abstimmung in der Gläubigerversammlung in einem gewissen Sinne stimme oder an der Abstimmung in der Gläubigerversammlung nicht Teil nehme.

Vgl. § 243 KO.

§ 24. Auf Schuldverschreibungen des Reichs, eines Bundesstaats oder einer Körperschaft des öffentlichen Rechtes finden die Vorschriften dieses Gesetzes keine Anwendung. Die Landesgesetze können jedoch bestimmen, daß die bezeichneten Vorschriften auch auf Schuldverschreibungen von Körperschaften des öffentlichen Rechtes Anwendung finden.

§ 25. Unberührt bleiben die landesgesetzlichen Vorschriften über die Versammlung und Vertretung der Pfandgläubiger einer Eisenbahn oder Kleinbahn in dem zur abgesonderten Befriedigung dieser Gläubiger aus den Bestandteilen der Bahneinheit bestimmten Verfahren.

§ 26. Dieses Gesetz tritt gleichzeitig mit dem Bürgerlichen Gesetzbuch in Kraft.

Es findet auch auf die vorher ausgegebenen Schuldverschreibungen Anwendung.

Gesetz, betreffend die Bestrafung der Entziehung elektrischer Arbeit.

Vom 9. April 1900. RGBl. S. 228.)

§ 1. [L.] **Wer einer elektrischen Anlage oder Einrichtung fremde elektrische Arbeit mittelst eines Leiters entzieht, der zur ordnungsmäßigen Entnahme von Arbeit aus der Anlage oder Einrichtung nicht bestimmt ist, wird, wenn er die Handlung in der Absicht begeht, die elektrische Arbeit sich rechtswidrig zuzueignen, mit Gefängnis und mit Geldstrafe bis zu fünfzehnhundert Mark oder mit einer dieser Strafen bestraft.**

Neben der Gefängnisstrafe kann auf Verlust der bürgerlichen Ehrenrechte erkannt werden.

Der Versuch ist strafbar.

Der Begriff der elektr. Arb. deckt sich mit dem der elektr. Energie im Sinne der Physik. Die Anlage dient ihrer Erzeugung und Fortpflanzung, die Einrichtung ihrer Ansammlung und Aufbewahrung (vgl. Schlecht, Recht der Elektr., S. 19; s. auch RG. in GA. 55, 314). Fremd ist die elektr. Arb. für den Täter, dem kein Verfügungsrecht über sie zusteht. Die Entziehung (gleich Ableitung) kann in der Ausnutzung fremden elektr. Stroms bestehen, wenn ein Dritter den Strom zugeleitet hat, s. RG. in GA. 54, 296. Sie muß mittels eines Leiters, d. h. einer Vorrichtung, die vermöge ihrer physikalischen Eigenschaften den Strom fortleitet (s. RG. in GA. 55, 314; vgl. auch DJZ. XIV, 1444), und zwar eines zur ordnungsmäßigen Entnahme nicht bestimmten Leiters geschehen; die Entziehung auf anderm Wege oder mittels des ordnungsmäßigen Leiters fällt nicht hierher. Setzt der Täter den Zähler außer Funktion, so kann Betrug, nicht aber Entziehung i. S. von § 1 vorliegen, E. 35, 311. Dagegen ist letztere gegeben, wenn der Zähler mittels eines Nebenleiters umgangen wird, E. 40, 21; GA. 57, 213. — Ueber die Bestimmung des Leiters zur Entnahme elektr. Arb. entscheidet die Willenserklärung des Berechtigten, vgl. E. 39, 438 f. Ueber den nicht angemeldeten Nebenanschluß eines Telephons als Leiter i. S. des § 1 vgl. RG. in GA. 56, 67. — Die Absicht, die elektr. Arb. sich rechtswidrig zuzueignen, ist entspr. § 242 StGB. als der Wille zu bestimmen, die tatsächliche Verfügungsgewalt in dem Umfange wie der Berechtigte auszuüben; sie ist insb. in den Fällen des Verbrauchs gegeben. Gleichgültig ist dabei, wem der Verbrauch wirtschaftlich zu gute kommt, f. E. 40, 20; DJZ. XI, 765. Gewinnsüchtige Absicht ist nicht erfordert, Recht 06, 514. — Die Gewahrsamsfrage spielt hier keine Rolle; § 1 umfaßt auch die Entziehung fremder elektr. Arb. aus einem Akkumulator, der sich im Gewahrsam des Täters befindet. — RG. schließt Idealk. mit § 263 StGB. aus, GA. 57, 213.

§ 2. [L.] **Wird die im § 1 bezeichnete Handlung in der Absicht begangen, einem Anderen rechtswidrig Schaden zuzufügen, so ist auf Geldstrafe bis zu eintausend Mark oder auf Gefängnis bis zu zwei Jahren zu erkennen.**

Die Verfolgung tritt nur auf Antrag ein.

Das Bewußtsein der Schädigung reicht nicht aus; die Schädigung muß vielmehr das Motiv für die Entziehungshandlung gebildet haben.

Gesetz, betreffend die Schlachtvieh- und Fleischbeschau.

Vom 3. Juni 1900. (RGBl. S. 547.)

§ 1. Rindvieh, Schweine, Schafe, Ziegen, Pferde und Hunde, deren Fleisch zum Genusse für Menschen verwendet werden soll, unterliegen vor und nach der Schlachtung einer amtlichen Untersuchung. Durch Beschluß des Bundesrats kann die Untersuchungspflicht auf anderes Schlachtvieh ausgedehnt werden.

Bei Notschlachtungen darf die Untersuchung vor der Schlachtung unterbleiben.

Der Fall der Notschlachtung liegt dann vor, wenn zu befürchten steht, daß das Tier bis zur Ankunft des zuständigen Beschauers verenden oder das Fleisch durch Verschlimmerung des krankhaften Zustandes wesentlich an Wert verlieren werde oder wenn das Tier infolge eines Unglücksfalls sofort getötet werden muß.

Der Untersuchungszwang ist ausgedehnt auf Esel, Maultiere und Maulesel laut Bek. vom 10. Juli 1902 (RGBl. 242). Vgl. die AusfBest. des Bundesrats (ZBl. 1908, Beilage zu Nr. 52) A. § 1.

Das Fleisch (Begriffsbest. in § 4) muß sowohl vor wie nach der Schlachtung untersucht werden, und zwar letzteres selbst dann, wenn der Besitzer des Schlachttieres mit Rücksicht auf die bei der Schlachtung hervortretende Genußuntauglichkeit des Fleisches die Absicht aufgegeben hat, es zum Genuß für Menschen zu verwenden, vgl. E. 42, 230. Der Schlachtung steht die Schächtung gleich, DJZ. Spruchs. XI, 151.

§ 1 berücksichtigt nicht den Fall, daß das Tier eines natürlichen Todes oder infolge eines Unglücksfalls usw., also anders als durch Schlachtung, stirbt. Die zit. AusfBest. des Bundesrats erstrecken sich gleichwohl auf diese Fälle; sie stellen einerseits auch für diese Fälle den Untersuchungszwang insoweit auf, als das Fleisch zum Genusse für Menschen verwendet werden soll, und bezeichnen andererseits eine Reihe von Todesursachen, bei deren Vorliegen das Fleisch als untauglich zum Genuß für Menschen betrachtet werden muß. Das RG. straft zu Unrecht auch die Zuwiderhandlungen gegen diese Bestimmungen nach § 27, 3 (s. vor allem mit kaum haltbarer Begrdg. E. 42, 322 ff.; vgl. auch E. 40, 231); auf diese vom Gesetz übersehenen Fälle dürfte ausschließlich das Nahrungsmittelgesetz Anwendung finden.

§ 2. Bei Schlachttieren, deren Fleisch ausschließlich im eigenen Haushalte des Besitzers verwendet werden soll, darf, sofern sie keine Merkmale einer die Genußtauglichkeit des Fleisches ausschließenden Erkrankung zeigen, die Untersuchung vor der Schlachtung und, sofern sich solche Merkmale auch bei der Schlachtung nicht ergeben, auch die Untersuchung nach der Schlachtung unterbleiben.

Eine gewerbsmäßige Verwendung von Fleisch, bei welchem auf Grund des Abs. 1 die Untersuchung unterbleibt, ist verboten.

Als eigener Haushalt im Sinne des Abs. 1 ist der Haushalt der Kasernen, Krankenhäuser, Erziehungsanstalten, Speiseanstalten, Gefangenanstalten, Armenhäuser und ähnlicher Anstalten sowie der Haushalt der Schlächter, Fleischhändler, Gast-, Schank- und Speisewirte nicht anzusehen.

Verwendung im eigenen Haushalt liegt auch vor, wenn an dem Genuß des Fleisches Kostgänger (DJZ. Spruchs. VII, 55) oder geladene Gäste (GA. 56, 105) teilnehmen. Die Untersuchungspflicht tritt bezüglich des bei der Schlachtung für den Genuß für Menschen bestimmten Fleisches ein, wenn der Besitzer es in Verkehr bringt (s. aber DJZ. VII, 55, auch DJZ. XV, 600); dabei wird vorauszusetzen sein, daß das Fleisch zum Zwecke des Genusses für Menschen in Verkehr gebracht wird. Weitergehend will E. 42, 230 (s. Bem. zu § 1) die Untersuchungspflicht stets begründet wissen, gleichviel, zu welchem Zweck das Fleisch in Verkehr gebracht wird.

§ 3. Die Landesregierungen sind befugt, für Gegenden und Zeiten, in denen eine übertragbare Tierkrankheit herrscht, die Untersuchung aller der Seuche ausgesetzten Schlachttiere anzuordnen.

§ 4. Fleisch im Sinne dieses Gesetzes sind Teile von warmblütigen Tieren, frisch oder zubereitet, sofern sie sich zum Genusse für Menschen eignen. Als Teile gelten auch die aus warmblütigen Tieren hergestellten Fette und Würste, andere Erzeugnisse nur insoweit, als der Bundesrat dies anordnet.

§ 5. Zur Vornahme der Untersuchungen sind Beschaubezirke zu bilden; für jeden derselben ist mindestens ein Beschauer sowie ein Stellvertreter zu bestellen.

Die Bildung der Beschaubezirke und die Bestellung der Beschauer erfolgt durch die Landesbehörden. Für die in den Armeekonservenfabriken vorzunehmenden Untersuchungen können seitens der Militärverwaltung besondere Beschauer bestellt werden.

Zu Beschauern sind approbierte Tierärzte oder andere Personen, welche genügende Kenntnisse nachgewiesen haben, zu bestellen.

Der Beschauer ist Beamter i. S. des § 359 StGB. (E. 38, 349; E. 40, 341), und zwar ein „zur Aufnahme öffentlicher Urkunden befugter" Beamter; die ihm zur Last fallende Falschbeurkundung beurteilt sich nach § 348 StGB.; das von dem Fleischbeschauer nach Maßgabe der AusfBest. geführte Tagebuch ist ein öffentl. Register i. S. des § 348 StGB., E. 40, 341. Vgl. auch GA. 56, 82: Anwendung von § 132 — unbefugte Ausübung eines öffentl. Amts — auf die Vornahme einer dem Fleischbeschauer zustehenden Untersuchung.

§ 6. Ergibt sich bei den Untersuchungen das Vorhandensein oder der Verdacht einer Krankheit, für welche die Anzeigepflicht besteht, so ist nach Maßgabe der hierüber geltenden Vorschriften zu verfahren.

Vgl. § 4 Rinderpestgesetz, §§ 9, 10 Viehseuchengesetz.

§ 7. Ergibt die Untersuchung des lebenden Tieres keinen Grund zur Beanstandung der Schlachtung, so hat der Beschauer sie unter Anordnung der etwa zu beobachtenden besonderen Vorsichtsmaßregeln zu genehmigen.

Die Schlachtung des zur Untersuchung gestellten Tieres darf nicht vor der Erteilung der Genehmigung und nur unter Einhaltung der angeordneten besonderen Vorsichtsmaßregeln stattfinden.

Erfolgt die Schlachtung nicht spätestens zwei Tage nach Erteilung der Genehmigung, so ist sie nur nach erneuter Untersuchung und Genehmigung zulässig.

§ 8. Ergibt die Untersuchung nach der Schlachtung, daß kein Grund zur Beanstandung des Fleisches vorliegt, so hat der Beschauer es als tauglich zum Genusse für Menschen zu erklären.

Vor der Untersuchung dürfen Teile eines geschlachteten Tieres nicht beseitigt werden.

Unter das Verbot des Abs. 2 fallen „alle Veranstaltungen, durch welche dem Fleischbeschauer einzelne Körperteile des geschlachteten Tieres entrückt werden"; hierher gehört unter anderem, wenn Körperteile des zu untersuchenden Tieres zum Zwecke der Täuschung mit Körperteilen eines anderen Tieres vertauscht werden, E. 37, 347.

§ 9. Ergibt die Untersuchung, daß das Fleisch zum Genusse für Menschen untauglich ist, so hat der Beschauer es vorläufig zu beschlagnahmen, den Besitzer hiervon zu benachrichtigen und der Polizeibehörde sofort Anzeige zu erstatten.

Fleisch, dessen Untauglichkeit sich bei der Untersuchung ergeben hat, darf als Nahrungs- oder Genußmittel für Menschen nicht in Verkehr gebracht werden.

Die Verwendung des Fleisches zu anderen Zwecken kann von der Polizeibehörde zugelassen werden, soweit gesundheitliche Bedenken nicht entgegenstehen. Die Polizeibehörde bestimmt, welche Sicherungsmaßregeln gegen eine Verwendung des Fleisches zum Genusse für Menschen zu treffen sind.

Das Fleisch darf nicht vor der polizeilichen Zulassung und nur unter Einhaltung der von der Polizeibehörde angeordneten Sicherungsmaßregeln in Verkehr gebracht werden.

Das Fleisch ist von der Polizeibehörde in unschädlicher Weise zu beseitigen, soweit seine Verwendung zu anderen Zwecken (Abs. 3) nicht zugelassen wird.

Wird das beschlagnahmte Fleisch der Verstrickung entzogen, so findet § 137 StGB. Anwendung; nur, wenn der Verstrickungsbruch durch das Inverkehrbringen des Fleisches des Abs. 2 oder 4 geschieht, tritt § 137 StGB. vor § 9 Abs. 2, 4 vbd. mit § 26, 1 zurück, s. E. 39, 367. — Die Beschlagnahme ist wirksam, auch wenn der Beschauer nur auf Grund eines Irrtums das Fleisch für untauglich oder bedingt tauglich erklärte, vgl. GA. 52, 87.

§ 10. Ergibt die Untersuchung, daß das Fleisch zum Genusse für Menschen nur bedingt tauglich ist, so hat der Beschauer es vorläufig zu beschlagnahmen, den Besitzer hiervon zu benachrichtigen und der Polizeibehörde sofort Anzeige zu erstatten. Die Polizeibehörde bestimmt, unter welchen Sicherungsmaßregeln das Fleisch zum Genusse für Menschen brauchbar gemacht werden kann.

Fleisch, das bei der Untersuchung als nur bedingt tauglich erkannt worden ist, darf als Nahrungs- und Genußmittel für Menschen nicht in Verkehr gebracht werden, bevor es unter den von der Polizeibehörde angeordneten Sicherungsmaßregeln zum Genusse für Menschen brauchbar gemacht worden ist.

Insoweit eine solche Brauchbarmachung unterbleibt, finden die Vorschriften des § 9 Abs. 3 bis 5 entsprechende Anwendung.

§ 11. Der Vertrieb des zum Genusse für Menschen brauchbar gemachten Fleisches (§ 10 Abs. 1) darf nur unter einer diese Beschaffenheit erkennbar machenden Bezeichnung erfolgen.

Fleischhändlern, Gast-, Schank- und Speisewirten ist der Vertrieb und die Verwendung solchen Fleisches nur mit Genehmigung der Polizeibehörde gestattet; die Genehmigung ist jederzeit widerruflich. An die vorbezeichneten Gewerbetreibenden darf derartiges Fleisch nur abgegeben werden, soweit ihnen eine solche Genehmigung erteilt worden ist. In den Geschäftsräumen dieser Personen muß an einer in die Augen fallenden Stelle durch deutlichen Anschlag besonders erkennbar gemacht werden, daß Fleisch der im Abs. 1 bezeichneten Beschaffenheit zum Vertrieb oder zur Verwendung kommt.

Fleischhändler dürfen das Fleisch nicht in Räumen feilhalten oder verkaufen, in welchen taugliches Fleisch (§ 8) feilgehalten oder verkauft wird.

§ 12. Die Einfuhr von Fleisch in luftdicht verschlossenen Büchsen oder ähnlichen Gefäßen, von Würsten und sonstigen Gemengen aus zerkleinertem Fleische in das Zollinland ist verboten.

Im übrigen gelten für die Einfuhr von Fleisch in das Zollinland bis zum 31. Dezember 1903 folgende Bedingungen:

1. Frisches Fleisch darf in das Zollinland nur in ganzen Tierkörpern, die bei Rindvieh, ausschließlich der Kälber, und bei Schweinen in Hälften zerlegt sein können, eingeführt werden.

   Mit den Tierkörpern müssen Brust- und Bauchfell, Lunge, Herz, Nieren, bei Kühen auch das Euter in natürlichem Zusammenhange verbunden sein; der Bundesrat ist ermächtigt, diese Vorschrift auf weitere Organe auszudehnen.

2. Zubereitetes Fleisch darf nur eingeführt werden, wenn nach der Art seiner Gewinnung und Zubereitung Gefahren für die menschliche Gesundheit erfahrungsgemäß ausgeschlossen sind oder die Unschädlichkeit für die menschliche Gesundheit in zuverlässiger Weise bei der Einfuhr sich feststellen läßt. Diese Feststellung gilt als unausführbar insbesondere bei Sendungen von Pökelfleisch, sofern das Gewicht einzelner Stücke weniger als vier Kilogramm beträgt; auf Schinken, Speck und Därme findet diese Vorschrift keine Anwendung.

   Fleisch, welches zwar einer Behandlung zum Zwecke seiner Haltbarmachung unterzogen worden ist, aber die Eigenschaften frischen Fleisches im wesentlichen behalten hat oder durch entsprechende Behandlung wieder gewinnen kann, ist als zubereitetes Fleisch nicht anzusehen; Fleisch solcher Art unterliegt den Bestimmungen in Ziffer 1.

Für die Zeit nach dem 31. Dezember 1903 sind die Bedingungen für die Einfuhr von Fleisch gesetzlich von neuem zu regeln. Sollte eine Neuregelung bis zu dem bezeichneten Zeitpunkte nicht zustande kommen, so bleiben die im Abs. 2 festgesetzten Einfuhrbedingungen bis auf weiteres maßgebend.

Ueber den Begriff des Gemenges vgl. GA. 51, 55. Die Bestimmung der Ziff. 2 Abs. 2 gilt nur für den Bereich des § 12, nicht für die Zubereitung i. S. des § 21, E. 37, 344.

§ 13. Das in das Zollinland eingehende Fleisch unterliegt bei der Einfuhr einer amtlichen Untersuchung unter Mitwirkung der Zollbehörden. Ausgenommen hiervon ist das nachweislich im Inlande bereits vorschriftsmäßig untersuchte und das zur unmittelbaren Durchfuhr bestimmte Fleisch.

Die Einfuhr von Fleisch darf nur über bestimmte Zollämter erfolgen. Der Bundesrat bezeichnet diese Aemter sowie diejenigen Zoll- und Steuerstellen, bei welchen die Untersuchung des Fleisches stattfinden kann.

§ 14. Auf Wildpret und Federvieh, ferner auf das zum Reiseverbrauche mitgeführte Fleisch finden die Bestimmungen der §§ 12 und 13 nur insoweit Anwendung, als der Bundesrat dies anordnet.

Für das im kleinen Grenzverkehre sowie im Meß- und Marktverkehre des Grenzbezirkes eingehende Fleisch können durch Anordnung der Landesregierungen Ausnahmen von den Bestimmungen der §§ 12 und 13 zugelassen werden.

Die AusfBest. D. § 4 Abs. 1 unterstellen Renntiere und Wildschweine dem Gesetz.

§ 15. Der Bundesrat ist ermächtigt, weitergehende Einfuhrverbote und Einfuhrbeschränkungen, als in den §§ 12 und 13 vorgesehen sind, zu beschließen.

§ 16. Die Vorschriften des § 8 Abs. 1 und der §§ 9 bis 11 gelten auch für das in das Zollinland eingehende Fleisch. Anstelle der unschädlichen Beseitigung des Fleisches oder an Stelle der polizeilicherseits anzuordnenden Sicherungsmaßregeln kann jedoch, insoweit gesundheitliche Bedenken nicht entgegenstehen, die Wiederausfuhr des Fleisches unter entsprechenden Vorsichtsmaßnahmen zugelassen werden.

§ 17. Fleisch, welches zwar nicht für den menschlichen Genuß bestimmt ist, aber dazu verwendet werden kann, darf zur Einfuhr ohne Untersuchung zugelassen werden, nachdem es zum Genusse für Menschen unbrauchbar gemacht ist.

§ 18. Bei Pferden muß die Untersuchung (§ 1) durch approbierte Tierärzte vorgenommen werden.

Der Vertrieb von Pferdefleisch sowie die Einfuhr solchen Fleisches in das Zollinland darf nur unter einer Bezeichnung erfolgen, welche in deutscher Sprache das Fleisch als Pferdefleisch erkennbar macht.

Fleischhändlern, Gast-, Schank- und Speisewirten ist der Vertrieb und die Verwendung von Pferdefleisch nur mit Genehmigung der Polizeibehörde gestattet; die Genehmigung ist jederzeit widerruflich. An die vorbezeichneten Gewerbetreibenden darf Pferdefleisch nur abgegeben werden, soweit ihnen eine solche Genehmigung erteilt worden ist. In den Geschäftsräumen dieser Personen muß an einer in die Augen fallenden Stelle durch deutlichen Anschlag besonders erkennbar gemacht werden, daß Pferdefleisch zum Vertrieb oder zur Verwendung kommt.

Fleischhändler dürfen Pferdefleisch nicht in Räumen feilhalten oder verkaufen, in welchen Fleisch von anderen Tieren feilgehalten oder verkauft wird.

Der Bundesrat ist ermächtigt, anzuordnen, daß die vorstehenden Vorschriften auf Esel, Maulesel, Hunde und sonstige, seltener zur Schlachtung gelangende Tiere entsprechende Anwendung finden.

Vgl. hierzu (außer den AusfBest.) die Bek. v. 10. Juli 1902 (RGBl. 242): Gleichstellung von Eseln, Maultieren und Mauleseln.

Unter Abs. 2, 3 fällt auch der Vertrieb von Würsten aus Pferdefleisch. Eine Zuwiderhandlung gegen Abs. 2, 3 kann eine rechtspflichtwidrige Unterdrückung wahrer Tatsachen i. S. des § 263 StGB. enthalten. Daher Ideall. von § 263 StGB. mit §§ 18, 27⁴ dieses Gesetzes möglich, s. E. 41, 149.

§ 19. Der Beschauer hat das Ergebnis der Untersuchung an dem Fleische kenntlich zu machen. Das aus dem Ausland eingeführte Fleisch ist außerdem als solches kenntlich zu machen.

Der Bundesrat bestimmt die Art der Kennzeichnung.

Die Kennzeichnung erfolgt durch Stempelung (s. AusfBest. A. § 43). Die Stempelung schafft eine öffentl. Urkunde, vgl. Bem. zu § 5, E. 38, 349; E. 40, 231; s. auch bezgl. des Tagebuchs E. 40, 341. Da die Erteilung schriftl. Bescheinigungen nicht vorgesehen ist, so kann die fälschl. Anfertigung einer solchen nicht als Fälschung einer öffentl., sondern höchstens als Fälschung einer Privaturkunde (§ 267 StGB.) in Betracht kommen, E. 39, 284.

§ 20. Fleisch, welches innerhalb des Reichs der amtlichen Untersuchung nach Maßgabe der §§ 8 bis 16 unterlegen hat, darf einer abermaligen amtlichen Untersuchung nur zu dem Zwecke unterworfen werden, um festzustellen, ob das Fleisch inzwischen verdorben ist oder sonst eine gesundheitsschädliche Veränderung seiner Beschaffenheit erlitten hat.

Landesrechtliche Vorschriften, nach denen für Gemeinden mit öffentlichen Schlachthäusern der Vertrieb frischen Fleisches Beschränkungen, insbesondere dem Beschauzwang innerhalb der Gemeinde unterworfen werden kann, bleiben mit der Maßgabe unberührt, daß ihre Anwendbarkeit nicht von der Herkunft des Fleisches abhängig gemacht werden darf.

§ 21. Bei der gewerbsmäßigen Zubereitung von Fleisch dürfen Stoffe oder Arten des Verfahrens, welche der Ware eine gesundheitsschädliche Beschaffenheit zu verleihen vermögen, nicht angewendet werden. Es ist verboten, derartig zubereitetes Fleisch aus dem Ausland einzuführen, feilzuhalten, zu verkaufen oder sonst in Verkehr zu bringen.

Der Bundesrat bestimmt die Stoffe und die Arten des Verfahrens, auf welche diese Vorschriften Anwendung finden.

Der Bundesrat ordnet an, inwieweit die Vorschriften des Abs. 1 auch auf bestimmte Stoffe und Arten des Verfahrens Anwendung finden, welche eine gesundheitsschädliche oder minderwertige Beschaffenheit der Ware zu verdecken geeignet sind.

Vgl. die Bek. v. 4. Juli 1908 (RGBl. 470). — Die Anwendung der vom Bundesrat bezeichneten Stoffe und Verfahrensarten ist schlechthin verboten, ohne Rücksicht darauf, ob sie im konkreten Fall der Ware eine gesundheitsschädliche Beschaffenheit verliehen haben; die Nachprüfung der konkreten Gesundheitsschädlichkeit ist dem Richter entzogen, E. 37, 342; E. 38, 144. Deshalb gehört auch die Kenntnis der Gesundheitsschädlichkeit nicht zum Vorsatz, E. 38, 144; es genügt, wenn der Täter weiß, daß der von ihm verwendete zu den vom Bundesrat als unzulässig bezeichneten Stoffen gehört, E. 37, 344. Deshalb auch ist Idealk. zwischen den §§ 21, 26 Nr. 1 dieses und dem § 12 des NahrMittGes. möglich, E. 38, 21. Verboten ist auch die Zubereitung unter Verwendung der bezeichneten Stoffe, E. 37, 269; für den Begriff der Zubereitung kommt § 12 Ziff. 2 Abs. 2 an dieser Stelle nicht in Betracht, E. 37, 344. Die Zubereitung erschöpft sich nicht in der Herstellung einer an sich genußfähigen Fleischware, sondern auch einer weiteren Behandlung, die der Ware die den gewerblichen Zwecken des Herstellers entsprechende Haltbarkeit geben soll (E. 38, 143 — Zusatz von Borsäure zu der die Würstchen in der Blechbüchse umgebenden Salzbouillon).

§ 22. Der Bundesrat ist ermächtigt,

1. Vorschriften über den Nachweis genügender Kenntnisse der Fleischbeschauer zu erlassen,

2. Grundsätze aufzustellen, nach welchen die Schlachtvieh- und Fleischbeschau auszuführen und die weitere Behandlung des Schlachtviehs und Fleisches im Falle der Beanstandung stattzufinden hat,
3. die zur Ausführung der Bestimmungen in dem § 12 erforderlichen Anordnungen zu treffen und die Gebühren für die Untersuchung des in das Zollinland eingehenden Fleisches festzusetzen.

Vgl. die AusfBest. des Bundesrats (ZBl. 1908, Beil. zu Nr. 52).

§ 23. Wem die Kosten der amtlichen Untersuchung (§ 1) zur Last fallen, regelt sich nach Landesrecht. Im übrigen werden die zur Ausführung des Gesetzes erforderlichen Bestimmungen, insoweit nicht der Bundesrat für zuständig erklärt ist oder insoweit er von einer durch § 22 erteilten Ermächtigung keinen Gebrauch macht, von den Landesregierungen erlassen.

§ 24. Landesrechtliche Vorschriften über die Trichinenschau und über den Vertrieb und die Verwendung von Fleisch, welches zwar zum Genusse für Menschen tauglich, jedoch in seinem Nahrungs- und Genußwert erheblich herabgesetzt ist, ferner landesrechtliche Vorschriften, welche mit Bezug auf

1. die der Untersuchung zu unterwerfenden Tiere,
2. die Ausführung der Untersuchungen durch approbierte Tierärzte,
3. den Vertrieb beanstandeten Fleisches oder des Fleisches von Tieren der im § 18 bezeichneten Arten

weitergehende Verpflichtungen als dieses Gesetz begründen, sind mit der Maßgabe zulässig, daß ihre Anwendbarkeit nicht von der Herkunft des Schlachtviehs oder des Fleisches abhängig gemacht werden darf.

§ 25. Inwieweit die Vorschriften dieses Gesetzes auf das in die Zollausschlüsse eingeführte Fleisch Anwendung zu finden haben, bestimmt der Bundesrat.

§ 26. [L.A.] **Mit Gefängnis bis zu sechs Monaten und mit Geldstrafe bis zu eintausendfünfhundert Mark oder mit einer dieser Strafen** wird **bestraft:**

1. wer wissentlich den Vorschriften des § 9 Abs. 2, 4, des § 10 Abs. 2, 3, des § 12 Abs. 1 oder des § 21 Abs. 1, 2 oder einem auf Grund des § 21 Abs. 3 ergangenen Verbote zuwiderhandelt;
2. wer wissentlich Fleisch, das den Vorschriften des § 12 Abs. 1 zuwider eingeführt oder auf Grund des § 17 zum Genusse für Menschen unbrauchbar gemacht worden ist, als Nahrungs- oder Genußmittel für Menschen in Verkehr bringt;
3. wer Kennzeichen der im § 19 vorgesehenen Art fälschlich anbringt oder verfälscht, oder wer wissentlich Fleisch, an welchem die Kennzeichen fälschlich angebracht, verfälscht oder beseitigt worden sind, feilhält oder verkauft.

Zu Ziff. 3. Die Beseitigung solcher Kennzeichen fällt unter § 136 StGB., s. E. 39, 367. — Der Fleischbeschauer kann nie unter Ziff. 3 fallen; seine Strafbarkeit bestimmt sich ausschließlich nach § 348 StGB., s. E. 38, 349. Im übrigen aber stellt Ziff. 3 eine (dem § 363 StGB. nachgebildete) lex specialis gegenüber den §§ 267, 268 StGB. dar; es besteht Gesetzeskonkurrenz; die zit. Paragraphen des StGB. sind insoweit unanwendbar, E. 39, 367. Hält der Täter sich zur Ausübung der Fleischbeschau für befugt, so ist die Strafb. ausgeschlossen, GA. 56, 215.

§ 27. [A.] Mit Geldstrafe bis zu einhundertfünfzig Mark oder mit Haft wird bestraft:

1. wer eine der im § 26 Nr. 1 und 2 bezeichneten Handlungen aus Fahrlässigkeit begeht;
2. wer eine Schlachtung vornimmt, bevor das Tier der in diesem Gesetze vorgeschriebenen oder einer auf Grund des § 1 Abs. 1 Satz 2, des § 3, des § 18 Abs. 5 oder des § 24 angeordneten Untersuchung unterworfen worden ist;
3. wer Fleisch in Verkehr bringt, bevor es der in diesem Gesetze vorgeschriebenen oder einer auf Grund des § 1 Abs. 1 Satz 2, des § 3, des § 14 Abs. 1, des § 18 Abs. 5 oder des § 24 angeordneten Untersuchung unterworfen worden ist;
4. wer den Vorschriften des § 2 Abs. 2, des § 7 Abs. 2, 3, des § 8 Abs. 2, des § 11, des § 12 Abs. 2, des § 13 Abs. 2 oder des § 18 Abs. 2 bis 4, imgleichen wer den auf Grund des § 15 oder des § 18 Abs. 5 erlassenen Anordnungen oder den auf Grund des § 24 ergehenden landesrechtlichen Vorschriften über den Vertrieb und die Verwendung von Fleisch zuwiderhandelt.

Vgl. über das Verh. v. § 27 Ziff. 4 odd. § 12 Abs. 2 Ziff. 1 zu § 134 des Vereinszollges. E. 39, 55.

§ 28. In den Fällen des § 26 Nr. 1 und 2 und des § 27 Nr. 1 ist neben der Strafe auf die Einziehung des Fleisches zu erkennen. In den Fällen des § 26 Nr. 3 und des § 27 Nr. 2 bis 4 kann neben der Strafe auf die Einziehung des Fleisches oder des Tieres erkannt werden. Für die Einziehung ist es ohne Bedeutung, ob der Gegenstand dem Verurteilten gehört oder nicht.

Ist die Verfolgung oder Verurteilung einer bestimmten Person nicht ausführbar, so kann auf die Einziehung selbständig erkannt werden.

Vgl. § 15 des NahrMittGes. und die Bem. dazu.

§ 29. Die Vorschriften des Gesetzes, betreffend den Verkehr mit Nahrungsmitteln, Genußmitteln und Gebrauchsgegenständen, vom 14. Mai 1879 (Reichs-Gesetzbl. S. 145) bleiben unberührt. Die Vorschriften des § 16 des bezeichneten Gesetzes finden auch auf Zuwiderhandlungen gegen die Vorschriften des gegenwärtigen Gesetzes Anwendung.

§ 30. Diejenigen Vorschriften dieses Gesetzes, welche sich auf die Herstellung der zur Durchführung der Schlachtvieh- und Fleischbeschau erforderlichen Einrichtungen beziehen, treten mit dem Tage der Verkündigung dieses Gesetzes in Kraft.

Im übrigen wird der Zeitpunkt, mit welchem das Gesetz ganz oder teilweise in Kraft tritt, durch Kaiserliche Verordnung mit Zustimmung des Bundesrats bestimmt.

In Kraft gesetzt teilweise durch Verordnung vom 30. Juni 1900 (RGBl. 775) zum 1. Okt. 1900, teilweise durch Verordnung vom 16. Febr. 1902 (RGBl. 47) zum 1. Okt. 1902 und im übrigen durch Verordnung vom 7. Juli 1902 (RGBl. 241) zum 1. April 1903.

Gesetz, betreffend die Bekämpfung gemeingefährlicher Krankheiten.

Vom 30. Juni 1900. (RGBl. S. 306.)

Anzeigepflicht.

§ 1. Jede Erkrankung und jeder Todesfall an
Aussatz (Lepra), Cholera (asiatischer), Fleckfieber (Flecktyphus), Gelbfieber, Pest (orientalischer Beulenpest), Pocken (Blattern),

sowie jeder Fall, welcher den Verdacht einer dieser Krankheiten erweckt, ist der für den Aufenthaltsort des Erkrankten oder den Sterbeort zuständigen Polizeibehörde unverzüglich anzuzeigen.

Wechselt der Erkrankte den Aufenthaltsort, so ist dies unverzüglich bei der Polizeibehörde des bisherigen und des neuen Aufenthaltsorts zur Anzeige zu bringen.

Ausdehnung auf Milzbrand auf Grund des § 5 durch Bek. v. 29. Sept. 1909 (RGBl. 933).

§ 2. Zur Anzeige sind verpflichtet:

1. der zugezogene Arzt,
2. der Haushaltungsvorstand,
3. jede sonst mit der Behandlung oder Pflege des Erkrankten beschäftigte Person,
4. derjenige, in dessen Wohnung oder Behausung der Erkrankungs- oder Todesfall sich ereignet hat,
5. der Leichenschauer.

Die Verpflichtung der unter Nr. 2 bis 5 genannten Personen tritt nur dann ein, wenn ein früher genannter Verpflichteter nicht vorhanden ist.

§ 3. Für Krankheits- und Todesfälle, welche sich in öffentlichen Kranken-, Entbindungs-, Pflege-, Gefangenen- und ähnlichen Anstalten ereignen, ist der Vorsteher der Anstalt oder die von der zuständigen Stelle damit beauftragte Person ausschließlich zur Erstattung der Anzeige verpflichtet.

Auf Schiffen oder Flößen gilt als der zur Erstattung der Anzeige verpflichtete Haushaltungsvorstand der Schiffer oder Floßführer oder deren Stellvertreter. Der Bundesrat ist ermächtigt, Bestimmungen darüber zu erlassen, an wen bei Krankheits- und Todesfällen, welche auf Schiffen oder Flößen vorkommen, die Anzeige zu erstatten ist.

§ 4. Die Anzeige kann mündlich oder schriftlich erstattet werden. Die Polizeibehörden haben auf Verlangen Meldekarten für schriftliche Anzeigen unentgeltlich zu verabfolgen.

§ 5. Landesrechtliche Bestimmungen, welche eine weitergehende Anzeigepflicht begründen, werden durch dieses Gesetz nicht berührt.

Durch Beschluß des Bundesrats können die Vorschriften über die Anzeigepflicht (§§ 1 bis 4) auf andere als die im § 1 Abs. 1 genannten übertragbaren Krankheiten ausgedehnt werden.

Ermittelung der Krankheit.

§ 6. Die Polizeibehörde muß, sobald sie von dem Ausbruch oder dem Verdachte des Auftretens einer der im § 1 Abs. 1 genannten Krankheiten (gemeingefährliche Krankheiten) Kenntnis erhält, den zuständigen beamteten Arzt benachrichtigen. Dieser hat alsdann unverzüglich an Ort und Stelle Ermittelungen über die Art, den Stand und die Ursache der Krankheit vorzunehmen und der Polizeibehörde eine Erklärung darüber abzugeben, ob der Ausbruch der Krankheit festgestellt oder der Verdacht des Ausbruchs begründet ist. In Notfällen kann der beamtete Arzt die Ermittelung auch vornehmen, ohne daß ihm eine Nachricht der Polizeibehörde zugegangen ist.

In Ortschaften mit mehr als 10 000 Einwohnern ist nach den Bestimmungen des Abs. 1 auch dann zu verfahren, wenn Erkrankungs- oder Todesfälle in einem räumlich abgegrenzten Teile der Ortschaft, welcher von der Krankheit bis dahin verschont geblieben war, vorkommen.

Die höhere Verwaltungsbehörde kann Ermittelungen über jeden einzelnen Krankheits- oder Todesfall anordnen. Solange eine solche Anordnung nicht getroffen ist, sind nach der ersten Feststellung der Krankheit von dem beamteten Arzte Ermittelungen nur im Einverständnisse mit der unteren Verwaltungsbehörde und nur insoweit vorzunehmen, als dies erforderlich ist, um die Ausbreitung der Krankheit örtlich und zeitlich zu verfolgen.

§ 7. Dem beamteten Arzte ist, soweit er es zur Feststellung der Krankheit für erforderlich und ohne Schädigung des Kranken für zulässig hält, der Zutritt zu dem Kranken oder zur Leiche und die Vornahme der zu den Ermittelungen über die Krankheit erforderlichen Untersuchungen zu gestatten. Auch kann bei Cholera-, Gelbfieber- und Pestverdacht eine Oeffnung der Leiche polizeilich angeordnet werden, insoweit der beamtete Arzt dies zur Feststellung der Krankheit für erforderlich hält.

Der behandelnde Arzt ist berechtigt, den Untersuchungen, insbesondere auch der Leichenöffnung beizuwohnen.

Die in §§ 2 und 3 aufgeführten Personen sind verpflichtet, über alle für die Entstehung und den Verlauf der Krankheit wichtigen Umstände dem beamteten Arzte und der zuständigen Behörde auf Befragen Auskunft zu erteilen.

§ 8. Ist nach dem Gutachten des beamteten Arztes der Ausbruch der Krankheit festgestellt oder der Verdacht des Ausbruchs begründet, so hat die Polizeibehörde unverzüglich die erforderlichen Schutzmaßregeln zu treffen.

§ 9. Bei Gefahr im Verzuge kann der beamtete Arzt schon vor dem Einschreiten der Polizeibehörde die zur Verhütung der Verbreitung der Krankheit zunächst erforderlichen Maßregeln anordnen. Der Vorsteher der Ortschaft hat den von dem beamteten Arzte getroffenen Anordnungen Folge zu leisten. Von den Anordnungen hat der beamtete Arzt der Polizeibehörde sofort schriftliche Mitteilung zu machen; sie bleiben solange in Kraft, bis von der zuständigen Behörde anderweite Verfügung getroffen wird.

§ 10. Für Ortschaften und Bezirke, welche von einer gemeingefährlichen Krankheit befallen oder bedroht sind, kann durch die zuständige Behörde angeordnet werden, daß jede Leiche vor der Bestattung einer amtlichen Besichtigung (Leichenschau) zu unterwerfen ist.

Schutzmaßregeln.

§ 11. Zur Verhütung der Verbreitung der gemeingefährlichen Krankheiten können für die Dauer der Krankheitsgefahr Absperrungs- und Aufsichtsmaßregeln nach Maßgabe der §§ 12 bis 21 polizeilich angeordnet werden.

Die Anfechtung der Anordnungen hat keine aufschiebende Wirkung.

Richterliche Prüfung erstreckt sich nicht auf die Frage des Anfangs und der Dauer der Krankheitsgefahr. S. RG. im Recht 06, 66.

§ 12. Kranke und krankheits- oder ansteckungsverdächtige Personen können einer Beobachtung unterworfen werden. Eine Beschränkung in der Wahl des Aufenthalts oder der Arbeitsstätte ist zu diesem Zwecke nur bei Personen zulässig, welche obdachlos oder ohne festen Wohnsitz sind oder berufs- oder gewohnheitsmäßig umherziehen.

§ 13. Die höhere Verwaltungsbehörde kann für den Umfang ihres Bezirkes oder für Teile desselben anordnen, daß zureisende Personen, sofern sie sich innerhalb einer zu bestimmenden Frist vor ihrer Ankunft in Ortschaften oder Bezirken aufgehalten haben, in welchen eine gemeingefährliche Krankheit ausgebrochen ist, nach ihrer Ankunft der Ortspolizeibehörde zu melden sind.

§ 14. Für kranke und krankheits- oder ansteckungsverdächtige Personen kann eine Absonderung angeordnet werden.

Die Absonderung kranker Personen hat derart zu erfolgen, daß der Kranke mit anderen als den zu seiner Pflege bestimmten Personen, dem Arzte oder dem Seelsorger nicht in Berührung kommt und eine Verbreitung der Krankheit tunlichst ausgeschlossen ist. Angehörigen und Urkundspersonen ist, insoweit es zur Erledigung wichtiger und dringender Angelegenheiten geboten ist, der Zutritt zu dem Kranken unter Beobachtung der erforderlichen Maßregeln gegen eine Weiterverbreitung der Krankheit gestattet. Werden auf Erfordern der Polizeibehörde in der Behausung des Kranken die nach dem Gutachten des beamteten Arztes zum Zwecke der Absonderung notwendigen Einrichtungen nicht getroffen, so kann, falls der beamtete Arzt es für unerläßlich und der behandelnde Arzt es ohne Schädigung des Kranken für zulässig erklärt, die Ueberführung des Kranken in ein geeignetes Krankenhaus oder in einen anderen geeigneten Unterkunftsraum angeordnet werden.

Auf die Absonderung krankheits- oder ansteckungsverdächtiger Personen finden die Bestimmungen des Abs. 2 sinngemäße Anwendung. Jedoch dürfen krankheits- oder ansteckungsverdächtige Personen nicht in demselben Raume mit kranken Personen untergebracht werden. Ansteckungsverdächtige Personen dürfen in demselben Raume mit krankheitsverdächtigen Personen nur untergebracht werden, soweit der beamtete Arzt es für zulässig hält.

Wohnungen oder Häuser, in welchen erkrankte Personen sich befinden, können kenntlich gemacht werden.

Für das berufsmäßige Pflegepersonal können Verkehrsbeschränkungen angeordnet werden.

§ 15. Die Landesbehörden sind befugt, für Ortschaften und Bezirke, welche von einer gemeingefährlichen Krankheit befallen oder bedroht sind,

1. hinsichtlich der gewerbsmäßigen Herstellung, Behandlung und Aufbewahrung sowie hinsichtlich des Vertriebs von Gegenständen, welche geeignet sind, die Krankheit zu verbreiten, eine gesundheitspolizeiliche Ueberwachung und die zur Verhütung der Verbreitung der Krankheit erforderlichen Maßregeln anzuordnen; die Ausfuhr von Gegenständen der bezeichneten Art darf aber nur für Ortschaften verboten werden, in denen Cholera, Fleckfieber, Pest oder Pocken ausgebrochen sind,
2. Gegenstände der in Nr. 1 bezeichneten Art vom Gewerbebetrieb im Umherziehen auszuschließen,
3. die Abhaltung von Märkten, Messen und anderen Veranstaltungen, welche eine Ansammlung größerer Menschenmengen mit sich bringen, zu verbieten oder zu beschränken,
4. die in der Schiffahrt, der Flößerei oder sonstigen Transportbetrieben beschäftigten Personen einer gesundheitspolizeilichen Ueberwachung zu unterwerfen und kranke, krankheits- oder ansteckungsverdächtige Personen sowie Gegenstände, von denen anzunehmen ist, daß sie mit dem Krankheitsstoffe behaftet sind, von der Beförderung auszuschließen,
5. den Schiffahrts- und Flößereiverkehr auf bestimmte Tageszeiten zu beschränken.

Vgl. zu Ziff. 4 KG. in DJZ. 06, 1210.

§ 16. Jugendliche Personen aus Behausungen, in denen Erkrankungen vorgekommen sind, können zeitweilig vom Schul- und Unterrichtsbesuche fern gehalten werden. Hinsichtlich der sonstigen für die Schulen anzuordnenden Schutzmaßregeln bewendet es bei den landesrechtlichen Bestimmungen.

§ 17. In Ortschaften, welche von Cholera, Fleckfieber, Pest oder Pocken befallen oder bedroht sind, sowie in deren Umgegend kann die Benutzung von Brunnen,

Teichen, Seen, Wasserläufen, Wasserleitungen sowie der dem öffentlichen Gebrauche dienenden Bade-, Schwimm-, Wasch- und Bedürfnisanstalten verboten oder beschränkt werden.

§ 18. Die gänzliche oder teilweise Räumung von Wohnungen und Gebäuden, in denen Erkrankungen vorgekommen sind, kann, insoweit der beamtete Arzt es zur wirksamen Bekämpfung der Krankheit für unerläßlich erklärt, angeordnet werden. Den betroffenen Bewohnern ist anderweitig geeignete Unterkunft unentgeltlich zu bieten.

§ 19. Für Gegenstände und Räume, von denen anzunehmen ist, daß sie mit dem Krankheitsstoffe behaftet sind, kann eine Desinfektion angeordnet werden.

Für Reisegepäck und Handelswaren ist bei Aussatz, Cholera und Gelbfieber die Anordnung der Desinfektion nur dann zulässig, wenn die Annahme, daß die Gegenstände mit dem Krankheitsstoffe behaftet sind, durch besondere Umstände begründet ist.

Ist die Desinfektion nicht ausführbar oder im Verhältnisse zum Werte der Gegenstände zu kostspielig, so kann die Vernichtung angeordnet werden.

§ 20. Zum Schutze gegen Pest können Maßregeln zur Vertilgung und Fernhaltung von Ratten, Mäusen und anderem Ungeziefer angeordnet werden.

§ 21. Für die Aufbewahrung, Einsargung, Beförderung und Bestattung der Leichen von Personen, welche an einer gemeingefährlichen Krankheit gestorben sind, können besondere Vorsichtsmaßregeln angeordnet werden.

§ 22. Die Bestimmungen über die Ausführung der in den §§ 12 bis 21 vorgesehenen Schutzmaßregeln, insbesondere der Desinfektion, werden vom Bundesrat erlassen.

Vgl. die AusfBest. zur Bekämpfung der Pest v. 3. Juli 1902 (Beil. z. RGBl. 1902 Nr. 38), sowie die Bek. betr. die Bekämpfung der Cholera usw. v. 21. Febr. 1904 (RGBl. 67) und 5. April 1907 RGBl. 91), betr. Desinfektionsanweisungen für gemeingefährliche Krankheiten v. 11. April 1907 (RGBl. 95).

§ 23. Die zuständige Landesbehörde kann die Gemeinden oder die weiteren Kommunalverbände dazu anhalten, diejenigen Einrichtungen, welche zur Bekämpfung der gemeingefährlichen Krankheiten notwendig sind, zu treffen. Wegen Aufbringung der erforderlichen Kosten findet die Bestimmung des § 37 Abs. 2 Anwendung.

§ 24. Zur Verhütung der Einschleppung der gemeingefährlichen Krankheiten aus dem Auslande kann der Einlaß der Seeschiffe von der Erfüllung gesundheitspolizeilicher Vorschriften abhängig gemacht sowie

1. der Einlaß anderer dem Personen- oder Frachtverkehre dienenden Fahrzeuge,
2. die Ein- und Durchfuhr von Waren und Gebrauchsgegenständen,
3. der Eintritt und die Beförderung von Personen, welche aus dem von der Krankheit befallenen Lande kommen,

verboten oder beschränkt werden.

Der Bundesrat ist ermächtigt, Vorschriften über die hiernach zu treffenden Maßregeln zu beschließen. Soweit sich diese Vorschriften auf die gesundheitspolizeiliche Ueberwachung der Seeschiffe beziehen, können sie auf den Schiffsverkehr zwischen deutschen Häfen erstreckt werden.

Vgl. die Bek. betr. die Ein- und Durchfuhrbeschränkungen zur Abwehr von Cholera- und Pestgefahr v. 4. Juli 1900 (RGBl. 555), sowie die Bek. über die gesundheitliche Behandlung der Seeschiffe in deutschen Häfen v. 29. August 1907 (RGBl. 563).

§ 25. Wenn eine gemeingefährliche Krankheit im Ausland oder im Küstengebiete des Reichs ausgebrochen ist, so bestimmt der Reichskanzler oder für das Gebiet des zunächst bedrohten Bundesstaats im Einvernehmen mit dem Reichskanzler die Landesregierung, wann und in welchem Umfange die gemäß § 24 Abs. 2 erlassenen Vorschriften in Vollzug zu setzen sind.

§ 26. Der Bundesrat ist ermächtigt, Vorschriften über die Ausstellung von Gesundheitspässen für die aus deutschen Häfen ausgehenden Seeschiffe zu beschließen.

§ 27. Der Bundesrat ist ermächtigt, über die bei der Ausführung wissenschaftlicher Arbeiten mit Krankheitserregern zu beobachtenden Vorsichtsmaßregeln sowie über den Verkehr mit Krankheitserregern und deren Aufbewahrung Vorschriften zu erlassen.

Vgl. die Vorschriften über das Arbeiten und den Verkehr mit Krankheitserregern, ausgen. Pesterregern, v. 28. April 1904 (RGBl. 159) und über das Arbeiten und den Verkehr mit Pesterregern in Anl. 10 der AusfBest. zur Bekämpfung der Pest (Beil. z. RGA. 1902 Nr. 38).

Entschädigungen.

§ 28. Personen, welche der Invalidenversicherung unterliegen, haben für die Zeit, während der sie auf Grund des § 12 in der Wahl des Aufenthalts oder der Arbeitsstätte beschränkt oder auf Grund des § 14 abgesondert sind, Anspruch auf eine Entschädigung wegen des ihnen dadurch entgangenen Arbeitsverdienstes, bei deren Berechnung als Tagesarbeitsverdienst der dreihundertste Teil des für die Invalidenversicherung maßgebenden Jahresarbeitsverdienstes zu grunde zu legen ist.

Dieser Anspruch fällt weg, insoweit auf Grund einer auf gesetzlicher Verpflichtung beruhenden Versicherung wegen einer mit Erwerbsunfähigkeit verbundenen Krankheit Unterstützung gewährt wird oder wenn eine Verpflegung auf öffentliche Kosten stattfindet.

§ 29. Für Gegenstände, welche infolge einer nach Maßgabe dieses Gesetzes polizeilich angeordneten und überwachten Desinfektion derart beschädigt worden sind, daß sie zu ihrem bestimmungsmäßigen Gebrauche nicht weiter verwendet werden können, oder welche auf polizeiliche Anordnung vernichtet worden sind, ist, vorbehaltlich der in §§ 32 und 33 angegebenen Ausnahmen, auf Antrag Entschädigung zu gewähren.

§ 30. Als Entschädigung soll der gemeine Wert des Gegenstandes gewährt werden ohne Rücksicht auf die Minderung des Wertes, welche sich aus der Annahme ergibt, daß der Gegenstand mit Krankheitsstoff behaftet sei. Wird der Gegenstand nur beschädigt oder teilweise vernichtet, so ist der verbleibende Wert auf die Entschädigung anzurechnen.

§ 31. Die Entschädigung wird, sofern ein anderer Berechtigter nicht bekannt ist, demjenigen gezahlt, in dessen Gewahrsam sich der beschädigte oder vernichtete Gegenstand zur Zeit der Desinfektion befand. Mit dieser Zahlung erlischt jede Entschädigungsverpflichtung aus § 29.

§ 32. Eine Entschädigung auf Grund dieses Gesetzes wird nicht gewährt:

1. für Gegenstände, welche im Eigentume des Reichs, eines Bundesstaats oder einer kommunalen Körperschaft sich befinden;
2. für Gegenstände, welche entgegen einem auf Grund des § 15 Nr. 1 oder des § 24 erlassenen Verbot aus- oder eingeführt worden sind.

§ 33. Der Anspruch auf Entschädigung fällt weg:

1. wenn derjenige, welchem die Entschädigung zustehen würde, die beschädigten oder vernichteten Gegenstände oder einzelne derselben an sich gebracht hat, obwohl er wußte oder den Umständen nach annehmen mußte, daß dieselben bereits mit dem Krankheitsstoffe behaftet oder auf polizeiliche Anordnung zu desinfizieren waren;
2. wenn derjenige, welchem die Entschädigung zustehen würde oder in dessen Gewahrsam die beschädigten oder vernichteten Gegenstände sich befanden, zu der Desinfektion durch eine Zuwiderhandlung gegen

dieses Gesetz oder eine auf Grund desselben getroffene Anordnung Veranlassung gegeben hat.

§ 34. Die Kosten der Entschädigungen sind aus öffentlichen Mitteln zu bestreiten. Im übrigen bleibt der landesrechtlichen Regelung vorbehalten, Bestimmungen darüber zu treffen:

1. von wem die Entschädigung zu gewähren und wie dieselbe aufzubringen ist,
2. binnen welcher Frist der Entschädigungsanspruch geltend zu machen ist,
3. wie die Entschädigung zu ermitteln und festzustellen ist.

Allgemeine Vorschriften.

§ 35. Die dem allgemeinen Gebrauche dienenden Einrichtungen für Versorgung mit Trink- oder Wirtschaftswasser und für Fortschaffung der Abfallstoffe sind fortlaufend durch staatliche Beamte zu überwachen.

Die Gemeinden sind verpflichtet, für die Beseitigung der vorgefundenen gesundheitsgefährlichen Mißstände Sorge zu tragen. Sie können nach Maßgabe ihrer Leistungsfähigkeit zur Herstellung von Einrichtungen der im Abs. 1 bezeichneten Art, sofern dieselben zum Schutze gegen übertragbare Krankheiten erforderlich sind, jederzeit angehalten werden.

Das Verfahren, in welchem über die hiernach gegen die Gemeinden zulässigen Anordnungen zu entscheiden ist, richtet sich nach Landesrecht.

§ 36. Beamtete Aerzte im Sinne dieses Gesetzes sind Aerzte, welche vom Staate angestellt sind oder deren Anstellung mit Zustimmung des Staates erfolgt ist.

An Stelle der beamteten Aerzte können im Falle ihrer Behinderung oder aus sonstigen dringenden Gründen andere Aerzte zugezogen werden. Innerhalb des von ihnen übernommenen Auftrags gelten die letzteren als beamtete Aerzte und sind befugt und verpflichtet, diejenigen Amtsverrichtungen wahrzunehmen, welche in diesem Gesetz oder in den hierzu ergangenen Ausführungsbestimmungen den beamteten Aerzten übertragen sind.

§ 37. Die Anordnung und Leitung der Abwehr- und Unterdrückungsmaßregeln liegt den Landesregierungen und deren Organen ob.

Die Zuständigkeit der Behörden und die Aufbringung der entstehenden Kosten regelt sich nach Landesrecht.

Die Kosten der auf Grund des § 6 angestellten behördlichen Ermittelungen, der Beobachtung in den Fällen des § 12, ferner auf Antrag die Kosten der auf Grund des § 19 polizeilich angeordneten und überwachten Desinfektion und der auf Grund des § 21 angeordneten besonderen Vorsichtsmaßregeln für die Aufbewahrung, Einsargung, Beförderung und Bestattung der Leichen sind aus öffentlichen Mitteln zu bestreiten.

Die Landesregierungen bestimmen, welche Körperschaften unter der Bezeichnung Gemeinde, weiterer Kommunalverband und kommunale Körperschaft zu verstehen sind.

§ 38. Die Behörden der Bundesstaaten sind verpflichtet, sich bei der Bekämpfung übertragbarer Krankheiten gegenseitig zu unterstützen.

§ 39. Die Ausführung der nach Maßgabe dieses Gesetzes zu ergreifenden Schutzmaßregeln liegt, insoweit davon

1. dem aktiven Heere oder der aktiven Marine angehörende Militärpersonen,
2. Personen, welche in militärischen Dienstgebäuden oder auf den zur Kaiserlichen Marine gehörigen oder von ihr gemieteten Schiffen und Fahrzeugen untergebracht sind,
3. marschierende oder auf dem Transporte befindliche Militärpersonen und Truppenteile des Heeres und der Marine sowie die Ausrüstungs- und Gebrauchsgegenstände derselben,

4. ausschließlich von der Militär- oder Marineverwaltung benutzte Grundstücke und Einrichtungen

betroffen werden, den Militär- und Marinebehörden ob.

Auf Truppenübungen finden die nach diesem Gesetze zulässigen Verkehrsbeschränkungen keine Anwendung.

Der Bundesrat hat darüber Bestimmung zu treffen, inwieweit von dem Auftreten des Verdachts und von dem Ausbruch einer übertragbaren Krankheit sowie von dem Verlauf und dem Erlöschen der Krankheit sich die Militär- und Polizeibehörden gegenseitig in Kenntnis zu setzen haben.

Vgl. Bek. v. 22. Juli 1902 (RGBl. 257).

§ 40. Für den Eisenbahn-, Post- und Telegraphenverkehr sowie für Schiffahrtsbetriebe, welche im Anschluß an den Eisenbahnverkehr geführt werden und der staatlichen Eisenbahnaufsichtsbehörde unterstellt sind, liegt die Ausführung der nach Maßgabe dieses Gesetzes zu ergreifenden Schutzmaßregeln ausschließlich den zuständigen Reichs- und Landesbehörden ob.

Inwieweit die auf Grund dieses Gesetzes polizeilich angeordneten Verkehrsbeschränkungen und Desinfektionsmaßnahmen

1. auf Personen, welche während der Beförderung als krank, krankheits- oder ansteckungsverdächtig befunden werden,
2. auf die im Dienste befindlichen oder aus dienstlicher Veranlassung vorübergehend außerhalb ihres Wohnsitzes sich aufhaltenden Beamten und Arbeiter der Eisenbahn-, Post- und Telegraphenverwaltungen sowie der genannten Schiffahrtsbetriebe

Anwendung finden, bestimmt der Bundesrat.

S. zu § 22.

§ 41. Dem Reichskanzler liegt ob, die Ausführung dieses Gesetzes und der auf Grund desselben erlassenen Anordnungen zu überwachen.

Wenn zur Bekämpfung der gemeingefährlichen Krankheiten Maßregeln erforderlich sind, von welchen die Gebiete mehrerer Bundesstaaten betroffen werden, so hat der Reichskanzler oder ein von ihm bestellter Kommissar für Herstellung und Erhaltung der Einheit in den Anordnungen der Landesbehörden zu sorgen und zu diesem Behufe das Erforderliche zu bestimmen, in dringenden Fällen auch die Landesbehörden unmittelbar mit Anweisungen zu versehen.

§ 42. Ist in einer Ortschaft der Ausbruch einer gemeingefährlichen Krankheit festgestellt, so ist das Kaiserliche Gesundheitsamt hiervon sofort auf kürzestem Wege zu benachrichtigen. Der Bundesrat ist ermächtigt zu bestimmen, inwieweit im späteren Verlaufe dem Kaiserlichen Gesundheitsamte Mitteilungen über Erkrankungs- und Todesfälle zu machen sind.

§ 43. In Verbindung mit dem Kaiserlichen Gesundheitsamte wird ein Reichs-Gesundheitsrat gebildet. Die Geschäftsordnung wird vom Reichskanzler mit Zustimmung des Bundesrats festgestellt. Die Mitglieder werden vom Bundesrate gewählt.

Der Reichs-Gesundheitsrat hat das Gesundheitsamt bei der Erfüllung der diesem Amte zugewiesenen Aufgaben zu unterstützen. Er ist befugt, den Landesbehörden auf Ansuchen Rat zu erteilen. Er kann sich, um Auskunft zu erhalten, mit den ihm zu diesem Zwecke zu bezeichnenden Landesbehörden unmittelbar in Verbindung setzen, sowie Vertreter absenden, welche unter Mitwirkung der zuständigen Landesbehörden Aufklärungen an Ort und Stelle einziehen.

Strafvorschriften.

§ 44. [L.] Mit Gefängnis bis zu drei Jahren wird bestraft:

1. wer wissentlich bewegliche Gegenstände, für

welche eine Desinfektion polizeilich angeordnet war, vor Ausführung der angeordneten Desinfektion in Gebrauch nimmt, an andere überläßt oder sonst in Verkehr bringt;

2. wer wissentlich Kleidungsstücke, Leibwäsche, Bettzeug oder sonstige bewegliche Gegenstände, welche von Personen, die an einer gemeingefährlichen Krankheit litten, während der Erkrankung gebraucht oder bei deren Behandlung oder Pflege benutzt worden sind, in Gebrauch nimmt, an andere überläßt, oder sonst in Verkehr bringt, bevor sie den auf Grund des § 22 vom Bundesrate beschlossenen Bestimmungen entsprechend desinfiziert worden sind;

3. wer wissentlich Fahrzeuge oder sonstige Gerätschaften, welche zur Beförderung von Kranken oder Verstorbenen der in Nr. 2 bezeichneten Art gedient haben, vor Ausführung der polizeilich angeordneten Desinfektion benutzt oder anderen zur Benutzung überläßt.

Sind mildernde Umstände vorhanden, so kann auf Geldstrafe bis zu eintausendfünfhundert Mark erkannt werden.

§ 44 steht zu § 327 StGB. in Gesetzeskonkurrenz und schließt insb. auch die Anwendung von § 327 Abs. 2 StGB. aus (in letzterem Punkt a. M. Galli bei Stenglein S. 682). — Ziff. 1 läßt die Benutzung von Räumen, für welche eine Desinfektion angeordnet war, straflos.

§ 45. [A.] Mit Geldstrafe von zehn bis einhundertfünfzig Mark oder mit Haft nicht unter einer Woche wird bestraft:

1. wer die ihm nach den §§ 2, 3 oder nach den auf Grund des § 5 vom Bundesrate beschlossenen Vorschriften obliegende Anzeige unterläßt oder länger als vierundzwanzig Stunden, nachdem er von der anzuzeigenden Tatsache Kenntnis erhalten hat, verzögert. Die Strafverfolgung tritt nicht ein, wenn die Anzeige, obwohl nicht von dem zunächst Verpflichteten, doch rechtzeitig gemacht worden ist;
2. wer im Falle des § 7 dem beamteten Arzte den Zutritt zu dem Kranken oder zur Leiche oder die Vornahme der erforderlichen Untersuchungen verweigert;
3. wer den Bestimmungen in § 7 Abs. 3 zuwider über die daselbst bezeichneten Umstände dem beamteten Arzte oder der zuständigen Behörde die Auskunft verweigert oder wissentlich unrichtige Angaben macht;
4. wer den auf Grund des § 13 erlassenen Anordnungen zuwiderhandelt.

Auch § 45 schließt die Anwendung von § 327 StGB. aus.

§ 46. [A.] Mit Geldstrafe bis zu einhundertfünfzig Mark oder mit Haft wird, sofern nicht nach den bestehenden gesetzlichen Bestimmungen eine höhere Strafe verwirkt ist, bestraft:

1. wer den im Falle des § 9 von dem beamteten Arzte oder dem Vorsteher der Ortschaft getroffenen vorläufigen Anordnungen oder den auf Grund des § 10 von der zuständigen Behörde erlassenen Anordnungen zuwiderhandelt;
2. wer den auf Grund des § 12, des § 14 Abs. 5, der §§ 15, 17, 19 bis 22 getroffenen polizeilichen Anordnungen zuwiderhandelt;
3. wer den auf Grund der §§ 24, 26, 27 erlassenen Vorschriften zuwiderhandelt.

§ 46 legt sich subsidiäre Geltung, insb. auch gegenüber § 327 StGB., bei.

Schlußbestimmungen.

§ 47. Die vom Bundesrate zur Ausführung dieses Gesetzes erlassenen allgemeinen Bestimmungen sind dem Reichstage zur Kenntnis mitzuteilen.

§ 48. Landesrechtliche Vorschriften über die Bekämpfung anderer als der im § 1 Abs. 1 genannten übertragbaren Krankheiten werden durch dieses Gesetz nicht berührt.

§ 49. Dieses Gesetz tritt mit dem Tage der Verkündung in Kraft.

Gesetz, betreffend das Urheberrecht an Werken der Literatur und der Tonkunst.

Vom 19. Juni 1901.*)

(RGBl. 1901 S. 227, 1910 S. 793.)

Erster Abschnitt.

Voraussetzungen des Schutzes.

§ 1. Nach Maßgabe dieses Gesetzes werden geschützt:

1. die Urheber von Schriftwerken und solchen Vorträgen oder Reden, welche dem Zwecke der Erbauung, der Belehrung oder der Unterhaltung dienen;
2. die Urheber von Werken der Tonkunst;
3. die Urheber von solchen Abbildungen wissenschaftlicher oder technischer Art, welche nicht ihrem Hauptzwecke nach als Kunstwerke zu betrachten sind. Zu den Abbildungen gehören auch plastische Darstellungen.

Choreographische und pantomimische Werke werden auch dann wie Schriftwerke geschützt, wenn der Bühnenvorgang auf andere Weise als schriftlich festgelegt ist.

*) Abgeändert durch das Gesetz vom 22. Mai 1910 zur Ausführung der revidierten Berner Uebereinkunft zum Schutze von Werken der Literatur und Kunst vom 13. November 1908, in Kraft seit dem 9. September 1910 (RGBl. 1910 S. 793).

Schriftwerk ist jedes Erzeugnis individueller geistiger Tätigkeit, das durch die Schrift mitgeteilt werden kann, E. 41, 401; E. 39, 100; gleichgültig ist dabei das Maß der erforderlich gewesenen geistigen Tätigkeit (selbst Adreßbücher und Preiskataloge können hierher fallen, E. 17, 195; E. 39, 100), der Umfang und der innere Gehalt und Wert der Geistesarbeit, R. X, 729 (Lotteriegewinnlisten); E. 19, 199. Ausgeschlossen sind einerseits Schriften, die sich in der Mitteilung persönlicher Nachrichten, der Besprechung geschäftlicher Angelegenheit usw. erschöpfen, E. 39, 282; vgl. R. III, 651; andererseits alle, die lediglich den Charakter mechanisch gefertigter Arbeiten an sich tragen, E. 41, 401. Das Werk braucht nicht verlagsfähig, d. h. bestimmt zu sein, in den literarischen Verkehr einzutreten, E. 39, 100. Den Zweck der Belehrung braucht der Urheber nicht zu verfolgen; es ist gleichgültig, ob die Veröffentlichung Selbstzweck war oder ob sie geschäftlichen Zwecken diente, E. 34, 434. Vgl. auch E. 12, 359 (Inserate in Gedichtform). Entscheidend sind immer die Umstände des einzelnen Falls; Uebersetzungen, Preislisten sind möglicherweise, aber nicht notwendig Schriftwerke, E. 33, 129. — Veröffentlicht oder zur Veröffentlichung bestimmt braucht das Schriftwerk usw. nicht zu sein, E. 15, 405.

Auch die Abbildung (Ziff. 3) muß auf selbständiger geistiger Arbeit beruhen; die Wiedergabe allgemein bekannter und deshalb als Gemeingut der gesamten Industrie zu bezeichnender Einrichtungen reicht nicht aus, E. 15, 408. Andererseits wird nicht gefordert, daß sie als Abbildung auf einer geistigen Tätigkeit des Urhebers beruhen; es wird vielmehr nur ein darstellerischer Gedanke gefordert, E. 35, 329; E. 39, 103. Den Zweck der Belehrung braucht der Urheber nicht zu verfolgen; es genügt beispielsw. für die Abbildung in Preisverzeichnissen, daß sie über den Stand einer bestimmten Industrie zu unterrichten vermögen, E. 34, 431. Immer aber muß die einen selbständigen Gedanken festhaltende Darstellung die Eigenschaft eines Mittels der Anleitung oder Unterweisung besitzen, E. 39, 229.

§ 2. Urheber eines Werkes ist dessen Verfasser. Bei einer Uebersetzung gilt der Uebersetzer, bei einer sonstigen Bearbeitung der Bearbeiter als Urheber.

Wird ein Werk der Literatur oder der Tonkunst durch einen persönlichen Vortrag auf Vorrichtungen für Instrumente übertragen, die der mechanischen Wiedergabe für das Gehör dienen, so steht die auf diese Weise hergestellte Vorrichtung einer Bearbeitung des Werkes gleich. Das gleiche gilt, wenn die Uebertragung durch Lochen, Stanzen, Anordnung von Stiften oder eine ähnliche Tätigkeit geschieht, und die Tätigkeit als eine künstlerische Leistung anzusehen ist. Im Falle des Satz 1 gilt der Vortragende, im Falle des Satz 2 derjenige, welcher die Uebertragung bewirkt, als Bearbeiter.

Ueber die Abgrenzung der Bearbeitung gegenüber der Vervielfältigung einerseits, der Verarbeitung zu einer eigentüml. Schöpfung andererseits vgl. E. 42, 390.

§ 3. Juristische Personen des öffentlichen Rechtes, die als Herausgeber ein Werk veröffentlichen, dessen Verfasser nicht auf dem Titelblatt, in der Zueignung, in der Vorrede oder am Schlusse genannt wird, werden, wenn nicht ein anderes vereinbart ist, als Urheber des Werkes angesehen.

§ 4. Besteht ein Werk aus den getrennten Beiträgen mehrerer (Sammelwerk), so wird für das Werk als ganzes der Herausgeber als Urheber angesehen. Ist ein solcher nicht genannt, so gilt der Verleger als Herausgeber.

Das Urheberrecht des Herausgebers beruht auf der geistigen Tätigkeit, die durch Wahl und Prüfung der Beiträge und durch die Anordnung des Ganzen entwickelt wird. Es wird deshalb durch den

Nachdruck des einzelnen Beitrags nicht verletzt, E. 38, 242; an diesem steht dem Verf. das Urheberrecht zu, das durch eine unbefugte Weiterveräußerung des Beitrags seitens des Herausgebers verletzt werden kann, E. 30, 292.

§ 5. Wird ein Schriftwerk mit einem Werke der Tonkunst oder mit Abbildungen verbunden, so gilt für jedes dieser Werke dessen Verfasser auch nach der Verbindung als Urheber.

§ 6. Haben mehrere ein Werk gemeinsam in der Weise verfaßt, daß ihre Arbeiten sich nicht trennen lassen, so besteht unter ihnen als Urhebern eine Gemeinschaft nach Bruchteilen im Sinne des Bürgerlichen Gesetzbuchs.

§ 7. Enthält ein erschienenes Werk auf dem Titelblatt, in der Zueignung, in der Vorrede oder am Schlusse den Namen eines Verfassers, so wird vermutet, daß dieser der Urheber des Werkes sei. Ist das Werk durch Beiträge mehrerer gebildet, so genügt es, wenn der Name an der Spitze oder am Schlusse des Beitrags angegeben ist.

Bei Werken, die unter einem anderen als dem wahren Namen des Verfassers oder ohne den Namen eines Verfassers erschienen sind, ist der Herausgeber, falls aber ein solcher nicht angegeben ist, der Verleger berechtigt, die Rechte des Urhebers wahrzunehmen.

Bei Werken, die vor oder nach dem Erscheinen öffentlich aufgeführt oder vorgetragen sind, wird vermutet, daß derjenige der Urheber sei, welcher bei der Ankündigung der Aufführung oder des Vortrags als Verfasser bezeichnet worden ist.

Vgl. zu § 13 Geschmacksmustergesetz (oben S. 30).

§ 8. Das Recht des Urhebers geht auf die Erben über.

Ist der Fiskus oder eine andere juristische Person gesetzlicher Erbe, so erlischt das Recht, soweit es dem Erblasser zusteht, mit dessen Tode.

Das Recht kann beschränkt oder unbeschränkt auf andere übertragen werden; die Uebertragung kann auch mit der Begrenzung auf ein bestimmtes Gebiet geschehen.

Zu Abs. 3. Die Uebertragung kann daraus geschlossen werden, daß der Urheber das Eigentum an den auf Bestellung angefertigten Zeichnungen auf den Besteller übertragen hat, E. 15, 406. Der Erwerber kann das Urheberrecht wie jedes andere Vermögensrecht ohne Zustimmung des Urhebers weiterveräußern, E. 17, 274; es sei denn, daß der Urheber die Weiterveräußerung ausdrücklich oder stillschweigend ausgeschlossen hat, E. 30, 294. Die in Abs. 3 vorgesehene Beschränkung kann sich nicht auf die Gestaltung des Inhalts der in Ausübung des Urheberrechts vorgenommenen Handlungen beziehen; die Bestimmung eines Ladenpreises durch den Urheber, oder die dem Erwerber gemachte Auflage, die Nachbildungen nur durch eine bestimmte Person herstellen zu lassen, hat keine urheberrechtliche Wirkung, E. 39, 108; E. 42, 32.

§ 9. Im Falle der Uebertragung des Urheberrechts hat der Erwerber, soweit nicht ein anderes vereinbart ist, nicht das Recht, an dem Werke selbst, an dessen Titel und an der Bezeichnung des Urhebers Zusätze, Kürzungen oder sonstige Aenderungen vorzunehmen.

Zulässig sind Aenderungen, für die der Berechtigte seine Einwilligung nach Treu und Glauben nicht versagen kann.

§ 10. Die Zwangsvollstreckung in das Recht des Urhebers oder in sein Werk findet gegen den Urheber selbst ohne dessen Einwilligung nicht statt; die Einwilligung kann nicht durch den gesetzlichen Vertreter erteilt werden. Gegen den Erben des Urhebers ist ohne seine Einwilligung die Zwangsvollstreckung nur zulässig, wenn das Werk erschienen ist.

Zweiter Abschnitt.

Befugnisse des Urhebers.

§ 11. Der Urheber hat die ausschließliche Befugnis, das Werk zu vervielfältigen und gewerbsmäßig zu verbreiten; die ausschließliche Befugnis erstreckt sich nicht auf das Verleihen. Der Urheber ist ferner, so lange nicht der wesentliche Inhalt des Werkes öffentlich mitgeteilt ist, ausschließlich zu einer solchen Mitteilung befugt.

Das Urheberrecht an einem Bühnenwerk oder an einem Werke der Tonkunst enthält auch die ausschließliche Befugnis, das Werk öffentlich aufzuführen.

Der Urheber eines Schriftwerkes oder eines Vortrags hat, so lange nicht das Werk erschienen ist, die ausschließliche Befugnis, das Werk öffentlich vorzutragen.

Als Verbreitung ist jede Ueberlassung eines Exemplars zu verstehen, vgl. auch zu § 3 Preßges. (indessen reicht die Ablieferung des Werks seitens des Verfertigers an den Besteller nicht aus, E. 11,

333); gewerbsmäßig ist sie, wenn sie innerhalb eines Gewerbebetriebs zu dessen Zwecken erfolgt, E. 37, 368; E. 39, 111. Der Schutz des § 11 beschränkt sich nicht auf eine erstmalige Ausgabe, sondern umfaßt regelmäßig auch alle späteren Veröffentlichungen, E. 16, 353.

§ 12. Die ausschließlichen Befugnisse, die dem Urheber nach § 11 in Ansehung des Werkes selbst zustehen, erstrecken sich auch auf die Bearbeitungen des Werkes.

Die Befugnisse des Urhebers erstrecken sich insbesondere auf:

1. die Uebersetzung in eine andere Sprache oder in eine andere Mundart derselben Sprache, auch wenn die Uebersetzung in gebundener Form abgefaßt ist;
2. die Rückübersetzung in die Sprache des Originalwerkes;
3. die Wiedergabe einer Erzählung in dramatischer Form oder eines Bühnenwerkes in der Form einer Erzählung;
4. die Herstellung von Auszügen aus Werken der Tonkunst sowie von Einrichtungen solcher Werke für einzelne oder mehrere Instrumente oder Stimmen;
5. die Uebertragung des Werkes auf Vorrichtungen für Instrumente, die der mechanischen Wiedergabe für das Gehör dienen, insbesondere auf auswechselbare Scheiben, Platten, Walzen, Bänder und sonstige Zubehörstücke solcher Instrumente;
6. die Benutzung eines Schriftwerkes zu einer bildlichen Darstellung, welche das Originalwerk seinem Inhalt nach im Wege der Kinematographie oder eines ihr ähnlichen Verfahrens wiedergibt.

§ 13. Unbeschadet der ausschließlichen Befugnisse die dem Urheber nach § 12 Abs. 2 zustehen, ist die freie Benutzung seines Werkes zulässig, wenn dadurch eine eigentümliche Schöpfung hervorgebracht wird.

Bei einem Werke der Tonkunst ist jede Benutzung unzulässig, durch welche eine Melodie erkennbar dem

Werke entnommen und einer neuen Arbeit zugrunde gelegt wird.

Vgl. zu § 16 Kunstges. (unten S. 265).

§ 14. Im Falle der Uebertragung des Urheberrechts verbleiben, soweit nicht ein anderes vereinbart ist, dem Urheber seine ausschließlichen Befugnisse:

1. für die Uebersetzung eines Werkes in eine andere Sprache oder in eine andere Mundart;
2. für die Wiedergabe einer Erzählung in dramatischer Form oder eines Bühnenwerkes in der Form einer Erzählung;
3. für die Bearbeitung eines Werkes der Tonkunst, soweit sie nicht bloß ein Auszug oder eine Uebertragung in eine andere Tonart oder Stimmlage ist;
4. für die Benutzung des Werkes zum Zwecke der mechanischen Wiedergabe für das Gehör (§ 12 Abs. 2 Nr. 5);
5. für die Benutzung eines Schriftwerkes zum Zwecke der kinematographischen Wiedergabe (§ 12 Abs. 2 Nr. 6).

§ 15. Eine Vervielfältigung ohne Einwilligung des Berechtigten ist unzulässig, gleichviel durch welches Verfahren sie bewirkt wird; auch begründet es keinen Unterschied, ob das Werk in einem oder in mehreren Exemplaren vervielfältigt wird.

Eine Vervielfältigung zum persönlichen Gebrauch ist zulässig, wenn sie nicht den Zweck hat, aus dem Werke eine Einnahme zu erzielen.

Zur Vervielfältigung genügt die Herstellung einer Abschrift, E. 14, 46; E. 41, 402. Die Vervielf. ist unzulässig, gleichgültig, ob sie nach dem Original oder nach einem Abdruck erfolgt; das gilt gleichmäßig für alle Schutzobjekte des § 1. Vgl. E. 14, 69; E. 28, 259; vgl. auch E. 37, 386 (Verletzung eines deutschen Urheberrechts durch Abdruck eines englischen, ohne Vorbehalt erschienenen Zeitungsartikels). Vgl. über die Abgrenzung der Vervielfältigung gegenüber der Herstellung eines selbständigen unter Benutzung des älteren Schriftwerks E. 17, 198. — Ueber teilweise Vervielf. vgl. zu § 41. — Gleichgültig ist es, ob die Vervielf. dem Original Konkurrenz bereitet, E. 8, 432. Die Einräumung eines alleinigen Vervielfältigungsrechts berechtigt den Täter nicht dazu, das Schriftwerk in jeder beliebigen Form zu veröffentlichen, E. 42, 194.

§ 16. Zulässig ist der Abdruck von Gesetzbüchern, Gesetzen, Verordnungen, amtlichen Erlassen und Entscheidungen sowie von anderen zum amtlichen Gebrauche hergestellten amtlichen Schriften.

Unter § 16 fallen nach der Erteilung des Patents auch die der Patentanmeldung beigefügten Beschreibungen und Zeichnungen, E. 27, 21.

§ 17. Zulässig ist:

1. **die Wiedergabe eines Vortrags oder einer Rede in Zeitungen oder Zeitschriften, sofern der Vortrag oder die Rede Bestandteil einer öffentlichen Verhandlung ist;**
2. **die Vervielfältigung von Vorträgen oder Reden, die bei den Verhandlungen der Gerichte, der politischen, kommunalen und kirchlichen Vertretungen gehalten werden.**

Die Vervielfältigung ist jedoch unzulässig, wenn sie in einer Sammlung erfolgt, die der Hauptsache nach Reden desselben Verfassers enthält.

Die Wiedergabe eines Kathedervortrags ist unzulässig, mag sich sein Inhalt auch mit dem eines früher gehaltenen öffentl. Vortrags decken, E. 36, 8.

§ 18. Zulässig ist der Abdruck einzelner Artikel aus Zeitungen in anderen Zeitungen, soweit die Artikel nicht mit einem Vorbehalte der Rechte versehen sind; jedoch ist nur ein Abdruck gestattet, durch den der Sinn nicht entstellt wird. Bei dem Abdruck ist die Quelle deutlich anzugeben.

Der Abdruck von Ausarbeitungen wissenschaftlichen, technischen oder unterhaltenden Inhalts ist, auch wenn ein Vorbehalt der Rechte fehlt, unzulässig.

Vermischte Nachrichten tatsächlichen Inhalts und Tagesneuigkeiten dürfen aus Zeitungen oder Zeitschriften stets abgedruckt werden.

Zu den Artikeln gehören auch die Inserate, E. 12, 359. Kalender gehören nicht zu den Zeitungen, E. 14, 67; wohl aber Beilagen und Extrablätter, R. III, 651. — Die Rechte können durch die Worte „Nachdruck verboten" vorbehalten werden, E. 36, 195.

Die Ausarbeitungen des Abs. 2 brauchen wissenschaftl. Wert nicht zu besitzen, E. 36, 195 (Wiedergabe höchstrichterl. Entscheidungen kann hierher gehören); es genügt, daß der Inhalt nach der Art und Weise der Erörterung und Darstellung die Bestimmung bekundet, einem wissenschaftl. Zweck zu dienen. Vgl. ferner die eing. begründete E. 22, 55 (59).

§ 19. Zulässig ist die Vervielfältigung:

1. wenn einzelne Stellen oder kleinere Teile eines Schriftwerkes, eines Vortrags oder einer Rede nach der Veröffentlichung in einer selbständigen literarischen Arbeit angeführt werden;
2. wenn einzelne Aufsätze von geringem Umfang oder einzelne Gedichte nach dem Erscheinen

in eine selbständige wissenschaftliche Arbeit aufgenommen werden;

3. wenn einzelne Gedichte nach dem Erscheinen in eine Sammlung aufgenommen werden, die Werke einer größeren Zahl von Schriftstellern vereinigt und ihrer Beschaffenheit nach zur Benutzung bei Gesangsvorträgen bestimmt ist;

4. wenn einzelne Aufsätze von geringem Umfang, einzelne Gedichte oder kleinere Teile eines Schriftwerkes nach dem Erscheinen in eine Sammlung aufgenommen werden, die Werke einer größeren Zahl von Schriftstellern vereinigt und ihrer Beschaffenheit nach für den Kirchen-, Schul- oder Unterrichtsgebrauch oder zu einem eigentümlichen literarischen Zwecke bestimmt ist. Bei einer Sammlung zu einem eigentümlichen literarischen Zwecke bedarf es, solange der Urheber lebt, seiner persönlichen Einwilligung.

Die Einwilligung gilt als erteilt, wenn der Urheber nicht innerhalb eines Monats, nachdem ihm von der Absicht des Verfassers Mitteilung gemacht ist, Widerspruch erhebt.

Nach § 35 kommt nur die durch den Berechtigten bewirkte Veröffentl. in Betracht. § 19 darf auf unveröffentlichte Schriftwerke usw. nicht ausgedehnt werden, E. 39, 154. Ueber die „selbst. lit. Arb." vgl. E. 37, 294 (Nachdruck in Form einer Besprechung). Zu Ziff. 2 vgl. R. VIII, 223; E. 3, 75; über den eig. lit. Zweck der Ziff. 4 E. 1, 184; E. 16, 356 (die Arbeit muß zu einer besonderen und eigentümlichen Gattung von Produkten im Gebiete der Literatur gehören und sich als Ergebnis eigener geistiger Tätigkeit darstellen).

§ 20. Zulässig ist die Vervielfältigung, wenn kleinere Teile einer Dichtung oder Gedichte von geringem Umfange nach ihrem Erscheinen als Text zu einem neuen Werke der Tonkunst in Verbindung mit diesem wiedergegeben werden. Für eine Aufführung des Werkes darf die Dichtung auch allein wiedergegeben werden, sofern der Abdruck ausschließlich zum Gebrauche der Hörer bestimmt ist.

Unzulässig ist die Vervielfältigung von Dichtungen, die ihrer Gattung nach zur Komposition bestimmt sind.

Die Vorschriften des Abs. 1 finden keine Anwendung, soweit der Text in Verbindung mit der mechanischen Wiedergabe eines Werkes der Tonkunst (§ 12 Abs. 2 Nr. 5) vervielfältigt werden soll.

§ 21. Zulässig ist die Vervielfältigung:

1. wenn einzelne Stellen eines bereits erschienenen Werkes der Tonkunst in einer selbständigen literarischen Arbeit angeführt werden;
2. wenn kleinere Kompositionen nach dem Erscheinen in eine selbständige wissenschaftliche Arbeit aufgenommen werden;
3. wenn kleinere Kompositionen nach dem Erscheinen in eine Sammlung aufgenommen werden, die Werke einer größeren Zahl von Komponisten vereinigt und ihrer Beschaffenheit nach für den Unterricht in Schulen mit Ausschluß der Musikschulen bestimmt ist.

§ 22. Gestattet der Urheber eines Werkes der Tonkunst einem anderen, das Werk zum Zwecke der mechanischen Wiedergabe (§ 12 Abs. 2 Nr. 5) gewerbsmäßig zu vervielfältigen, so kann, nachdem das Werk erschienen ist, jeder dritte, der im Inland eine gewerbliche Hauptniederlassung oder den Wohnsitz hat, verlangen, daß ihm der Urheber gegen eine angemessene Vergütung gleichfalls eine solche Erlaubnis erteile; für die Entstehung des Anspruchs begründet es keinen Unterschied, ob der Urheber dem anderen die Vervielfältigung mit oder ohne Uebertragung der ausschließlichen Befugnis gestattet. Die Erlaubnis wirkt nur in bezug auf die Verbreitung im Inland und die Ausfuhr nach solchen Staaten, in denen der Urheber keinen Schutz gegen die mechanische Wiedergabe des Werkes genießt. Der Reichskanzler kann durch Bekanntmachung im Reichs-Gesetzblatt für das Verhältnis zu einem Staate, in dem er die Gegenseitigkeit für verbürgt erachtet, bestimmen, inwieweit ein Dritter, auch wenn er im Inland weder eine gewerbliche Niederlassung noch den Wohnsitz hat, die Erlaubnis verlangen darf und daß die Erlaubnis auch für die Ausfuhr nach jenem Staate wirkt.

Gehört als Text zu dem Werke der Tonkunst ein geschütztes Schriftwerk, dessen Urheber einem anderen gestattet hat, es zum Zwecke der mechanischen Widergabe gewerbsmäßig zu vervielfältigen, so finden die Vorschriften des Abs. 1 auch auf den Text Anwendung. An Stelle des Urhebers des Textes ist jedoch der Urheber des Werkes der Tonkunst berechtigt und verpflichtet, die Erlaubnis zu erteilen; er hat, wenn er die Erlaubnis erteilt, dem Urheber des Textes einen angemessenen Teil der Vergütung auszuzahlen.

§ **22a.** Vorrichtungen, die auf Grund einer gemäß § 22 erteilten Erlaubnis hergestellt sind, dürfen mit der in § 22 Abs. 1 Satz 2 festgesetzten Beschränkung ohne eine weitere Erlaubnis zu öffentlichen Aufführungen benutzt werden. Hat der Urheber vor oder nach dem Inkrafttreten dieser Vorschrift die ausschließliche Befugnis zur Aufführung einem anderen übertragen, so hat er dem anderen einen angemessenen Teil der Vergütung auszuzahlen.

Die Vorschriften des Abs. 1 finden auch dann Anwendung, wenn der Urheber freiwillig einem anderen die Erlaubnis erteilt, das Werk zum Zwecke der mechanischen Wiedergabe zu vervielfältigen.

§ **22b.** Hat der Urheber die ausschließliche Befugnis zur mechanischen Wiedergabe einem anderen in beschränktem Umfang übertragen, so ist die in § 22 bestimmte Erlaubnis gleichwohl nur von ihm zu erteilen. Im Falle einer unbeschränkten Uebertragung ist die Erlaubnis von dem Rechtsnachfolger zu erteilen.

§ **22c.** Für Klagen, durch die ein Anspruch auf Erteilung der Erlaubnis geltend gemacht wird, sind, sofern der Urheber im Inland keinen allgemeinen

Gerichtsstand hat, die Gerichte der Stadt Leipzig zuständig.

Einstweilige Verfügungen können erlassen werden, auch wenn die in den §§ 935, 940 der Zivilprozeßordnung bezeichneten Voraussetzungen nicht zutreffen.

§ 23. Zulässig ist die Vervielfältigung, wenn einem Schriftwerk ausschließlich zur Erläuterung des Inhalts einzelne Abbildungen aus einem erschienenen Werke beigefügt werden.

§ 24. Auf Grund der §§ 19 bis 23 ist die Vervielfältigung eines fremden Werkes nur zulässig, wenn an den wiedergegebenen Teilen keine Aenderung vorgenommen wird. Jedoch sind, soweit der Zweck der Wiedergabe es erfordert, Uebersetzungen eines Schriftwerkes und solche Bearbeitungen eines Werkes der Tonkunst gestattet, die nur Auszüge oder Uebertragungen in eine andere Tonart oder Stimmlage oder Einrichtungen für die im § 12 bezeichneten Instrumente darstellen. Werden einzelne Aufsätze, einzelne Gedichte oder kleinere Teile eines Schriftwerkes in eine Sammlung zum Schulgebrauch aufgenommen, so sind die für diesen Gebrauch erforderlichen Aenderungen gestattet, jedoch bedarf es, solange der Urheber lebt, seiner persönlichen Einwilligung. Die Einwilligung gilt als erteilt, wenn der Urheber nicht innerhalb eines Monats, nachdem ihm von der beabsichtigten Aenderung Mitteilung gemacht ist, Widerspruch erhebt.

§ 25. Wer ein fremdes Werk nach Maßgabe der §§ 19 bis 23 benutzt, hat die Quelle deutlich anzugeben.

§ 26. Soweit ein Werk nach den §§ 16 bis 21, 23, 24 ohne Einwilligung des Berechtigten vervielfältigt werden darf, ist auch die Verbreitung, die öffentliche Aufführung, sowie der öffentliche Vortrag zulässig.

§ 27. Für öffentliche Aufführungen eines erschienenen Werkes der Tonkunst bedarf es der Einwilligung des Berechtigten nicht, wenn sie keinem gewerblichen Zwecke dienen und die Hörer ohne Entgelt zugelassen werden. Im übrigen sind solche Aufführungen ohne Einwilligung des Berechtigten zulässig:

1. wenn sie bei Volksfesten, mit Ausnahme der Musikfeste, stattfinden;
2. wenn der Ertrag ausschließlich für wohltätige Zwecke bestimmt ist und die Mitwirkenden keine Vergütung für ihre Tätigkeit erhalten;
3. wenn sie von Vereinen veranstaltet werden und nur die Mitglieder sowie die zu ihrem Hausstande gehörigen Personen als Hörer zugelassen werden.

Auf die bühnenmäßige Aufführung einer Oper oder eines sonstigen Werkes der Tonkunst, zu welchem ein Text gehört, finden diese Vorschriften keine Anwendung.

Kurkonzerte dienen, selbst wenn sie unentgeltl. veranstaltet werden, gewerbl. Zwecken, GA. 57, 210.

§ 28. Zur Veranstaltung einer öffentlichen Aufführung ist, wenn mehrere Berechtigte vorhanden sind, die Einwilligung eines jeden erforderlich.

Bei einer Oper oder einem sonstigen Werke der Tonkunst, zu welchem ein Text gehört, bedarf der Veranstalter der Aufführung nur der Einwilligung desjenigen, welchem das Urheberrecht an dem musikalischen Teile zusteht.

Dritter Abschnitt.

Dauer des Schutzes.

§ 29. Der Schutz des Urheberrechts endigt, wenn seit dem Tode des Urhebers dreißig Jahre und außerdem seit der ersten Veröffentlichung des Werkes zehn Jahre abgelaufen sind. Ist die Veröffentlichung bis zum Ablaufe von dreißig Jahren seit dem Tode des Urhebers nicht erfolgt, so wird vermutet, daß das Urheberrecht dem Eigentümer des Werkes zustehe.

§ 30. Steht das Urheberrecht an einem Werke mehreren gemeinschaftlich zu, so bestimmt sich, soweit der Zeitpunkt des Todes für die Schutzfrist maßgebend ist, deren Ablauf nach dem Tode des Letztlebenden.

§ 31. Ist der wahre Name des Urhebers nicht bei der ersten Veröffentlichung gemäß § 7 Abs. 1, 3 angegeben worden, so endigt der Schutz mit dem Ablaufe von dreißig Jahren seit der Veröffentlichung.

Wird der wahre Name des Urhebers binnen der dreißigjährigen Frist gemäß § 7 Abs. 1, 3 angegeben oder von dem Berechtigten zur Eintragung in die Eintragsrolle (§ 56) angemeldet, so finden die Vorschriften des § 29 Anwendung. Das Gleiche gilt, wenn das Werk erst nach dem Tode des Urhebers veröffentlicht wird.

§ 32. Steht einer juristischen Person nach den §§ 3, 4 das Urheberrecht zu, so endigt der Schutz mit dem Ablaufe von dreißig Jahren seit der Veröffentlichung. Jedoch endigt der Schutz mit dem Ablaufe der im § 29 bestimmten Fristen, wenn das Werk erst nach dem Tode des Verfassers veröffentlicht wird.

§ 33. Bei Werken, die aus mehreren in Zwischenräumen veröffentlichten Bänden bestehen, sowie bei fortlaufenden Berichten oder Heften wird jeder Band, jeder Bericht oder jedes Heft für die Berechnung der Schutzfristen als ein besonderes Werk angesehen.

Bei den in Lieferungen veröffentlichten Werken wird die Schutzfrist erst von der Veröffentlichung der letzten Lieferung an berechnet.

§ 34. Die Schutzfristen beginnen mit dem Ablaufe des Kalenderjahrs, in welchem der Urheber gestorben oder das Werk veröffentlicht worden ist.

§ 35. Soweit der in diesem Gesetze gewährte Schutz davon abhängt, ob ein Werk erschienen oder anderweit veröffentlicht oder ob der wesentliche Inhalt eines Werkes öffentlich mitgeteilt worden ist, kommt nur eine Veröffentlichung oder Mitteilung in Betracht, die der Berechtigte bewirkt hat.

Vierter Abschnitt.

Rechtsverletzungen.

§ 36. Wer vorsätzlich oder fahrlässig unter Verletzung der ausschließlichen Befugnis des Urhebers ein Werk vervielfältigt, gewerbsmäßig verbreitet oder den wesentlichen Inhalt eines Werkes öffentlich mitteilt, ist dem Berechtigten zum Ersatze des daraus entstehenden Schadens verpflichtet.

§ 37. Wer vorsätzlich oder fahrlässig unter Verletzung der ausschließlichen Befugnis des Urhebers ein Werk öffentlich aufführt oder öffentlich vorträgt, ist dem Berechtigten zum Ersatze des daraus entstehenden Schadens verpflichtet. Die gleiche Verpflichtung trifft denjenigen, welcher vorsätzlich oder fahrlässig eine dramatische Bearbeitung, die nach § 12 unzulässig ist, öffentlich aufführt oder eine bildliche Darstellung, die nach § 12 unzulässig ist, öffentlich vorführt.

§ 38. [L.] Mit Geldstrafe bis zu dreitausend Mark wird bestraft:

1. wer in anderen als den gesetzlich zugelassenen Fällen vorsätzlich ohne Einwilligung des Berechtigten ein Werk vervielfältigt oder gewerbsmäßig verbreitet;
2. wer in anderen als den gesetzlich zugelassenen Fällen vorsätzlich ohne Einwilligung des Berechtigten ein Bühnenwerk, ein Werk der Tonkunst oder eine dramatische Bearbeitung, die nach § 12 unzulässig ist, öffentlich aufführt oder eine bildliche Darstellung, die nach § 12 unzulässig ist, öffentlich vorführt oder ein Werk, bevor es erschienen ist, öffentlich vorträgt.

War die Einwilligung des Berechtigten nur deshalb erforderlich, weil an dem Werke selbst, an dessen Titel oder an der Bezeichnung des Urhebers Aenderungen vorgekommen sind, so tritt Geldstrafe bis zu dreihundert Mark ein.

Soll eine nicht beizutreibende Geldstrafe in Gefängnisstrafe umgewandelt werden, so darf deren

Dauer in den Fällen des Abs. 1 sechs Monate, in den Fällen des Abs. 2 einen Monat nicht übersteigen.

Vgl. bezgl. der Schutzobj. zu § 1; bezgl. der Vervielf. zu § 15; bezgl. der gewerbsm. Verbreitung zu § 11. Zum Vorsatz genügt dolus eventualis, E. 15, 419. Der Täter muß wissen, daß die Vervielf. bezw. die gewerbsmäßige Verbreitung in ein fremdes Urheberrecht eingreift; der Irrtum untersteht den allg. Grundsätzen. Die Absicht, eine Einnahme zu erzielen, ist nicht vorausgesetzt, E. 37, 369. Ziff. 1 trifft insb. den Veranstalter des Nachdrucks, vgl. dazu E. 14, 236, sowie bezgl. der Mittäterschaft E. 9, 109. Die Frage der Täterschaft entscheidet sich nach den allg. Bestimmungen; insb. ist der im Gesetz von 1870 dem Veranstalter gleichgestellte „Veranlasser" lediglich als Anstifter zu behandeln (a. M. Stenglein 4 S. 207). Einen Fall mittelb. Täterschaft s. in E. 41, 403. — Der Veranstalter des Nachdrucks kann nicht auch wegen gewerbsm. Verbreitung gestraft werden, E. 11, 336.

Unter Ziff. 2 fällt als Täter, wer die Aufführung veranstaltet, sie bestimmt und anordnet, E. 30, 339 (gleichgültig, ob er die Erlaubnis aus § 32 GewO. besitzt); insb. wer, wenn auch nur in allgemeiner Form, die aufzuführenden Stücke auswählt, E. 41, 289; GA. 57, 211. Pflichtwidrige Nichthinderung der Unterlassung reicht aus, ebda. — Ueber Nachdruck durch die Presse vgl. zu § 20 Preßges.

§ 39. [L.A.] Wer den wesentlichen Inhalt eines Werkes, bevor der Inhalt öffentlich mitgeteilt ist, vorsätzlich ohne Einwilligung des Berechtigten öffentlich mitteilt, wird mit Geldstrafe bis zu eintausendfünfhundert Mark bestraft. Soll eine nicht beizutreibende Geldstrafe in Gefängnisstrafe umgewandelt werden, so darf deren Dauer drei Monate nicht übersteigen.

§ 40. Auf Verlangen des Berechtigten kann neben der Strafe auf eine an ihn zu erlegende

Buße bis zum Betrage von sechstausend Mark erkannt werden. Die zu dieser Buße Verurteilten haften als Gesamtschuldner.

Eine erkannte Buße schließt die Geltendmachung eines weiteren Anspruchs auf Schadensersatz aus.

Die Unmöglichkeit genauer Feststellung eines Vermögensschadens schließt die Zuerkennung der Buße nicht aus, E. 6, 398; E. 17, 190.

§ 41. Die in den §§ 36 bis 39 bezeichneten Handlungen sind auch dann rechtswidrig, wenn das Werk nur zu einem Teile vervielfältigt, verbreitet, öffentlich mitgeteilt, aufgeführt, vorgeführt oder vorgetragen wird.

Es muß ein irgendwie erheblicher Teil des fremden Schriftstücks unbefugt vervielfältigt sein; die Erheblichkeit ist nach dem quantitativen und qualitativen Verhältnis des vervielfältigten Teils zu dem ganzen Schriftwerke zu bemessen, E. 39, 153; E. 8, 428.

§ 42. Die widerrechtlich hergestellten oder verbreiteten Exemplare und die zur widerrechtlichen Vervielfältigung ausschließlich bestimmten Vorrichtungen, wie Formen, Platten, Steine, Stereotypen, unterliegen der Vernichtung. Ist nur ein Teil des Werkes widerrechtlich hergestellt oder verbreitet, so ist auf Vernichtung dieses Teiles und der entsprechenden Vorrichtungen zu erkennen.

Gegenstand der Vernichtung sind alle Exemplare und Vorrichtungen, welche sich im Eigentume der an der Herstellung oder der Verbreitung Beteiligten sowie der Erben dieser Personen befinden.

Auf die Vernichtung ist auch dann zu erkennen, wenn die Herstellung oder die Verbreitung weder vorsätzlich noch fahrlässig erfolgt. Das gleiche gilt, wenn die Herstellung noch nicht vollendet ist.

Die Vernichtung hat zu erfolgen, nachdem dem Eigentümer gegenüber rechtskräftig darauf erkannt ist. Soweit die Exemplare oder die Vorrichtungen in anderer Weise als durch Vernichtung unschädlich gemacht werden können, hat dies zu geschehen, falls der Eigentümer die Kosten übernimmt.

Ueber den Umfang der Vernichtung vgl. E. 12, 198; über ihre Zulässigkeit selbst nach Ablauf der Schutzfrist E. 27, 26. Sie erfolgt nur auf Grund besonderen Antrags; der Einziehungsantrag ist gegenüber dem Strafantrag selbständig, E. 13, 324 (332). Er kann deshalb auch gestellt werden, ohne daß gleichzeitig die Verfolgung des Schuldigen beantragt wird, E. 22, 56. Die Kosten fallen im Fall des Abs. 3, wie im objektiven Verfahren, der Staatskasse zur Last, E. 12, 198; E. 13, 19. — Zur Stellung des Antrags bildet nach E. 22, 359 eine Zivilprozeßvollmacht eine ausreichende Legitimation.

§ 43. Der Berechtigte kann statt der Vernichtung verlangen, daß ihm das Recht zuerkannt wird, die Exemplare und Vorrichtungen ganz oder teilweise gegen eine angemessene, höchstens dem Betrage der Herstellungskosten gleichkommende Vergütung zu übernehmen.

§ 44. [A.] Wer den Vorschriften des § 18 Abs. 1 oder des § 25 zuwider unterläßt, die benutzte Quelle anzugeben, wird mit Geldstrafe bis zu einhundertfünfzig Mark bestraft.

§ 44 bezieht sich nicht auf die Fälle des § 18 Abs. 2, selbst wenn der dort verbotene Abdruck fahrlässig erfolgte, E. 41, 349.

§ 45. Die Strafverfolgung in den Fällen der §§ 38, 39, 44 tritt nur auf Antrag ein. Die Zurücknahme des Antrags ist zulässig.

Der Antrag braucht nicht mit Rücksicht auf die Beeinträchtigung von Vermögensrechten gestellt zu sein, E. 36, 11. Antragsberechtigt ist auch der Verfasser eines Zeitungsartikels, E. 15, 63. Das gilt auch für den Fall der § 44, § 18, 1; E. 38, 6. Der Veranstalter des Nachdrucks und der gewerbsmäßige Verbreiter stehen selbständig neben einander; eine Beteiligung i. S. des § 63 StGB., kraft deren der gegen den einen gestellte Antrag auch den andern ergriffe, liegt nicht vor, E. 28, 175.

§ 46. Die Vernichtung der widerrechtlich hergestellten oder verbreiteten Exemplare und der zur widerrechtlichen Vervielfältigung ausschließlich bestimmten Vorrichtungen kann im Wege des bürgerlichen Rechtsstreits oder im Strafverfahren verfolgt werden.

§ 47. Auf die Vernichtung von Exemplaren oder Vorrichtungen kann auch im Strafverfahren nur auf besonderen Antrag des Berechtigten erkannt werden. Die Zurücknahme des Antrags ist bis zur erfolgten Vernichtung zulässig.

Der Berechtigte kann die Vernichtung von Exemplaren oder Vorrichtungen selbständig verfolgen. In diesem Falle finden die §§ 477 bis 479 der Strafprozeßordnung mit der Maßgabe Anwendung, daß der Berechtigte als Privatkläger auftreten kann.

§ 48. Die §§ 46, 47 finden auf die Verfolgung des im § 43 bezeichneten Rechtes entsprechende Anwendung.

§ 49. Für sämtliche Bundesstaaten sollen Sachverständigenkammern bestehen, die verpflichtet sind, auf Erfordern der Gerichte und der Staatsanwaltschaften Gutachten über die an sie gerichteten Fragen abzugeben.

Die Sachverständigenkammern sind befugt, auf Anrufen der Beteiligten über Schadensersatzansprüche, über die Vernichtung von Exemplaren oder Vorrichtungen sowie über die Zuerkennung des im § 43 bezeichneten Rechtes, ferner in den Fällen des § 22 über den Anspruch auf die Erteilung der Erlaubnis als Schiedsrichter zu verhandeln und zu entscheiden.

Der Reichskanzler erläßt die Bestimmungen über die Zusammensetzung und den Geschäftsbetrieb der Sachverständigenkammern.

Die einzelnen Mitglieder der Sachverständigenkammern sollen nicht ohne ihre Zustimmung und nicht ohne Genehmigung des Vorsitzenden von den Gerichten als Sachverständige vernommen werden.

§ 50. Der Anspruch auf Schadensersatz und die Strafverfolgung wegen Nachdrucks verjähren in drei Jahren.

Die Verjährung beginnt mit dem Tage, an welchem die Verbreitung der Nachdruckexemplare zuerst stattgefunden hat.

Der § 22 des Preßges. findet auf den Nachdruck keine Anwendung, E. 20, 181.

§ 51. Der Anspruch auf Schadensersatz und die Strafverfolgung wegen widerrechtlicher Verbreitung oder Aufführung sowie wegen widerrechtlichen Vortrags verjähren in drei Jahren. Das gleiche gilt in den Fällen der §§ 36, 39.

Die Verjährung beginnt mit dem Tage, an

welchem die widerrechtliche Handlung zuletzt stattgefunden hat.

§ 52. Der Antrag auf Vernichtung der widerrechtlich hergestellten oder verbreiteten Exemplare sowie der zur widerrechtlichen Vervielfältigung ausschließlich bestimmten Vorrichtungen ist so lange zulässig, als solche Exemplare oder Vorrichtungen vorhanden sind.

§ 53. Die Verjährung der nach dem § 44 strafbaren Handlung beginnt mit dem Tage, an welchem die erste Veröffentlichung stattgefunden hat.

Fünfter Abschnitt.

Schlußbestimmungen.

§ 54. Den Schutz genießen die Reichsangehörigen für alle ihre Werke, gleichviel, ob diese erschienen sind oder nicht.

§ 55. Wer nicht Reichsangehöriger ist, genießt den Schutz für jedes seiner Werke, das im Inland erscheint, sofern er nicht das Werk selbst oder eine Uebersetzung an einem früheren Tage im Auslande hat erscheinen lassen. Für den im § 2 Abs. 2 bestimmten Schutz ist an Stelle des Erscheinens die Vervielfältigung der Vorrichtung maßgebend.

Unter der gleichen Voraussetzung genießt er den Schutz für jedes seiner Werke, das er im Inland in einer Uebersetzung erscheinen läßt; die Uebersetzung gilt in diesem Falle als das Originalwerk.

Vgl. die revid. Berner Uebereinkunft zum Schutze von Werken der Literatur und Kunst vom 13. Nov. 1908, sowie art. IV des AusfG. vom 22. Mai 1910 (RGBl. 793).

§ 56. Die Rolle für die im § 31 Abs. 2 vorgesehenen Eintragungen wird bei dem Stadtrate zu Leipzig geführt. Der Stadtrat bewirkt die Eintragungen, ohne die Berechtigung des Antragstellers oder die Richtigkeit der zur Eintragung angemeldeten Tatsachen zu prüfen.

Wird die Eintragung abgelehnt, so steht den Beteiligten die Beschwerde an den Reichskanzler zu.

§ 57. Der Reichskanzler erläßt die Bestimmungen über die Führung der Eintragsrolle. Die Einsicht der Eintragsrolle ist jedem gestattet. Aus der Rolle können Auszüge gefordert werden; die Auszüge sind auf Verlangen zu beglaubigen.

Die Eintragungen werden im Börsenblatte für den deutschen Buchhandel und, falls das Blatt zu erscheinen aufhören sollte, in einer anderen vom Reichskanzler zu bestimmenden Zeitung öffentlich bekannt gemacht.

§ 58. Eingaben, Verhandlungen, Bescheinigungen und sonstige Schriftstücke, welche die Eintragung in die Eintragsrolle betreffen, sind stempelfrei.

Für jede Eintragung, für jeden Eintragsschein sowie für jeden sonstigen Auszug aus der Eintragsrolle wird eine Gebühr von 1,50 Mark erhoben; außerdem hat der Antragsteller die Kosten für die öffentliche Bekanntmachung der Eintragung zu entrichten.

§ 59. In bürgerlichen Rechtsstreitigkeiten, in welchen durch Klage oder Widerklage ein Anspruch auf Grund der Vorschriften dieses Gesetzes geltend gemacht ist, wird die Verhandlung und Entscheidung letzter Instanz im Sinne des § 8 des Einführungsgesetzes zum Gerichtsverfassungsgesetze dem Reichsgerichte zugewiesen.

§ 60. Einem nachgelassenen Werke, das bei dem Inkrafttreten dieses Gesetzes noch nicht veröffentlicht ist, wird die im § 29 vorgesehene Schutzfrist auch dann zuteil, wenn die bisherige Schutzfrist bereits abgelaufen ist.

§ 61. Der durch dieses Gesetz gewährte Schutz gegen Aufführung kann nach dessen Inkrafttreten einem Werke der Tonkunst, für welches das Aufführungsrecht bis dahin nicht vorbehalten war, dadurch gesichert werden, daß das Werk nachträglich mit dem Vorbehalte versehen wird. Jedoch ist die Aufführung eines solchen Werkes auch ferner ohne Einwilligung des Urhebers zulässig, sofern nicht bei der Aufführung Noten benutzt werden, die mit dem Vorbehalte versehen sind.

Die ausschließliche Befugnis zur öffentlichen Aufführung eines nach diesen Vorschriften geschützten Werkes steht dem Urheber zu.

§ 62. Die ausschließlichen Befugnisse des Urhebers eines geschützten Werkes bestimmen sich nach den Vorschriften dieses Gesetzes, auch wenn das Werk vor dessen Inkrafttreten entstanden ist. War jedoch eine Uebersetzung oder sonstige Bearbeitung oder eine Sammlung, welche aus den Werken mehrerer Schriftsteller zum Schulgebrauche veranstaltet ist, vor dem Inkrafttreten dieses Gesetzes erlaubterweise ganz oder zum Teil erschienen, so bleibt die Befugnis des Bearbeiters zur Vervielfältigung, Verbreitung und öffentlichen Aufführung unberührt.

§ 63. Soweit eine Vervielfältigung, die nach dem Inkrafttreten dieses Gesetzes unzulässig ist, bisher erlaubt war, darf der bereits begonnene Druck von Exemplaren vollendet werden. Die vorhandenen Vorrichtungen, wie Formen, Platten, Steine, Stereotypen, dürfen noch bis zum Ablaufe von sechs Monaten benutzt werden. Die Verbreitung der gemäß dieser Vorschriften hergestellten sowie der bereits vor dem Inkrafttreten dieses Gesetzes vollendeten Exemplare ist zulässig.

§ 63 a. Die Vorschrift des § 12 Abs. 2 Nr. 5 findet keine Anwendung auf Werke der Tonkunst, die bereits vor dem 1. Mai 1909 im Inland erlaubterweise für Vorrichtungen zur mechanischen Wiedergabe benutzt worden sind. Im übrigen finden die Vorschriften des § 63 entsprechende Anwendung; Exemplare, deren Verbreitung hiernach zulässig ist, dürfen auch zu öffentlichen Aufführungen benutzt werden.

Auf Werke der Literatur und der Tonkunst, die vor dem Inkrafttreten der Vorschriften des § 22 entstanden sind, finden diese auch insoweit Anwendung, als die Werke schon bisher einen Schutz gegen mechanische Wiedergabe genossen. Soweit jedoch dem Urheber bisher eine ausschließliche Befugnis zustand, das Werk zur mechanischen Wiedergabe zu benutzen, bleibt, wenn er die Befugnis einem anderen übertragen hat, dieser sowohl dem Urheber als Dritten gegenüber gemäß den bisherigen Vorschriften zu der Benutzung befugt. Auch wird in solchen Fällen, wenn der Urheber auf Grund des bisherigen Rechtes einem anderen ohne Uebertragung der ausschließlichen Befugnis gestattet hat, das geschützte Werk zur mechanischen Wiedergabe zu benutzen, hierdurch für Dritte nicht der Anspruch begründet, daß ihnen gleichfalls eine solche Erlaubnis erteilt werde.

§ 64. Dieses Gesetz tritt mit dem 1. Januar 1902 in Kraft. Die §§ 1 bis 56, 61, 62 des Gesetzes, betreffend das Urheberrecht an Schriftwerken usw., vom 11. Juni 1870 (Bundes-Gesetzbl. S. 339) treten mit demselben Tage außer Kraft. Jedoch bleiben diese Vorschriften insoweit unberührt, als sie in den Reichsgesetzen über den Schutz von Werken der bildenden Künste, von Photographien sowie von Mustern und Modellen für anwendbar erklärt werden.

In Betracht kommt nur noch § 14 des Geschmacksmustergesetzes.

Süßstoffgesetz.

Vom 7. Juli 1902. (RGBl. S. 253.)

§ 1. Süßstoff im Sinne dieses Gesetzes sind alle auf künstlichem Wege gewonnenen Stoffe, welche als Süßmittel dienen können und eine höhere Süßkraft als raffinierter Rohr- oder Rübenzucker, aber nicht entsprechenden Nährwert besitzen.

§ 2. Soweit nicht in den §§ 3 bis 5 Ausnahmen zugelassen sind, ist es verboten:

a) Süßstoff herzustellen oder Nahrungs- oder Genußmitteln bei deren gewerblicher Herstellung zuzusetzen;

b) Süßstoff oder süßstoffhaltige Nahrungs- oder Genußmittel aus dem Ausland einzuführen;

c) Süßstoff oder süßstoffhaltige Nahrungs- oder Genußmittel feilzuhalten oder zu verkaufen.

§ 2 findet auch dann Anwendung, wenn das Nahrungs- oder Genußmittel, dem der Süßstoff zugesetzt wurde, nachgemacht oder verfälscht war (s. E. 33, 163 — zum Gesetz vom 6. Juli 1898; die E. 33, 246, welche die Anwendung des Gesetzes verneinte, wenn aus einem ohne Zusatz künstl. Süßstoffs fertig hergestellten Fruchtsaft durch späteren Zusatz von Süßstoff Limonade hergestellt wurde, trifft für das geltende Recht nicht mehr zu). § 2 b verbietet nicht die Durchfuhr, sondern lediglich die Einfuhr (vgl. über die Abgrenzung der Begriffe E. 39, 66 bes. S. 70 sowie E. 40, 208) ins Inland (hier nicht, wie in § 12 des Fleischbeschaugesetzes, als Zollinland zu fassen, E. 39, 66 S. 72). Das Verkaufen des § 2 c ist auch hier erst mit der Uebergabe vollendet, ebda. Ueber einen Fall verschleierten Verkaufs vgl. E. 37, 339; DJZ. Spruchs. 4, 178. — Ueber den Begriff des Feilhaltens vgl. § 10 Ziff. 2 des NahrMittGes.

§ 3. Nach näherer Bestimmung des Bundesrats ist für die Herstellung oder die Einfuhr von Süßstoff die Ermächtigung einem oder mehreren Gewerbetreibenden zu geben.

Die Ermächtigung ist unter Vorbehalt des jederzeitigen Widerrufs zu erteilen und der Geschäftsbetrieb des Berechtigten unter dauernde amtliche Ueberwachung zu stellen. Auch hat der Bundesrat in diesem Falle zu bestimmen, daß bei dem Verkaufe des Süßstoffs ein gewisser Preis nicht überschritten werden sowie ob und unter welchen Bedingungen eine Ausfuhr von Süßstoff in das Ausland erfolgen darf.

§ 4. Die Abgabe des gemäß § 3 hergestellten oder eingeführten Süßstoffs im Inland ist nur an Apotheken und an solche Personen gestattet, welche die amtliche Erlaubnis zum Bezuge von Süßstoff besitzen.

Diese Erlaubnis ist nur zu erteilen:

a) an Personen, welche den Süßstoff zu wissenschaftlichen Zwecken verwenden wollen;
b) an Gewerbetreibende zum Zwecke der Herstellung von bestimmten Waren, für welche die Zusetzung von Süßstoff aus einem die Verwendung von Zucker ausschließenden Grunde erforderlich ist;
c) an Leiter von Kranken-, Kur-, Pflege- und ähnlichen Anstalten zur Verwendung für die in der Anstalt befindlichen Personen;
d) an die Inhaber von Gast- und Speisewirtschaften in Kurorten, deren Besuchern der Genuß mit Zucker versüßter Lebensmittel ärztlicherseits untersagt zu werden pflegt, zur Verwendung für die im Orte befindlichen Personen.

Die Erlaubnis ist ferner nur unter Vorbehalt jederzeitigen Widerrufs und nur dann zu erteilen, wenn die Verwendung des Süßstoffs zu den angegebenen Zwecken ausreichend überwacht werden kann.

§ 5. Die Apotheken dürfen Süßstoff außer an Personen, welche eine amtliche Erlaubnis (§ 4) besitzen, nur unter den vom Bundesrate festzustellenden Bedingungen abgeben.

Die im § 4 Abs. 2 zu b benannten Bezugsberechtigten dürfen den Süßstoff nur zur Herstellung der in der amtlichen Erlaubnis bezeichneten Waren verwenden und letztere nur an solche Abnehmer abgeben, welche derart zubereitete Waren ausdrücklich verlangen. Der Bundesrat kann bestimmen, daß diese Waren unter bestimmten Bezeichnungen und in bestimmten Verpackungen feilgehalten und abgegeben werden müssen.

Die zu c und d genannten Bezugsberechtigten dürfen Süßstoff oder unter Verwendung von Süßstoff hergestellte Nahrungs- oder Genußmittel nur innerhalb der Anstalt (zu c) oder des Ortes (zu d) abgeben.

§ 6. Die vom Bundesrate zur Ausführung der Vorschriften in den §§ 3, 4 und 5 zu erlassenden Bestimmungen sind dem Reichstage bis zum 1. April 1903 vorzulegen. Sie sind außer Kraft zu setzen, soweit der Reichstag dies verlangt.

Vgl. die Bek. vom 23. März 1903 (ZBl. 03, 103) und vom 17. Dez. 1908 (ZBl. 08, 522). Nach § 10 Abs. 1 der letzteren Bek. unterliegt die Abgabe der in der Saccharinfabrik zu Salbke-Westerhusen hergestellten Röhrchenpackungen zu 25 Saccharintäfelchen Nr. 1 mit höchstens 20 v. H. und zusammen nicht über 0,4 Gramm Gehalt an raffiniertem Saccharin seitens der Apotheken keiner Beschränkung mehr. Anders für die ältere Bek. die übrigens bedenkl. E. 37, 242, 341.

§ 7. [L.A.] Wer der Vorschrift des § 2 vorsätzlich zuwiderhandelt, wird, soweit nicht die Bestimmungen des Vereinszollgesetzes Platz greifen, mit Gefängnis bis zu sechs Monaten und mit Geld-

strafe bis zu eintausendfünfhundert Mark oder mit einer dieser Strafen bestraft.

[A.] Ist die Handlung aus Fahrlässigkeit begangen worden, so tritt Geldstrafe bis zu einhundertfünfzig Mark oder Haft ein.

Das Verh. v. § 7 Abs. 1 vdd. § 2 b zum Vereinszollgesetz, insb. zu § 134 VZG. ist streitig. Dem Wortlaut des § 7 entspricht es, daß alle Zuwiderhandlungen gegen § 2 b ausschließlich nach VZG. gestraft werden; so mit Recht Stenglein 3 S. 1336. Abw. will das RG. die Bestimmungen beider Gesetze nebeneinander anwenden; insb. soll nach § 134 VZG. die Konfiskation, im übrigen aber die Strafe des § 7 dieses Gesetzes, das das RG. als besonderes Gesetz i. S. des § 134 VZG. betrachtet, dazu aber gegebenenfalls die Schärfungen des § 146 VZG. verhängt werden. Vgl. E. 38, 186, 394; DJZ. Spruchs. 4, 178. Indessen soll § 9 dieses Gesetzes wiederum durch die Konfisk. und den Wertersatz der §§ 154, 155 VZG. ausgeschlossen sein, s. DJZ. Spruchs. 15, 153; s. auch E. 11, 156. Die Fälle der §§ 140, 144 VZG. sind bei der Strafzumessung aus § 7 Süßstoffgesetz angemessen zu berücksichtigen; ihre unmittelbare Anwendung ist ausgeschlossen, DJZ. Spruchs. 11, 156; E. 38, 394.

§ 8. Der Strafe des § 7 Abs. 1 unterliegen auch diejenigen, in deren Besitz oder Gewahrsam Süßstoff in Mengen von mehr als 50 Gramm vorgefunden wird, sofern sie nicht den Nachweis erbringen, daß sie den Süßstoff nach Inkrafttreten dieses Gesetzes von einer zur Abgabe befugten Person bezogen haben.

Ist in solchen Fällen den Umständen nach anzunehmen, daß der vorgefundene Süßstoff nicht verbotswidrig hergestellt oder eingeführt worden ist so tritt statt der Strafe des § 7 Abs. 1 diejenige des Abs. 2 daselbst ein.

Abs. 2 findet nur Anwendung, wenn der Angeklagte zwar den ihm nach Abs. 1 obliegenden Nachweis nicht erbracht hat, das Gericht aber nach pflichtgemäßer Prüfung, ohne daß in dieser Richtung eine Beweispflicht des Angeklagten bestände, zu der Annahme gelangt, daß der Süßstoff nicht verbotswidrig hergestellt oder eingeführt worden ist. Beide Abs. enthalten im übrigen den gleichen Tatbestand. Der Begriff des Besitzes oder Gewahrsams ist hier (wie in § 246 StGB., § 9 Sprengstoffges.) unabhängig von der Besitzregelung des BGB. in rein tatsächl. Sinne zu nehmen; mittelbarer Besitz genügt daher nicht, RG. in DJZ. XI, 204. Trotz des Ausdrucks „vorgefunden wird" setzt die Best. nicht voraus, daß jemand den Süßstoff bei dem Angekl. gesehen habe, E. 37, 340; vgl. auch die Bem. zu § 9 Sprengstoffges. Der Tatbestand ist nur erfüllt, wenn der Täter mehr als 50 Gramm reinen Süßstoffs im Besitze hat; der Besitz von Süßstoffzubereitungen, die nur einschließlich ihrer sonstigen Bestandteile mehr als 50 Gramm wiegen, reicht nicht aus, obwohl die AusfBest. § 2 derartige Zubereitungen dem Süßstoff i. S. des § 1 gleichgestellt haben, E. 37, 341.

§ 9. In den Fällen des § 7 und § 8 ist neben der Strafe auf Einziehung der Gegenstände zu erkennen, mit bezug auf welche die Zuwiderhandlung begangen worden ist.

Ist die Verfolgung oder Verurteilung einer bestimmten Person nicht ausführbar, so kann auf die Einziehung selbständig erkannt werden.

Die Einziehung ist obligatorisch vorgeschrieben, und zwar gleichgültig, ob die der Einziehung verfallenen Sachen noch vorhanden sind und beigebracht werden können oder nicht, E. 39, 75, es sei denn, daß die Unmöglichkeit der Vollstreckung bereits feststeht, E. 40, 30. Stehen die Objekte des § 9 nicht im Eigentum des Täters, so dürfte ihre Einziehung mangels ausdrückl. Bestimmung ausgeschlossen sein (a. M. Galli bei Stenglein S. 689). Vgl. zu Abs. 2 den § 15 Nahr.-MittGes. und die Bem. daselbst.

§ 10. [A.] **Zuwiderhandlungen gegen die auf Grund dieses Gesetzes erlassenen und öffentlich oder den Beteiligten besonders bekannt gemachten Verwaltungsvorschriften werden mit einer Ordnungsstrafe von einer bis zu dreihundert Mark geahndet.**

§ 11. Den Inhabern der Süßstoffabriken, die als solche bereits vor dem 1. Januar 1901 betrieben worden sind und diese Fabrikation auch innerhalb der Zeit vom 1. April 1901 bis 1. April 1902 fortgesetzt haben, wird eine vom Bundesrat unter Ausschluß des Rechtswegs festzustellende Entschädigung gewährt.

Die Entschädigung soll das Sechsfache eines Jahresgewinns nach dem Durchschnitte der Betriebsjahre 1898/99, 1899/1900, 1900/1901 unter Annahme der Gewinnhöhe von vier Mark für jedes Kilogramm des innerhalb dieser Zeit hergestellten chemisch-reinen Süßstoffs betragen.

Wird der Inhaber einer Süßstoffabrik gemäß § 3 zur Herstellung von Süßstoff für eigene Rechnung ermächtigt, so tritt eine entsprechende Verminderung der Entschädigung ein; wird die Ermächtigung widerrufen, so ist die Entschädigung entsprechend nachzuvergüten.

Die Inhaber der Fabriken sind verpflichtet, von der ihnen gewährten Entschädigung ihren Beamten und Arbeitern, die infolge des Verbots aus ihrer Beschäftigung entlassen werden, eine Entschädigung zu gewähren, die bei Arbeitern dem von ihnen in den letzten drei Monaten vor dem Inkrafttreten dieses Gesetzes bezogenen durchschnittlichen Arbeitsverdienste, bei Beamten dem von ihnen in den letzten sechs Monaten vor dem Inkrafttreten dieses Gesetzes bezogenen Gehalt entspricht.

Streitigkeiten zwischen den Inhabern der Fabriken einerseits und den Beamten oder Arbeitern andererseits werden von der für Lohnstreitigkeiten zuständigen Instanz entschieden.

§ 12. Der Reichskanzler ist befugt, von dem Tage der Publikation dieses Gesetzes ab, den einzelnen Fabriken den von ihnen herzustellenden Höchstbetrag von Süßstoff vorzuschreiben.

§ 13. Dieses Gesetz tritt mit dem 1. April 1903 in Kraft. Mit diesem Zeitpunkte tritt das Gesetz, betreffend den Verkehr mit künstlichen Süßstoffen vom 6. Juli 1898 (Reichs-Gesetzbl. S. 919) außer Kraft.

Gesetz, betr. Phosphorzündwaren.

Vom 10. Mai 1903. (RGBl. S. 217.)

§ 1. Weißer oder gelber Phosphor darf zur Herstellung von Zündhölzern und anderen Zündwaren nicht verwendet werden.

Zündwaren, die unter Verwendung von weißem oder gelbem Phosphor hergestellt sind, dürfen nicht gewerbsmäßig feilgehalten, verkauft, oder sonst in Verkehr gebracht werden.

Zündwaren der bezeichneten Art dürfen zum Zwecke gewerblicher Verwendung nicht in das Zollinland eingeführt werden.

Die vorstehenden Bestimmungen finden auf Zündbänder, die zur Entzündung von Gruben-Sicherheitslampen dienen, keine Anwendung.

§ 2. [L.] Wer den Vorschriften dieses Gesetzes vorsätzlich zuwiderhandelt, wird mit Geldstrafe bis zu zweitausend Mark bestraft.

[A.] Ist die Handlung aus Fahrlässigkeit begangen worden, so tritt Geldstrafe bis zu einhundertfünfzig Mark ein.

Neben der Strafe ist auf Einziehung der verbotswidrig hergestellten, eingeführten oder in Verkehr gebrachten Gegenstände sowie bei verbotswidriger Herstellung auf die Einziehung der dazu dienenden Gerätschaften zu erkennen, ohne Unterschied, ob sie dem Verurteilten gehören oder nicht. Ist die Verfolgung oder die Verurteilung einer bestimmten Person nicht ausführbar, so ist auf die Einziehung selbständig zu erkennen.

§ 3. Die Vorschriften des § 1 Abs. 2 treten am 1. Januar 1908, im übrigen tritt das Gesetz am 1. Januar 1907 in Kraft.

Gesetz, betreffend die Bekämpfung der Reblaus.

Vom 6. Juli 1904. (RGBl. S. 261.)

§ 1. Alle Rebpflanzungen unterliegen der amtlichen Beaufsichtigung zum Zwecke der Bekämpfung der Reblaus. Die zur Ermittelung von Verseuchungen erforderlichen Untersuchungen, bei denen eine entsprechende Anzahl von Rebstöcken entwurzelt werden darf, sind in angemessenen Zwischenräumen zu wiederholen.

Rebschulen, in welchen Reben zum Verkaufe gezogen werden, sowie Rebpflanzungen in Handelsgärtnereien sind mindestens einmal jährlich zu untersuchen. Zu gunsten kleiner Rebschulen können Ausnahmen durch die höheren Verwaltungsbehörden bewilligt werden.

S. die Bek. vom 10. März 1905 (ZBl. 52).

§ 2. Den zuständigen Behörden liegt ob, durch geeignete Maßregeln der Verbreitung der Reblaus vorzubeugen und festgestellte Verseuchungen schleunig und gründlich auszurotten und zu unterdrücken.

Zu diesem Zwecke können sie

1. Reben, Rebteile und Erzeugnisse des Weinstocks, gebrauchte Rebpfähle und Rebbänder vernichten und verseuchte oder der Verseuchung verdächtige Flächen und auf solchen verwendete Weinbaugerätschaften desinfizieren lassen;
2. das Entfernen von Reben, Rebteilen und Erzeugnissen des Weinstocks, ferner von anderen Pflanzen oder Pflanzenteilen, Rebpfählen, Rebbändern, Weinbaugerätschaften, Dünger, Kompost, Erde oder einzelnen Bodenbestandteilen von verseuchten oder der Verseuchung verdächtigen Flächen sowie das Betreten solcher Flächen verbieten und deren weitere Benutzung Beschränkungen unterwerfen;
3. den Anbau von Reben oder bestimmten Arten von Reben oder die Anlage von Rebschulen auf bestimmten Flächen oder innerhalb bestimmter Grenzen verbieten oder beschränken; insbesondere die Anmeldung aller Neuanlagen bei der Polizeibehörde anordnen;
4. den Verkehr mit Reben, Rebteilen und Erzeugnissen des Weinstocks, mit gebrauchten Rebpfählen, Rebbändern oder Weinbaugerätschaften, mit Dünger, Kompost oder aus Rebpflanzungen entnommener Erde oder einzelnen Bodenbestandteilen sowie mit Pflanzen, welche im Gemenge mit Reben oder in der Nähe von Reben gewachsen sind oder mit Teilen solcher Pflanzen — ausgenommen jedoch oberirdisch abzuerntende Früchte und Samen — verbieten oder beschränken.

Erforderlichenfalls können auch andere Maßregeln angeordnet werden. Jedoch bedürfen Verkehrsbeschränkungen, die über das Maß von Abs. 2 Nr. 4 hinausgehen, der Genehmigung des Bundesrats.

Versuche zur Anzucht reblausfester Reben dürfen nur mit Genehmigung und unter Aufsicht der zuständigen Behörden veranstaltet werden; die Genehmigung ist widerruflich.

Zu Abs. 3 vgl. RG. bei Soergel III, 339.

§ 3. Die am Weinbaue beteiligten Gebiete des Reichs werden in Weinbaubezirke eingeteilt, deren Abgrenzung durch den Reichskanzler im Reichs-Gesetzblatte bekannt zu machen ist.

Als Weinbau gilt der Anbau von Reben zum Zwecke der Gewinnung von Wein.

Es ist verboten, bewurzelte Reben oder Blindreben über die Grenzen eines Weinbaubezirks zu versenden, einzuführen oder auszuführen. Ausnahmen können für Blindreben und im Verkehre zwischen benachbarten Weinbaubezirken zu gunsten einer Person, welche in beiden Bezirken Rebpflanzungen besitzt, auch für Wurzelreben durch die höheren Verwaltungsbehörden zugelassen werden; die Bewilligung sonstiger Ausnahmen bedarf der Zustimmung des Reichskanzlers.

Die Durchfuhr von bewurzelten Reben, welche weder aus einem Weinbaubezirke stammen, noch zur Einfuhr in einen solchen bestimmt sind, unterliegt dem Verbote des Abs. 3 nicht, kann jedoch Beschränkungen unterworfen werden.

Bek. vom 27. März 1906 (RGBl. 449), 12. Febr. 1907 (RGBl. 28), 22. Febr. 1908, 2. Mai 1908 (RGBl. 31, 171), 30. Jan. 1909 (RGBl. 263).

§ 4. Der zur Nutzung eines mit Reben bestandenen Grundstücks Berechtigte ist verpflichtet, der Ortspolizeibehörde unverzüglich alle verdächtigen Erscheinungen anzuzeigen, welche auf das Auftreten der Reblaus auf seinem oder einem benachbarten Grundstück oder innerhalb des Gemeindebezirkes oder selbständigen Gutsbezirkes, welchem sein Grundstück angehört, schließen lassen. Zu der Anzeige sind auch Weinbergsaufseher sowie die mit dem Vollzuge dieses Gesetzes betrauten Personen hinsichtlich der Bezirke verpflichtet, auf welche sich ihre Tätigkeit erstreckt.

Die Anzeigepflicht entsteht nicht, wenn von anderer Seite bereits Anzeige erstattet worden ist.

§ 5. Wer mit Reben oder Rebteilen Handel treibt, ist verpflichtet, Bücher zu führen, aus welchen die Herkunft, die Abgabe und der Versand der Reben oder Rebteile zu ersehen ist, und der höheren Verwaltungsbehörde auf Verlangen unter Vorlage dieser Bücher über die bezeichneten Punkte Auskunft zu geben. Die Bücher sind bis zum Ablaufe von zehn Jahren, von dem Tage der darin vorgenommenen letzten Eintragung an gerechnet, aufzubewahren.

§ 6. Derjenige, dessen Rebpflanzungen von den in den §§ 1 und 2 bezeichneten Maßregeln betroffen werden, ist befugt, aus der Kasse des Bundesstaats, zu dessen Gebiete das betreffende Grundstück gehört, den Ersatz des Wertes der vernichteten und des Minderwerts der bei der Untersuchung beschädigten gesunden Reben zu verlangen.

Wird eine Rebpflanzung vernichtet, welche weder verseucht noch der Verseuchung verdächtig ist, so erstreckt sich der Ersatzanspruch auf den vollen Betrag des Schadens.

Die Bestimmungen darüber, nach welchen Grundsätzen die Entschädigung zu ermitteln und festzustellen ist, sind von den Bundesstaaten zu treffen.

§ 7. Eine Entschädigung wird nicht gewährt:

1. wenn die Vernichtung dadurch veranlaßt wird, daß bei Anlage oder Erneuerung der Rebpflanzung eine zum Schutze gegen die Reblaus erlassene gesetzliche Vorschrift oder polizeiliche Anordnung verletzt worden ist;

2. wenn außer dem Falle der Nr. 1 der Beschädigte oder sein Erblasser in bezug auf die von der Vernichtung betroffene Fläche oder in bezug auf eine andere Fläche, von welcher die Reblaus auf die erstere Fläche verschleppt worden ist, eine zum Schutze gegen die Reblaus erlassene gesetzliche Vorschrift oder polizeiliche Anordnung vorsätzlich oder fahrlässig verletzt hat, oder wenn ein anderer Vorgänger im Besitze der Fläche sich einer solchen Verletzung schuldig gemacht hat und dies dem Beschädigten oder seinem Erblasser bei dem Erwerbe bekannt war.

§ 8. Wer unter vorsätzlicher Verletzung der zum Schutze gegen die Reblaus erlassenen gesetzlichen Vorschriften oder polizeilichen Anordnungen eine Rebpflanzung anlegt oder erneuert oder Rebmaterial für eine Rebpflanzung liefert, imgleichen wer vorsätzlich oder aus grober Fahrlässigkeit die Reblaus auf einem Grundstücke verbreitet, haftet für die Kosten der durch sein Verhalten veranlaßten behördlichen Maßregeln. Zu diesen Kosten sind auch die an Dritte zu zahlenden Entschädigungen zu rechnen.

Die Bestimmungen über Festsetzung und Beitreibung der Kosten werden von den Bundesstaaten erlassen.

§ 9. [L.] Mit Gefängnis nicht unter einem Monat und mit Geldstrafe bis zu eintausend Mark wird bestraft, wer vorsätzlich die Reblaus auf einem Grundstücke verbreitet.

Der Versuch ist strafbar.

§ 10. [L.] Mit Gefängnis bis zu einem Jahre und mit Geldstrafe bis zu eintausend Mark oder mit einer dieser Strafen wird bestraft:

1. wer vorsätzlich dem Verbote des § 3 zuwider

Reben über die Grenzen eines Weinbaubezirkes versendet, einführt oder ausführt;

2. wer vorsätzlich den nach Maßgabe des § 2 oder des § 3 Abs. 4 erlassenen Anordnungen oder den zum Schutze gegen die Reblaus für die Ein- und Ausfuhr über die Grenzen des Reichs erlassenen Vorschriften zuwiderhandelt;
3. wer wissentlich unrichtige Eintragungen in die nach § 5 zu führenden Bücher macht oder die nach Maßgabe des § 5 von ihm geforderte Auskunft wissentlich unrichtig erteilt.

Zu Ziff. 2 s. VO. vom 11. Febr. 1873 (RGBl. 43), 31. Okt. 1879 (RGBl. 303), 4. Juli 1883 (RGBl. 153). Der Täter muß von dem Bestehen, dem Inhalt und dem Zweck der Anordnung Kenntnis haben, GA. 57, 227.

§ 11. [A.] Mit Geldstrafe bis zu dreihundert Mark oder mit Haft wird bestraft:

1. wer eine der im § 9 oder im § 10 Nr. 1, 2 bezeichneten Handlungen fahrlässig begeht;
2. wer außer dem Falle des § 10 Nr. 3 den Vorschriften über die nach § 5 zu führenden Bücher zuwiderhandelt;
3. wer die nach Maßgabe des § 5 von ihm geforderte Auskunft verweigert oder aus Fahrlässigkeit unrichtig erteilt.

§ 12. [A.] Mit Geldstrafe bis zu einhundertfünfzig Mark oder mit Haft wird bestraft, wer der ihm nach § 4 obliegenden Anzeigepflicht nicht genügt.

§ 13. Der Bundesrat ist ermächtigt, Grundsätze für die Ausführung der §§ 1 bis 3 und des § 5 aufzustellen.

Erweist sich die Unterdrückung der Reblaus in einer Gegend als nicht mehr durchführbar, so kann durch Beschluß des Bundesrats angeordnet werden, daß für die Gegend einzelne Vorschriften dieses Gesetzes außer Anwendung treten. In diesem Falle hat der Bundesrat über die zum Schutze des übrigen Weinbaues erforderlichen besonderen Anordnungen zu beschließen.

Zu Abs. 1 s. zu § 1; zu Abs. 2 vgl. Bek. vom 7. Juli 1905 (RGBl. 690).

§ 14. Der Vollzug dieses Gesetzes liegt den Landesregierungen ob.

Die mit dem Vollzuge betrauten Personen sind befugt, in Erfüllung ihrer Aufgabe jederzeit mit ihren Gehilfen die in Betracht kommenden Grundstücke zu betreten und dort die erforderlichen Arbeiten vorzunehmen.

Die Kosten der auf Anordnung der Behörden ausgeführten Vernichtung von Rebpflanzungen und Desinfektion des Bodens fallen der Kasse des Bundesstaats zur Last, zu dessen Gebiete die Rebpflanzung gehört.

§ 15. Der Reichskanzler hat die Ausführung zu überwachen, insbesondere auf die gleichmäßige Handhabung des Gesetzes hinzuwirken; die zu diesem Zwecke abgeordneten Beamten und Sachverständigen sind befugt, den Bekämpfungsarbeiten beizuwohnen und hierbei die Erweiterung oder Wiederholung der Untersuchungen zu verlangen.

Tritt die Reblaus in einer solchen Gegend auf oder erlangt sie eine solche Verbreitung, daß sich die zu ergreifenden Maßregeln auf die Gebiete verschiedener Bundesstaaten erstrecken müssen, oder daß die Gefahr der Verbreitung auf das Gebiet eines Nachbarstaats entsteht, so hat der Reichskanzler oder ein von ihm bestellter Reichskommissar für Herstellung und Erhaltung der Einheit in den seitens der Landesbehörden zu treffenden oder getroffenen Maßregeln zu sorgen und das zu diesem Zwecke Erforderliche anzuordnen, nötigenfalls auch die Behörden der beteiligten Bundesstaaten unmittelbar mit Anweisung zu versehen.

§ 16. Dieses Gesetz tritt am 1. April 1905 an die Stelle des Gesetzes, betreffend die Abwehr und Unterdrückung der Reblaus, vom 3. Juli 1883, insoweit nicht durch Kaiserliche Verordnung mit Zustimmung des Bundesrats für einzelne Bestimmungen ein früherer Zeitpunkt bestimmt wird.

Gesetz, betreffend die Wetten bei öffentlich veranstalteten Pferderennen.

Vom 4. Juli 1905. (RGBl. S. 595).

§ 1. Der Betrieb eines Wettunternehmens für öffentlich veranstaltete Pferderennen ist nur mit Erlaubnis der Landes-Zentralbehörde oder der von ihr bezeichneten Behörde zulässig.

Als Wettunternehmen ist auch der Betrieb des Buchmachers zu betrachten, vgl. E. 38, 383. § 1 fordert weder Gewerbsmäßigkeit noch Oeffentlichkeit. — Die Rennwetten stellen sich regelmäßig als Glücksspiele i. S. des § 284 StGB. dar, vgl. E. 6, 172; E. 6, 421. Ist dem Unternehmer die in § 1 geforderte Erlaubnis erteilt, so kann er auch aus § 284 StGB. nicht gestraft werden, E. 38, 383.

§ 2. Die Erlaubnis darf nur solchen Vereinen zur Veranstaltung von Pferderennen erteilt werden, welche nach Maßgabe der vom Bundesrate zu er-

lassenden Ausführungsbestimmungen die Sicherheit bieten, daß sie die ihnen aus dem Betriebe des Wettunternehmens zufließenden Einnahmen ausschließlich zum besten der Landespferdezucht verwenden.

Die Erlaubnis kann von weiteren Bedingungen abhängig gemacht, jederzeit beschränkt oder widerrufen werden; sie muß widerrufen werden, wenn die im Abs. 1 bezeichnete Sicherheit nicht mehr besteht.

Vgl. Bek. vom 6. April 1906 (ZBl. 531).

§ 3. Das geschäftsmäßige Vermitteln von Wetten für öffentlich im In- und Auslande veranstaltete Pferderennen ist verboten.

Aufforderungen und Angebote zum Abschluß oder zur Vermittelung solcher Wetten sind verboten, wenn sie öffentlich oder durch Verbreitung von Schriften oder anderen Darstellungen erfolgen. Unter dieses Verbot fallen nicht Ankündigungen eines nach diesem Gesetz erlaubten Wettunternehmens.

Vgl. bezgl. der Geschäftsmäßigkeit § 144 StGB. -- Die Vermittlung umfaßt nicht nur die auf Herbeiführung der Willenseinigung anderer gerichtete Tätigkeit, sondern darüber hinaus auch die weitere Tätigkeit, welche auf die Abwicklung des Geschäfts zielt, E. 39, 209. — Vgl. bezgl. der Verbreitung § 8 des Preßges. und Bem. dazu.

§ 4. Die nach Maßgabe des § 23 des Reichsstempelgesetzes von den Wetteinsätzen bei öffentlich veranstalteten Rennen zu erhebende Reichsstempelabgabe (Tarifnummer 5 des Reichsstempelgesetzes) ist bei Pferderennen auch dann zu entrichten, wenn ausschließlich Mitglieder bestimmter Vereine zum Wetten zugelassen werden. Diese Bestimmung tritt für solche Vereine, welche schon im Jahre 1904 auf Mitglieder beschränkte Wettunternehmen eingerichtet haben, erst mit dem 1. Januar 1906 in Kraft.

§ 5. Die Hälfte des Ertrags der Reichsstempelabgabe von Wetteinsätzen bei Pferderennen wird im Reichshaushalte für Zwecke der Pferdezucht bereit gestellt und zur Verwendung für diese Zwecke an die Regierungen der Einzelstaaten nach dem Verhältnis ausgezahlt, nach welchem diese Abgaben in ihrem Gebiet aufgebracht sind.

§ 6. [L.A.] Mit Gefängnis von ein bis zu sechs Monaten oder mit Geldstrafe von fünfhundert bis eintausendfünfhundert Mark wird, sofern nicht nach anderen Gesetzen eine höhere Strafe eintritt, bestraft:

1. wer ein Wettunternehmen für öffentlich veranstaltete Pferderennen ohne die vorgeschriebene Erlaubnis betreibt,
2. wer den Vorschriften des § 3 zuwiderhandelt.

Sind mildernde Umstände vorhanden, so kann auf Gefängnisstrafe bis zu einem Monat oder auf Geldstrafe bis zu fünfhundert Mark erkannt werden.

§ 6 ist subsidiär gegenüber jedem Gesetz, das eine höhere Strafe androht, insb. § 284 StGB. — Entgegen E. 38, 383 lehnt RG. sowohl für Ziff. 1 wie für Ziff. 2 die Möglichkeit einer Idealkonk. mit dem Reichsstempelgesetz ab, vgl. einerseits E. 39, 209, andererseits E. 39, 269, 395.

Gesetz, betreffend das Urheberrecht an Werken der bildenden Künste und der Photographie.

Vom 9. Januar 1907.*) (RGBl. 1907 S. 7, 1910 S. 793.)

Erster Abschnitt.

Voraussetzungen des Schutzes.

§ 1. Die Urheber von Werken der bildenden Künste und der Photographie werden nach Maßgabe dieses Gesetzes geschützt.

Zum Begriff des Werks der bild. Künste vgl. E. 6, 343 (durch die formgebende Tätigkeit des Urhebers geschaffen und zu ästhetischem Eindruck bestimmt). Der Schutz erstreckt sich auch auf das Modell eines Kunstwerks, E. 18, 32.

§ 2. Die Erzeugnisse des Kunstgewerbes gehören zu den Werken der bildenden Künste. Das gleiche gilt von Bauwerken, soweit sie künstlerische Zwecke verfolgen.

Als Werke der bildenden Künste gelten auch Entwürfe für Erzeugnisse des Kunstgewerbes sowie für Bauwerke der im Abs. 1 bezeichneten Art.

§ 3. Als Werke der Photographie gelten auch solche Werke, welche durch ein der Photographie ähnliches Verfahren hergestellt werden.

§ 4. Soweit Entwürfe als Werke der bildenden Künste anzusehen sind, findet das Gesetz, betreffend das Urheberrecht an Werken der Literatur und der

---

*) Vgl. die Anm. zum Literaturgesetz S. 215.

Tonkunst, vom 19. Juni 1901 (Reichs-Gesetzbl. S. 227) auf sie keine Anwendung.

§ 5. Juristische Personen des öffentlichen Rechtes, die als Herausgeber ein Werk erscheinen lassen, das den Namen des Urhebers nicht angibt, werden, wenn nicht ein anderes vereinbart ist, als Urheber des Werkes angesehen.

§ 6. Besteht ein Werk aus den getrennten Beiträgen mehrerer (Sammelwerk), so wird für das Werk als Ganzes der Herausgeber als Urheber angesehen. Ist ein solcher nicht genannt, so gilt der Verleger als Herausgeber.

Vgl. zu § 4 Literaturges.

§ 7. Wird ein Werk der bildenden Künste mit einem Werke der Photographie verbunden, so gilt für jedes dieser Werke dessen Urheber auch nach der Verbindung als Urheber. Das gleiche gilt, wenn ein Werk der bildenden Künste oder ein Werk der Photographie mit einem Werke der Literatur oder der Tonkunst oder mit einem geschützten Muster verbunden wird.

§ 8. Haben bei einem Werke mehrere in der Weise zusammengewirkt, daß ihre Arbeiten sich nicht trennen lassen, so besteht unter ihnen als Urhebern eine Gemeinschaft nach Bruchteilen im Sinne des Bürgerlichen Gesetzbuchs.

§ 9. Ist auf einem Werke der Name eines Urhebers angegeben oder durch kenntliche Zeichen ausgedrückt, so wird vermutet, daß dieser der Urheber des Werkes sei.

Bei Werken, die unter einem anderen als dem wahren Namen des Urhebers oder ohne den Namen eines Urhebers erschienen sind, ist der Herausgeber, falls aber ein solcher nicht angegeben ist, der Verleger berechtigt, die Rechte des Urhebers wahrzunehmen.

Vgl. zu § 13 Geschm.Must.Ges. (oben S. 30).

§ 10. Das Recht des Urhebers geht auf die Erben über.

Ist der Fiskus oder eine andere juristische Person gesetzlicher Erbe, so erlischt das Recht, soweit es dem Erblasser zusteht, mit dessen Tode.

Das Recht kann beschränkt oder unbeschränkt auf andere übertragen werden; die Uebertragung kann auch mit der Begrenzung auf ein bestimmtes Gebiet geschehen.

Die Ueberlassung des Eigentums an einem Werke schließt, soweit nicht ein anderes vereinbart ist, die Uebertragung des Rechtes des Urhebers nicht in sich.

Vgl. zu § 8 Litteraturges. Ueber einen Fall stillschw. Beschränkung des übertr. Rechts vgl. E. 42, 32 (34).

§ 11. Ueber einen Beitrag, der für eine Zeitung, eine Zeitschrift oder ein sonstiges periodisches Sammelwerk zur Veröffentlichung angenommen wird, darf der Urheber anderweit verfügen, sofern nicht aus den Umständen zu entnehmen ist, daß der Verleger das ausschließliche Recht zur Vervielfältigung und Verbreitung erhalten soll.

Ueber einen Beitrag, für welchen der Verleger das ausschließliche Recht zur Vervielfältigung und Verbreitung erhalten hat, darf, soweit nicht ein anderes vereinbart ist, der Urheber anderweit verfügen, wenn seit dem Ablaufe des Kalenderjahrs, in welchem der Beitrag erschienen ist, ein Jahr verstrichen ist.

Auf Beiträge zu einem nicht periodischen Sammelwerke finden diese Vorschriften insoweit Anwendung, als dem Urheber ein Anspruch auf Vergütung für den Beitrag nicht zusteht.

§ 12. Im Falle der Uebertragung des Urheberrechts hat der Erwerber, soweit nicht ein anderes vereinbart ist, nicht das Recht, bei der Ausübung seiner Befugnisse an dem Werke selbst, an dessen Bezeichnung oder an der Bezeichnung des Urhebers Aenderungen vorzunehmen.

Zulässig sind Aenderungen, für die der Berechtigte seine Einwilligung nach Treu und Glauben nicht versagen kann.

§ 13. Der Name oder der Namenszug des Urhebers darf auf dem Werke von einem anderen als dem Urheber selbst nur mit dessen Einwilligung angebracht werden.

§ 14. Die Zwangsvollstreckung in das Recht des Urhebers findet gegen den Urheber selbst ohne dessen

Einwilligung nicht statt; die Einwilligung kann nicht durch den gesetzlichen Vertreter erteilt werden.

Gegen den Erben des Urhebers ist ohne seine Einwilligung die Zwangsvollstreckung nur zulässig, wenn das Werk oder eine Vervielfältigung davon erschienen ist.

Die gleichen Vorschriften gelten für die Zwangsvollstreckung in solche Formen, Platten, Steine oder sonstige Vorrichtungen, welche ausschließlich zur Vervielfältigung des Werkes bestimmt sind.

Zweiter Abschnitt.

Befugnisse des Urhebers.

§ 15. Der Urheber hat die ausschließliche Befugnis, das Werk zu vervielfältigen, gewerbsmäßig zu verbreiten und gewerbsmäßig mittelst mechanischer oder optischer Einrichtungen vorzuführen; die ausschließliche Befugnis erstreckt sich nicht auf das Verleihen. Als Vervielfältigung gilt auch die Nachbildung, bei Bauwerken und Entwürfen für Bauwerke auch das Nachbauen.

Auch wer durch Nachbildung eines bereits vorhandenen Werkes ein anderes Werk der bildenden Künste oder der Photographie hervorbringt, hat die im Abs. 1 bezeichneten Befugnisse; jedoch darf er diese Befugnisse, sofern der Urheber des Originalwerkes gleichfalls Schutz genießt, nur mit dessen Einwilligung ausüben.

Vgl. zu § 11 Litteraturges.

§ 15a. Ist ein im Wege der Kinematographie oder eines ihr ähnlichen Verfahrens hergestelltes

Werk wegen der Anordnung des Bühnenvorganges oder der Verbindung der dargestellten Begebenheiten als eine eigentümliche Schöpfung anzusehen, so erstreckt sich das Urheberrecht auch auf die bildliche Wiedergabe der dargestellten Handlung in geänderter Gestaltung. Der Urheber hat die ausschließliche Befugnis, das Werk öffentlich vorzuführen.

§ 16. Die freie Benutzung eines Werkes ist zulässig, wenn dadurch eine eigentümliche Schöpfung hervorgebracht wird.

Die Ausgestaltung und Verarbeitung einer fremden künstl. Idee ist unter der Voraussetzung gestattet, daß ein neues, auf eigener künstlerisch schaffender Tätigkeit beruhendes Werk hervorgebracht wird, E. 33, 39; es muß ein „in seiner charakteristischen Gesamtindividualität neues Werk“ vorliegen, E. 42, 84. Die Zusammenfassung mehrerer Photographien zu einem Gruppenbild reicht nicht ohne weiteres aus, E. 15, 54.

§ 17. Eine Vervielfältigung ohne Einwilligung des Berechtigten ist unzulässig, gleichviel, durch welches Verfahren sie bewirkt wird; auch begründet es keinen Unterschied, ob das Werk in einem oder in mehreren Exemplaren vervielfältigt wird.

Vgl. zu § 15 Literaturges. Unzulässig ist nunmehr auch die Nachbildung an Werken der Industrie und auf Postkarten, E. 42, 83. Auch die unbefugte Kolorierung rechtmäßig hergestellter Photographien von Gemälden fällt hierher, E. 7, 234; E. 11, 360. Es ist gleichgültig, ob der Vervielfältigung das Original oder eine Nachbildung zugrunde gelegt wird, E. 3, 354.

§ 18. Eine Vervielfältigung zum eigenen Gebrauch ist mit Ausnahme des Nachbauens zulässig, wenn sie unentgeltlich bewirkt wird.

Bei Bildnissen einer Person ist dem Besteller und seinem Rechtsnachfolger gestattet, soweit nicht ein anderes vereinbart ist, das Werk zu vervielfältigen. Ist das Bildnis ein Werk der bildenden Künste, so darf, so lange der Urheber lebt, unbeschadet der Vorschrift des Abs. 1 die Vervielfältigung nur im Wege der Photographie erfolgen.

Verboten ist es, den Namen oder eine sonstige Bezeichnung des Urhebers des Werkes in einer Weise auf der Vervielfältigung anzubringen, die zu Verwechselungen Anlaß geben kann.

Als eigener Gebrauch erscheint nur der private, nicht der Gebrauch zu gewerblichen Zwecken, E. 42, 394. Zum Begriff des Bestellers vgl. E. 33, 295.

§ 19. Zulässig ist die Vervielfältigung und Verbreitung, wenn einzelne Werke in eine selbständige wissenschaftliche Arbeit oder in ein für den Schul- oder Unterrichtsgebrauch bestimmtes Schriftwerk ausschließlich zur Erläuterung des Inhalts aufgenommen werden. Auf Werke, die weder erschienen noch bleibend öffentlich ausgestellt sind, erstreckt sich diese Befugnis nicht.

Wer ein fremdes Werk in dieser Weise benutzt, hat die Quelle, sofern sie auf dem Werke genannt ist, deutlich anzugeben.

Ueber den Begriff der wissensch. Arbeit vgl. zu § 18 Literaturges.

§ 20. Zulässig ist die Vervielfältigung von Werken, die sich bleibend an öffentlichen Wegen, Straßen oder Plätzen befinden, durch malende oder zeichnende Kunst oder durch Photographie. Die Vervielfältigung darf nicht an einem Bauwerk erfolgen.

Bei Bauwerken erstreckt sich die Befugnis zur Vervielfältigung nur auf die äußere Ansicht.

Soweit ein Werk hiernach vervielfältigt werden darf, ist auch die Verbreitung und Vorführung zulässig.

Die Wege usw. müssen bestimmungsgemäß und tatsächlich dem Publikum ohne Beschränkung auf bestimmte Personenkreise zugänglich sein, E. 40, 124 (Gemeindefriedhof). Vgl. § 116 StGB. Die Vervielf. der hier bezeichn. Kunstwerke ist selbst dann zulässig, wenn sie nicht das Werk selbst, sondern das mit diesem wesentlich übereinstimmende Modell benutzt, E. 18, 30. — Die Herstellung einer plastischen Nachbildung ist unzulässig; als plast. Nachbildungen können Diaphanien und Lithophanien nicht betrachtet werden, E. 17, 365; E. 18, 321.

§ 21. Eine Vervielfältigung auf Grund der §§ 19, 20 ist nur zulässig, wenn an dem wiedergegebenen Werke keine Aenderung vorgenommen wird. Jedoch sind Uebertragungen des Werkes in eine andere Größe und solche Aenderungen gestattet, welche das für die Vervielfältigung angewendete Verfahren mit sich bringt.

§ 22. Bildnisse dürfen nur mit Einwilligung des Abgebildeten verbreitet oder öffentlich zur Schau gestellt werden. Die Einwilligung gilt im Zweifel als erteilt, wenn der Abgebildete dafür, daß er sich abbilden ließ, eine Entlohnung erhielt. Nach dem Tode des Abgebildeten bedarf es bis zum Ablaufe von zehn Jahren der Einwilligung der Angehörigen des Abgebildeten. Angehörige im Sinne dieses Gesetzes sind der überlebende Ehegatte und die Kinder des Abgebildeten, und wenn weder ein Ehegatte noch Kinder vorhanden sind, die Eltern des Abgebildeten.

§ 23. Ohne die nach § 22 erforderliche Einwilligung dürfen verbreitet und zur Schau gestellt werden:

1. Bildnisse aus dem Bereiche der Zeitgeschichte
2. Bilder, auf denen die Personen nur als Beiwerk neben einer Landschaft oder sonstigen Oertlichkeit erscheinen;
3. Bilder von Versammlungen, Aufzügen und ähnlichen Vorgängen, an denen die dargestellten Personen teilgenommen haben;
4. Bildnisse, die nicht auf Bestellung angefertigt sind, sofern die Verbreitung oder Schaustellung einem höheren Interesse der Kunst dient.

Die Befugnis erstreckt sich jedoch nicht auf eine Verbreitung und Schaustellung, durch die ein berechtigtes Interesse des Abgebildeten oder, falls dieser verstorben ist, seiner Angehörigen verletzt wird.

§ 24. Für Zwecke der Rechtspflege und der öffentlichen Sicherheit dürfen von den Behörden Bildnisse ohne Einwilligung des Berechtigten sowie des Abgebildeten oder seiner Angehörigen vervielfältigt, verbreitet und öffentlich zur Schau gestellt werden.

Dritter Abschnitt.

Dauer des Schutzes.

§ 25. Der Schutz des Urheberrechts an einem Werke der bildenden Künste endigt, wenn seit dem Tode des Urhebers dreißig Jahre abgelaufen sind.

Steht einer juristischen Person nach §§ 5, 6 das Urheberrecht zu, so endigt der Schutz mit dem Ablaufe von dreißig Jahren seit dem Erscheinen des Werkes. Jedoch endigt der Schutz mit dem Ablaufe der im Abs. 1 bestimmten Frist, wenn das Werk erst nach dem Tode desjenigen erscheint, welcher es hervorgebracht hat.

§ 26. Der Schutz des Urheberrechts an einem Werke der Photographie endigt mit dem Ablaufe von zehn Jahren seit dem Erscheinen des Werkes. Jedoch endigt der Schutz mit dem Ablaufe von zehn Jahren seit dem Tode des Urhebers, wenn bis zu dessen Tode das Werk noch nicht erschienen war.

§ 27. Steht das Urheberrecht an einem Werke mehreren gemeinschaftlich zu, so bestimmt sich, soweit der Zeitpunkt des Todes für die Schutzfrist maßgebend ist, deren Ablauf nach dem Tode des Letztlebenden.

§ 28. Bei Werken, die aus mehreren in Zwischenräumen veröffentlichten Abteilungen bestehen, sowie bei fortlaufenden Blättern oder Heften wird jede Abteilung, jedes Blatt oder Heft für die Berechnung der Schutzfristen als ein besonderes Werk angesehen.

Bei den in Lieferungen veröffentlichten Werken wird die Schutzfrist erst von der Veröffentlichung der letzten Lieferung an berechnet.

§ 29. Die Schutzfristen beginnen mit dem Ablaufe des Kalenderjahrs, in welchem der Urheber gestorben oder das Werk erschienen ist.

§ 30. Soweit der in diesem Gesetze gewährte Schutz

davon abhängt, ob ein Werk erschienen ist, kommt nur ein Erscheinen in Betracht, das der Berechtigte bewirkt hat.

Vierter Abschnitt.
Rechtsverletzungen.

§ 31. Wer vorsätzlich oder fahrlässig unter Verletzung der ausschließlichen Befugnis des Urhebers ein Werk vervielfältigt, gewerbsmäßig verbreitet oder gewerbsmäßig mittels mechanischer oder optischer Einrichtungen vorführt, ist dem Berechtigten zum Ersatze des daraus entstehenden Schadens verpflichtet. Der gewerbsmäßigen Vorführung steht, soweit die Kinematographie oder ein ihr ähnliches Verfahren angewandt wird, die öffentliche Vorführung gleich.

§ 32. [L.] Wer in anderen als den gesetzlich zugelassenen Fällen vorsätzlich ohne Einwilligung des Berechtigten ein Werk vervielfältigt, gewerbsmäßig verbreitet oder gewerbsmäßig mittelst mechanischer oder optischer Einrichtungen vorführt, wird mit Geldstrafe bis zu dreitausend Mark bestraft. Der gewerbsmäßigen Vorführung steht, soweit die Kinematographie oder ein ihr ähnliches Verfahren angewendet wird, die öffentliche Vorführung gleich.

War die Einwilligung des Berechtigten nur deshalb erforderlich, weil an dem Werke selbst, an dessen Bezeichnung oder an der Bezeichnung des Urhebers Aenderungen vorgenommen sind, so tritt Geldstrafe bis zu dreihundert Mark ein.

Soll eine nicht beizutreibende Geldstrafe in Gefängnisstrafe umgewandelt werden, so darf deren

Dauer in den Fällen des Abs. 1 sechs Monate, in den Fällen des Abs. 2 einen Monat nicht übersteigen.

Vgl. zu § 38 Literaturges.

§ 33. [L. A.] Mit Geldstrafe bis zu eintausend Mark wird bestraft:

1. wer der Vorschrift des § 18 Abs. 3 zuwider vorsätzlich den Namen oder eine sonstige Bezeichnung des Urhebers des Werkes auf der Vervielfältigung anbringt;
2. wer den Vorschriften der §§ 22, 23 zuwider vorsätzlich ein Bildnis verbreitet oder öffentlich zur Schau stellt.

Soll eine nicht beizutreibende Geldstrafe in Gefängnisstrafe umgewandelt werden, so darf deren Dauer zwei Monate nicht übersteigen.

§ 34. [A.] Wer der Vorschrift des § 13 zuwider vorsätzlich auf dem Werke den Namen oder den Namenszug des Urhebers anbringt, wird mit Geldstrafe bis zu dreihundert Mark bestraft.

Soll eine nicht beizutreibende Geldstrafe in Gefängnisstrafe umgewandelt werden, so darf deren Dauer einen Monat nicht übersteigen.

Ideall. mit Urkundenfälschung möglich, vgl. E. 34, 53.

§ 35. Auf Verlangen des Verletzten kann neben der Strafe auf eine an ihn zu erlegende Buße bis zum Betrage von sechstausend Mark erkannt werden. Die zu dieser Buße Verurteilten haften als Gesamtschuldner.

Eine erkannte Buße schließt die Geltendmachung eines weiteren Anspruchs auf Schadensersatz aus.

Vgl. zu § 40 Literaturges.

§ 36. Die in den §§ 31, 32 bezeichneten Handlungen sind auch dann rechtswidrig, wenn das Werk nur zu einem Teile vervielfältigt, verbreitet oder vorgeführt wird.

Vgl. zu § 41 Literaturges.

§ 37. Die widerrechtlich hergestellten, verbreiteten oder vorgeführten Exemplare und die zur widerrechtlichen Vervielfältigung oder Vorführung ausschließlich bestimmten Vorrichtungen, wie Formen, Platten, Steine, unterliegen der Vernichtung. Das gleiche gilt von den widerrechtlich verbreiteten oder öffentlich zur Schau gestellten Bildnissen und den zu deren Vervielfältigung ausschließlich bestimmten Vorrichtungen. Ist nur ein Teil des Werkes widerrechtlich hergestellt, verbreitet oder vorgeführt, so ist auf Vernichtung dieses Teiles und der entsprechenden Vorrichtungen zu erkennen.

Gegenstand der Vernichtung sind alle Exemplare und Vorrichtungen, welche sich im Eigentume der an der Herstellung, der Verbreitung, der Vorführung oder der Schaustellung Beteiligten sowie der Erben dieser Personen befinden.

Auf die Vernichtung ist auch dann zu erkennen, wenn die Herstellung, die Verbreitung, die Vorführung oder die Schaustellung weder vorsätzlich noch fahrlässig erfolgt. Das gleiche gilt, wenn die Herstellung noch nicht vollendet ist.

Die Vernichtung hat zu erfolgen, nachdem dem Eigentümer gegenüber rechtskräftig darauf erkannt ist. Soweit die Exemplare oder die Vorrichtungen in anderer Weise als durch Vernichtung unschädlich gemacht werden können, hat dies zu geschehen, falls der Eigentümer die Kosten übernimmt.

Vorstehende Bestimmungen finden auf Bauwerke keine Anwendung.

Vgl. zu § 42 Literaturges.

§ 38. Der Verletzte kann statt der Vernichtung verlangen, daß ihm das Recht zuerkannt wird, die Exemplare und Vorrichtungen ganz oder teilweise gegen eine angemessene, höchstens dem Betrage der Herstellungskosten gleichkommende Vergütung zu übernehmen.

§ 39. Unterliegt auf Grund des § 37 Abs. 1 ein Sammelwerk oder eine sonstige, aus mehreren verbundenen Werken bestehende Sammlung nur zum Teil der Vernichtung, so kann der Eigentümer von Exemplaren, die Gegenstand der Vernichtung sein würden, beantragen, daß ihm die Befugnis zugesprochen werde, die Vernichtung durch Zahlung einer Vergütung an den Verletzten abzuwenden und die Exemplare gewerbsmäßig zu verbreiten. Der Antrag ist unzulässig, wenn der Eigentümer die ausschließliche Befugnis des Urhebers vorsätzlich oder fahrlässig verletzt hat.

Das Gericht kann dem Antrag entsprechen, sofern durch die Vernichtung dem Eigentümer ein unverhältnismäßiger Schaden entstehen würde. Den Betrag der Vergütung bestimmt das Gericht nach billigem Ermessen.

Auf die Vernichtung eines den Vorschriften der §§ 22, 23 zuwider verbreiteten oder zur Schau gestellten Bildnisses finden diese Vorschriften keine Anwendung.

§ 40. [A.] Wer der Vorschrift des § 19 Abs. 2 zuwider unterläßt, die benutzte Quelle anzugeben, wird mit Geldstrafe bis zu einhundertfünfzig Mark bestraft.

§ 40 bezieht sich nicht auf die Fälle unerlaubten Nachdrucks; vgl. E. 41, 349.

§ 41. Die Strafverfolgung in den Fällen der §§ 32, 33, 40 tritt nur auf Antrag ein. Die Zurücknahme des Antrags ist zulässig.

Vgl. zu § 45 Literaturges. S. auch E. 11, 360 (Nachweis eines Vermögensschadens nicht erforderlich); E. 14, 217 (Antragsrecht des Inhabers eines beschränkten Verlagsrechts).

§ 42. Die Vernichtung der Exemplare und der Vorrichtungen kann im Wege des bürgerlichen Rechtsstreits oder im Strafverfahren verfolgt werden.

§ 43. Auf die Vernichtung von Exemplaren oder Vorrichtungen kann auch im Strafverfahren nur auf besonderen Antrag des Verletzten erkannt werden. Die Zurücknahme des Antrags ist bis zur erfolgten Vernichtung zulässig.

Der Verletzte kann die Vernichtung von Exemplaren oder Vorrichtungen selbständig verfolgen. In diesem Falle finden die §§ 477 bis 479 der Strafprozeßordnung mit der Maßgabe Anwendung, daß der Verletzte als Privatkläger auftreten kann.

§ **44.** Die §§ 42, 43 finden auf die Verfolgung des im § 38 bezeichneten Rechtes entsprechende Anwendung.

§ **45.** Der im § 39 bezeichnete Antrag ist, falls ein auf die Vernichtung gerichtetes Verfahren bereits anhängig ist, in diesem Verfahren zu stellen. Ist ein Verfahren noch nicht anhängig, so kann der Antrag nur im Wege des bürgerlichen Rechtsstreits bei dem Gericht angebracht werden, das für den Antrag auf Vernichtung der Exemplare zuständig ist.

Dem Eigentümer kann im Wege einer einstweiligen Anordnung gestattet werden, die Vernichtung durch Sicherheitsleistung abzuwenden und die Exemplare gewerbsmäßig zu verbreiten; soll die Anordnung im Wege des bürgerlichen Rechtsstreits getroffen werden, so finden die Vorschriften über die einstweiligen Verfügungen Anwendung.

Wird dem Eigentümer nicht die Befugnis zugesprochen, die Vernichtung durch Zahlung einer Vergütung an den Verletzten abzuwenden und die Exemplare gewerbsmäßig zu verbreiten, so hat er, soweit auf Grund der einstweiligen Anordnung Exemplare von ihm verbreitet worden sind, dem

Verletzten eine Vergütung zu gewähren. Den Betrag der Vergütung bestimmt das Gericht nach billigem Ermessen.

§ **46.** Für sämtliche Bundesstaaten sollen Sachverständigenkammern bestehen, die verpflichtet sind, auf Erfordern der Gerichte und der Staatsanwaltschaften Gutachten über die an sie gerichteten Fragen abzugeben.

Die Sachverständigenkammern sind befugt, auf Anrufen der Beteiligten über Schadensersatzansprüche, über die Vernichtung von Exemplaren oder Vorrichtungen sowie über die Zuerkennung des im § 38 bezeichneten Rechtes als Schiedsrichter zu verhandeln und zu entscheiden.

Der Reichskanzler erläßt die Bestimmungen über die Zusammensetzung und den Geschäftsbetrieb der Sachverständigenkammern.

Die einzelnen Mitglieder der Sachverständigenkammern sollen nicht ohne ihre Zustimmung und nicht ohne Genehmigung des Vorsitzenden von den Gerichten als Sachverständige vernommen werden.

§ 47. Der Anspruch auf Schadensersatz und die Strafverfolgung wegen widerrechtlicher Vervielfältigung verjähren in drei Jahren.

Die Verjährung beginnt mit dem Tage, an welchem die Vervielfältigung vollendet ist. Ist die Vervielfältigung zum Zwecke der Verbreitung bewirkt, so beginnt die Verjährung erst mit dem Tage, an welchem eine Verbreitung stattgefunden hat.

§ 48. Der Anspruch auf Schadensersatz und die Strafverfolgung wegen widerrechtlicher Verbreitung oder Vorführung eines Werkes sowie die Straf-

verfolgung wegen widerrechtlicher Verbreitung oder Schaustellung eines Bildnisses verjähren in drei Jahren.

Die Verjährung beginnt mit dem Tage, an welchem die widerrechtliche Handlung zuletzt stattgefunden hat.

§ 49. Die Verjährung der nach § 40 strafbaren Handlung beginnt mit dem Tage, an welchem die erste Verbreitung stattgefunden hat.

§ 50. Der Antrag auf Vernichtung der Exemplare und der Vorrichtungen ist so lange zulässig, als solche Exemplare oder Vorrichtungen vorhanden sind.

Fünfter Abschnitt.

Schlußbestimmungen.

§ 51. Den Schutz des Urhebers genießen die Reichsangehörigen für alle ihre Werke, gleichviel ob diese erschienen sind oder nicht.

Wer nicht Reichsangehöriger ist, genießt den Schutz für jedes seiner Werke, das im Inland erscheint, sofern er nicht das Werk an einem früheren Tage im Auslande hat erscheinen lassen.

Vgl. zu § 55 Literaturges.

§ 52. In bürgerlichen Rechtsstreitigkeiten, in welchen durch Klage oder Widerklage ein Anspruch auf Grund der Vorschriften dieses Gesetzes geltend gemacht ist, wird die Verhandlung und Entscheidung letzter Instanz im Sinne des § 8 des Einführungsgesetzes zum Gerichtsverfassungsgesetze dem Reichsgerichte zugewiesen.

§ 53. Die ausschließlichen Befugnisse des Urhebers eines Werkes, das zur Zeit des Inkrafttretens dieses Gesetzes geschützt ist, bestimmen sich nach dessen Vorschriften. Auf ein Werk der Photographie, das bei dem Inkrafttreten des Gesetzes noch nicht erschienen war, finden dessen Vorschriften auch dann Anwendung, wenn die bisherige Schutzfrist abgelaufen ist.

Wer in seinem Geschäftsbetriebe vor dem Inkrafttreten des Gesetzes erlaubterweise ein Werk zur Bezeichnung, Ausstattung oder Ankündigung von Waren benutzt hat, darf das Werk auch ferner zu diesem Zwecke benutzen.

Ist ein erschienenes Werk bereits vor dem Inkrafttreten des Gesetzes gewerbsmäßig mittels mechanischer oder optischer Einrichtungen vorgeführt worden, so genießt es den Schutz gegen unerlaubte Vorführung nicht.

§ 54. Soweit eine Vervielfältigung, die nach dem Inkrafttreten dieses Gesetzes unzulässig ist, bisher erlaubt war, dürfen die vorhandenen Vorrichtungen, wie Formen, Platten, Steine, noch bis zum Ablaufe von drei Jahren benutzt werden. Vorrichtungen, deren Herstellung begonnen war, dürfen fertiggestellt und bis zu demselben Zeitpunkte benutzt werden. Die Verbreitung der gemäß dieser Vorschriften hergestellten sowie der bereits vor dem Inkrafttreten des Gesetzes vollendeten Exemplare ist zulässig.

§ 55. Das Gesetz tritt mit dem 1. Juli 1907 in Kraft.

Mit demselben Tage treten außer Kraft die §§ 1 bis 16, 20, 21 des Gesetzes, betreffend das Urheberrecht an Werken der bildenden Künste, vom 9. Januar 1876 (Reichs-Gesetzbl. S. 4) sowie das Gesetz, betreffend den Schutz der Photographien gegen unbefugte Nachbildung, vom 10. Januar 1876 (Reichs-Gesetzbl. S. 8).

Aufrechterhalten sind folg. Best. des Gesetzes vom 9. Januar 1876:

§ 17. Das gegenwärtige Gesetz tritt mit dem 1. Juli 1876 in Kraft. Alle früheren in den einzelnen Staaten des Deutschen Reiches geltenden Bestimmungen in Beziehung auf das Urheberrecht an Werken der bildenden Künste treten von demselben Tage ab außer Wirksamkeit.

§ 18. Das gegenwärtige Gesetz findet auch auf alle vor dem Inkrafttreten desselben erschienenen Werke der bildenden Künste Anwendung, selbst wenn dieselben nach den bisherigen Landesgesetzgebungen keinen Schutz gegen Nachbildung genossen haben.

Die bei dem Inkrafttreten dieses Gesetzes vorhandenen Exemplare, deren Herstellung nach der bisherigen Gesetzgebung gestattet war, sollen auch fernerhin verbreitet werden dürfen, selbst wenn ihre Herstellung nach dem gegenwärtigen Gesetze untersagt ist.

Ebenso sollen die bei dem Inkrafttreten dieses Gesetzes vorhandenen, bisher rechtmäßig angefertigten Vorrichtungen, wie Formen, Platten, Steine, Stereotypabgüsse usw. auch fernerhin zur Anfertigung von Exemplaren benutzt werden dürfen.

Auch dürfen die bei dem Inkrafttreten des Gesetzes bereits begonnenen, bisher gestatteten Vervielfältigungen noch vollendet werden.

Die Regierungen der Staaten des Deutschen Reichs werden ein Inventarium über die Vorrichtungen, deren fernere Benutzung hiernach gestattet ist, amtlich aufstellen und diese Vorrichtungen mit einem gleichförmigen Stempel bedrucken lassen.

Nach Ablauf der für die Legalisierung angegebenen Frist unterliegen alle mit dem Stempel nicht versehenen Vorrichtungen der bezeichneten Werke, auf Antrag des Verletzten, der Einziehung. Die nähere Instruktion über das bei der Aufstellung des Inventariums und bei der

Stempelung zu beobachtende Verfahren wird vom Reichskanzler-Amt erlassen.

§ 19. Die Erteilung von Privilegien zum Schutze des Urheberrechts ist nicht mehr zulässig.

Dem Inhaber eines vor dem Inkrafttreten des gegenwärtigen Gesetzes von den Regierungen einzelner deutscher Staaten erteilten Privilegiums steht es frei, ob er von diesem Privilegium Gebrauch machen oder den Schutz des gegenwärtigen Gesetzes anrufen will.

Der Privilegienschutz kann indes nur für den Umfang derjenigen Staaten geltend gemacht werden, von welchen derselbe erteilt worden ist.

Die Berufung auf den Privilegienschutz ist dadurch bedingt, daß das Privilegium entweder ganz oder dem wesentlichen Inhalte nach dem Werke vorgedruckt oder auf oder hinter dem Titelblatt desselben bemerkt ist. Wo dieses nach der Natur des Gegenstandes nicht stattfinden kann oder bisher nicht geschehen ist, muß das Privilegium, bei Vermeidung des Erlöschens, binnen drei Monaten nach dem Inkrafttreten dieses Gesetzes zur Eintragung in die Eintragsrolle angemeldet werden. Das Kuratorium der Eintragsrolle hat das Privilegium öffentlich bekannt zu machen.

Vereinsgesetz.

Vom 19. April 1908. (RGBl. S. 151.)

§ 1. Alle Reichsangehörigen haben das Recht, zu Zwecken, die den Strafgesetzen nicht zuwiderlaufen, Vereine zu bilden und sich zu versammeln. Dieses Recht unterliegt polizeilich nur den in diesem

Gesetz und anderen Reichsgesetzen enthaltenen Beschränkungen.

Die allgemeinen sicherheitspolizeilichen Bestimmungen des Landesrechts finden Anwendung, soweit es sich um die Verhütung unmittelbarer Gefahr für Leben und Gesundheit der Teilnehmer an einer Versammlung handelt.

Verein: jede dauernde Vereinigung mehrerer Personen zur Verfolgung bestimmter gemeinschaftlicher Zwecke unter einer Leitung, E. 28, 67 (für das preuß. Vereinsges.). — Versammlung i. S. des Ges. (anders nur § 7) bezeichnet jedes Zusammenkommen einer größeren Anzahl von Menschen zum Zwecke der Erörterung und Beratung irgendwelcher Angelegenheiten, DJZ. 08, 1285; 09, 832. Ein Vortrag mit Lichtbildern kann hierher gehören, Soergel IV, 248. Mit Versamml. zu andern Zwecken (Tanzlustbark.) befaßt sich das Gesetz nicht; insoweit bleiben landesr. Polizeiverordn. in Kraft, ebda. Der Grundsatz der Vereins- und Versammlungsfreiheit gilt jetzt auch für Frauen, nicht aber für Minderj. unter 18 Jahren (§ 17); die aus der Beamtendisziplin und ähnl. Gründen folgenden Einschränkungen bleiben unberührt. — Abs. 1 Satz 2 beseitigt nur Polizeivorschriften, die vereinsrechtl. Natur sind; dagegen sind die allgemeinen polizeil. Befugnisse nicht deshalb außer Kraft gesetzt, weil die davon betroffenen Personen sich gerade in Ausübung ihres Vereins- oder Versammlungsrechts befinden, DJZ. 1910, 92, 488 (Verbot des demonstrat. Führens roter Fahnen); Soergel IV, 342.

§ 2. Ein Verein, dessen Zweck den Strafgesetzen zuwiderläuft, kann aufgelöst werden.

Die Auflösungsverfügung kann im Wege des Verwaltungsstreitverfahrens und wo ein solches nicht besteht, im Wege des Rekurses nach Maßgabe der Vorschriften der §§ 20, 21 der Gewerbeordnung angefochten werden.

Die endgültige Auflösung eines Vereins ist öffentlich bekannt zu machen.

§ 3. Jeder Verein, der eine Einwirkung auf politische Angelegenheiten bezweckt (politischer Verein), muß einen Vorstand und eine Satzung haben.

Der Vorstand ist verpflichtet, binnen einer Frist von zwei Wochen nach Gründung des Vereins die Satzung sowie das Verzeichnis der Mitglieder des Vorstandes der für den Sitz des Vereins zuständigen Polizeibehörde einzureichen. Ueber die erfolgte Einreichung ist eine kostenfreie Bescheinigung zu erteilen.

Ebenso ist jede Aenderung der Satzung sowie jede Aenderung in der Zusammensetzung des Vorstandes binnen einer Frist von zwei Wochen nach dem Eintritte der Aenderung anzuzeigen.

Die Satzung sowie die Aenderungen sind in deutscher Fassung einzureichen. Ausnahmen von dieser Vorschrift können von der höheren Verwaltungsbehörde zugelassen werden.

Politische Angelegenheiten: solche, die mit dem Staate als solchem in Zusammenhang stehen, die sich auf die Gesetzgebung des Staats, auf seine Verwaltung nach innen und außen beziehen, DJZ. 09, 384; auch sozialpolitische Ang., wenn bei ihnen ein unmittelbarer Einfluß auf die staatlichen Behörden oder die staatl. Gesetzgebung bezweckt wird, DJZ. 09, 1272; vgl. auch DJZ. 1910, 264 (Stellung des Staates zu den Dienstboten); DJZ. 1910, 432 (Stellungnahme zu der gesetzl. Regelung der Arbeitszeit). — Der Verein muß eine Einwirkung auf derartige Ang. bezwecken; gelegentl. Erörterung in der Vereinsversammlung reicht nicht aus, DJZ. 09, 384.

Vertretung des Vorstandes bei der Abgabe der Erklärung ist zulässig, Soergel IV, 249.

§ 4. Personenmehrheiten, die vorübergehend zusammentreten, um im Auftrage von Wahlberechtigten Vorbereitungen für bestimmte Wahlen zu den auf Gesetz oder Anordnung von Behörden beruhenden öffentlichen Körperschaften zu treffen, gelten vom Tage der amtlichen Bekanntmachung des Wahltags bis zur Beendigung der Wahlhandlung nicht als politische Vereine.

§ 5. Wer eine öffentliche Versammlung zur Erörterung politischer Angelegenheiten (politische Versammlung) veranstalten will, hat hiervon mindestens vierundzwanzig Stunden vor dem Beginne der Versammlung unter Angabe des Ortes und der Zeit bei der Polizeibehörde Anzeige zu erstatten. Ueber die Anzeige ist von der Polizeibehörde sofort eine kostenfreie Bescheinigung zu erteilen.

Zum Begriff der Versammlung s. zu § 1. Ueber die Oeffentlichkeit (Zugänglichkeit für einen durch individuelle Beziehungen nicht zusammengeschlossenen Personenkreis) entscheidet nicht nur der Kreis der eingeladenen, sondern auch der der wirkl. erschienenen Personen, DJZ. 09, 608. Im Einzelfall können auch Vereinsversammlungen hierher gehören, DJZ. 1910, 376. Daß es zur Erörterung pol. Ang. gekommen sei, ist nicht erfordert; es genügt, daß zum Zweck der Erörterung überhaupt Personen erschienen sind, DJZ. 09, 1272. — Veranstalter ist, wer die Versammlung zu dem bezgl. Zweck anregt, beruft oder veranlaßt; es kann ausreichen, daß er andere zur Teilnahme auffordert und sie beauftragt, Teilnehmer zu werben. Fahrlässige Veranst. ist denkbar, DJZ. 09, 384. — Wird eine Versammlung, deren Veranstaltung unter freiem Himmel polizeil. genehmigt ist (§ 7), aus dem Garten eines Lokals in das Lokal selbst verlegt, so ist durch die Genehmigung regelm. der Mangel der Anzeige getilgt DJZ. 09, 152.

§ 6. Einer Anzeige bedarf es nicht für Versammlungen, die öffentlich bekannt gemacht worden sind; die Erfordernisse der Bekanntmachung bestimmt die Landeszentralbehörde.

Einer Anzeige bedarf es ferner nicht für Versammlungen der Wahlberechtigten zum Betriebe der Wahlen zu den auf Gesetz oder Anordnung von Behörden beruhenden öffentlichen Körperschaften vom Tage der amtlichen Bekanntmachung des Wahltags bis zur Beendigung der Wahlhandlung.

Das gleiche gilt für Versammlungen der Gewerbetreibenden, gewerblichen Gehilfen, Gesellen, Fabrikarbeiter, Besitzer und Arbeiter von Bergwerken, Salinen, Aufbereitungsanstalten und unterirdisch betriebenen Brüchen und Gruben zur Erörterung von Verabredungen und Vereinigungen zum Behufe der Erlangung günstiger Lohn- und Arbeitsbedingungen, insbesondere mittels Einstellung der Arbeit oder Entlassung der Arbeiter.

Zu Abs. 2. Teilnahme nicht wahlberecht. Personen schließt das Privileg nicht unbedingt aus, DJZ. 09, 152.

Zu Abs. 3 vgl. § 152 GewO. Diese Versammlungen fallen schon ihrem Begriffe nach nicht unter § 5; § 6 Abs. 3 hat rein deklaratorische Bedeutung. Deshalb verlieren die hier bezeichn. Versamml. das Privileg, sobald sie pol. Ang. i. S. des § 5, insb. sozialpol. Ang. erörtern, bezüglich deren ein Einfluß auf die Gesetzgebung ausgeübt werden soll, DJZ. 09, 1272; 1910, 152.

§ 7. Oeffentliche Versammlungen unter freiem Himmel und Aufzüge auf öffentlichen Straßen oder Plätzen bedürfen der Genehmigung der Polizeibehörde.

Die Genehmigung ist von dem Veranstalter mindestens vierundzwanzig Stunden vor dem Beginne der Versammlung oder des Aufzugs unter Angabe des Ortes und der Zeit nachzusuchen. Sie ist schriftlich zu erteilen und darf nur versagt werden, wenn aus der Abhaltung der Versammlung oder der Veranstaltung des Aufzugs Gefahr für die öffentliche Sicherheit zu befürchten ist. Im Falle der Verweigerung ist dem Veranstalter sofort ein kostenfreier Bescheid mit Angabe der Gründe zu erteilen.

§ 7 setzt nicht voraus, daß die Versammlung die Erörterung irgendw. Fragen bezwecke; es genügt, daß die Versammelten irgend einen gemeinsamen Zweck verfolgen. „Unter freiem Himmel" ist wörtlich zu interpretieren; auch eine Vers. in einem rings umschlossenen Garten gehört hierher, DJZ. 09, 1336. Aufzug, wenn eine zu einem bestimmten Zwecke vereinigte Menschenmenge in einer Weise, welche die Aufmerksamkeit des Publikums zu erregen, und die öffentl. Ordnung, insb. den Verkehr zu gefährden geeignet ist, sich über öff. Straßen hinbewegt, DJZ. 1910, 600. — Die Genehmigung erstreckt sich nur auf die Veranstaltung; sie berechtigt nicht zur Verletzung straßenpolizeil. Vorschriften, Soergel IV, 251. Sie kann widerrufen werden, wenn nachträglich Tats. bekannt werden, die zu ihrer Versagung geführt hätten, DJZ. 09, 776. Ob sie mit Recht versagt bezw. widerrufen wurde, hat der Strafrichter nicht zu prüfen, DJZ. 09, 328. Zur Veranstaltung reicht die bloße Beteiligung am Aufzug nicht aus, DJZ. 08, 1227. Leiter des Aufzugs (strafb. nach § 19, 2) ist derjenige, dessen Wille die Anordnung oder Fortbewegung des Zuges bestimmt oder bestimmen soll, DJZ. 1910, 600.

§ 8. Eine Versammlung, die in einem geschlossenen Raume veranstaltet wird, ist nicht schon deshalb als Versammlung unter freiem Himmel an-

zusehen, weil außerhalb des Versammlungsraums befindliche Personen an der Erörterung teilnehmen, oder weil die Versammlung in einen mit dem Versammlungsraume zusammenhängenden umfriedeten Hof oder Garten verlegt wird.

§ 9. Der Landeszentralbehörde bleibt es überlassen zu bestimmen, daß und unter welchen Voraussetzungen für Versammlungen unter freiem Himmel und Aufzüge die Genehmigung durch Anzeige oder öffentliche Bekanntmachung ersetzt wird.

Gewöhnliche Leichenbegängnisse sowie Züge der Hochzeitsgesellschaften, wo sie hergebracht sind, bedürfen der Anzeige oder Genehmigung nicht. Der Landeszentralbehörde bleibt es überlassen, zu bestimmen, daß auch andere Aufzüge der Anzeige und Genehmigung nicht bedürfen, und daß Aufzüge, die durch mehrere Ortschaften führen, nur einer Polizeibehörde angezeigt und von ihr genehmigt zu werden brauchen.

Abs. 2. Zum Leichenbegängnis gehort auch die Versammlung am Grabe, DJZ. 09, 328, 496; nicht dagegen der vom Friedhof zurückkehrende Trauerzug, vgl. DJZ. 09, 87. L a i e n r e d e n am Grabe k ö n n e n das Leichenbeg. zu einem ungewöhnl. machen, DJZ. 09, 1156. Veranstalter ist dann insb., wer ein sonst gewöhnliches Leichenbegängnis in seinem Verlauf durch eigene Tätigkeit zu einem ungewöhnlichen macht, und so bewirkt, daß ein genehmigungsbedürftiges Leichenbegängnis stattfindet, DJZ. 09, 552. — Landesrechtl. Bestimmungen über Laienreden am Grabe sind außer Kraft getreten; andererseits unterliegt das Leichenbeg. trotz § 24 auch insoweit nicht den landesr. Vorschriften, als ein Geistlicher mitwirkt, DJZ. 09, 328, 496.

§ 10. Jede öffentliche politische Versammlung muß einen Leiter haben. Der Veranstalter ist berechtigt, die Leitung selbst zu übernehmen, sie einem andern zu übertragen oder die Wahl des Leiters durch die Versammlung zu veranlassen. Der Leiter oder, solange dieser nicht bestellt ist, der Veranstalter hat für Ruhe und Ordnung in der Versammlung zu sorgen. Er ist befugt, die Versammlung für aufgelöst zu erklären.

§ 11. Niemand darf in einer öffentlichen Versammlung oder einem Aufzuge, der auf öffentlichen Straßen oder Plätzen stattfinden soll, bewaffnet erscheinen, es sei denn, daß er vermöge öffentlichen Berufs zum Waffentragen berechtigt oder zum Erscheinen mit Waffen behördlich ermächtigt ist.

§ 12. Die Verhandlungen in öffentlichen Versammlungen sind in deutscher Sprache zu führen.

Diese Vorschrift findet auf internationale Kongresse sowie auf Versammlungen der Wahlberechtigten zum Betriebe der Wahlen für den Reichstag und für die gesetzgebenden Versammlungen der Bundesstaaten und Elsaß-Lothringens vom Tage der amtlichen Bekanntmachung des Wahltags bis zur Beendigung der Wahlhandlung keine Anwendung.

Die Zulässigkeit weiterer Ausnahmen regelt die Landesgesetzgebung. Jedoch ist in Landesteilen, in denen zur Zeit des Inkrafttretens dieses Gesetzes alteingesessene Bevölkerungsteile nichtdeutscher Muttersprache vorhanden sind, sofern diese Bevölkerungsteile nach dem Ergebnisse der jeweilig letzten Volkszählung sechzig vom Hundert der Gesamtbevölkerung übersteigen, während der ersten zwanzig Jahre nach dem Inkrafttreten dieses Gesetzes der Mitgebrauch der nichtdeutschen Sprache gestattet, wenn der Veranstalter der öffentlichen Versammlung mindestens dreimal vierundzwanzig Stunden vor ihrem Beginne der Polizeibehörde die Anzeige erstattet hat, daß und in welcher nichtdeutschen Sprache die Verhandlungen geführt werden sollen. Ueber die Anzeige ist von der Polizeibehörde sofort eine kostenfreie Bescheinigung zu erteilen. Als Landesteile gelten die Bezirke der unteren Verwaltungsbehörden.

Ferner sind, soweit die Landesgesetzgebung abweichendes nicht bestimmt, Ausnahmen auch mit Genehmigung der Landeszentralbehörde zulässig.

§ 13. Beauftragte, welche die Polizeibehörde in eine öffentliche Versammlung (§§ 5, 6, 7, 8, 9, 12) entsendet, haben sich unter Kundgebung ihrer Eigenschaft dem Leiter oder, solange dieser nicht bestellt ist, dem Veranstalter der Versammlung zu erkennen zu geben.

Den Beauftragten muß ein angemessener Platz eingeräumt werden. Die Polizeibehörde darf nicht mehr als zwei Beauftragte entsenden.

§ 14. Die Beauftragten der Polizeibehörde sind befugt, unter Angabe des Grundes die Versammlung für aufgelöst zu erklären,

1. wenn in den Fällen des § 12 Abs. 3 die Bescheinigung über die ordnungsmäßige Anzeige nicht vorgelegt werden kann;
2. wenn die Genehmigung nicht erteilt ist (§ 7);
3. wenn die Zulassung der Beauftragten der Polizeibehörde (§ 13 Abs. 1) verweigert wird;
4. wenn Bewaffnete, die unbefugt in der Versammlung anwesend sind, nicht entfernt werden (§ 11);
5. wenn in der Versammlung Anträge oder Vorschläge erörtert werden, die eine Aufforderung oder Anreizung zu Verbrechen oder nicht nur auf Antrag zu verfolgenden Vergehen enthalten;
6. wenn Rednern, die sich verbotswidrig einer nichtdeutschen Sprache bedienen (§ 12), auf Aufforderung der Beauftragten der Polizeibehörde von dem Leiter oder Veranstalter der Versammlung das Wort nicht entzogen wird.

Ist eine Versammlung für aufgelöst erklärt worden, so hat die Polizeibehörde dem Leiter der Versammlung die mit Tatsachen zu belegenden Gründe der Auflösung schriftlich mitzuteilen, falls er dies binnen drei Tagen beantragt.

§ 15. Auf die Anfechtung der Auflösung einer Versammlung finden die Vorschriften des § 2 Abs. 2 Anwendung.

§ 16. Sobald eine Versammlung für aufgelöst erklärt ist, sind alle Anwesenden verpflichtet, sich sofort zu entfernen.

§ 17. Personen, die das achtzehnte Lebensjahr noch nicht vollendet haben, dürfen nicht Mitglieder von politischen Vereinen sein und weder in den Versammlungen solcher Vereine, sofern es sich nicht um Veranstaltungen zu geselligen Zwecken handelt, noch in öffentlichen politischen Versammlungen anwesend sein.

§ 18. [A]. Mit Geldstrafe bis zu einhundertfünfzig Mark, an deren Stelle im Unvermögensfalle Haft tritt, wird bestraft:

1. wer als Vorstand oder als Mitglied des Vorstandes eines Vereins den Vorschriften über die Einreichung von Satzungen und Verzeichnissen (§ 3 Abs. 2 bis 4) zuwiderhandelt;
2. wer eine Versammlung ohne die durch §§ 5, 6, 7, 8, 9 dieses Gesetzes vorgeschriebene Anzeige oder Bekanntmachung veranstaltet oder leitet;
3. wer als Veranstalter oder Leiter einer Versammlung den Beauftragten der Polizeibehörde

die Einräumung eines angemessenen Platzes verweigert (§ 13 Abs. 2);

4. wer sich nach Erklärung der Auflösung einer Versammlung nicht sofort entfernt (§ 16);
5. wer als Vorstand oder als Mitglied des Vorstandes eines Vereins entgegen den Vorschriften des § 17 dieses Gesetzes Personen, die das achtzehnte Lebensjahr noch nicht vollendet haben, in dem Vereine duldet;
6. wer entgegen den Vorschriften des § 17 dieses Gesetzes in einer Versammlung anwesend ist.

§ 19. [A.] Mit Geldstrafe bis zu dreihundert Mark, an deren Stelle im Unvermögensfalle Haft tritt, oder mit Haft wird bestraft:

1. wer eine Versammlung unter freiem Himmel oder einen Aufzug ohne die vorgeschriebene Anzeige oder Genehmigung (§§ 7, 9) veranstaltet oder leitet;
2. wer unbefugt in einer Versammlung oder in einem Aufzuge bewaffnet erscheint (§ 11);
3. wer entgegen den Vorschriften des § 12 dieses Gesetzes eine öffentliche Versammlung veranstaltet, leitet oder in ihr als Redner auftritt.

Zu Ziff. 1. In den Staaten, die nicht gemäß § 9 sich mit der Anzeige oder öff. Bek. der Versammlung unter freiem Himmel usw. begnügen, ist der Veranstalter nach § 19 Ziff. 1 strafbar, DJZ. 09, 552. Vgl. bezgl. des Verf. von § 18 Ziff. 2 zu § 19 Ziff. 1 die Bem. bei Stenglein 4 S. 65.

§ 20. Die Vorschriften dieses Gesetzes finden keine Anwendung auf die durch das Gesetz oder die zuständigen Behörden angeordneten Versammlungen.

§ 21. Welche Behörden unter der Bezeichnung „Polizeibehörde", „untere Verwaltungsbehörde" und „höhere Verwaltungsbehörde" zu verstehen sind, bestimmt die Landeszentralbehörde.

§ 22. An die Stelle des § 72 des Bürgerlichen Gesetzbuchs tritt folgende Vorschrift:

Der Vorstand hat dem Amtsgericht auf dessen Verlangen jederzeit eine von ihm vollzogene Bescheinigung über die Zahl der Vereinsmitglieder einzureichen.

§ 23. Aufgehoben werden:

der § 17 Abs. 2 des Wahlgesetzes für den deutschen Reichstag vom 31. Mai 1869 (Bundes-Gesetzbl. S. 145, Reichs-Gesetzbl. 1873 S. 163),

der § 2 Abs. 2 des Einführungsgesetzes zum Strafgesetzbuche für das Deutsche Reich vom 31. Mai 1870 (Bundes-Gesetzbl. S. 195, Reichs-Gesetzbl. 1871 S. 127), soweit er sich auf die besonderen Vorschriften des Landesstrafrechts über Mißbrauch des Vereins- und Versammlungsrechts bezieht,

der § 6 Abs. 2 Nr. 2 des Einführungsgesetzes zur Strafprozeßordnung vom 1. Februar 1877 (Reichs-Gesetzbl. S. 346).

Die sonstigen reichsgesetzlichen Vorschriften über Vereine und Versammlungen bleiben in Kraft.

§ 24. Unberührt bleiben:

die Vorschriften des Landesrechts über kirchliche und religiöse Vereine und Versammlungen, über kirchliche Prozessionen, Wallfahrten und Bittgänge sowie über geistliche Orden und Kongregationen,

die Vorschriften des Landesrechts in bezug auf Vereine und Versammlungen für die Zeiten der Kriegsgefahr, des Krieges, des erklärten Kriegs-(Belagerungs-)Zustandes oder innerer Unruhen (Aufruhrs),

die Vorschriften des Landesrechts in bezug auf Verabredungen ländlicher Arbeiter und Dienstboten zur Einstellung oder Verhinderung der Arbeit,

die Vorschriften des Landesrechts zum Schutze der Feier der Sonn- und Festtage; jedoch sind für Sonntage, die nicht zugleich Festtage sind, Beschränkungen des Versammlungsrechts nur bis zur Beendigung des vormittägigen Hauptgottesdienstes zulässig.

§ 25. Dieses Gesetz tritt am 15. Mai 1908 in Kraft.

Börsengesetz.

Vom 8. Mai 1908

(in der Fassung der Bekanntmachung des Reichskanzlers vom 27. Mai 1908 RGBl. S. 215).

I. Allgemeine Bestimmungen über die Börsen und deren Organe.

§ 1. Die Errichtung einer Börse bedarf der Genehmigung der Landesregierung. Diese ist befugt, die Aufhebung bestehender Börsen anzuordnen.

Die Landesregierungen üben die Aufsicht über die Börsen aus. Sie können die unmittelbare Aufsicht den Handelsorganen (Handelskammern, kaufmännischen Korporationen) übertragen.

Der Aufsicht der Landesregierungen und der mit der unmittelbaren Aufsicht betrauten Handelsorgane unterliegen auch die auf den Börsenverkehr bezüglichen Einrichtungen der Kündigungsbureaus, Liquidationskassen, Liquidationsvereine und ähnlicher Anstalten.

§ 2. Bei den Börsen sind als Organe der Landesregierung Staatskommissare zu bestellen. Ihnen liegt es ob, den Geschäftsverkehr an der Börse sowie die Befolgung der in bezug auf die Börse erlassenen Gesetze und Verwaltungsbestimmungen nach näherer Anweisung der Landesregierung zu überwachen. Sie sind berechtigt, den Beratungen der Börsenorgane beizuwohnen und die Börsenorgane auf hervorgetretene Mißbräuche aufmerksam zu machen. Sie haben über Mängel und über die Mittel zu ihrer Abstellung Bericht zu erstatten.

Mit Zustimmung des Bundesrats kann für einzelne Börsen die Tätigkeit des Staatskommissars auf die Mitwirkung beim ehrengerichtlichen Verfahren beschränkt oder, sofern es sich um kleine Börsen handelt, von der Bestellung eines Staatskommissars abgesehen werden.

§ 3. Zur Begutachtung über die durch dieses Gesetz der Beschlußfassung des Bundesrats überwiesenen Angelegenheiten ist als Sachverständigenorgan ein Börsenausschuß zu bilden. Derselbe ist befugt, Anträge an den Reichskanzler zu stellen und Sachverständige zu vernehmen.

Der Börsenausschuß besteht aus mindestens dreißig Mitgliedern, welche vom Bundesrat in der Regel auf je fünf Jahre zu wählen sind. Eine erneute Wahl ist zulässig. Die Wahl der Hälfte der Mitglieder erfolgt auf Vorschlag der Börsenorgane. Darüber, in welcher Anzahl dieselben von den einzelnen Börsenorganen vorzuschlagen sind, bestimmt der Bundesrat. Die andere Hälfte wird unter angemessener Berücksichtigung von Landwirtschaft und Industrie gewählt.

Die Geschäftsordnung für den Ausschuß wird nach Anhörung desselben von dem Bundesrat erlassen; der letztere setzt auch die den Ausschußmitgliedern zu gewährenden Tagegelder und Reisekosten fest.

§ 4. Für jede Börse ist eine Börsenordnung zu erlassen.

Die Genehmigung derselben erfolgt durch die Landesregierung. Dieselbe kann die Aufnahme bestimmter Vorschriften in die Börsenordnung anordnen, insbesondere der Vorschrift, daß in den Vorständen der Produktenbörsen die Landwirtschaft, die landwirtschaftlichen Nebengewerbe und die Müllerei eine entsprechende Vertretung finden.

§ 5. Die Börsenordnung muß Bestimmungen treffen:

1. über die Börsenleitung und ihre Organe;
2. über die Geschäftszweige, für welche die Börseneinrichtungen bestimmt sind;
3. über die Voraussetzungen der Zulassung zum Besuche der Börse;
4. darüber, in welcher Weise die Preise und Kurse zu notieren sind.

§ 6. Die Börsenordnung kann für andere als die nach § 5 Ziffer 2 zu bezeichnenden Geschäftszweige, sofern dies nicht mit besonderen Bestimmungen dieses Gesetzes (§§ 42, 43, 51) im Widerspruche steht, die Benutzung von Börseneinrichtungen zulassen. Ein Anspruch auf die Benutzung erwächst in diesem Falle für die Beteiligten nicht. Der Bundesrat ist befugt, für bestimmte Geschäftszweige die Benutzung der Börseneinrichtungen zu untersagen oder von Bedingungen abhängig zu machen.

§ 7. Vom Börsenbesuche sind ausgeschlossen:

1. Personen weiblichen Geschlechts;
2. Personen, welche sich nicht im Besitze der bürgerlichen Ehrenrechte befinden;
3. Personen, welche infolge gerichtlicher Anordnung in der Verfügung über ihr Vermögen beschränkt sind;
4. Personen, welche wegen betrüglichen Bankrotts rechtskräftig verurteilt sind;
5. Personen, welche wegen einfachen Bankrotts rechtskräftig verurteilt sind;

6. Personen, welche sich im Zustande der Zahlungsunfähigkeit befinden;
7. Personen, gegen welche durch rechtskräftige oder für sofort wirksam erklärte ehrengerichtliche Entscheidung auf Ausschließung von dem Besuch einer Börse erkannt ist.

Die Zulassung oder Wiederzulassung zum Börsenbesuche kann in den Fällen unter 2 und 3 nicht vor der Beseitigung des Ausschließungsgrundes, in dem Falle unter 5 nicht vor Ablauf von sechs Monaten, nachdem die Strafe verbüßt, verjährt oder erlassen ist, erfolgen; sie darf in dem letzteren Falle und ebenso in dem Falle unter 6 nur stattfinden, wenn der Börsenvorstand den Nachweis für geführt erachtet, daß die Schuldverhältnisse sämtlichen Gläubigern gegenüber durch Zahlung, Erlaß oder Stundung geregelt sind. Einer Person, welche im Wiederholungsfalle in Zahlungsunfähigkeit oder in Konkurs geraten ist, muß die Zulassung oder Wiederzulassung mindestens für die Dauer eines Jahres verweigert werden. In dem Falle unter 4 ist der Ausschluß ein dauernder.

Die Börsenordnungen können weitere Ausschließungsgründe festsetzen.

Auf Antrag der Börsenorgane kann die Landesregierung in besonderen Fällen Ausnahmen von den Vorschriften über die Ausschließung vom Börsenbesuche zulassen.

§ 8. Die Börsenaufsichtsbehörde ist befugt, zur Aufrechthaltung der Ordnung und für den Geschäftsverkehr an der Börse Anordnungen zu erlassen.

Die Handhabung der Ordnung in den Börsenräumen liegt dem Börsenvorstand ob. Er ist befugt, Personen, welche die Ordnung oder den Geschäftsverkehr an der Börse stören, sofort aus den Börsenräumen zu entfernen und mit zeitweiliger Ausschließung von der Börse oder mit Geldstrafe zu bestrafen. Das Höchstmaß beider Strafen wird durch die Börsenordnung festgesetzt. Die Ausschließung von der Börse kann mit Genehmigung der Börsenaufsichtsbehörde durch Anschlag in der Börse bekannt gemacht werden.

Gegen die Verhängung der Strafen findet innerhalb einer durch die Börsenordnung festzusetzenden Frist die Beschwerde an die Börsenaufsichtsbehörde statt.

Finden sich an der Börse Personen zu Zwecken ein, welche mit der Ordnung oder dem Geschäftsverkehr an derselben unvereinbar sind, so ist ihnen der Zutritt zu untersagen.

§ 9. An jeder Börse wird ein Ehrengericht gebildet. Es besteht, wenn die unmittelbare Aufsicht über die Börse einem Handelsorgane (§ 1 Abs. 2) übertragen ist, aus der Gesamtheit oder einem Ausschusse dieses Aufsichtsorgans, andernfalls aus Mitgliedern, welche von den Börsenorganen gewählt werden. Die näheren Bestimmungen über die Zusammensetzung des Ehrengerichts werden von der Landesregierung erlassen.

§ 10. Das Ehrengericht zieht zur Verantwortung Börsenbesucher, welche im Zusammenhange mit ihrer Tätigkeit an der Börse sich eine mit der Ehre oder dem Anspruch auf kaufmännisches Vertrauen nicht zu vereinbarende Handlung haben zu Schulden kommen lassen.

§ 11. Von der Einleitung oder Ablehnung eines ehrengerichtlichen Verfahrens ist der Staatskommissar (§ 2) zu unterrichten. Er kann die Einleitung eines ehrengerichtlichen Verfahrens verlangen. Diesem Verlangen sowie allen von dem Kommissare gestellten Beweisanträgen muß stattgegeben werden. Der Kommissar hat das Recht, allen Verhandlungen beizuwohnen und die ihm geeignet erscheinenden Anträge sowie Fragen an den Beschuldigten, die Zeugen und Sachverständigen zu stellen.

§ 12. Zur Vorbereitung der Hauptverhandlung kann das Ehrengericht einem Mitgliede die Führung einer Voruntersuchung übertragen. In der Voruntersuchung wird der Beschuldigte unter Mitteilung der Beschuldigungspunkte vorgeladen und, wenn er erscheint, mit seinen Erklärungen und Anträgen gehört.

Zeugen und Sachverständige dürfen nur unbeeidigt vernommen werden.

§ 13. Mit Zustimmung des Staatskommissars kann das Ehrengericht das Verfahren einstellen, andernfalls ist die Hauptverhandlung anzuberaumen.

§ 14. Die Hauptverhandlung vor dem Ehrengerichte findet statt, auch wenn der Beschuldigte nicht erschienen ist. Sie ist nicht öffentlich. Das Ehrengericht kann die Oeffentlichkeit der Verhandlung anordnen. Die Anordnung muß erfolgen, falls der Staatskommissar oder der Beschuldigte es beantragt, sofern nicht die Voraussetzungen des § 173 des Gerichtsverfassungsgesetzes vorliegen.

Der Beschuldigte ist befugt, sich des Beistandes eines Verteidigers zu bedienen.

Das Ehrengericht ist berechtigt, Zeugen und Sachverständige vorzuladen und eidlich zu vernehmen.

§ 15. Die Strafen bestehen in Verweis sowie in zeitweiliger oder dauernder Ausschließung von der Börse.

Ergibt sich, daß keine unehrenhafte Handlung, sondern nur eine Störung der Ordnung oder des Geschäftsverkehrs an der Börse vorliegt, so kann die Bestrafung gemäß § 8 Abs. 2 durch das Ehrengericht stattfinden.

§ 16. Die Entscheidung wird in der Sitzung, in welcher die mündliche Verhandlung geschlossen wird, unter Angabe der Gründe verkündet oder spätestens innerhalb zwei Wochen nach dem Schlusse der Verhandlung dem Staatskommissar und dem Beschuldigten in einer mit Gründen versehenen Ausfertigung zugestellt.

Dem nicht erschienenen Beschuldigten ist auch die verkündete Entscheidung zuzustellen. Sowohl der Staatskommissar wie der Beschuldigte können auch bei in ihrer

Gegenwart erfolgter Verkündung der Entscheidung eine mit Gründen versehene Ausfertigung derselben beanspruchen.

Das Ehrengericht kann in der Entscheidung anordnen, daß und auf welche Weise sie öffentlich bekannt zu machen ist.

Das Ehrengericht kann, wenn auf zeitweilige oder dauernde Ausschließung von der Börse erkannt ist, anordnen, daß die Wirkung der Entscheidung sofort eintrete.

Auf Antrag des freigesprochenen Beschuldigten hat das Gericht die öffentliche Bekanntmachung der Freisprechung anzuordnen.

§ 17. Gegen die Entscheidung des Ehrengerichts steht sowohl dem Staatskommissar als dem Beschuldigten die Berufung an die periodisch zu bildende Berufungskammer offen.

Die Berufungskammer besteht aus einem Vorsitzenden und sechs Beisitzern. Der Vorsitzende wird von dem Bundesrate bestimmt. Die Beisitzer werden von dem Börsenausschuß aus seinen auf Vorschlag der Börsenorgane berufenen Mitgliedern gewählt; von den Beisitzern dürfen nicht mehr als zwei derselben Börse angehören.

Für den Vorsitzenden und die Beisitzer werden in gleicher Weise Stellvertreter bestellt.

In einer Spruchsitzung dürfen nicht mehr als zwei Beisitzer mitwirken, welche derselben Börse angehören.

§ 18. Die Einlegung der Berufung geschieht zu Protokoll oder schriftlich bei dem Ehrengerichte, welches die anzugreifende Entscheidung erlassen hat.

Die Frist zur Einlegung der Berufung beträgt eine Woche.

Sie beginnt, falls die Entscheidung verkündet worden ist, für den Staatskommissar und den erschienenen Beschuldigten mit der Verkündung, im übrigen mit der Zustellung der Entscheidung.

§ 19. Nach Einlegung der Berufung ist dem Staatskommissare sowie dem Beschuldigten, sofern es nicht bereits geschehen, die angefochtene Entscheidung, mit Gründen versehen, zuzustellen.

§ 20. Zur schriftlichen Rechtfertigung der Berufung steht demjenigen, der sie rechtzeitig eingelegt hat, eine Frist von einer Woche offen. Sie beginnt mit dem Ablaufe der Einlegungsfrist oder, wenn zu dieser Zeit die Entscheidung noch nicht zugestellt war, mit deren Zustellung.

§ 21. Die Berufungsschrift des Beschuldigten und die etwa eingehende Rechtfertigung wird dem Staatskommissare, die Berufungsschrift und die Rechtfertigung des Staatskommissars dem Beschuldigten mitgeteilt. Innerhalb einer Woche nach der Mitteilung kann eine Beantwortungsschrift eingereicht werden.

§ 22. Die Fristen zur Rechtfertigung und zur Beantwortung der Berufung können auf Antrag von dem Ehrengerichte verlängert werden.

§ 23. Nach Ablauf der in den §§ 18, 20, 21 und 22 bestimmten Fristen werden die Akten an die Berufungskammer eingesandt. Zu der Verhandlung ist der Beschuldigte vorzuladen und der Staatskommissar zuzuziehen.

Die Berufungskammer kann zur Aufklärung des Sachverhalts vorherige Beweiserhebungen veranlassen.

Auf das Verfahren vor der Berufungskammer finden die Vorschriften der §§ 11, 14, 15 und 16 Anwendung.

§ 24. Ueber jede Vernehmung in der Voruntersuchung und über die Hauptverhandlung ist durch einen vereideten Protokollführer ein Protokoll aufzunehmen.

§ 25. Neben der Strafe kann auf vollständigen oder teilweisen Ersatz der durch das Verfahren entstandenen baren Auslagen erkannt werden.

§ 26. Die Gerichte sind verpflichtet, dem Ersuchen des Ehrengerichts sowie der Berufungskammer um Vernehmung von Zeugen und Sachverständigen zu entsprechen.

§ 27. Die mit der Aufsicht über die Börsen betrauten Organe sind verpflichtet, Handlungen der Börsenbesucher, welche zu einem ehrengerichtlichen Verfahren Anlaß geben, zur Kenntnis des Staatskommissars oder, wenn ein solcher nicht bestellt ist, zur Kenntnis des Ehrengerichts zu bringen.

§ 28. Eine Vereinbarung, durch welche die Beteiligten sich der Entscheidung eines Börsenschiedsgerichts unterwerfen, ist nur verbindlich, wenn beide Teile zu den Personen gehören, die nach § 53 Börsentermingeschäfte abschließen können, oder wenn die Unterwerfung unter das Schiedsgericht nach Entstehung des Streitfalls erfolgt.

II. Feststellung des Börsenpreises und Maklerwesen.

§ 29. Bei Waren oder Wertpapieren, deren Börsenprei amtlich festgestellt wird, erfolgt diese Feststellung sowohl für Kassa- wie für Zeitgeschäfte durch den Börsenvorstand, soweit die Börsenordnung nicht die Mitwirkung von Vertretern anderer Berufszweige vorschreibt.

Bei der Feststellung darf außer dem Staatskommissare, dem Börsenvorstande, den Börsensekretären, den Kursmaklern und den Vertretern der beteiligten Berufszweige, deren Mitwirkung die Börsenordnung vorschreibt, niemand zugegen sein.

Als Börsenpreis ist derjenige Preis festzusetzen, welcher der wirklichen Geschäftslage des Verkehrs an der Börse entspricht.

§ 30. Zur Mitwirkung bei der amtlichen Festsetzung des Börsenpreises von Waren und Wertpapieren sind Hilfspersonen (Kursmakler) zu ernennen. Sie müssen, solange sie die Tätigkeit als Kursmakler ausüben, die Vermittelung von Börsengeschäften in den betreffenden Waren oder Wertpapieren betreiben. Sie werden von der Landesregierung bestellt und entlassen und leisten vor Antritt ihrer Stellung den Eid, daß sie die ihnen obliegenden Pflichten getreu erfüllen werden.

Eine Vertretung der Kursmakler (Maklerkammer) ist bei der Bestellung neuer Kursmakler und bei Verteilung der Geschäfte unter die einzelnen Makler gutachtlich zu hören. Die näheren Bestimmungen über die Bestellung und Entlassung der Kursmakler und die Organisation ihrer Vertretung sowie über ihr Verhältnis zu den Staatskommissaren und den Börsenorganen werden von der Landesregierung erlassen.

§ 31. Bei Geschäften in Waren oder Wertpapieren kann ein Anspruch auf Berücksichtigung bei der amtlichen Feststellung des Börsenpreises nur erhoben werden, wenn sie durch Vermittelung eines Kursmaklers abgeschlossen sind. Die Berechtigung des Börsenvorstandes, auch andere Geschäfte zu berücksichtigen, bleibt hierdurch unberührt.

§ 32. Die Kursmakler dürfen in den Geschäftszweigen, für welche sie bei der amtlichen Feststellung des Börsenpreises mitwirken, nur insoweit für eigene Rechnung oder in eigenem Namen Handelsgeschäfte schließen oder eine Bürgschaft für die von ihnen vermittelten Geschäfte übernehmen, als dies zur Ausführung der ihnen erteilten Aufträge nötig ist; die Landesregierung bestimmt, in welcher Weise die Beobachtung dieser Vorschrift zu überwachen ist. Die Gültigkeit der abgeschlossenen Geschäfte wird hierdurch nicht berührt.

Die Kursmakler dürfen, soweit nicht die Landesregierung Ausnahmen zuläßt, kein sonstiges Handelsgewerbe betreiben, auch nicht an einem solchen als Kommanditist oder stiller Gesellschafter beteiligt sein; ebensowenig dürfen sie zu einem Kaufmann in dem Verhältnis eines Prokuristen, Handlungsbevollmächtigten oder Handlungsgehilfen stehen.

§ 33. Das von dem Kursmakler zu führende Tagebuch ist vor dem Gebrauche dem Börsenvorstande zur Beglaubigung der Zahl der Blätter oder Seiten vorzulegen.

Wenn ein Kursmakler stirbt oder aus dem Amte scheidet, ist sein Tagebuch bei dem Börsenvorstande niederzulegen.

§ 34. Die Kursmakler sind zur Vornahme von Verkäufen und Käufen befugt, die durch einen dazu öffentlich ermächtigten Handelsmakler zu bewirken sind.

§ 35. Der Bundesrat ist befugt:

1. eine von den Vorschriften im § 29 Abs. 1 und 2 und in den §§ 30 und 31 abweichende amtliche Feststellung des Börsenpreises von Waren oder Wertpapieren für einzelne Börsen zuzulassen;
2. eine amtliche Feststellung des Börsenpreises bestimmter Waren allgemein oder für einzelne Börsen vorzuschreiben;
3. Bestimmungen zu erlassen, um eine Einheitlichkeit der Grundsätze über die den Feststellungen von Warenpreisen zu grunde zu legenden Mengen und über die für die Feststellung der Preise von Wertpapieren maßgebenden Gebräuche herbeizuführen.

Die Befugnis der Landesregierung zu Anordnungen der im Abs. 1 Ziffer 2 und 3 bezeichneten Art wird hierdurch nicht berührt, soweit der Bundesrat von seiner Befugnis keinen Gebrauch gemacht hat. Diese Anordnungen sind dem Reichskanzler zur Kenntnisnahme mitzuteilen.

III. Zulassung von Wertpapieren zum Börsenhandel.

§ 36. Die Zulassung von Wertpapieren zum Börsenhandel erfolgt an jeder Börse durch eine Kommission (Zulassungsstelle), von deren Mitgliedern mindestens die Hälfte aus Personen bestehen muß, die sich nicht berufsmäßig am Börsenhandel mit Wertpapieren beteiligen.

Von der Beratung und Beschlußfassung über die Zulassung eines Wertpapiers zum Börsenhandel sind diejenigen Mitglieder ausgeschlossen, welche an der Einführung dieses Wertpapiers in den Börsenhandel beteiligt sind; für die ausscheidenden Mitglieder sind Stellvertreter nach näherer Bestimmung der Börsenordnung zu berufen.

Die Zulassungsstelle hat die Aufgabe und die Pflicht:

a) die Vorlegung der Urkunden, welche die Grundlage für die zu emittierenden Wertpapiere bilden, zu verlangen und diese Urkunden zu prüfen;

b) dafür zu sorgen, daß das Publikum über alle zur Beurteilung der zu emittierenden Wertpapiere notwendigen tatsächlichen und rechtlichen Verhältnisse soweit als möglich informiert wird, und bei Unvollständigkeit der Angaben die Emission nicht zuzulassen;

c) Emissionen nicht zuzulassen, durch welche erhebliche allgemeine Interessen geschädigt werden oder welche offenbar zu einer Uebervorteilung des Publikums führen.

Die Zulassungsstelle darf die Emission ohne Angabe von Gründen ablehnen. Im übrigen werden die Bestimmungen über die Zusammensetzung der Zulassungsstelle sowie über die Zulässigkeit einer Beschwerde gegen deren Entscheidungen durch die Börsenordnungen getroffen. Die Zulassungsstelle ist befugt, zum Börsenhandel zugelassene Wertpapiere von demselben auszuschließen.

§ 37. Wird von der Zulassungsstelle einer Börse der Antrag auf Zulassung von Wertpapieren zum Börsenhandel abgelehnt, so hat die Zulassungsstelle den Vorständen der übrigen deutschen Börsen für Wertpapiere Mitteilung zu machen. Dabei ist anzugeben, ob die Ablehnung mit Rücksicht auf örtliche Verhältnisse oder aus anderen Gründen erfolgt ist. In letzterem Falle darf die Zulassung von einer anderen Börse nur mit Zustimmung derjenigen Stelle erteilt werden, welche die Zulassung abgelehnt hat.

Der Antragsteller hat anzugeben, ob das Gesuch um Zulassung bereits bei einer anderen Börse eingereicht ist oder gleichzeitig eingereicht wird. Ist dies der Fall, so sollen die Wertpapiere nur mit Zustimmung der anderen Zulassungsstelle zugelassen werden.

§ 38. Der Antrag auf Zulassung von Wertpapieren ist von der Zulassungsstelle unter Bezeichnung des Antragstellers, des Betrags sowie der Art der einzuführenden Wertpapiere zu veröffentlichen. Zwischen dieser Veröffentlichung und der Einführung an der Börse muß eine Frist von mindestens sechs Tagen liegen.

Vor der Einführung an der Börse ist ein Prospekt zu veröffentlichen, der die für die Beurteilung der einzuführenden Wertpapiere wesentlichen Angaben enthält. Das Gleiche gilt für Konvertierungen und Kapitalserhöhungen. Wird der Antrag gestellt, ein an einer deutschen Börse eingeführtes Wertpapier an einer andern Börse zuzulassen, so kann die Landesregierung auf Antrag der Zulassungsstelle genehmigen, daß von der Veröffentlichung eines Prospekts abgesehen wird.

§ 39. Deutsche Reichs- und Staatsanleihen sind an jeder Börse zum Börsenhandel zugelassen. Zum Zwecke der Einführung an der Börse sind dem Börsenvorstande die Merkmale der einzuführenden Wertpapiere mitzuteilen; die Veröffentlichung eines Prospekts ist nicht erforderlich.

§ 40. Für Schuldverschreibungen, deren Verzinsung und Rückzahlung von dem Reiche oder einem Bundesstaate gewährleistet ist, und für Schuldverschreibungen einer kommunalen Körperschaft, der Kreditanstalt einer solchen Körperschaft, einer kommunalständischen Kreditanstalt oder einer unter staatlicher Aufsicht stehenden Pfandbriefanstalt kann die Landesregierung (§ 1) anordnen, daß es der Einreichung eines Prospekts nicht bedarf. Mit dieser Anordnung gilt die Zulassung zum Börsenhandel als erfolgt.

Zum Zwecke der Einführung an der Börse sind dem Börsenvorstande der Betrag und die Merkmale der einzuführenden Wertpapiere mitzuteilen; bei den Pfandbriefen und gleichartigen Schuldverschreibungen einer kommunalständischen öffentlichen Grundkreditanstalt oder einer unter staatlicher Aufsicht stehenden öffentlichen Pfandbriefanstalt bedarf es der Angabe des Betrags nicht.

§ 41. Die Zulassung von Aktien eines zur Aktiengesellschaft oder zur Kommanditgesellschaft auf Aktien umgewandelten Unternehmens zum Börsenhandel darf vor Ablauf eines Jahres nach Eintragung der Gesellschaft in das Handelsregister und vor der Veröffentlichung der ersten Jahresbilanz nebst Gewinn- und Verlustrechnung nicht erfolgen. In besonderen Fällen kann diese Frist von der Landesregierung (§ 1) ganz oder teilweise erlassen werden.

Die Zulassung von Anteilsscheinen oder staatlich nicht garantierten Obligationen ausländischer Erwerbsgesellschaften ist davon abhängig, daß die Emittenten sich auf die Dauer von fünf Jahren verpflichten, die Bilanz sowie die Gewinn- und Verlustrechnung jährlich nach Feststellung derselben in einer oder mehreren von der Zulassungsstelle zu bestimmenden deutschen Zeitungen zu veröffentlichen.

§ 42. Für Wertpapiere, welche zur öffentlichen Zeichnung aufgelegt werden, darf vor beendeter Zuteilung an die Zeichner eine amtliche Feststellung des Preises nicht erfolgen. Vor diesem Zeitpunkte sind Geschäfte von der Benutzung der Börseneinrichtungen ausgeschlossen und dürfen von den Kursmaklern nicht notiert werden. Auch dürfen für solche Geschäfte Preislisten (Kurszettel) nicht veröffentlicht oder in mechanisch hergestellter Vervielfältigung verbreitet werden.

§ 43. Für Wertpapiere, deren Zulassung zum Börsenhandel verweigert oder nicht nachgesucht ist, darf eine amtliche Feststellung des Preises nicht erfolgen. Geschäfte in solchen Wertpapieren sind von der Benutzung der Börseneinrichtungen ausgeschlossen und dürfen von den Kursmaklern nicht vermittelt werden. Auch dürfen für solche an der Börse abgeschlossenen Geschäfte Preislisten (Kurszettel) nicht veröffentlicht oder in mechanisch hergestellter Vervielfältigung verbreitet werden, soweit nicht die Börsenordnung für besondere Fälle Ausnahmen gestattet.

§ 44. Der Bundesrat bestimmt den Mindestbetrag des Grundkapitals, welcher für die Zulassung von Aktien an den einzelnen Börsen maßgebend sein soll, sowie den Mindestbetrag der einzelnen Stücke der zum Handel an der Börse zuzulassenden Wertpapiere.

Weitere Bestimmungen über die Aufgaben der Zulassungsstelle und die Voraussetzungen der Zulassung trifft der Bundesrat.

Die Befugnis der Landesregierung, ergänzende Bestimmungen zu treffen, wird hierdurch nicht berührt; diese Bestimmungen sind dem Reichskanzler mitzuteilen.

§ 45. Sind in einem Prospekt, auf Grund dessen Wertpapiere zum Börsenhandel zugelassen sind, Angaben, welche für die Beurteilung des Wertes erheblich sind, unrichtig, so haften diejenigen, welche den Prospekt erlassen haben, sowie diejenigen, von denen der Erlaß des Prospekts ausgeht, wenn sie die Unrichtigkeit gekannt haben oder ohne grobes Verschulden hätten kennen müssen, als Gesamtschuldner jedem Besitzer eines solchen Wertpapiers für den Schaden, welcher demselben aus der von den gemachten Angaben abweichenden Sachlage erwächst. Das Gleiche gilt, wenn der Prospekt infolge der Fortlassung wesentlicher Tatsachen unvollständig ist und diese Unvollständigkeit auf böslichem Verschweigen oder auf der böslichen Unterlassung einer ausreichenden Prüfung seitens derjenigen, welche den Prospekt erlassen haben, oder derjenigen, von denen der Erlaß des Prospekts ausgeht, beruht.

Die Ersatzpflicht wird dadurch nicht ausgeschlossen, daß der Prospekt die Angaben als von einem Dritten herrührend bezeichnet.

§ 46. Die Ersatzpflicht erstreckt sich nur auf diejenigen Stücke, welche auf Grund des Prospekts zugelassen und von dem Besitzer auf Grund eines im Inland abgeschlossenen Geschäfts erworben sind.

Der Ersatzpflichtige kann der Ersatzpflicht dadurch genügen, daß er das Wertpapier gegen Erstattung des von dem Besitzer nachgewiesenen Erwerbspreises oder desjenigen Kurswerts übernimmt, den die Wertpapiere zur Zeit der Einführung hatten.

Die Ersatzpflicht ist ausgeschlossen, wenn der Besitzer des Papiers die Unrichtigkeit oder Unvollständigkeit der Angaben des Prospekts bei dem Erwerbe kannte. Gleiches gilt, wenn der Besitzer des Papiers bei dem Erwerbe die Unrichtigkeit der Angaben des Prospekts bei Anwendung derjenigen Sorgfalt, welche er in eigenen Angelegenheiten beobachtet, kennen mußte, es sei denn, daß die Ersatzpflicht durch bösliches Verhalten begründet ist.

§ 47. Der Ersatzanspruch verjährt in fünf Jahren seit der Zulassung der Wertpapiere.

§ 48. Eine Vereinbarung, durch welche die nach den §§ 45 bis 47 begründete Haftung ermäßigt oder erlassen wird, ist unwirksam.

Weitergehende Ansprüche, welche nach den Vorschriften des bürgerlichen Rechtes auf Grund von Verträgen erhoben werden können, bleiben unberührt.

§ 49. Für die Entscheidung der Ansprüche aus den §§ 45 bis 48 ist ohne Rücksicht auf den Wert des Streitgegenstandes ausschließlich das Landgericht des Ortes zuständig, an dessen Börse die Einführung des Wertpapiers erfolgte. Besteht an diesem Landgericht eine Kammer für Handelssachen, so gehört der Rechtsstreit vor diese.

Die Revision sowie die Beschwerde gegen Entscheidungen des Oberlandesgerichts geht an das Reichsgericht.

IV. Börsenterminhandel.

§ 50. Die Zulassung von Waren oder Wertpapieren zum Börsenterminhandel erfolgt durch den Börsenvorstand nach näherer Bestimmung der Börsenordnung. Der Börsenvorstand ist befugt, die Zulassung zurückzunehmen.

Vor der Zulassung sind die Geschäftsbedingungen für den Börsenterminhandel in den zuzulassenden Waren oder Wertpapieren festzusetzen.

Der Börsenvorstand hat vor der Zulassung von Waren zum Börsenterminhandel in jedem einzelnen Falle Vertreter der beteiligten Erwerbskreise gutachtlich zu hören und das Ergebnis dem Reichskanzler mitzuteilen. Die Zulassung darf erst erfolgen, nachdem der Reichskanzler erklärt hat, daß er zu weiteren Ermittelungen keinen Anlaß finde.

Die Zulassung von Wertpapieren zum Börsenterminhandel darf nur erfolgen, wenn die Gesamtsumme der Stücke, in denen der Börsenterminhandel stattfinden soll, sich nach ihrem Nennwerte mindestens auf zwanzig Millionen Mark beläuft.

Anteile einer inländischen Erwerbsgesellschaft dürfen nur mit Zustimmung der Gesellschaft zum Börsenterminhandel zugelassen werden. Eine erfolgte Zulassung ist auf Verlangen der Gesellschaft spätestens nach Ablauf eines Jahres von dem Tage an gerechnet, an welchem das Verlangen dem Börsenvorstande gegenüber erklärt worden ist, zurückzunehmen.

Der Bundesrat kann weitere Bestimmungen über die Voraussetzungen der Zulassung treffen.

§ 51. Soweit Börsentermingeschäfte in bestimmten Waren oder Wertpapieren verboten sind oder die Zulassung zum Börsenterminhandel endgültig verweigert oder zurückgenommen worden ist, ist der Börsenterminhandel von der Benutzung der Börseneinrichtungen und der Vermittelung durch die Kursmakler ausgeschlossen. Findet an einer Börse ein Börsenterminhandel nach Geschäftsbedingungen statt, die von den festgesetzten Geschäftsbedingungen (§ 50 Abs. 2) abweichen, oder findet ein Börsenterminhandel in solchen Waren oder Wertpapieren statt, die zum Börsenterminhandel nicht zugelassen sind, so ist er durch Anordnung des Börsenvorstandes von der Benutzung der Börseneinrichtungen und der Vermittelung durch die Kursmakler auszuschließen. Der Börsenvorstand kann den Erlaß der Anordnung aussetzen, wenn Verhandlungen wegen Zulassung der Waren oder Wertpapiere zum Börsenterminhandel schweben. Die Aussetzung darf höchstens auf ein Jahr erfolgen.

Soweit der Börsenterminhandel auf Grund des Abs. 1 von der Benutzung der Börseneinrichtungen und der Vermittelung durch die Kursmakler ausgeschlossen ist, dürfen für Börsentermingeschäfte, sofern sie im Inland abgeschlossen sind, Preislisten (Kurszettel) nicht veröffentlicht oder in mechanisch hergestellter Vervielfältigung verbreitet werden.

§ 52. Ein Börsentermingeschäft, das nicht gegen ein durch dieses Gesetz oder den Bundesrat erlassenes Verbot verstößt, ist nur nach Maßgabe der §§ 53 bis 56 wirksam.

§ 53. Das Geschäft ist verbindlich, wenn auf beiden Seiten als Vertragschließende Kaufleute, die in das Handelsregister eingetragen sind oder deren Eintragung nach § 36 des Handelsgesetzbuchs nicht erforderlich ist, oder eingetragene Genossenschaften beteiligt sind. Personen, deren Gewerbebetrieb über den Umfang des Kleingewerbes nicht hinausgeht, gehören, auch wenn sie in das Handelsregister eingetragen sind, nicht zu den Kaufleuten im Sinne dieser Vorschrift.

Den im Abs. 1 bezeichneten Kaufleuten stehen gleich:

1. Personen, die zur Zeit des Geschäftsabschlusses oder früher berufsmäßig Börsentermingeschäfte oder Bankiergeschäfte betrieben haben oder zum Besuch einer dem Handel mit Waren der bei dem Geschäft in Frage kommenden Art oder einer dem Handel mit Wertpapieren dienenden Börse mit der Befugnis zur Teilnahme am Börsenhandel dauernd zugelassen waren;
2. Personen, die im Inlande zur Zeit des Geschäftsabschlusses weder einen Wohnsitz noch eine gewerbliche Niederlassung haben.

§ 54. Betrifft das Geschäft Wertpapiere und gehört der eine Teil nicht zu den Personen, die nach § 53 Börsentermingeschäfte abschließen können, ist aber der andere Teil ein Kaufmann oder eine Genossenschaft der im § 53 Abs. 1 bezeichneten Art und hat sich dieser Teil für die Erfüllung des Geschäfts eine Sicherheit bestellen lassen, so ist er befugt, aus der Sicherheit Befriedigung zu suchen; auch ist das Geschäft für ihn verbindlich.

Die Sicherheitsleistung hat die im Abs. 1 bezeichneten Wirkungen nur, wenn die Sicherheit aus Geld oder aus Wertpapieren, die einen Kurswert haben, besteht und der Besteller dem anderen Teile gegenüber schriftlich und ausdrücklich erklärt, daß die Sicherheit zur Deckung von Verlusten aus Börsentermingeschäften dienen soll.

Das Schriftstück, in dem die Erklärung abgegeben wird, darf andere Erklärungen des Bestellers der Sicherheit nicht enthalten.

Besteht die Sicherheit aus Wertpapieren, so müssen sie in der Erklärung nach Gattung und nach Zahl oder Nennwert bezeichnet sein.

Eine Erklärung, die diesen Vorschriften nicht entspricht, ist nichtig.

Zur Wahrung der schriftlichen Form genügt die telegraphische Uebermittelung. Wird diese Form gewählt, so kann nachträglich die Abgabe einer schriftlichen Erklärung verlangt werden.

Eine Erklärung, durch die eine Aenderung der bestellten Sicherheit bewirkt wird, ist insoweit nicht stempelpflichtig, als der bisherige Gesamtnennwert der Sicherheit nicht überschritten wird.

§ 55. Das auf Grund des Geschäfts Geleistete kann nicht deshalb zurückgefordert werden, weil für den Leistenden nach den §§ 52 bis 54 eine Verbindlichkeit nicht bestanden hat.

§ 56. Gegen Forderungen aus Börsentermingeschäften ist eine Aufrechnung auf Grund anderer Börsentermingeschäfte auch dann zulässig, wenn diese Geschäfte nach den §§ 52 bis 54 für den Aufrechnenden eine Forderung nicht begründen.

§ 57. Ein nicht verbotenes Börsentermingeschäft gilt als von Anfang an verbindlich, wenn der eine Teil bei oder nach dem Eintritte der Fälligkeit sich dem anderen Teile gegenüber mit der Bewirkung der vereinbarten Leistung einverstanden erklärt und der andere Teil diese Leistung an ihn bewirkt hat.

§ 58. Gegen Ansprüche aus Börsentermingeschäften in Waren oder Wertpapieren, die zum Börsenterminhandel zugelassen sind (§ 50), kann von demjenigen, für welchen das Geschäft nach den Vorschriften der §§ 53, 54, 57 verbindlich ist, ein Einwand aus den §§ 762 und 764 des Bürgerlichen Gesetzbuchs nicht erhoben werden. Soweit gegen die bezeichneten Ansprüche ein solcher Einwand zulässig bleibt, finden die Vorschriften der §§ 54 und 56 über die Befriedigung aus der Sicherheit und die Zulässigkeit der Aufrechnung entsprechende Anwendung.

§ 59. Die Vorschriften der §§ 52 bis 58 gelten auch für eine Vereinbarung, durch die der eine Teil zum Zwecke der Erfüllung einer Schuld aus einem nicht verbotenen Börsentermingeschäfte dem anderen Teile gegenüber eine

Verbindlichkeit eingeht, insbesondere für ein Schuldanerkenntnis.

§ 60. Die Vorschriften der §§ 52 bis 59 finden auch Anwendung auf die Erteilung und Uebernahme von Aufträgen, sowie auf die Vereinigung zum Zwecke des Abschlusses von nicht verbotenen Börsentermingeschäften.

§ 61. Die Vorschriften der §§ 52 bis 60 finden auch Anwendung, wenn das Geschäft im Auslande geschlossen oder zu erfüllen ist.

§ 62. Bei einem Börsentermingeschäft in Waren kommt der Verkäufer, der nach erfolgter Kündigung eine nicht vertragsmäßige Ware liefert, in Verzug, auch wenn die Lieferungsfrist noch nicht abgelaufen ist.

Eine entgegenstehende Vereinbarung ist nichtig.

§ 63. Börsentermingeschäfte in Anteilen von Bergwerks- und Fabrikunternehmungen sind nur mit Genehmigung des Bundesrats zulässig.

Der Bundesrat kann Börsentermingeschäfte in bestimmten Waren und Wertpapieren verbieten oder die Zulässigkeit von Bedingungen abhängig machen.

§ 64. Durch ein verbotenes Börsentermingeschäft in Anteilen von Bergwerks- oder Fabrikunternehmungen (§ 63 Abs. 1) sowie durch ein Börsentermingeschäft, das gegen ein von dem Bundesrat erlassenes Verbot verstößt (§ 63 Abs. 2), wird eine Verbindlichkeit nicht begründet. Die Unwirksamkeit erstreckt sich auch auf die Bestellung einer Sicherheit.

Das auf Grund des Geschäfts Geleistete kann nicht deshalb zurückgefordert werden, weil nach Abs. 1 Satz 1 eine Verbindlichkeit nicht bestanden hat.

§ 65. Börsentermingeschäfte in Getreide und Erzeugnissen der Getreidemüllerei sind verboten.

§ 66. Durch ein verbotenes Börsentermingeschäft in Getreide oder Erzeugnissen der Getreidemüllerei wird eine

Verbindlichkeit nicht begründet. Die Unwirksamkeit erstreckt sich auch auf die Bestellung einer Sicherheit.

Das Recht, das auf Grund des Geschäfts Geleistete deshalb zurückzufordern, weil nach Abs. 1 Satz 1 eine Verbindlichkeit nicht bestanden hat, erlischt mit dem Ablaufe von zwei Jahren seit der Bewirkung der Leistung, es sei denn, daß der zur Rückforderung Berechtigte vor dem Ablaufe der Frist dem Verpflichteten gegenüber schriftlich erklärt hat, daß er die Herausgabe verlange.

§ 67. Die Vorschriften der §§ 50 bis 66 finden keine Anwendung auf den Kauf oder die sonstige Anschaffung von Getreide oder Erzeugnissen der Getreidemüllerei, wenn der Abschluß nach Geschäftsbedingungen erfolgt, die der Bundesrat genehmigt hat, und als Vertragschließende nur beteiligt sind:

1. Erzeuger oder Verarbeiter von Waren derselben Art, wie die, welche den Gegenstand des Geschäfts bilden, oder
2. solche Kaufleute oder eingetragene Genossenschaften, zu deren Geschäftsbetriebe der Ankauf, der Verkauf oder die Verleihung von Getreide oder Erzeugnissen der Getreidemüllerei gehört.

In den Geschäftsbedingungen muß festgesetzt sein:

1. daß im Falle des Verzugs der nicht säumige Teil die Annahme der Leistung nicht ablehnen kann, ohne dem säumigen Teile eine angemessene Frist zur Bewirkung der Leistung zu bestimmen;
2. daß nur eine Ware geliefert werden darf, die vor der Erklärung der Lieferungsbereitschaft (Andienung) von beeidigten Sachverständigen untersucht und lieferbar befunden worden ist;
3. daß auch eine nicht vertragsmäßig beschaffene Ware geliefert werden darf, wenn der Minderwert nach der Feststellung der Sachverständigen eine bestimmte Höhe nicht überschreitet und dem Käufer der Minder-

wert vergütet wird, sowie daß ein von den Sachverständigen festgestellter Mehrwert bis zu einer bestimmten Höhe dem Verkäufer zu vergüten ist.

§ 68. Wird ein auf Lieferung von Getreide oder Erzeugnissen der Getreidemüllerei lautender Vertrag in der Absicht geschlossen, daß der Unterschied zwischen dem vereinbarten Preise und dem Börsen- oder Marktpreise der Lieferungszeit von dem verlierenden Teile an den gewinnenden gezahlt werden soll, so finden die Vorschriften des § 66 auch dann Anwendung, wenn es sich nicht um ein verbotenes Börsentermingeschäft handelt. Dies gilt auch dann, wenn nur die Absicht des einen Teiles auf die Zahlung des Unterschieds gerichtet ist, der andere Teil aber diese Absicht kennt oder kennen muß.

Die Vorschriften der §§ 762, 764 des Bürgerlichen Gesetzbuchs bleiben bei einem auf die Lieferung von Getreide oder Erzeugnissen der Getreidemüllerei lautenden Vertrag außer Anwendung.

§ 69. Die Vorschriften der §§ 64, 66, 68 gelten auch für eine Vereinbarung, durch die der eine Teil zum Zwecke der Erfüllung einer Schuld aus einem verbotenen Börsentermingeschäft oder einem Geschäfte der im § 68 bezeichneten Art dem anderen Teile gegenüber eine Verbindlichkeit eingeht, insbesondere für ein Schuldanerkenntnis.

§ 70. Die Vorschriften der §§ 64, 66, 68, 69 finden auch Anwendung auf die Erteilung und Uebernahme von Aufträgen sowie auf die Vereinigung zum Zwecke des Abschlusses von verbotenen Börsentermingeschäften oder von Geschäften der im § 68 bezeichneten Art.

V. Ordnungsstrafverfahren.

§ 71. Wer ein verbotenes Börsentermingeschäft in Getreide oder Erzeugnissen der Getreidemüllerei schließt, hat, wenn die Zuwiderhandlung vorsätzlich begangen ist, eine Ordnungsstrafe bis zu zehntausend Mark verwirkt.

§ 72. Die Verfolgung der nach § 71 strafbaren Handlungen verjährt in drei Jahren von dem Tage an gerechnet, an welchem sie begangen sind. Die Vorschriften der §§ 68, 69 des Strafgesetzbuchs finden entsprechende Anwendung.

§ 73. Für die Verhandlung und Entscheidung über die Festsetzung von Ordnungsstrafen werden durch die Landesregierungen bei den Börsen, welche dem Handel mit Getreide oder Erzeugnissen der Getreidemüllerei dienen, Kommissionen gebildet.

Die Landesregierungen können für mehrere Börsen eine gemeinschaftliche Kommission bei einer dieser Börsen bilden.

§ 74. Die Entscheidung der Kommissionen über die Festsetzung von Ordnungsstrafen können von dem Staatskommissar sowie von dem Beschuldigten mit der Berufung angefochten werden. Für die Verhandlung und Entscheidung über die Berufung wird durch den Bundesrat eine Berufungskommission gebildet.

§ 75. Die Kommissionen entscheiden in der Besetzung von fünf Mitgliedern, die Berufungskommission entscheidet in der Besetzung von sieben Mitgliedern, einschließlich der Vorsitzenden. Die Hälfte der Beisitzer muß aus Vertretern des Handels, die andere Hälfte muß aus Vertretern der Landwirtschaft bestehen.

§ 76. Die Vorsitzenden der Kommissionen und der Berufungskommission müssen Reichs- oder Staatsbeamte sein.

Die Bestimmungen über die Berufung der erforderlichen Zahl von Beisitzern für die Kommissionen erläßt die Landesregierung.

Die Bestimmungen über die Berufung der erforderlichen Zahl von Beisitzern für die Berufungskommission erläßt der Bundesrat.

Das Amt der Beisitzer ist ein Ehrenamt. Die Beisitzer

erhalten Vergütung der Reisekosten. Die Vorschriften des § 56 des Gerichtsverfassungsgesetzes finden mit der Maßgabe entsprechende Anwendung, daß über die Beschwerde der Vorsitzende der Berufungskommission entscheidet.

§ 77. Zuständig ist die Kommission, die für diejenige Börse gebildet ist, welche für das Geschäft in Betracht kommt.

Ist ungewiß, welche Kommission zuständig ist, so erfolgt die Bestimmung der zuständigen Kommission durch den Vorsitzenden der Berufungskommission.

§ 78. Anzeigen von Zuwiderhandlungen können bei dem Vorsitzenden der Kommission mündlich oder schriftlich angebracht werden.

Die mit der Aufsicht über die Börsen oder mit der Börsenleitung betrauten Organe sind verpflichtet, Handlungen, die zur Festsetzung einer Ordnungsstrafe Anlaß geben können, zur Kenntnis des Vorsitzenden der Kommission zu bringen.

Personen, die der Begehung einer durch dieses Gesetz mit Ordnungsstrafe bedrohten Handlung verdächtig sind, ist auf Antrag des Staatskommissars oder von Amts wegen durch Anordnung des Vorsitzenden die Vorlegung eines Verzeichnisses aufzugeben, in welchem die von ihnen über Getreide oder Erzeugnisse der Getreidemüllerei abgeschlossenen Geschäfte, insoweit sie der unter Tarifnummer 4 b des Reichsstempelgesetzes vom 3. Juni 1906 (Reichs-Gesetzbl. S. 695) angeordneten Abgabe unterliegen, aufzuführen sind. Die Zeit, auf welche das Verzeichnis sich zu erstrecken hat, bestimmt der Vorsitzende. Dem Verzeichnisse sind die aus Anlaß der Geschäfte abgesandten und empfangenen Handelsbriefe in Abschrift oder Urschrift sowie die Schlußnoten (§ 12 des Reichsstempelgesetzes — jetzt § 15 —) beizufügen.

§ 79. Auf das Verfahren finden die Vorschriften des § 11, des § 12 Abs. 1, des § 14, des § 16 Abs. 1 bis 3, 5 sowie der §§ 18 bis 25 entsprechende Anwendung, soweit sich nicht aus den nachfolgenden Vorschriften Abweichungen ergeben.

§ 80. Die Entscheidungen der Kommissionen erfolgen nach Stimmenmehrheit. Die außerhalb der Hauptverhandlung erforderlich werdenden Entscheidungen werden von dem Vorsitzenden erlassen. Die Einstellung des Verfahrens darf nur mit Zustimmung des Staatskommissars erfolgen. Der Vorsitzende kann von allen öffentlichen Behörden Auskunft verlangen und Ermittelungen vornehmen.

§ 81. Auf die Vernehmung von Zeugen und Sachverständigen finden die Vorschriften der §§ 48 bis 64, 66 bis 80, 82 bis 86 der Stafprozeßordnung entsprechende Anwendung.

Die Beeidigung von Zeugen und Sachverständigen darf unterbleiben, wenn der Staatskommissar zustimmt. Sie kann bereits im Vorverfahren erfolgen.

Die Verhängung von Zwangsmaßregeln sowie die Festsetzung von Strafen gegen Zeugen und Sachverständige, welche der Ladung keine Folge leisten oder ihre Aussage oder deren Beeidigung verweigern, erfolgt auf Ersuchen durch das Amtsgericht, in dessen Bezirke die Zeugen oder Sachverständigen ihren Wohnsitz und in Ermangelung eines solchen ihren Aufenthalt haben.

§ 82. Im Laufe des Verfahrens kann die Vorlegung der Handelsbücher eines Beschuldigten angeordnet werden.

Der Beschuldigte kann zur Befolgung der Anordnung durch Ordnungsstrafen angehalten werden; die einzelne Strafe darf den Betrag von eintausend Mark nicht übersteigen. Gegen Entscheidungen über die Festsetzung von Ordnungsstrafen findet die Beschwerde statt. Ueber die Beschwerde entscheidet der Vorsitzende der Berufungskommission.

Die Vorschrift des Abs. 2 findet auch Anwendung,

wenn der im § 78 Abs. 3 bezeichneten Anordnung nicht entsprochen wird.

§ 83. Anträgen der Kommissionen, der Berufungskommission sowie der Vorsitzenden sind die Gerichte innerhalb der Grenzen ihrer Zuständigkeit zu entsprechen verpflichtet.

Gegen die Entscheidungen der Gerichte findet die Beschwerde unter entsprechender Anwendung der Vorschriften der Strafprozeßordnung statt.

§ 84. Die Landesregierungen sind befugt, ergänzende Bestimmungen über das Verfahren in erster Instanz zu erlassen; sie können insbesondere auch über die Beitreibung der in die Staatskasse fließenden Ordnungsstrafen und Kosten Bestimmungen treffen.

Für das Verfahren in zweiter Instanz kann der Bundesrat ergänzende Bestimmungen erlassen.

Auf die Beitreibung von Ordnungsstrafen und Kosten finden die Vorschriften des Gesetzes über den Beistand bei Einziehung von Abgaben und Vollstreckung von Vermögensstrafen vom 9. Juni 1895 (Reichs-Gesetzbl. S. 256) Anwendung.

§ 85. Eine auf Grund des § 71 festgesetzte Ordnungsstrafe fällt dem Staate zu, dessen Kommission die Entscheidung in erster Instanz erlassen hat. Kosten, die nicht von einem Beschuldigten zu erstatten sind oder die von dem Erstattungspflichtigen nicht beigetrieben werden können, fallen der Staatskasse zur Last.

§ 86. Die Beitreibung der auf Grund des § 71 festgesetzten Ordnungsstrafen verjährt in zwei Jahren von dem Tage an gerechnet, an welchem die Entscheidung rechtskräftig geworden ist. Jede auf Beitreibung der Strafe gerichtete Handlung derjenigen Behörde, welcher die Vollstreckung obliegt, unterbricht die Verjährung.

§ 87. Unbeschadet einer verwirkten Ordnungsstrafe kann das Ehrengericht (§ 10) Börsenbesucher wegen der in dem § 71 bezeichneten Handlungen mit Verweis sowie zeitweiliger oder dauernder Ausschließung von der Börse bestrafen.

VI. Straf- und Schlußbestimmungen.

§ 88. [L.] Wer in betrügerischer Absicht auf Täuschung berechnete Mittel anwendet, um auf den Börsen- oder Marktpreis von Waren oder Wertpapieren einzuwirken, wird mit Gefängnis und zugleich mit Geldstrafe bis zu fünfzehntausend Mark bestraft. Auch kann auf Verlust der bürgerlichen Ehrenrechte erkannt werden.

Sind mildernde Umstände vorhanden, so kann ausschließlich auf die Geldstrafe erkannt werden.

Die gleiche Strafe trifft denjenigen, welcher in betrügerischer Absicht wissentlich unrichtige Angaben in Prospekten (§ 38) oder in öffentlichen Kundgebungen macht, durch welche die Zeichnung oder der Ankauf oder Verkauf von Wertpapieren herbeigeführt werden soll.

Ueber den Begriff der betrügerischen Absicht vgl. § 265 StGB. Mit Betrug kann das Delikt in Idealkonk. treten.

§ 89. [L.] Wer für Mitteilungen in der Presse, durch welche auf den Börsenpreis eingewirkt werden soll, Vorteile gewährt oder verspricht oder sich gewähren oder versprechen läßt, welche in auffälligem Mißverhältnisse zu der Leistung stehen, wird mit Gefängnis bis zu einem Jahre und zugleich mit Geldstrafe bis zu fünftausend Mark bestraft.

Die gleiche Strafe trifft denjenigen, der sich für die Unterlassung von Mitteilungen der bezeichneten Art Vorteile gewähren oder versprechen läßt.

Der Versuch ist strafbar.

Sind mildernde Umstände vorhanden, so kann ausschließlich auf die Geldstrafe erkannt werden.

§ 90. [L.A.] Wer wissentlich den Vorschriften der §§ 42, 43 oder des § 51 Abs. 2 zuwider Preislisten (Kurszettel) veröffentlicht oder in mechanisch hergestellter Vervielfältigung verbreitet, wird mit Geldstrafe bis zu eintausend Mark oder mit Haft oder mit Gefängnis bis zu sechs Monaten bestraft.

§ 91. [L.] Mit Gefängnis und mit Geldstrafe bis zu zehntausend Mark wird bestraft, wer aus dem Abschlusse von verbotenen Börsentermingeschäften in Getreide oder Erzeugnissen der Getreidemüllerei ein Gewerbe macht, nachdem er auf Grund des § 71 rechtskräftig zur Zahlung einer Ordnungsstrafe verurteilt worden ist, darauf abermals ein verbotenes Börsentermingeschäft in Getreide oder Erzeugnissen der Getreidemüllerei abgeschlossen hat und deshalb rechtskräftig verurteilt worden ist.

§ 92. [L.] Mit Gefängnis und mit Geldstrafe bis zu zehntausend Mark wird bestraft, wer in gewinnsüchtiger Absicht, um den Preis von Getreide oder Erzeugnissen der Getreidemüllerei im Widerspruche mit der durch die allgemeine Marktlage gegebenen Entwickelung zu beeinflussen, verbotene Börsentermingeschäfte oder Geschäfte schließt, die unter die Begriffsbestimmung des § 68 fallen. Sind mildernde Umstände vorhanden, so kann allein auf die Geldstrafe erkannt werden.

§ 93. Auf Personen, die der Begehung der im § 92 bezeichneten strafbaren Handlung verdächtig sind, finden die Vorschriften des § 78 Abs. 3 und des § 82 Abs. 3 Anwendung.

§ 94. [L.] Wer gewohnheitsmäßig in gewinnsüchtiger Absicht andere unter Ausbeutung ihrer Unerfahrenheit oder ihres Leichtsinns zu Börsenspekulationsgeschäften verleitet, welche nicht zu ihrem Gewerbebetriebe gehören, wird mit Gefängnis und zugleich mit Geldstrafe bis zu fünfzehntausend Mark bestraft. Auch kann auf Verlust der bürgerlichen Ehrenrechte erkannt werden.

Zum Begriff der Gewohnheitsmäßigkeit vgl. § 180 StGB.; über die gewinnsüchtige Absicht und die Ausbeutung des Leichtsinns und der Unerfahrenheit § 301 StGB.

§ 95. [L.] Ein Kommissionär, welcher, um sich oder einem Dritten einen Vermögensvorteil zu verschaffen,

1. das Vermögen des Kommittenten dadurch beschädigt, daß er hinsichtlich eines abzuschließenden Geschäfts wider besseres Wissen unrichtigen Rat oder unrichtige Auskunft erteilt, oder

2. bei der Ausführung eines Auftrags oder bei der Abwickelung eines Geſchäfts abſichtlich zum Nachteile des Kommittenten handelt,

wird mit Gefängnis beſtraft. Neben der Gefängnisſtrafe kann auf Geldſtrafe bis zu dreitauſend Mark ſowie auf Verluſt der bürgerlichen Ehrenrechte erkannt werden.

Sind mildernde Umſtände vorhanden, ſo kann ausſchließlich auf die Geldſtrafe erkannt werden.

Der Verſuch iſt ſtrafbar in den Fällen der Ziffer 1.

Zum Begriff des Kommiſſionärs vgl. §§ 383, 406 HGB.; über die Haftung des Organs einer juriſtiſchen Perſon vgl. E. 34, 371. Zu Ziff. 2 vgl. § 266 StGB.; Idealkonk. iſt ausgeſchloſſen.

§ 96. Die in dem II. und IV. Abſchnitte ſowie im § 88 bezüglich der Wertpapiere getroffenen Beſtimmungen gelten auch für Wechſel und ausländiſche Geldſorten.

Vogelſchutzgeſetz.

Vom 30. Mai 1908. (RGBl. S. 317.)

§ 1. Das Zerſtören und das Ausheben von Neſtern oder Brutſtätten der Vögel, das Zerſtören und Ausnehmen von Eiern, das Ausnehmen und Töten von Jungen iſt verboten.

Desgleichen iſt der Ankauf, der Verkauf, die An- und Verkaufsvermittelung, das Feilbieten, die Ein-, Aus- und Durchfuhr und der Transport der Neſter, Eier und Brut der in Europa einheimiſchen Vogelarten unterſagt.

Dem Eigentümer und dem Nutzungsberechtigten und deren Beauftragten steht jedoch frei, Nester, welche Vögel in oder an Wohnhäusern oder anderen Gebäuden und im Innern von Hofräumen gebaut haben, zu zerstören.

Auch findet das Verbot keine Anwendung auf das Einsammeln, den Ankauf, Verkauf, die An- und Verkaufsvermittelung, das Feilbieten, die Ein-, Aus- und Durchfuhr und den Transport der Eier von Möwen und Kiebitzen, soweit es nicht durch Landesgesetz oder durch landespolizeiliche Anordnung auf die Eier dieser Vögel für bestimmte Orte oder für bestimmte Zeiten ausgedehnt wird.

§ 2. Verboten ist ferner:

a) jede Art des Fangens von Vögeln, solange der Boden mit Schnee bedeckt ist;

b) das Fangen von Vögeln mittels Leimes und Schlingen;

c) das Fangen und die Erlegung von Vögeln zur Nachtzeit mit Netzen oder Waffen; als Nachtzeit gilt der Zeitraum, welcher eine Stunde nach Sonnenuntergang beginnt und eine Stunde vor Sonnenaufgang endet;

d) das Fangen von Vögeln mit Anwendung von Körnern oder anderen Futterstoffen, denen betäubende oder giftige Bestandteile beigemischt sind, oder unter Anwendung geblendeter Lockvögel;

e) das Fangen von Vögeln mittels Fallkäfigen und Fallkästen, Reusen, großer Schlag- und Zugnetze, sowie mittels beweglicher und tragbarer, auf dem Boden oder quer über das Feld, das Niederholz, das Rohr oder den Weg gespannter Netze.

Der Bundesrat ist ermächtigt, auch bestimmte andere Arten des Fangens, sowie das Fangen mit Vorkehrungen, welche eine Massenvertilgung von Vögeln ermöglichen, zu verbieten.

§ 3. In der Zeit vom 1. März bis zum 1. Oktober ist das Fangen und die Erlegung von Vögeln sowie der

Ankauf, der Verkauf und das Feilbieten, die Vermittelung eines hiernach verbotenen An- und Verkaufs, die Ein-, Aus- und Durchfuhr von lebenden sowie toten Vögeln der in Europa einheimischen Arten überhaupt, ebenso der Transport solcher Vögel zu Handelszwecken untersagt.

Dieses Verbot erstreckt sich für Meisen, Kleiber und Baumläufer auf das ganze Jahr.

Der Bundesrat ist ermächtigt, das Fangen und die Erlegung bestimmter Vogelarten sowie das Feilbieten und den Verkauf derselben auch außerhalb des im Abs. 1 bestimmten Zeitraums allgemein oder für gewisse Zeiten oder Bezirke zu untersagen.

§ 4. Dem Fangen im Sinne dieses Gesetzes wird jedes Nachstellen zum Zwecke des Fangens oder Tötens von Vögeln, insbesondere das Aufstellen von Netzen, Schlingen, Leimruten oder anderen Fangvorrichtungen gleichgeachtet.

§ 4 stellt den Versuch der Vollendung gleich. Das Nachstellen muß unter den für die Strafbarkeit des Fangens aufgestellten Voraussetzungen geschehen, GA. 50, 339.

§ 5. Vögel, welche dem jagdbaren Feder- und Haarwild und dessen Brut und Jungen sowie Fischen und deren Brut nachstellen, dürfen nach Maßgabe der landesgesetzlichen Bestimmungen über Jagd und Fischerei von den Jagd- oder Fischereiberechtigten und deren Beauftragten getötet werden.

Wenn Vögel in Weinbergen, Gärten, bestellten Feldern, Baumpflanzungen, Saatkämpen und Schonungen Schaden anrichten, können die von den Landesregierungen bezeichneten Behörden den Eigentümern und Nutzungsberechtigten der Grundstücke und deren Beauftragten oder öffentlichen Schutzbeamten (Forst- und Feldhütern, Flurschützen usw.), soweit dies zur Abwendung dieses Schadens notwendig ist, das Töten solcher Vögel mit Feuerwaffen innerhalb der betroffenen Oertlichkeiten auch während der im § 3 Abs. 1 bezeichneten Frist gestatten. Das Feilbieten und der Verkauf der auf Grund solcher Erlaubnis erlegten Vögel sind unzulässig.

Ebenso können die im Abs. 2 bezeichneten Behörden einzelne Ausnahmen von den Bestimmungen in §§ 1 bis 3 dieses Gesetzes zu wissenschaftlichen oder Lehrzwecken, zur Wiederbevölkerung mit einzelnen Vogelarten, sowie für Stubenvögel für eine bestimmte Zeit und für bestimmte Oertlichkeiten bewilligen.

Der Bundesrat bestimmt die näheren Voraussetzungen, unter welchen die im Abs. 2 und 3 bezeichneten Ausnahmen statthaft sein sollen.

Von der Vorschrift unter § 2 a kann der Bundesrat für bestimmte Bezirke eine allgemeine Ausnahme gestatten.

§ 6. [A.] **Zuwiderhandlungen gegen die Bestimmungen dieses Gesetzes oder gegen die von dem Bundesrat auf Grund derselben erlassenen Anordnungen werden mit Geldstrafe bis zu einhundertundfünfzig Mark oder mit Haft bestraft.**

Der gleichen Strafe unterliegt, wer es unterläßt, Kinder oder andere unter seiner Gewalt stehende Personen, welche seiner Aufsicht untergeben sind und zu seiner Hausgenossenschaft gehören, von der Uebertretung dieser Vorschriften abzuhalten.

Fahrl. genügt. Die allg. Schuldausschließungsgründe kommen hier neben dem besonderen Ausschließungsgrund des § 5 in Betracht, vgl. GA. 50, 187 (bestr.). Zu Abs. 2 vgl. § 368 Ziff. 11 StGB.

§ 7. Neben der Geldstrafe oder der Haft kann auf die Einziehung der verbotswidrig in Besitz genommenen, feilgebotenen oder verkauften Vögel, Nester, Eier, sowie auf Einziehung der Werkzeuge

erkannt werden, welche zum Fangen oder Töten der Vögel, zum Zerstören oder Ausheben der Nester, Brutstätten oder Eier gebraucht oder bestimmt waren, ohne Unterschied, ob die einzuziehenden Gegenstände dem Verurteilten gehören oder nicht.

Ist die Verfolgung oder Verurteilung einer bestimmten Person nicht ausführbar, so können die im vorstehenden Absatze bezeichneten Maßnahmen selbständig erkannt werden.

Vgl. §§ 40—42, 295 StGB.; s. auch zu § 15 NahrMittGes.

§ 8. Die Bestimmungen dieses Gesetzes finden keine Anwendung

a) auf das im Privateigentume befindliche Federvieh;
b) auf die nach Maßgabe der Landesgesetze jagdbaren Vögel;
c) auf die in nachstehendem Verzeichnis aufgeführten Vogelarten:

Tagraubvögel mit Ausnahme der Turmfalken, Schreiadler, Seeadler, Bussarde, und Gabelweihen (rote Milane),
Uhus,
Würger (Neuntöter),
Sperlinge (Haus- und Feldsperlinge),
rabenartige Vögel (Rabenkrähen, Nebelkrähen, Saatkrähen, Elstern, Eichelhäher),
Wildtauben (Ringeltauben, Hohltauben, Turteltauben),
Wasserhühner (Rohr- und Bleßhühner),
Reiher (eigentliche Reiher, Nachtreiher oder Rohrdommeln),
Säger (Sägetaucher, Tauchergänse),
alle nicht im Binnenlande brütenden Möwen,

Kormorane,
Taucher (Eistaucher und Haubentaucher),
jedoch gilt auch für die vorstehend unter a, b, c bezeichneten Vögel das Verbot des Fangens mittels Schlingen.

§ 9. Die landesrechtlichen Bestimmungen, welche zum Schutze der Vögel weitergehende Verbote enthalten, bleiben unberührt. Die auf Grund derselben zu erkennenden Strafen dürfen jedoch den Höchstbetrag der in diesem Gesetz angedrohten Strafen nicht übersteigen.

Weingesetz.

Vom 7. April 1909. (RGBl. S. 393.)

§ 1. Wein ist das durch alkoholische Gärung aus dem Safte der frischen Weintraube hergestellte Getränk.

§ 2. Es ist gestattet, Wein aus Erzeugnissen verschiedener Herkunft oder Jahre herzustellen (Verschnitt). Dessertwein (Süd-, Süßwein) darf jedoch zum Verschneiden von weißem Weine anderer Art nicht verwendet werden.

Ein nach § 13 vom Verkehr ausgeschlossenes Getränk darf nicht verwendet werden.

§ 3. Dem aus inländischen Trauben gewonnenen Traubenmost oder Weine, bei Herstellung von Rotwein auch der vollen Traubenmaische, darf Zucker, auch in reinem Wasser gelöst, zugesetzt werden, um einem natürlichen Mangel an Zucker beziehungsweise Alkohol oder einem Uebermaß an Säure insoweit abzuhelfen, als es der Beschaffenheit des aus Trauben gleicher Art und Herkunft in guten Jahrgängen ohne Zusatz gewonnenen

Erzeugnisses entspricht. Der Zusatz an Zuckerwasser darf jedoch in keinem Falle mehr als ein Fünftel der gesamten Flüssigkeit betragen.

Die Zuckerung darf nur in der Zeit vom Beginne der Weinlese bis zum 31. Dezember des Jahres vorgenommen werden; sie darf in der Zeit vom 1. Oktober bis 31. Dezember bei ungezuckerten Weinen früherer Jahrgänge nachgeholt werden.

Die Zuckerung darf nur innerhalb der am Weinbaue beteiligten Gebiete des Deutschen Reichs vorgenommen werden.

Die Absicht, Traubenmaische, Most oder Wein zu zuckern, ist der zuständigen Behörde anzuzeigen.

Auf die Herstellung von Wein zur Schaumweinbereitung in den Schaumweinfabriken finden die Vorschriften der Abs. 2, 3 keine Anwendung.

In allen Fällen darf zur Weinbereitung nur technisch reiner nicht färbender Rüben-, Rohr-, Invert- oder Stärkezucker verwendet werden.

§ 4. Unbeschadet der Vorschriften des § 3 dürfen Stoffe irgendwelcher Art dem Weine bei der Kellerbehandlung nur insoweit zugesetzt werden, als diese es erfordert. Der Bundesrat ist ermächtigt, zu bestimmen, welche Stoffe verwendet werden dürfen, und Vorschriften über die Verwendung zu erlassen. Die Kellerbehandlung umfaßt die nach Gewinnung der Trauben auf die Herstellung, Erhaltung und Zurichtung des Weines bis zur Abgabe an den Verbraucher gerichtete Tätigkeit.

Versuche, die mit Genehmigung der zuständigen Behörde angestellt werden, unterliegen diesen Beschränkungen nicht.

Vgl. die Bek. vom 9. Juli 1909, betr. Bestimmungen zur Ausführung des Weingesetzes (RGBl. 549), abgeändert durch die Bek. vom 20. Juli 1910 (RGBl. 145).

§ 5. Es ist verboten, gezuckerten Wein unter einer Bezeichnung feilzuhalten oder zu verkaufen, die auf

Reinheit des Weines oder auf besondere Sorgfalt bei der Gewinnung der Trauben deutet; auch ist es verboten, in der Benennung anzugeben oder anzudeuten, daß der Wein Wachstum eines bestimmten Weinbergsbesitzers sei.

Wer Wein gewerbsmäßig in Verkehr bringt, ist verpflichtet, dem Abnehmer auf Verlangen vor der Uebergabe mitzuteilen, ob der Wein gezuckert ist, und sich beim Erwerbe von Wein die zur Erteilung dieser Auskunft erforderliche Kenntnis zu sichern.

Zum Begriff des Feilhaltens und Verkaufens vgl. § 10 des Nahr.-MittGes. und die Bem. das.; vgl. auch E. 42, 179. — „Gewerbsmäßig" bezeichnet auch hier die Absicht, sich durch das Inverkehrbringen von Wein einen fortgesetzten Erwerb zu verschaffen. — Zum „Inverkehrbringen" vgl. § 12 des NahrMittGes.

§ 6. Im gewerbsmäßigen Verkehre mit Wein dürfen geographische Bezeichnungen nur zur Kennzeichnung der Herkunft verwendet werden.

Die Vorschriften des § 16 Abs. 2 des Gesetzes zum Schutze der Warenbezeichnungen vom 12. Mai 1894 (Reichs-Gesetzbl. S. 441) und des § 1 Abs. 3 des Gesetzes zur Bekämpfung des unlauteren Wettbewerbes vom 27. Mai 1896 (Reichs-Gesetzbl. S. 145) finden auf die Benennung von Wein keine Anwendung. Gestattet bleibt jedoch, die Namen einzelner Gemarkungen oder Weinbergslagen, die mehr als einer Gemarkung angehören, zu benutzen, um gleichartige und gleichwertige Erzeugnisse benachbarter oder nahegelegener Gemarkungen oder Lagen zu bezeichnen.

An die Stelle von § 1 Abs. 3 ist § 5 Abs. 1 des unl. WettbGes. vom 7. Juni 1909 getreten.

§ 7. Ein Verschnitt aus Erzeugnissen verschiedener Herkunft darf nur dann nach einem der Anteile allein benannt werden, wenn dieser in der Gesamtmenge überwiegt und die Art bestimmt; dabei findet die Vorschrift des § 6 Abs. 2 Satz 2 Anwendung. Die Angabe einer

Weinbergslage ist jedoch, von dem Falle des § 6 Abs. 2 Satz 2 abgesehen, nur dann zulässig, wenn der aus der betreffenden Lage stammende Anteil nicht gezuckert ist.

Es ist verboten, in der Benennung anzugeben oder anzudeuten, daß der Wein Wachstum eines bestimmten Weinbergsbesitzers sei.

Die Beschränkungen der Bezeichnung treffen nicht den Verschnitt durch Vermischung von Trauben oder Traubenmost mit Trauben oder Traubenmost gleichen Wertes derselben oder einer benachbarten Gemarkung und den Ersatz der Abgänge, die sich aus der Pflege des im Fasse lagernden Weines ergeben.

§ 8. Ein Gemisch von Weißwein und Rotwein darf, wenn es als Rotwein in den Verkehr gebracht wird, nur unter einer die Mischung kennzeichnenden Bezeichnung feilgehalten oder verkauft werden.

§ 9. Es ist verboten, Wein nachzumachen.

Vgl. § 10 NahrMittGes. Verkaufsfertig braucht der nachgemachte Wein nicht zu sein, E. 42, 339.

§ 10. Unter das Verbot des § 9 fällt nicht die Herstellung von dem Weine ähnlichen Getränken aus Fruchtsäften, Pflanzensäften oder Malzauszügen.

Der Bundesrat ist ermächtigt, die Verwendung bestimmter Stoffe bei der Herstellung solcher Getränke zu beschränken oder zu untersagen.

Die im Abs. 1 bezeichneten Getränke dürfen im Verkehr als Wein nur in solchen Wortverbindungen bezeichnet werden, welche die Stoffe kennzeichnen, aus denen sie hergestellt sind.

Vgl. zum Begriff der Weinähnlichkeit E. 37, 203, 423; E. 40, 69. Das weinähnl. Getränk muß danach stets alkoholhaltig sein, ohne Rücksicht darauf, ob es eine Gärung durchgemacht hat oder nicht.

§ 11. Auf die Herstellung von Haustrunk aus Traubenmaische, Traubenmost, Rückständen der Weinbereitung oder aus getrockneten Weinbeeren finden die Vorschriften des § 2 Satz 2 und der §§ 3, 9 keine Anwendung.

Die Vorschriften des § 4 finden auf die Herstellung von Haustrunk entsprechende Anwendung.

Wer Wein gewerbsmäßig in Verkehr bringt, ist verpflichtet, der zuständigen Behörde die Herstellung von Haustrunk unter Angabe der herzustellenden Menge und der zur Verarbeitung bestimmten Stoffe anzuzeigen; die Herstellung kann durch Anordnung der zuständigen Behörde beschränkt oder unter besondere Aufsicht gestellt werden.

Die als Haustrunk hergestellten Getränke dürfen nur im eigenen Haushalte des Herstellers verwendet oder ohne besonderen Entgelt an die in seinem Betriebe beschäftigten Personen zum eigenen Verbrauch abgegeben werden. Bei Auflösung des Haushalts oder Aufgabe des Betriebs kann die zuständige Behörde die Veräußerung des etwa vorhandenen Vorrats von Haustrunk gestatten.

§ 12. Die Vorschriften der §§ 2, 4 bis 9 finden auf Traubenmost, die Vorschriften der §§ 4 bis 9 auf Traubenmaische Anwendung.

§ 13. Getränke, die den Vorschriften der §§ 2, 3, 4, 9, 10 zuwider hergestellt oder behandelt worden sind, ferner Traubenmaische, die einen nach den Bestimmungen des § 3 Abs. 1 oder des § 4 nicht zulässigen Zusatz erhalten hat, dürfen, vorbehaltlich der Bestimmungen des § 15, nicht in den Verkehr gebracht werden. Dies gilt auch für ausländische Erzeugnisse, die den Vorschriften des § 3 Abs. 1 und der §§ 4, 9, 10 nicht entsprechen; der Bundesrat ist ermächtigt, hinsichtlich der Vorschriften des § 4 und des § 10 Abs. 2 Ausnahmen für Getränke und Traubenmaische zu bewilligen, die den im Ursprungslande geltenden Vorschriften entsprechend hergestellt sind.

Ueber den Begriff „in Verkehr bringen" vgl. § 12 NahrMittGes.

§ 14. Die Einfuhr von Getränken, die nach § 13 vom Verkehr ausgeschlossen sind, ferner von Traubenmaische, die einen nach den Bestimmungen des § 3 Abs. 1 oder des § 4 nicht zulässigen Zusatz erhalten hat, ist verboten.

Der Bundesrat erläßt die Vorschriften zur Sicherung der Einhaltung des Verbots, er ist ermächtigt, die Einfuhr von Traubenmaische, Traubenmost oder Wein zu verbieten, die den am Orte der Herstellung geltenden Vorschriften zuwider hergestellt oder behandelt worden sind.

§ 15. Getränke, die nach § 13 vom Verkehr ausgeschlossen sind, dürfen zur Herstellung von weinhaltigen Getränken, Schaumwein oder Kognak nicht verwendet werden. Zu anderen Zwecken darf die Verwendung nur mit Genehmigung der zuständigen Behörde erfolgen.

§ 16. Der Bundesrat ist ermächtigt, die Verwendung bestimmter Stoffe bei der Herstellung von weinhaltigen Getränken, Schaumwein oder Kognak zu beschränken oder zu untersagen sowie bezüglich der Herstellung von Schaumwein und Kognak zu bestimmen, welche Stoffe hierbei Verwendung finden dürfen, und Vorschriften über die Verwendung zu erlassen.

§ 17. Schaumwein, der gewerbsmäßig verkauft oder feilgehalten wird, muß eine Bezeichnung tragen, die das Land erkennbar macht, wo er auf Flaschen gefüllt worden ist; bei Schaumwein, dessen Kohlensäuregehalt ganz oder teilweise auf einem Zusatze fertiger Kohlensäure beruht, muß die Bezeichnung die Herstellungsart ersehen lassen. Dem Schaumwein ähnliche Getränke müssen eine Bezeichnung tragen, welche erkennen läßt, welche dem Weine ähnlichen Getränke zu ihrer Herstellung verwendet worden sind. Die näheren Vorschriften trifft der Bundesrat.

Die vom Bundesrate vorgeschriebenen Bezeichnungen sind auch in die Preislisten und Weinkarten sowie in die sonstigen im geschäftlichen Verkehr üblichen Angebote mit aufzunehmen.

§ 18. Trinkbranntwein, dessen Alkohol nicht ausschließlich aus Wein gewonnen ist, darf im geschäftlichen Verkehre nicht als Kognak bezeichnet werden.

Trinkbranntwein, der neben Kognak Alkohol anderer Art enthält, darf als Kognakverschnitt bezeichnet werden, wenn mindestens $^1/_{10}$ des Alkohols aus Wein gewonnen ist.

Kognak und Kognakverschnitte müssen in 100 Raumteilen mindestens 38 Raumteile Alkohol enthalten.

Trinkbranntwein, der in Flaschen oder ähnlichen Gefäßen unter der Bezeichnung Kognak gewerbsmäßig verkauft oder feilgehalten wird, muß zugleich eine Bezeichnung tragen, welche das Land erkennbar macht, wo er für den Verbrauch fertiggestellt worden ist. Die näheren Vorschriften trifft der Bundesrat.

Die vom Bundesrate vorgeschriebenen Bezeichnungen sind auch in die Preislisten und Weinkarten sowie in die sonstigen im geschäftlichen Verkehr üblichen Angebote mit aufzunehmen.

§ 19. Wer Trauben zur Weinbereitung, Traubenmaische, Traubenmost oder Wein gewerbsmäßig in Verkehr bringt oder gewerbsmäßig Wein zu Getränken weiter verarbeitet, ist verpflichtet, Bücher zu führen, aus denen zu ersehen ist:

1. welche Weinbergsflächen er abgeerntet hat, welche Mengen von Traubenmaische, Traubenmost oder Wein er aus eigenem Gewächse gewonnen oder von anderen bezogen und welche Mengen er an andere abgegeben oder welche Geschäfte über solche Stoffe er vermittelt hat;
2. welche Mengen von Zucker oder von anderen für die Kellerbehandlung des Weines (§ 4) oder zur Herstellung von Haustrunk (§ 11) bestimmten Stoffen er bezogen und welchen Gebrauch er von diesen Stoffen zum Zuckern (§ 3) oder zur Herstellung von Haustrunk gemacht hat;

3. welche Mengen der im § 10 bezeichneten dem Weine ähnlichen Getränke er aus eigenem Gewächse gewonnen oder von anderen bezogen und welche Mengen er an andere abgegeben oder welche Geschäfte über solche Stoffe er vermittelt hat.

Die Zeit des Geschäftsabschlusses, die Namen der Lieferanten und, soweit es sich um Abgabe im Fasse oder in Mengen von mehr als einem Hektoliter im einzelnen Falle handelt, auch der Abnehmer, sind in den Büchern einzutragen.

Die Bücher sind nebst den auf die einzutragenden Geschäfte bezüglichen Geschäftspapieren bis zum Ablaufe von fünf Jahren nach der letzten Eintragung aufzubewahren.

Die näheren Bestimmungen über die Einrichtung und die Führung der Bücher trifft der Bundesrat: er bestimmt, in welcher Weise und innerhalb welcher Frist die bei dem Inkrafttreten dieses Gesetzes vorhandenen Bestände in den Büchern vorzutragen sind.

§ 20. Werden in einem Raume, in dem Wein zum Zwecke des Verkaufs hergestellt oder gelagert wird, in Gefäßen, wie sie zur Herstellung oder Lagerung von Wein verwendet werden, Haustrunk (§ 11) oder andere Getränke als Wein oder Traubenmost verwahrt, so müssen diese Gefäße mit einer deutlichen Bezeichnung des Inhalts an einer in die Augen fallenden Stelle versehen sein.

Bei Flaschenlagerung genügt die Bezeichnung der Stapel.

Personen, die wegen Verfehlungen gegen dieses Gesetz wiederholt oder zu einer Gefängnisstrafe verurteilt worden sind, kann die Verwahrung anderer Stoffe als Wein oder Traubenmost in solchen Räumen durch die zuständige Polizeibehörde untersagt werden.

§ 21. Die Beobachtung der Vorschriften dieses Gesetzes ist durch die mit der Handhabung der Nahrungsmittelpolizei betrauten Behörden und Sachverständigen zu überwachen.

Zur Unterstützung dieser Behörden sind für alle Teile des Reichs Sachverständige im Hauptberufe zu bestellen.

§ 22. Die zuständigen Beamten und Sachverständigen (§ 21) sind befugt, außerhalb der Nachtzeit und, falls Tatsachen vorliegen, welche annehmen lassen, daß zur Nachtzeit gearbeitet wird, auch während dieser Zeit, in Räume, in denen Traubenmost, Wein oder dem Weine ähnliche Getränke hergestellt, verarbeitet, feilgehalten oder verpackt werden, und bei gewerbsmäßigem Betrieb auch in die zugehörigen Lager- und Geschäftsräume, ebenso in die Geschäftsräume von Personen, die gewerbsmäßig Geschäfte über Traubenmaische, Traubenmost, Wein, Schaumwein, weinhaltige, dem Weine ähnliche Getränke oder Kognak vermitteln, einzutreten, daselbst Besichtigungen vorzunehmen, geschäftliche Aufzeichnungen, Frachtbriefe und Bücher einzusehen, auch nach ihrer Auswahl Proben zum Zwecke der Untersuchung zu fordern oder selbst zu entnehmen. Ueber die Probenahme ist eine Empfangsbescheinigung zu erteilen. Ein Teil der Probe ist amtlich verschlossen oder versiegelt zurückzulassen. Auf Verlangen ist für die entnommene Probe eine angemessene Entschädigung zu leisten.

Die Nachtzeit umfaßt in dem Zeitraume vom 1. April bis 30. September die Stunden von 9 Uhr abends bis 4 Uhr morgens und in dem Zeitraume vom 1. Oktober bis 31. März die Stunden von 9 Uhr abends bis 6 Uhr morgens.

§ 23. Die Inhaber der im § 22 bezeichneten Räume sowie die von ihnen bestellten Betriebsleiter und Aufsichtspersonen sind verpflichtet, den zuständigen Beamten und Sachverständigen auf Erfordern diese Räume zu bezeichnen, sie bei deren Besichtigung zu begleiten oder durch mit dem Betriebe vertraute Personen begleiten zu lassen und ihnen Auskunft über das Verfahren bei Herstellung der Erzeugnisse, über den Umfang des Betriebs, über die zur Verwendung gelangenden Stoffe, insbesondere auch über deren Menge und Herkunft, zu erteilen sowie die geschäftlichen Aufzeichnungen, Frachtbriefe und Bücher vorzulegen. Personen, die gewerbsmäßig Geschäfte über Traubenmaische, Traubenmost, Wein, Schaumwein, weinhaltige oder dem Weine ähnliche Getränke vermitteln, sind verpflichtet, Auskunft über die von ihnen vermittelten Geschäfte zu erteilen sowie die geschäftlichen Aufzeichnungen und Bücher vorzulegen. Die Erteilung von Auskunft kann jedoch verweigert werden, soweit derjenige, von welchem sie verlangt wird, sich selbst oder einem der im § 51 Nr. 1 bis 3 der Strafprozeßordnung bezeichneten Angehörigen die Gefahr strafgerichtlicher Verfolgung zuziehen würde.

§ 24. Die Sachverständigen sind, vorbehaltlich der Anzeige von Gesetzwidrigkeiten, verpflichtet, über die Einrichtungen und Geschäftsverhältnisse, welche durch die Aufsicht zu ihrer Kenntnis kommen, Verschwiegenheit zu beobachten und sich der Mitteilung und Verwertung der Geschäfts- und Betriebsgeheimnisse zu enthalten. Sie sind hierauf zu beeidigen.

Bezüglich der „Geschäfts-“ und „Betriebsgeheimnisse“ vgl. § 17 unl. WettbGes.

§ 25. Der Vollzug des Gesetzes liegt den Landesregierungen ob.

Der Bundesrat stellt die zur Sicherung der Einheitlichkeit des Vollzugs erforderlichen Grundsätze, insbesondere für die Bestellung von geeigneten Sachverständigen und die Gewährleistung ihrer Unabhängigkeit fest. Er ist ermächtigt, Vorschriften für die jährliche Feststellung der Traubenernte, sowie über Zeitpunkt, Form und Inhalt der nach § 3 Abs. 4 vorgeschriebenen Anzeige zu erlassen.

Die weiter erforderlichen Vorschriften zur Sicherung des Vollzugs werden durch die Landeszentralbehörden oder die von diesen ermächtigten Landesbehörden erlassen.

Die Landeszentralbehörden sind außerdem ermächtigt, im Einvernehmen mit dem Reichskanzler die Grenzen der am Weinbaue beteiligten Gebiete zu bestimmen (§ 3 Abs. 3).

Der Reichskanzler hat die Ausführung des Gesetzes zu überwachen und insbesondere auf Gleichmäßigkeit der Handhabung hinzuwirken.

§ 26. [L.] Mit Gefängnis bis zu sechs Monaten und mit Geldstrafe bis zu dreitausend Mark oder mit einer dieser Strafen wird bestraft:

1. wer vorsätzlich den Vorschriften des § 2 Satz 2, des § 3 Abs. 1 bis 3, 5, 6, der §§ 4, 9, des § 11 Abs. 4, der §§ 13, 15 oder den gemäß § 12 für die Herstellung und Behandlung von Traubenmost oder Traubenmaische geltenden Vorschriften oder den auf Grund des § 4 Abs. 1 Satz 2, des § 10 Abs. 2, des § 11 Abs. 2 oder des § 16 vom Bundesrat erlassenen Vorschriften zuwiderhandelt;
2. wer wissentlich unrichtige Eintragungen in die nach § 19 zu führenden Bücher macht oder die nach Maßgabe des § 23 von ihm geforderte Auskunft wissentlich unrichtig erteilt, desgleichen wer vorsätzlich Bücher oder Geschäftspapiere, welche nach § 19 Abs. 3 aufzubewahren sind, vor Ablauf der dort bestimmten Frist vernichtet oder beiseite schafft;

3. wer Stoffe, deren Verwendung bei der Herstellung, Behandlung oder Verarbeitung von Wein, Schaumwein, weinhaltigen oder weinähnlichen Getränken unzulässig ist, zu diesen Zwecken ankündigt, feilhält, verkauft oder an sich bringt, desgleichen wer einen diesen Zwecken dienenden Verkauf solcher Stoffe vermittelt.

Stellt sich nach den Umständen, insbesondere nach dem Umfange der Verfehlungen oder nach der Beschaffenheit der in Betracht kommenden Stoffe, der Fall als ein schwerer dar, so tritt Gefängnisstrafe bis zu zwei Jahren ein, neben der auf Geldstrafe bis zu zwanzigtausend Mark erkannt werden kann.

Auf die im Abs. 2 vorgesehene Strafe ist auch dann zu erkennen, wenn der Täter zur Zeit der Tat bereits wegen einer der im Abs. 1 mit Strafe bedrohten Handlungen bestraft ist. Diese Bestimmung findet Anwendung, auch wenn die frühere Strafe nur teilweise verbüßt oder ganz oder teilweise erlassen ist, bleibt jedoch ausgeschlossen, wenn seit der Verbüßung oder dem Erlasse der letzten Strafe bis zur Begehung der neuen Straftat drei Jahre verflossen sind.

In den Fällen des Abs. 1 Nr. 1 wird auch der Versuch bestraft.

§ 27. [L.A.] Mit Geldstrafe bis zu eintausendfünfhundert Mark oder mit Gefängnis bis zu drei

Monaten wird bestraft, wer den Vorschriften des § 24 zuwider Verschwiegenheit nicht beobachtet, oder der Mitteilung oder Verwertung von Geschäfts- oder Betriebsgeheimnissen sich nicht enthält.

Die Verfolgung tritt nur auf Antrag des Unternehmers ein.

§ 28. [A]. Mit Geldstrafe bis zu sechshundert Mark oder mit Haft bis zu sechs Wochen wird bestraft, wer vorsätzlich oder fahrlässig

1. den Vorschriften des § 5 Abs. 1, des § 7 Abs. 2, des § 8, des § 10 Abs. 3 oder des § 18 Abs. 1 zuwiderhandelt;
2. den Vorschriften des § 6 oder des § 7 Abs. 1 zuwider bei der Benennung von Wein eine der Herkunft nicht entsprechende geographische Bezeichnung verwendet;
3. Schaumwein oder Kognak gewerbsmäßig verkauft oder feilhält, ohne daß den Vorschriften des § 17 und des § 18 Abs. 4, 5 genügt ist;
4. außer den Fällen des § 26 Nr. 2 den Vorschriften über die nach § 19 zu führenden Bücher zuwiderhandelt.

§ 29. [A.] Der im § 28 bestimmten Strafe unterliegt ferner

1. wer vorsätzlich die nach Maßgabe des § 5 Abs. 2 zu erteilende Auskunft nicht oder unrichtig erteilt;

2. wer vorsätzlich die nach § 3 Abs. 4 und nach § 11 Abs. 3 vorgeschriebenen Anzeigen nicht erstattet oder den auf Grund des § 11 Abs. 3 erlassenen Anordnungen zuwiderhandelt;
3. wer vorsätzlich es unterläßt, an Gefäßen oder Flaschenstapeln die nach § 20 Abs. 1, 2 vorgeschriebenen Bezeichnungen anzubringen, oder einem auf Grund des § 20 Abs. 3 ergangenen Verbote zuwiderhandelt;
4. wer vorsätzlich den von den Landeszentralbehörden oder den von diesen ermächtigten Landesbehörden auf Grund des § 25 Abs. 3 erlassenen Vorschriften zuwiderhandelt;
5. wer den Vorschriften der §§ 22, 23 zuwider das Betreten oder die Besichtigung von Räumen, die Begleitung der Beamten oder Sachverständigen bei der Besichtigung der Räume, die Vorlegung oder die Durchsicht von Geschäftsbüchern oder -papieren, die Abgabe oder die Entnahme von Proben verweigert, desgleichen wer die von ihm geforderte Auskunft nicht oder aus Fahrlässigkeit unrichtig erteilt;
6. wer eine der im § 26 Abs. 1 Nr. 1 bezeichneten Handlungen aus Fahrlässigkeit begeht.

§ **30.** [A.] Mit Geldstrafe bis zu einhundertfünfzig Mark oder mit Haft wird bestraft, wer eine der im § 29 Nr. 1 bis 4 bezeichneten Handlungen aus Fahrlässigkeit begeht.

§ 31. In den Fällen des § 26 Abs. 1 Nr. 1 ist neben der Strafe auf Einziehung der Getränke oder Stoffe zu erkennen, welche den dort bezeichneten Vorschriften zuwider hergestellt, eingeführt oder in den Verkehr gebracht worden sind, ohne Unterschied, ob sie dem Verurteilten gehören oder nicht; auch kann die Vernichtung ausgesprochen werden. In den Fällen des § 28 Nr. 1, 2, 3 und des § 29 Nr. 6 kann auf Einziehung oder Vernichtung erkannt werden.

In den Fällen des § 26 Abs. 1 Nr. 3 ist neben der Strafe auf Einziehung oder Vernichtung der Stoffe zu erkennen, die zum Zwecke der Begehung einer nach den Vorschriften dieses Gesetzes strafbaren Handlung bereit gehalten werden.

Die Vorschriften des Abs. 1, 2 finden auch dann Anwendung, wenn die Strafe gemäß § 73 des Strafgesetzbuchs auf Grund eines anderen Gesetzes zu bestimmen ist.

Ist die Verfolgung oder Verurteilung einer bestimmten Person nicht ausführbar, so kann auf die Einziehung selbständig erkannt werden.

Vgl. § 15 NahrMittGes. dazu E. 40, 361; sowie § 9 des Süßstoffges.

§ 32. Die Vorschriften anderer die Herstellung und den Vertrieb von Wein treffender Gesetze, insbesondere des Gesetzes, betreffend den Verkehr mit Nahrungsmitteln, Genußmitteln und Gebrauchsgegenständen, vom 14. Mai 1879 (Reichs-Gesetzbl. S. 145), des Gesetzes zum Schutze der Warenbezeichnungen vom 12. Mai 1894 (Reichs-Gesetzbl. S. 441) und des Gesetzes zur Bekämpfung des unlauteren Wettbewerbes vom 27. Mai 1896 (Reichs-Gesetzbl. S. 145) bleiben unberührt, soweit nicht die Vorschriften dieses Gesetzes entgegenstehen. Die Vorschriften der §§ 16, 17 des Gesetzes vom 14. Mai 1879 finden auch bei Strafverfolgungen auf Grund der Vorschriften dieses Gesetzes Anwendung. Durch die Landesregierungen kann jedoch bestimmt werden, daß die auf Grund dieses Gesetzes auferlegten Geldstrafen in erster Linie zur Deckung der Kosten zu verwenden sind, die durch die Bestellung von Sachverständigen auf Grund des § 21 dieses Gesetzes entstehen. Die Verwendung erfolgt in diesem Falle durch die mit dem Vollzuge des Gesetzes betrauten Landeszentralbehörden, durch welche die etwa verbleibenden Ueberschüsse auf die nach § 17 des Gesetzes vom 14. Mai 1879 in Betracht kommenden Kassen zu verteilen sind.

§ 33. Der Bundesrat ist ermächtigt, im Großherzogtume Luxemburg gewonnene Erzeugnisse des Weinbaues den inländischen gleichzustellen, falls dort ein diesem Gesetz entsprechendes Weingesetz erlassen wird.

§ 34. Dieses Gesetz tritt am 1. September 1909 in Kraft.

Mit diesem Zeitpunkte tritt das Gesetz, betreffend den Verkehr mit Wein, weinhaltigen und weinähnlichen Getränken, vom 24. Mai 1901 (Reichs-Gesetzbl. S. 175) außer Kraft.

Der Verkehr mit Getränken, die bei der Verkündung dieses Gesetzes nachweislich bereits hergestellt waren, ist jedoch nach den bisherigen Bestimmungen zu beurteilen.

Gesetz über den Verkehr mit Kraftfahrzeugen.

Vom 3. Mai 1909. (RGBl. S. 437.)

I. Verkehrsvorschriften.

§ 1. Kraftfahrzeuge, die auf öffentlichen Wegen oder Plätzen in Betrieb gesetzt werden sollen, müssen von der zuständigen Behörde zum Verkehre zugelassen sein.

Als Kraftfahrzeuge im Sinne dieses Gesetzes gelten Wagen oder Fahrräder, welche durch Maschinenkraft bewegt werden, ohne an Bahngleise gebunden zu sein.

§ 2. Wer auf öffentlichen Wegen oder Plätzen ein Kraftfahrzeug führen will, bedarf der Erlaubnis der zuständigen Behörde. Die Erlaubnis gilt für das ganze Reich; sie ist zu erteilen, wenn der Nachsuchende seine Befähigung durch eine Prüfung dargetan hat und nicht Tatsachen vorliegen, die die Annahme rechtfertigen, daß er zum Führen von Kraftfahrzeugen ungeeignet ist.

Den Nachweis der Erlaubnis hat der Führer durch eine Bescheinigung (Führerschein) zu erbringen.

Die Befugnis der Ortspolizeibehörde, auf Grund des § 37 der Reichs-Gewerbeordnung weitergehende Anordnungen zu treffen, bleibt unberührt.

§ 3. Wer zum Zwecke der Ablegung der Prüfung (§ 2 Abs. 1 Satz 2) sich in der Führung von Kraftfahrzeugen übt, muß dabei auf öffentlichen Wegen oder Plätzen von einer mit dem Führerschein versehenen, durch die zuständige Behörde zur Ausbildung von Führern ermächtigten Person begleitet und beaufsichtigt sein. Das Gleiche gilt für die Fahrten, die bei Ablegung der Prüfung vorgenommen werden.

Bei den Uebungs- und Probefahrten, die gemäß der Vorschrift des Abs. 1 stattfinden, gilt im Sinne dieses Gesetzes der Begleiter als Führer des Kraftfahrzeuges.

§ 4. Werden Tatsachen festgestellt, welche die Annahme rechtfertigen, daß eine Person zum Führen von Kraftfahrzeugen ungeeignet ist, so kann ihr die Fahrerlaubnis dauernd oder für bestimmte Zeit durch die zuständige Verwaltungsbehörde entzogen werden; nach der Entziehung ist der Führerschein der Behörde abzuliefern.

Die Entziehung der Fahrerlaubnis ist für das ganze Reich wirksam.

§ 5. Gegen die Versagung der Fahrerlaubnis ist, wenn sie aus anderen Gründen als wegen ungenügenden Ergebnisses der Befähigungsprüfung erfolgt, der Rekurs zulässig. Das Gleiche gilt von der Entziehung der Fahrerlaubnis; der Rekurs hat keine aufschiebende Wirkung.

Die Zuständigkeit der Behörden und das Verfahren bestimmen sich nach den Landesgesetzen und, soweit landesgesetzliche Vorschriften nicht vorhanden sind, nach den §§ 20, 21 der Reichs-Gewerbeordnung.

§ 6. Der Bundesrat erläßt:

1. die zur Ausführung der §§ 1 bis 5 erforderlichen Anordnungen sowie die Bestimmungen für die Zulassung der Führer ausländischer Kraftfahrzeuge;
2. die sonstigen zur Erhaltung der Ordnung und Sicherheit auf den öffentlichen Wegen oder Plätzen erforderlichen Anordnungen über den Verkehr mit Kraftfahrzeugen, insbesondere über die Prüfung und Kennzeichnung der Fahrzeuge und über das Verhalten der Führer.

Soweit auf Grund der Anordnungen des Bundesrats die Militär- und Postverwaltung Personen, die sie als Führer von Kraftfahrzeugen verwenden, die Fahrerlaubnis versagt oder entzogen haben, finden die Vorschriften des § 5 keine Anwendung.

Soweit der Bundesrat Anordnungen gemäß Abs. 1 nicht erlassen hat, können solche durch die Landeszentralbehörden erlassen werden.

Die Anordnungen des Bundesrats sind durch das Reichs-Gesetzblatt zu veröffentlichen. Sie kommen in Bayern nach näherer Bestimmung des Bündnisvertrags vom 23. November 1870 (Bundes-Gesetzbl. 1871 S. 9) unter III §§ 4, 5, in Württemberg nach näherer Bestimmung des Bündnisvertrags vom 25. November 1870 (Bundes-Gesetzbl. 1870 S. 654) unter Artikel 2 Nr. 4 zur Anwendung.

Vgl. die Bek. betr. die Regelung des Verkehrs mit Kraftfahrzeugen vom 3. Febr. 1910 (RGBl. 389); vgl. auch die Verordnung über den internationalen Verkehr mit Kraftfahrzeugen vom 21. April 1910 (RGBl. 636).

II. Haftpflicht.

§ 7. Wird bei dem Betrieb eines Kraftfahrzeugs ein Mensch getötet, der Körper oder die Gesundheit eines Menschen verletzt oder eine Sache beschädigt, so ist der Halter des Fahrzeugs verpflichtet, dem Verletzten den daraus entstehenden Schaden zu ersetzen.

Die Ersatzpflicht ist ausgeschlossen, wenn der Unfall durch ein unabwendbares Ereignis verursacht wird, das weder auf einem Fehler in der Beschaffenheit des Fahrzeugs noch auf einem Versagen seiner Verrichtungen beruht. Als unabwendbar gilt ein Ereignis insbesondere dann, wenn es auf das Verhalten des Verletzten oder eines nicht bei dem Betriebe beschäftigten Dritten oder eines Tieres zurückzuführen ist und sowohl der Halter als der Führer des Fahrzeugs jede nach den Umständen des Falles gebotene Sorgfalt beobachtet hat.

Wird das Fahrzeug ohne Wissen und Willen des Fahrzeughalters von einem Anderen in Betrieb gesetzt, so ist dieser an Stelle des Halters zum Ersatze des Schadens verpflichtet.

§ 8. Die Vorschriften des § 7 finden keine Anwendung:

1. wenn zur Zeit des Unfalls der Verletzte oder die beschädigte Sache durch das Fahrzeug befördert wurde oder der Verletzte bei dem Betriebe des Fahrzeugs tätig war;
2. wenn der Unfall durch ein Fahrzeug verursacht wurde, das nur zur Beförderung von Lasten dient und auf ebener Bahn eine auf 20 Kilometer begrenzte Geschwindigkeit in der Stunde nicht übersteigen kann.

§ 9. Hat bei der Entstehung des Schadens ein Verschulden des Verletzten mitgewirkt, so finden die Vorschriften des § 254 des Bürgerlichen Gesetzbuchs mit der Maßgabe Anwendung, daß im Falle der Beschädigung einer Sache das Verschulden desjenigen, welcher die tatsächliche Gewalt über die Sache ausübt, dem Verschulden des Verletzten gleichsteht.

§ 10. Im Falle der Tötung ist der Schadensersatz durch Ersatz der Kosten einer versuchten Heilung sowie des Vermögensnachteils zu leisten, den der Getötete dadurch erlitten hat, daß während der Krankheit seine Erwerbsfähigkeit aufgehoben oder gemindert oder eine Vermehrung seiner Bedürfnisse eingetreten war. Der Ersatzpflichtige hat außerdem die Kosten der Beerdigung demjenigen zu ersetzen, dem die Verpflichtung obliegt, diese Kosten zu tragen.

Stand der Getötete zur Zeit der Verletzung zu einem Dritten in einem Verhältnisse, vermöge dessen er diesem gegenüber kraft Gesetzes unterhaltspflichtig war oder unterhaltspflichtig werden konnte, und ist dem Dritten infolge der Tötung das Recht auf Unterhalt entzogen, so hat der Ersatzpflichtige dem Dritten insoweit Schadensersatz zu leisten, als der Getötete während der mutmaßlichen Dauer seines Lebens zur Gewährung des Unterhalts verpflichtet gewesen sein würde. Die Ersatzpflicht tritt auch dann ein, wenn der Dritte zur Zeit der Verletzung erzeugt, aber noch nicht geboren war.

§ 11. Im Falle der Verletzung des Körpers oder der Gesundheit ist der Schadensersatz durch Ersatz der Kosten der Heilung sowie des Vermögensnachteils zu leisten, den der Verletzte dadurch erleidet, daß infolge der Verletzung zeitweise oder dauernd seine Erwerbsfähigkeit aufgehoben oder gemindert oder eine Vermehrung seiner Bedürfnisse eingetreten ist.

§ 12. Der Ersatzpflichtige haftet:

1. im Falle der Tötung oder Verletzung eines Menschen nur bis zu einem Kapitalbetrage von fünfzigtausend Mark oder bis zu einem Rentenbetrage von jährlich dreitausend Mark,
2. im Falle der Tötung oder Verletzung mehrerer Menschen durch dasselbe Ereignis, unbeschadet der in Nr. 1 bestimmten Grenze, nur bis zu einem Kapitalbetrage von insgesamt einhundertfünfzigtausend Mark oder bis zu einem Rentenbetrage von insgesamt neuntausend Mark,
3. im Falle der Sachbeschädigung, auch wenn durch dasselbe Ereignis mehrere Sachen beschädigt werden, nur bis zum Betrage von zehntausend Mark.

Uebersteigen die Entschädigungen, die mehreren auf Grund desselben Ereignisses nach Abs. 1 Nr. 1, 3 zu leisten sind, insgesamt die in Nr. 2, 3 bezeichneten Höchstbeträge, so verringern sich die einzelnen Entschädigungen in dem Verhältnis, in welchem ihr Gesamtbetrag zu dem Höchstbetrage steht.

§ 13. Der Schadensersatz wegen Aufhebung oder Minderung der Erwerbsfähigkeit und wegen Vermehrung der Bedürfnisse des Verletzten sowie der nach § 10 Abs. 2 einem Dritten zu gewährende Schadensersatz ist für die Zukunft durch Entrichtung einer Geldrente zu leisten.

Die Vorschriften des § 843 Abs. 2 bis 4 des Bürgerlichen Gesetzbuchs und des § 708 Nr. 6 der Zivilprozeßordnung finden entsprechende Anwendung. Das Gleiche gilt für die dem Verletzten zu entrichtende Geldrente von der Vorschrift des § 850 Abs. 3 und für die dem Dritten zu entrichtende Geldrente von der Vorschrift des § 850 Abs. 1 Nr. 2 der Zivilprozeßordnung.

Ist bei der Verurteilung des Verpflichteten zur Entrichtung einer Geldrente nicht auf Sicherheitsleistung erkannt worden, so kann der Berechtigte gleichwohl Sicherheitsleistung verlangen, wenn die Vermögensverhältnisse des Verpflichteten sich erheblich verschlechtert haben; unter der gleichen Voraussetzung kann er eine Erhöhung der in dem Urteile bestimmten Sicherheit verlangen.

§ 14. Die in den §§ 7 bis 13 bestimmten Ansprüche auf Schadensersatz verjähren in zwei Jahren von dem Zeitpunkt an, in welchem der Ersatzberechtigte von dem Schaden und von der Person des Ersatzpflichtigen Kenntnis erlangt, ohne Rücksicht auf diese Kenntnis in dreißig Jahren von dem Unfall an.

Schweben zwischen dem Ersatzpflichtigen und dem Ersatzberechtigten Verhandlungen über den zu leistenden Schadensersatz, so ist die Verjährung gehemmt, bis der eine oder der andere Teil die Fortsetzung der Verhandlungen verweigert.

Im übrigen finden die Vorschriften des Bürgerlichen Gesetzbuchs über die Verjährung Anwendung.

§ 15. Der Ersatzberechtigte verliert die ihm auf Grund der Vorschriften dieses Gesetzes zustehenden Rechte, wenn er nicht spätestens innerhalb zweier Monate, nachdem er von dem Schaden und der Person des Ersatzpflichtigen Kenntnis erhalten hat, dem Ersatzpflichtigen den Unfall anzeigt. Der Rechtsverlust tritt nicht ein, wenn die Anzeige infolge eines von dem Ersatzberechtigten nicht zu vertretenden Umstandes unterblieben ist oder der Ersatzpflichtige innerhalb der bezeichneten Frist auf andere Weise von dem Schaden Kenntnis erhalten hat.

§ 16. Unberührt bleiben die reichsgesetzlichen Vorschriften, nach welchen der Fahrzeughalter für den durch das Fahrzeug verursachten Schaden in weiterem Umfang als nach den Vorschriften dieses Gesetzes haftet oder nach welchen ein anderer für den Schaden verantwortlich ist.

§ 17. Wird ein Schaden durch mehrere Kraftfahrzeuge verursacht und sind die beteiligten Fahrzeughalter einem Dritten kraft Gesetzes zum Ersatze des Schadens verpflichtet, so hängt im Verhältnisse der Fahrzeughalter zueinander die Verpflichtung zum Ersatze sowie der Umfang des zu leistenden Ersatzes von den Umständen, insbesondere davon ab, inwieweit der Schaden vorwiegend von dem einen oder dem anderen Teile verursacht worden ist. Das Gleiche gilt, wenn der Schaden einem der beteiligten Fahrzeughalter entstanden ist, von der Haftpflicht, die für einen anderen von ihnen eintritt.

Die Vorschriften des Abs. 1 finden entsprechende Anwendung, wenn der Schaden durch ein Kraftfahrzeug und ein Tier oder durch ein Kraftfahrzeug und eine Eisenbahn verursacht wird.

§ 18. In den Fällen des § 7 Abs. 1 ist auch der Führer des Kraftfahrzeugs zum Ersatze des Schadens nach den Vorschriften der §§ 8 bis 15 verpflichtet. Die Ersatzpflicht ist ausgeschlossen, wenn der Schaden nicht durch ein Verschulden des Führers verursacht ist.

Die Vorschrift des § 16 findet entsprechende Anwendung.

Ist in den Fällen des § 17 auch der Führer eines Fahrzeugs zum Ersatze des Schadens verpflichtet, so finden auf diese Verpflichtung in seinem Verhältnisse zu den Haltern und Führern der anderen beteiligten Fahrzeuge, zu dem Tierhalter oder Eisenbahnunternehmer die Vorschriften des § 17 entsprechende Anwendung.

§ 19. In bürgerlichen Rechtsstreitigkeiten, in welchen durch Klage oder Widerklage ein Anspruch auf Grund der Vorschriften dieses Gesetzes geltend gemacht ist, wird die Verhandlung und Entscheidung letzter Instanz im Sinne des § 8 des Einführungsgesetzes zum Gerichtsverfassungsgesetze dem Reichsgerichte zugewiesen.

§ 20. Für Klagen, die auf Grund dieses Gesetzes erhoben werden, ist auch das Gericht zuständig, in dessen Bezirke das schädigende Ereignis stattgefunden hat.

III. Strafvorschriften.

§ 21. [A.] Wer den zur Erhaltung der Ordnung und Sicherheit auf den öffentlichen Wegen oder Plätzen erlassenen polizeilichen Anordnungen über den Verkehr mit Kraftfahrzeugen zuwiderhandelt, wird mit Geldstrafe bis zu einhundertfünfzig Mark oder mit Haft bestraft.

§ 22. [A.] Der Führer eines Kraftfahrzeugs, der nach einem Unfalle (§ 7) es unternimmt, sich der Feststellung des Fahrzeugs und seiner Person durch die Flucht zu entziehen, wird mit Geldstrafe bis zu dreihundert Mark oder mit Gefängnis bis zu zwei Monaten bestraft. Er bleibt jedoch straflos, wenn er spätestens am nächstfolgenden Tage nach dem Unfall Anzeige bei einer inländischen Polizeibehörde erstattet und die Feststellung des Fahrzeugs und seiner Person bewirkt.

[L.A.] Verläßt der Führer des Kraftfahrzeugs eine bei dem Unfalle verletzte Person vorsätzlich in hilfloser Lage, so wird er mit Gefängnis bis zu sechs Monaten bestraft. Sind mildernde Umstände vorhanden, so kann auf Geldstrafe bis zu dreihundert Mark erkannt werden.

§ 23. [A.] Mit Geldstrafe bis zu dreihundert Mark oder mit Gefängnis bis zu zwei Monaten wird bestraft, wer auf öffentlichen Wegen oder Plätzen ein Kraftfahrzeug führt, das nicht von der zuständigen Behörde zum Verkehre zugelassen ist.

Die gleiche Strafe trifft den Halter eines nicht zum Verkehre zugelassenen Kraftfahrzeugs, wenn er vorsätzlich oder fahrlässig dessen Gebrauch auf öffentlichen Wegen oder Plätzen gestattet.

§ 24. [A.] Mit Geldstrafe bis zu dreihundert Mark oder mit Gefängnis bis zu zwei Monaten wird bestraft:

1. wer ein Kraftfahrzeug führt, ohne einen Führerschein zu besitzen;
2. wer ein Kraftfahrzeug führt, obwohl ihm die Fahrerlaubnis entzogen ist;
3. wer nicht seinen Führerschein der Behörde, die ihm die Fahrerlaubnis entzogen hat, auf ihr Verlangen abliefert.

Die gleiche Strafe trifft den Halter des Kraftfahrzeugs, wenn er vorsätzlich oder fahrlässig eine Person zur Führung des Fahrzeugs bestellt oder ermächtigt, die sich nicht durch einen Führerschein ausweisen kann oder der die Fahrerlaubnis entzogen ist.

§ 25. [A.] Wer in rechtswidriger Absicht

1. ein Kraftfahrzeug, für welches von der Polizeibehörde ein Kennzeichen nicht ausgegeben oder zugelassen worden ist, mit einem Zeichen versieht, welches geeignet ist, den Anschein der polizeilich angeordneten oder zugelassenen Kennzeichnung hervorzurufen,
2. ein Kraftfahrzeug mit einer anderen als der polizeilich für das Fahrzeug ausgegebenen oder zugelassenen Kennzeichnung versieht,
3. das an einem Kraftfahrzeuge gemäß polizeilicher Anordnung angebrachte Kennzeichen verändert, beseitigt, verdeckt oder sonst in seiner Erkennbarkeit beeinträchtigt,

wird, sofern nicht nach den Vorschriften des Strafgesetzbuchs eine höhere Strafe verwirkt ist, mit Geldstrafe bis zu fünfhundert Mark oder mit Gefängnis bis zu drei Monaten bestraft.

Die gleiche Strafe trifft Personen, welche auf öffentlichen Wegen oder Plätzen von einem Kraftfahrzeuge Gebrauch machen, von dem sie wissen, daß die Kennzeichnung in der im Abs. 1 unter Nr. 1 bis 3 bezeichneten Art gefälscht, verfälscht oder unterdrückt worden ist.

Vgl. insb. §§ 267 ff. StGB.

§ 26. Dieses Gesetz tritt hinsichtlich der Vorschriften über die Haftpflicht — Teil II — mit dem 1. Juni 1909, im übrigen mit dem 1. April 1910 in Kraft.

Gesetz über die Sicherung der Bauforderungen.

Vom 1. Juni 1909. (RGBl. S. 449.)

Erster Abschnitt.

Allgemeine Sicherungsmaßregeln.

§ 1. Der Empfänger von Baugeld ist verpflichtet, das Baugeld zur Befriedigung solcher Personen, die an der Herstellung des Baues auf Grund eines Werk-, Dienst- oder Lieferungsvertrags beteiligt sind, zu verwenden. Eine anderweitige Verwendung des Baugeldes ist bis zu dem Betrage statthaft, in welchem der Empfänger aus anderen Mitteln Gläubiger der bezeichneten Art bereits befriedigt hat.

Ist der Empfänger selbst an der Herstellung beteiligt, so darf er das Baugeld in Höhe der Hälfte des angemessenen Wertes der von ihm in den Bau verwendeten Leistung, oder, wenn die Leistung von ihm noch nicht in den Bau verwendet worden ist, der von ihm geleisteten Arbeit und der von ihm gemachten Auslagen für sich behalten.

Baugeld sind Geldbeträge, die zum Zwecke der Bestreitung der Kosten eines Baues in der Weise gewährt werden, daß zur Sicherung der Ansprüche des Geldgebers eine Hypothek oder Grundschuld an dem zu bebauenden Grundstücke dient oder die Uebertragung des Eigentums an dem Grundstück erst nach gänzlicher oder teilweiser Herstellung des Baues erfolgen soll. Als Geldbeträge, die zum Zwecke der Bestreitung der Kosten eines Baues gewährt werden, gelten insbesondere:

1. solche, deren Auszahlung ohne nähere Bestimmung des Zweckes der Verwendung nach Maßgabe des Fortschreitens des Baues erfolgen soll,
2. solche, die gegen eine als Baugeldhypothek bezeichnete Hypothek (§ 33) gewährt werden.

§ 2. Zur Führung eines Baubuchs ist verpflichtet, wer die Herstellung eines Neubaues unternimmt und entweder Baugewerbetreibender ist oder sich für den Neubau Baugeld gewähren läßt. Ueber jeden Neubau ist gesondert Buch zu führen.

Neubau im Sinne dieses Gesetzes ist die Errichtung eines Gebäudes auf einer Baustelle, die zur Zeit der Erteilung der Bauerlaubnis unbebaut oder nur mit Bauwerken untergeordneter Art oder mit solchen Bauwerken besetzt ist, welche zum Zwecke der Errichtung des Gebäudes abgebrochen werden sollen.

Aus dem Baubuche müssen sich ergeben:

1. die Personen, mit denen ein Werk-, Dienst- oder Lieferungsvertrag abgeschlossen ist, die Art der diesen Personen übertragenen Arbeiten und die vereinbarte Vergütung;
2. die auf jede Forderung geleisteten Zahlungen und die Zeit dieser Zahlungen;

3. die Höhe der zur Bestreitung der Baukosten zugesicherten Mittel und die Person des Geldgebers sowie Zweckbestimmung und Höhe derjenigen Beträge, die gegen Sicherstellung durch das zu bebauende Grundstück (§ 1 Abs. 3), jedoch nicht zur Bestreitung der Baukosten gewährt werden;
4. die einzelnen in Anrechnung auf die unter Ziffer 3 genannten Mittel an den Buchführungspflichtigen oder für seine Rechnung geleisteten Zahlungen und die Zeit dieser Zahlungen;
5. Abtretungen, Pfändungen oder sonstige Verfügungen über diese Mittel;
6. die Beträge, die der Buchführungspflichtige für eigene Leistungen in den Bau aus diesen Mitteln entnommen hat.

Das Buch ist bis zum Ablaufe von fünf Jahren, von der Beendigung des letzteingetragenen Baues an gerechnet, aufzubewahren.

§ 3. Die Vorschriften des § 2 finden auch auf Umbauten Anwendung, wenn für den Umbau Baugeld gewährt wird.

§ 4. Bei Neubauten ist der Bauleiter verpflichtet, an leicht sichtbarer Stelle einen Anschlag anzubringen, welcher den Stand, den Familiennamen und wenigstens einen ausgeschriebenen Vornamen sowie den Wohnort des Eigentümers und, falls dieser die

Herstellung des Gebäudes oder eines einzelnen Teiles des Gebäudes einem Unternehmer übertragen hat, des Unternehmers in deutlich lesbarer und unverwischbarer Schrift enthalten muß. Wird der Bau von einer Firma als Eigentümer oder Unternehmer ausgeführt, so ist diese und deren Niederlassungsort anzugeben.

§ 5. [L.] Baugeldempfänger, welche ihre Zahlungen eingestellt haben oder über deren Vermögen das Konkursverfahren eröffnet worden ist und deren im § 1 Abs. 1 bezeichnete Gläubiger zur Zeit der Zahlungseinstellung oder der Konkurseröffnung benachteiligt sind, werden mit Gefängnis nicht unter einem Monate bestraft, wenn sie vorsätzlich zum Nachteile der bezeichneten Gläubiger den Vorschriften des § 1 zuwidergehandelt haben. Sind mildernde Umstände vorhanden, so kann die Strafe bis auf einen Tag Gefängnis ermäßigt oder auf Geldstrafe bis zu dreitausend Mark erkannt werden.

§ 6. [L.] Zur Führung eines Baubuchs verpflichtete Personen, welche ihre Zahlungen eingestellt haben oder über deren Vermögen das Konkursverfahren eröffnet worden ist und deren im § 2 Abs. 3 Ziffer 1 bezeichnete Gläubiger zur Zeit der Zahlungseinstellung oder der Konkurseröffnung benachteiligt sind, werden mit Gefängnis bis zu einem Jahre oder mit Geldstrafe bis zu dreitausend Mark bestraft, wenn sie das vorgeschriebene Baubuch zu führen unterlassen oder es verheimlicht, vernichtet oder so unordentlich geführt haben, daß es keine genügende Uebersicht, insbesondere über die Verwendung der zur Bestreitung der Baukosten zugesicherten Mittel, gewährt.

§ 7. [A.] Mit Geldstrafe bis zu einhundertfünfzig Mark und im Unvermögensfalle mit Haft bis zu vier Wochen wird bestraft, wer den Vorschriften des § 4 zuwiderhandelt.

§ 8. Die Vorschriften dieses Abschnitts finden auf Bauten, die bereits vor dem Inkrafttreten des Gesetzes begonnen sind, keine Anwendung.

Zweiter Abschnitt.

Dingliche Sicherung der Bauforderungen.

Erster Titel.

Geltungsbereich dieses Abschnitts.

§ 9. In den durch landesherrliche Verordnung bestimmten Gemeinden findet im Falle eines Neubaues eine Sicherung der Bauforderungen nach den Vorschriften dieses Abschnitts statt. Vor Erlassung der landesherrlichen Verordnung ist die Gemeinde, die amtliche Handelsvertretung, die Handwerkskammer des Bezirkes und die gesetzliche Arbeitervertretung zu hören.

In den Gemeinden, in denen diese Sicherung der Bauforderungen stattfindet, sind Bauschöffenämter nach den Vorschriften des sechsten Titels zu errichten.

§ 10. Die Landeszentralbehörde kann bestimmen, daß und unter welchen Bedingungen die Vorschriften dieses Abschnitts auf einen Neubau keine Anwendung finden, wenn der Neubau an Stelle eines zerstörten und gegen die Zerstörung versicherten Gebäudes errichtet wird und der Versicherer nach den Versicherungsbedingungen nur verpflichtet ist, die Entschädigungssumme zur Wiederherstellung des versicherten Gebäudes zu zahlen.

Zweiter Titel.

Baubeginn.

§ 11. Vor dem Beginne des Baues ist auf dem Grundbuchblatte der Baustelle der Vermerk, daß das Grundstück bebaut werden soll (Bauvermerk), einzutragen. Bildet die Baustelle nur einen Teil eines Grundstücks, so ist sie von dem Grundstück abzuschreiben und als selbständiges Grundstück einzutragen.

Mit der Eintragung des Bauvermerkes erwerben die Baugläubiger den Anspruch auf Eintragung einer Hypothek für ihre Bauforderungen (Bauhypothek); der Bauvermerk hat die Wirkung einer Vormerkung zur Sicherung dieses Anspruchs.

§ 12. Die Eintragung eines Bauvermerkes unterbleibt, wenn in Höhe eines Betrags, der nach dem Ermessen des Bauschöffenamts den dritten Teil der voraussichtlich entstehenden Baukosten erreicht, Sicherheit durch Hinterlegung von Geld oder Wertpapieren geleistet ist. Mit Wertpapieren, die von der Reichsbank in der ersten Lombardklasse beliehen werden, kann Sicherheit in Höhe von neun Zehnteln ihres Kurswerts geleistet werden.

Die Eintragung eines Bauvermerkes unterbleibt ferner bei Grundstücken des Fiskus und solchen Grundstücken, welche einer Körperschaft, Stiftung oder Anstalt des öffentlichen Rechtes gehören oder einem dem öffentlichen Verkehre dienenden Bahnunternehmen gewidmet sind, bei Grundstücken, die nach landesherrlicher Verordnung ein Grundbuchblatt nur auf Antrag erhalten, sowie bei Grundstücken eines Landesherrn und den Grundstücken, welche zum Hausgut oder Familiengut einer landesherrlichen Familie, der Fürstlichen Familie Hohenzollern, der Familie des vormaligen Hannoverschen Königshauses, des vormaligen Kurhessischen, des vormaligen Herzoglich Nassauischen oder des Herzoglich Holsteinischen Fürstenhauses gehören.

Die Eigentümer der im Abs. 2 bezeichneten Grundstücke haften in Höhe des dritten Teiles der aufgewendeten Baukosten den Baugläubigern in gleicher Weise, wie wenn in Höhe dieses Betrags Sicherheit geleistet wäre.

§ 13. Die Baupolizeibehörde darf die Bauerlaubnis nur erteilen, wenn nach § 12 die Eintragung eines Bauvermerkes zu unterbleiben hat oder wenn der Bauvermerk eingetragen ist und entweder die dem Bauvermerke vorgehenden oder ihm gleichstehenden Belastungen drei Vierteile des Baustellenwerts nicht übersteigen oder in Höhe des Ueberschusses Sicherheit durch Hinterlegung von Geld oder Wertpapieren geleistet ist. Gleichstehende Belastungen werden bei der Berechnung der Sicherheit nur insoweit berücksichtigt, als ihr Kapitalbetrag ein Vierteil des Baustellenwerts übersteigt.

Wird nach Erteilung der Bauerlaubnis die baupolizeiliche Genehmigung solcher Aenderungen des Bauplans beantragt, welche nach dem Ermessen der Baupolizeibehörde die Baukosten nicht unwesentlich erhöhen, so bedarf es vor Erteilung der Genehmigung, wenn nach § 12 Sicherheit geleistet ist, einer entsprechenden, vom Bauschöffenamte festzusetzenden Erhöhung dieser Sicherheit.

§ 14. Bei der Feststellung der Belastungen kommen nur in Ansatz:

1. Hypotheken und Grundschulden mit ihrem Kapitalbetrag und zweijährigen Zinsen;
2. Rentenschulden und solche Reallasten, welche die Leistung von Geldrenten zum Gegenstande haben, mit ihrer Ablösungssumme;

3. nicht ablösbare Geldrenten mit ihrem nach § 9 der Zivilprozeßordnung zu berechnenden Werte;
4. die nach dem öffentlichen Rechte auf dem Grundstücke lastende Verpflichtung zur Leistung von Beiträgen für die Kosten der Herstellung einer Straße oder eines Abzugskanals; der Betrag dieser Lasten wird von der Baupolizeibehörde geschätzt, sofern er nicht bereits in einem amtlichen Verfahren festgestellt ist.

Rechte, die durch Eintragung einer Vormerkung oder eines Widerspruchs gesichert sind, stehen eingetragenen Rechten gleich.

Zu einer Rangänderung, durch die dem Bauvermerke der Vorrang vor anderen Rechten oder der gleiche Rang mit ihnen eingeräumt wird, genügt an Stelle der Einigung des zurücktretenden und des vortretenden Berechtigten die Erklärung des zurücktretenden Berechtigten gegenüber dem Grundbuchamte.

§ 15. Die Feststellung des Baustellenwerts erfolgt durch das Bauschöffenamt.

Als Baustellenwert gilt der Wert der unbebauten Baustelle. Ist die Baustelle zur Zeit der Erteilung der Bauerlaubnis mit Bauwerken besetzt, welche zum Zwecke der Errichtung eines Gebäudes abgebrochen werden sollen, so ist der Baustellenwert in der Weise zu ermitteln, daß zunächst der nach Fertigstellung des Neubaues sich ergebende Wert des Grundstücks geschätzt wird und von diesem Werte die Kosten des Neubaues und des Abrisses abgezogen werden.

Im übrigen werden die Grundsätze für die Bemessung des Baustellenwerts und das Feststellungsverfahren durch landesherrliche Verordnung bestimmt.

§ 16. Die Eintragung des Bauvermerkes erfolgt auf Ersuchen der Baupolizeibehörde.

Von der Eintragung hat das Grundbuchamt der Baupolizeibehörde Mitteilung zu machen. In der Mitteilung ist der Gesamtbetrag der im § 14 Abs. 1 Nr. 1 bis 3 bezeichneten, dem Bauvermerke vorgehenden oder ihm gleichstehenden Belastungen anzugeben.

§ 17. Der Bauvermerk wird gelöscht, wenn dem Grundbuchamt eine Bescheinigung der Baupolizeibehörde vorgelegt wird, daß vor dem Beginne des Baues die Bauerlaubnis erloschen oder daß nachträglich vor dem Beginne des Baues gemäß § 12 Sicherheit geleistet worden ist. Das Gleiche gilt, wenn die Baupolizeibehörde das auf Eintragung des Bauvermerkes gerichtete Ersuchen vor dem Beginne des Baues zurücknimmt.

Dritter Titel.

Baugläubiger.

§ 18. Baugläubiger sind die an der Herstellung des Gebäudes auf Grund eines Werk- oder Dienstvertrags Beteiligten sowie diejenigen, welche zur Herstellung des Gebäudes Sachen geliefert haben, sofern die Werk-, Dienst- oder Lieferungsverträge von dem Eigentümer der Baustelle oder für seine Rechnung geschlossen worden sind. Dem Eigentümer der Baustelle steht gleich, wer den Bau mit Zustimmung des Eigentümers als Bauherr ausführt.

§ 19. Hat der Eigentümer die Herstellung des Gebäudes oder eines einzelnen Teiles des Gebäudes einem Unternehmer übertragen, so sind die im § 18 Satz 1 bezeichneten Personen auch dann Baugläubiger, wenn die Verträge von dem Unternehmer oder im Falle der Weiterübertragung der Herstellung an andere Unternehmer von einem solchen geschlossen worden sind. Den von einem Unternehmer geschlossenen Verträgen stehen Verträge gleich, die für seine Rechnung geschlossen worden sind.

Die Vorschriften des Abs. 1 finden keine Anwendung, wenn dem ersten Unternehmer die zur Herstellung erforderlichen Mittel zu Gebote standen und er die Absicht hatte, die aus der Herstellung für ihn erwachsenden Verbindlichkeiten in vollem Umfange zu erfüllen. Die Beweislast für diese Umstände trifft den Eigentümer, es genügt jedoch statt des Nachweises des Vorhandenseins ausreichender Mittel oder der Absicht, die Verbindlichkeiten zu erfüllen, der Nachweis, daß dem Eigentümer das Nichtvorhandensein ausreichender Mittel oder jener Absicht ohne grobe Fahrlässigkeit unbekannt war.

Hat ein Bauherr, der den Bau mit Zustimmung des Eigentümers ausführt, die Herstellung des Gebäudes einem Unternehmer übertragen, so finden die Vorschriften der Abs. 1, 2 entsprechende Anwendung. Jedoch ist zum Ersatze des Nachweises des Vorhandenseins ausreichender Mittel oder der Absicht, die Verbindlichkeiten zu erfüllen, der Nachweis erforderlich, daß sowohl dem Eigentümer als auch dem Unternehmer das Nichtvorhandensein ausreichender Mittel oder jener Absicht ohne grobe Fahrlässigkeit unbekannt war.

§ 20. Als Bauforderung gilt nur der Anspruch eines Baugläubigers auf die in Geld vereinbarte Vergütung; der Anspruch kommt nur insoweit in Betracht, als die Leistung in den Bau verwendet worden ist. Ist diese Verwendung nicht vollständig erfolgt, so ist die vereinbarte Vergütung in dem Verhältnisse herabzusetzen, in welchem bei dem Abschlusse des Vertrags der Wert der vereinbarten Leistung zu dem Werte der in den Bau verwendeten Leistung gestanden haben würde.

Der Verwendung der Leistung in den Bau steht es gleich, wenn in den Bau einzufügende Sachen fertiggestellt und abgeliefert sind oder wenn die Verwendung in den Bau infolge Annahmeverzugs des Eigentümers oder Bauunternehmers unterblieben ist.

§ 21. Wird bei der Vereinbarung einer Vergütung die übliche Vergütung offenbar in erheblichem Maße überschritten, so hat das Bauschöffenamt auf Verlangen eines Beteiligten zu bestimmen, daß die Forderung nur in Höhe des Betrags berücksichtigt wird, welcher dem üblichen Preise entspricht, und diesen Betrag festzusetzen.

Soweit nach § 29 Abs. 2, 3 eine Umwandlung der Bauhypothek eingetreten oder im Verteilungstermin ein Widerspruch gegen die Bauforderungen nicht erhoben ist, findet eine Herabsetzung des Betrags einer Bauforderung nach Abs. 1 nicht mehr statt.

§ 22. Sobald festgestellt ist, daß baupolizeiliche Bedenken, das Gebäude in Gebrauch zu nehmen, nicht bestehen, hat die Baupolizeibehörde dies binnen zwei Wochen in dem für ihre Bekanntmachungen bestimmten Blatte zu veröffentlichen. In gleicher Weise hat die Baupolizeibehörde, wenn auf Antrag eines Beteiligten festgestellt ist, daß die Bauerlaubnis nach dem Beginne des Baues erloschen ist, dies zu veröffentlichen.

Ist ein Bauvermerk eingetragen, so hat die Baupolizeibehörde die gemäß Abs. 1 erfolgte Veröffentlichung dem Bauschöffenamt unverzüglich mitzuteilen.

Innerhalb einer Frist von einem Monate, die mit der Einrückung der Bekanntmachung in das zu ihrer Veröffentlichung dienende Blatt beginnt, können die Baugläubiger auf Grund des Bauvermerkes ihre Bauforderungen bei dem Bauschöffenamt anmelden; in der Bekanntmachung soll hierauf hingewiesen werden.

§ 23. Die Anmeldung einer Bauforderung ist nur wirksam, wenn bis zum Ablaufe der Anmeldungsfrist die schriftliche Zustimmung des Eigentümers zur Anmeldung oder eine gegen den Eigentümer ergangene, die Anmeldung zulassende einstweilige Verfügung bei dem Bauschöffenamt eingereicht wird. Das Bauschöffenamt hat, sobald eine Anmeldung wirksam geworden ist, dem Anmeldenden eine Bescheinigung über die Anmeldung zu erteilen.

Für die Erlassung der einstweiligen Verfügung ist das Amtsgericht zuständig, in dessen Bezirke die Baustelle gelegen ist. Glaubhaft zu machen sind:

1. der von dem Anmeldenden geschlossene Vertrag;
2. die Verwendung seiner Leistungen in den Bau oder die der Verwendung nach § 20 Abs. 2 gleichstehenden Tatsachen und bei teilweiser Verwendung der nach § 20 zu berechnende Betrag der Bauforderung;
3. wenn der Vertrag nicht mit dem Eigentümer geschlossen ist, die Voraussetzungen, unter denen nach den §§ 18, 19 der Vertrag einem mit dem Eigentümer geschlossenen Vertrage gleichsteht. Im Falle des § 19 ist vor der Erlassung der einstweiligen Verfügung der Eigentümer zu hören. Die Erlassung der einstweiligen Verfügung ist abzulehnen, falls der Eigentümer diejenigen Tatsachen glaubhaft macht, deren Nachweis ihm nach § 19 obliegt.

§ 24. Die Zurücknahme einer Anmeldung bedarf der für Eintragungsbewilligungen in der Grundbuchordnung vorgeschriebenen Form.

Der Zurücknahme einer Anmeldung steht es gleich, wenn dem Bauschöffenamte nachgewiesen wird, daß für die angemeldete Forderung Sicherheit durch Hinterlegung von Geld oder Wertpapieren geleistet ist.

Das Bauschöffenamt hat auf Antrag dem Anmeldenden eine Frist zu bestimmen, binnen welcher dieser dem Bauschöffenamte die Einwilligung in die Rückgabe der Sicherheit zu erklären oder die Erhebung der Klage wegen seiner Forderung nachzuweisen hat. Nach dem Ablaufe der Frist hat das Bauschöffenamt auf Antrag die Rückgabe der Sicherheit anzuordnen, wenn nicht inzwischen die Erhebung der Klage nachgewiesen ist. Auf das Verfahren finden die Vorschriften des Gesetzes über die Angelegenheiten der freiwilligen Gerichtsbarkeit entsprechende Anwendung. Die Abänderung der Entscheidungen des Bauschöffenamts kann bei dem Amtsgericht, in dessen Bezirke das Bauschöffenamt seinen Sitz hat, unter entsprechender Anwendung der §§ 20 bis 25 des bezeichneten Gesetzes nachgesucht werden; die Beschwerde findet gegen die Entscheidungen des Amtsgerichts statt. Eine Anfechtung der Entscheidung, durch welche der Antrag auf Bestimmung einer Frist abgelehnt wird, steht nur dem Antragsteller zu; in diesem Falle sowie im Falle der Anfechtung der Entscheidung über die Rückgabe der Sicherheit muß die Anfechtung in der für sofortige Beschwerden bestimmten Frist erfolgen. Die Entscheidung über die Rückgabe tritt erst mit der Rechtskraft in Wirksamkeit.

§ 25. Anmeldungen sowie die die Wirksamkeit oder die Zurücknahme einer Anmeldung betreffenden Urkunden, welche bei der zuständigen Baupolizeibehörde oder dem zuständigen Grundbuchamt eingereicht werden, sind von diesen Behörden dem Bauschöffenamt unverzüglich vorzulegen.

§ 26. Auf Antrag eines Beteiligten hat das Bauschöffenamt, falls Anmeldungen erfolgt oder beabsichtigt sind, eine gütliche Einigung zu vermitteln. Es kann zu diesem Zwecke einen Termin zur mündlichen Verhandlung bestimmen, zu diesem Termine die Beteiligten vorladen und deren persönliches Erscheinen nötigenfalls durch Ordnungsstrafen bis zum Gesamtbetrage von zweihundert Mark erzwingen. Erfolgt nachträglich genügende Entschuldigung, so kann die Verurteilung ganz oder teilweise zurückgenommen werden. Gegen die Entscheidungen des Bauschöffenamts über Ordnungsstrafen findet Beschwerde an das Amtsgericht statt, in dessen Bezirke das Bauschöffenamt seinen Sitz hat; das Verfahren richtet sich nach den Vorschriften der Strafprozeßordnung.

Vierter Titel.

Bauhypothek. Baugeldhypothek.

§ 27. Liegen bei dem Ablaufe der Anmeldungsfrist wirksame Anmeldungen nicht vor, so wird der Bauvermerk auf Ersuchen des Bauschöffenamts gelöscht. Mit dieser

Löschung erlischt der Anspruch der Baugläubiger auf Eintragung der Bauhypothek.

Sind bis zum Ablaufe der Frist Bauforderungen wirksam angemeldet, so wird für sie von Amts wegen unter Löschung des Bauvermerkes eine als Bauhypothek zu bezeichnende Hypothek eingetragen. Mit der Eintragung entsteht die Hypothek. Die Bauhypothek gilt als Sicherungshypothek, auch wenn sie im Grundbuche nicht als solche bezeichnet ist.

Bei der Eintragung der Bauhypothek sind außer ihrem Gesamtbetrage die den einzelnen Baugläubigern zustehenden Teilbeträge anzugeben.

Bei der Berechnung der Höhe der Bauforderungen werden Zinsen nicht berücksichtigt. Auch dürfen die Bauforderungen nicht als verzinsliche eingetragen werden; die nach § 1118 des Bürgerlichen Gesetzbuchs bestehende Haftung des Grundstücks für die gesetzlichen Zinsen der Bauforderungen wird hierdurch nicht berührt.

Ist gemäß § 13 Sicherheit geleistet, so vermindert sich der Betrag der Bauhypothek um den Betrag der Sicherheit unter verhältnismäßiger Herabsetzung der den einzelnen Baugläubigern zustehenden Teilbeträge.

§ 28. Soweit im Falle des § 19 die von einem Unternehmer angemeldete Bauforderung die Vergütung für Leistungen mitumfaßt, für welche auch von einem Nachmanne des Unternehmers eine Bauforderung angemeldet ist, gebührt nur dem Nachmann ein Anteil an der Bauhypothek. Ist ungewiß, ob hiernach dem Vormann ein Anteil an der Bauhypothek gebührt, so hat das Grundbuchamt für den Vormann und für den Nachmann einen Anteil an der Bauhypothek und gleichzeitig einen Widerspruch einzutragen.

Wird ein Nachmann durch einen Vormann befriedigt, so geht in Höhe des gezahlten Betrags der Anteil des Nachmanns an der Bauhypothek auf die Bauforderung des Vormanns über.

§ 29. Mehrere bei der Eintragung der Bauhypothek berücksichtigte Bauforderungen haben unter sich gleichen Rang; soweit jedoch die Bauhypothek für Lohnrückstände von Bauarbeitern besteht, gebührt diesen bis zur Höhe des auf zwei Wochen entfallenden Lohnes der Vorrang vor den übrigen Bauforderungen. Der Vorrang der Lohnrückstände ist bei der Eintragung der Bauhypothek im Grundbuche zu vermerken; ist ungewiß, ob und in welcher Höhe der Vorrang für eine Bauforderung besteht, so ist ein Widerspruch einzutragen.

Verwandelt sich ein Teil der Bauhypothek in eine dem Eigentümer des Grundstücks zufallende Grundschuld, so kann diese nicht zum Nachteile der den Baugläubigern verbleibenden Bauhypothek geltend gemacht werden.

Die Vorschrift des Abs. 2 findet entsprechende Anwendung, wenn ein Teil der Bauhypothek in eine gewöhnliche Hypothek, eine Grundschuld oder Rentenschuld umgewandelt oder wenn an die Stelle einer Bauforderung, für welche die Bauhypothek besteht, eine andere Forderung gesetzt wird.

§ 30. Behufs Eintragung der Bauhypothek hat das Bauschöffenamt nach dem Ablaufe der Anmeldungsfrist dem Grundbuchamte die Anmeldungen und die die Wirksamkeit oder die Zurücknahme einer Anmeldung betreffenden Urkunden zu übersenden. Soweit nach Mitteilung des Bauschöffenamts eine Einigung der Beteiligten über den Gesamtbetrag der Bauhypothek, die Anteile der einzelnen Baugläubiger und den Vorrang der Bauforderungen von Bauarbeitern erfolgt ist, hat das Grundbuchamt die Eintragung der Bauhypothek nach Maßgabe dieser Mitteilung vorzunehmen.

Schweben Verhandlungen über eine gütliche Einigung, so kann das Bauschöffenamt die Uebersendung der im Abs. 1 bezeichneten Urkunden bis zum Abschlusse der Verhandlungen, jedoch spätestens bis zum Ablauf eines Monats nach dem Ablaufe der Anmeldungsfrist aussetzen.

§ 31. Haben Bauarbeiter im Akkord gearbeitet, so hat das Bauschöffenamt festzustellen, welcher Lohnrückstand ihrem zweiwöchigen Akkordlohn entspricht.

§ 32. Der Rang der Bauhypothek gegenüber anderen Rechten bestimmt sich, unbeschadet der Vorschriften über Baugeldhypotheken, nach der Eintragung des Bauvermerkes. Nießbrauchs- und Wohnungsrechte stehen jedoch der Bauhypothek im Range nach.

Der Rang der Bauhypothek soll bei ihrer Eintragung ersichtlich gemacht werden.

§ 33. Wird eine dem Bauvermerk im Range nachstehende Hypothek zugunsten eines Gläubigers eingetragen, welcher die Gewährung von Baugeld übernommen hat, so gelten für diese Hypothek, falls sie bei der Eintragung als Baugeldhypothek bezeichnet ist, die Vorschriften der §§ 34 bis 36.

Eine Baugeldhypothek soll nur eingetragen werden, wenn der Baugeldvertrag bei dem Grundbuchamt eingereicht ist. Das Grundbuchamt soll eine Abschrift des Baugeldvertrags dem Bauschöffenamte mitteilen.

§ 34. Der Baugeldhypothek gebührt der Vorrang vor der Bauhypothek und den dem Bauvermerke gleichstehenden Belastungen (§ 13 Abs. 1), soweit durch eine in Anrechnung auf das Baugeld geleistete Zahlung eine Bauforderung getilgt worden ist; das Gleiche gilt in Ansehung einer Zahlung, die in Anrechnung auf das Baugeld an den Eigentümer in Höhe einer von diesem getilgten Bauforderung bewirkt worden ist. Hat die Bauforderung nicht bestanden, so gebührt der Baugeldhypothek gleichwohl der Vorrang, es sei denn, daß dem Baugeldgeber zur Zeit seiner Zahlung bekannt oder infolge grober Fahrlässigkeit unbekannt war, daß die Forderung nicht bestanden hat; dem Nichtbestehen einer Bauforderung steht es gleich, wenn ein Nachmann für dieselbe Leistung eine Bauforderung hat und der Vormann nicht über ausreichende Mittel zur Befriedigung der Forderungen seiner Nachmänner verfügt oder nicht die Absicht hat, diese Forderungen in vollem Umfange zu befriedigen.

Der Vorrang der Baugeldhypothek erstreckt sich auf Zinsen bis fünf vom Hundert und auf die im § 1118 des Bürgerlichen Gesetzbuchs bezeichneten Kosten.

In Ansehung des fünften Teiles des Baugeldes finden die Vorschriften des Abs. 1 keine Anwendung, wenn binnen einer Frist von zwei Wochen seit dem Beginne der Anmeldungsfrist ein Baugläubiger Widerspruch gegen die Auszahlung erhoben hat. Wird Widerspruch erhoben, so ist der Baugeldgeber berechtigt, den fünften Teil des Baugeldes mit der Wirkung zu hinterlegen, daß die Baugeldhypothek in Höhe des hinterlegten Betrags den im Abs. 1 bestimmten Vorrang erhält. Auf den hinterlegten Betrag finden die Vorschriften des fünften Titels über eine nach § 13 geleistete Sicherheit entsprechende Anwendung.

Der Widerspruch gegen die Auszahlung ist dem Baugeldgeber durch einen Gerichtsvollzieher zuzustellen. Der Widerspruch verliert seine Wirkung, wenn nicht dem Baugeldgeber vor dem Ablaufe der Anmeldungsfrist die im § 23 Abs. 1 Satz 2 bezeichnete Bescheinigung des Bauschöffenamts vorgelegt wird. Wird der Widerspruch zurückgenommen, so gilt er als nicht erfolgt.

§ 35. Auf Antrag des Baugeldgebers bestellt das Amtsgericht, in dessen Bezirke die Baustelle gelegen ist, einen Treuhänder. Als Treuhänder soll tunlichst ein Bausachverständiger bestellt werden. Ueber die Personen der zu bestellenden Treuhänder ist die Handwerkskammer des Bezirkes zu hören.

Die durch Vermittelung oder auf Anweisung des Treuhänders geleisteten Zahlungen begründen den Vorrang vor der Bauhypothek. Der Treuhänder darf die Zahlung nur vermitteln oder anweisen, soweit der Baugeldgeber nach Maßgabe des § 34 zur Zahlung mit Wirkung gegen die Baugläubiger berechtigt ist. Dem Treuhänder ist anstelle des Baugeldgebers der Widerspruch gegen die Auszahlung des fünften Teiles des Baugeldes zuzustellen und die Bescheinigung des Bauschöffenamts vorzulegen.

Der Treuhänder hat die rechtliche Stellung eines Pflegers; an die Stelle des Vormundschaftsgerichts tritt das im Abs. 1 bezeichnete Amtsgericht. Der Treuhänder ist für die Erfüllung der ihm obliegenden Pflichten allen Beteiligten verantwortlich; auf Ersuchen des Bauschöffenamts hat er diesem Auskunft zu erteilen.

Eine Pflicht zur Uebernahme des Amtes besteht nicht. Der Treuhänder kann von dem Baugeldgeber für die Führung seines Amtes eine angemessene Vergütung verlangen. Vor der Festsetzung soll das Amtsgericht den Baugeldgeber, soweit tunlich, hören.

Durch Anordnung der Landesjustizverwaltung können die dem Amtsgericht in Ansehung der Treuhänder obliegenden Verrichtungen für mehrere Amtsgerichtsbezirke einem Amtsgericht übertragen werden.

§ 36. Soweit von dem Treuhänder in öffentlich beglaubigter Form bescheinigt wird, daß Zahlungen durch seine Vermittelung oder auf seine Anweisung geleistet worden sind, oder daß eine Hinterlegung nach § 34 Abs. 3 erfolgt ist, hat das Grundbuchamt auf Antrag des Baugeldgebers den Vorrang der Baugeldhypothek vor der Bauhypothek in das Grundbuch einzutragen.

§ 37. Wird die Zwangsversteigerung oder die Zwangsverwaltung des Grundstücks angeordnet, ehe die Bauhypothek eingetragen ist, so kann jeder Baugläubiger, welcher seine Bauforderung wirksam angemeldet hat, Befriedigung aus dem Grundstücke verlangen, wie wenn die Bauhypothek eingetragen wäre.

Einer Sicherheitsleistung nach § 67 des Gesetzes über die Zwangsversteigerung und Zwangsverwaltung bedarf es nicht, soweit durch das Gebot eine wirksam angemeldete Bauforderung ganz oder teilweise gedeckt wird.

§ 38. Der Versteigerungstermin darf nicht auf einen früheren Zeitpunkt als zwei Wochen nach dem Ablaufe der Anmeldungsfrist bestimmt werden. Hatte zur Zeit der Veröffentlichung des Versteigerungstermins die Anmeldungsfrist noch nicht begonnen, so beginnt sie mit dieser Veröffentlichung.

Ist eine dieser Vorschriften verletzt, so ist der Zuschlag zu versagen. Gegen die Erteilung des Zuschlags ist Beschwerde zulässig.

§ 39. Solange der Bauvermerk eingetragen ist, hat das Grundbuchamt von der Eintragung des Vollstreckungsvermerkes dem Bauschöffenamte Mitteilung zu machen. Das Bauschöffenamt hat dem Vollstreckungsgericht alsbald und, wenn bei dem Eingange der Mitteilung die Anmeldungsfrist noch nicht abgelaufen ist, nach dem Ablaufe dieser Frist eine beglaubigte Abschrift der wirksamen Anmeldungen zu erteilen. Baugläubiger, für die eine wirksame Anmeldung vorliegt, stehen für das Vollstreckungsverfahren Gläubigern, die zur Zeit der Eintragung des Vollstreckungsvermerkes im Grundbuch eingetragen waren, gleich.

§ 40. Soweit durch ein Urteil der Widerspruch eines Baugläubigers gegen die Aufnahme der Forderung eines anderen Baugläubigers in den Verteilungsplan rechtskräftig als begründet anerkannt ist, wirkt das Urteil für alle Baugläubiger. Der widersprechende Baugläubiger kann Erstattung derjenigen Prozeßkosten, die von dem Prozeßgegner nicht beizutreiben sind, aus dem bei der Verteilung auf die Baugläubiger entfallenden Betrag insoweit verlangen, als infolge des Widerspruchs der Anteil des Prozeßgegners an diesem Betrage weggefallen oder vermindert ist. Ist der Prozeßgegner ein Nachmann, so kann die Erstattung nur denjenigen Baugläubigern gegenüber verlangt werden, denen der Wegfall oder die Verminderung des Anteils des Nachmanns zum Vorteile gereicht.

Fünfter Titel.

Sicherheitsleistung.

§ 41. Eine gemäß § 12 oder § 13 geleistete Sicherheit haftet den Baugläubigern in der gleichen Weise, wie ihnen im Falle der Eintragung einer Bauhypothek kraft dieser Hypothek das Grundstück haftet. Im Falle des § 13 bemißt sich der auf die einzelnen Bauforderungen entfallende Anteil an der Sicherheit nach dem bei der Eintragung der Bauhypothek berücksichtigten Betrag auch dann, wenn die Bauforderung nach der Eintragung zum Teil getilgt worden ist.

§ 42. Ist nach § 12 Sicherheit geleistet, so kann jeder Beteiligte die Eröffnung eines Verteilungsverfahrens in Ansehung der Sicherheit beantragen, sobald die im § 22 Abs. 1 bestimmte Veröffentlichung der Baupolizeibehörde erfolgt ist. Wird der Antrag von einem Baugläubiger gestellt, so hat der Gläubiger die schriftliche Zustimmung des Eigentümers beizubringen oder seine Bauforderung nach Maßgabe des § 23 Abs. 2 glaubhaft zu machen.

§ 43. Für das Verteilungsverfahren ist das Amtsgericht zuständig, in dessen Bezirke die Baustelle gelegen ist. Auf das Verfahren finden die für die Verteilung des Erlöses im Falle der Zwangsversteigerung eines Grundstücks geltenden Vorschriften entsprechende Anwendung.

Die Eröffnung des Verteilungsverfahrens und der Verteilungstermin müssen durch das für Bekanntmachungen des Gerichts bestimmte Blatt öffentlich bekannt gemacht werden. Der Eröffnungsbeschluß sowie die Terminsbestimmung sollen außerdem dem Antragsteller und dem Eigentümer von Amts wegen zugestellt werden.

Wird Widerspruch gegen eine Bauforderung erhoben, so bleibt die Forderung bei der Ausführung des Verteilungsplans unberücksichtigt, wenn nicht der Baugläubiger binnen einer Frist von einem Monate, welche mit dem Terminstage beginnt, dem Gerichte nachweist, daß er gegen die Beteiligten Klage erhoben hat.

§ 44. Sind Wertpapiere hinterlegt, so hat das Gericht die Veräußerung der Papiere nach Maßgabe der Vorschriften über die Zwangsvollstreckung anzuordnen; der Erlös ist zu hinterlegen. Gegen die Anordnung der Veräußerung steht dem Eigentümer die sofortige Beschwerde zu; die Veräußerung erfolgt erst nach dem Eintritte der Rechtskraft der Anordnung.

Der Verteilungstermin soll nicht vor der Hinterlegung des Erlöses stattfinden.

§ 45. Nach Ablauf einer Frist von einem Monate, die mit dem im § 22 Abs. 3 bezeichneten Zeitpunkte beginnt, hat das Gericht auf Antrag die Rückgabe der Sicherheit anzuordnen, wenn ein Antrag auf Eröffnung des Verteilungsverfahrens nicht gestellt oder wenn der gestellte Antrag zurückgenommen oder rechtskräftig zurückgewiesen ist und nicht andere Bauforderungen inzwischen angemeldet worden sind. Die Vorschriften des § 24 Abs. 2, 3 finden entsprechende Anwendung.

Die Rückgabe der Sicherheit ist auch dann anzuordnen, wenn dem Gericht eine Bescheinigung der Baupolizeibehörde vorgelegt wird, daß die Bauerlaubnis versagt oder vor dem Beginne des Baues erloschen ist.

§ 46. Wird dem Gerichte durch öffentliche oder öffentlich beglaubigte Urkunden nachgewiesen, daß sich die Beteiligten über die Verteilung der Sicherheit geeinigt haben, so hat es die Auszahlung der Sicherheit nach Maßgabe dieser Einigung anzuordnen. Auf die Vermittelung einer solchen Einigung finden die Vorschriften des § 26 entsprechende Anwendung.

§ 47. Haftet der Eigentümer nach § 12 Abs. 3 den Baugläubigern in Höhe des dritten Teiles der Baukosten, so erfolgt die Bestimmung der den einzelnen Baugläubigern auszuzahlenden Beträge durch ein Verteilungsverfahren. Auf das Verteilungsverfahren finden die Vorschriften der §§ 43, 45, 46 entsprechende Anwendung. An die Stelle der Anordnung der Rückgabe der Sicherheit tritt die Feststellung, daß die im § 12 Abs. 3 bestimmte Haftung erloschen ist.

§ 48. Ist nach § 13 Sicherheit geleistet, so kann nach dem Ablaufe der Anmeldungsfrist jeder Beteiligte die Eröffnung eines Verteilungsverfahrens in Ansehung der Sicherheit beantragen.

Die Vorschriften des § 43 Abs. 1 und der §§ 44, 46 finden Anwendung.

Wird der Antrag auf Eröffnung des Verteilungsverfahrens zugelassen, so hat das Gericht gleichzeitig das Bauschöffenamt um Erteilung einer beglaubigten Abschrift der wirksamen Anmeldungen zu ersuchen. Ansprüche, für die nach der Mitteilung des Bauschöffenamts eine wirksame Anmeldung vorliegt, stehen für das Verteilungsverfahren Ansprüchen gleich, die zur Zeit der Eintragung des Vollstreckungsvermerkes aus dem Grundbuch ersichtlich waren.

Sind ein Verteilungsverfahren in Ansehung der Sicherheit und ein Verteilungsverfahren über den Erlös des mit der Bauhypothek belasteten Grundstücks gleichzeitig anhängig, so hat das Gericht beide Verfahren zu verbinden. Die Verbindung findet nicht mehr statt, sobald in einem der Verfahren der Verteilungstermin abgehalten ist.

§ 49. Wird der Bauvermerk nach § 17 oder nach § 27 Abs. 1 gelöscht, so hat das Bauschöffenamt auf Antrag die Rückgabe der gemäß § 13 geleisteten Sicherheit anzuordnen. Das Gleiche gilt, wenn dem Bauschöffenamte nach dem Ablaufe der Anmeldungsfrist die Zustimmung aller Baugläubiger, für welche wirksame Anmeldungen vorliegen, in der für Eintragungsbewilligungen durch die Grundbuchordnung vorgeschriebenen Form nachgewiesen wird.

Sechster Titel.

Bauschöffenamt.

§ 50. Die Errichtung eines Bauschöffenamts (§ 9 Abs. 2) erfolgt durch Ortsstatut nach Maßgabe des § 142 der Gewerbeordnung. Vor der Abfassung des Statuts ist die Handwerkskammer des Bezirkes anzuhören.

Mehrere Gemeinden können sich durch übereinstimmende Ortsstatute zur Errichtung eines gemeinsamen Bauschöffenamts für ihre Bezirke vereinigen. Für die Genehmigung der übereinstimmenden Ortsstatute ist die höhere Verwaltungsbehörde zuständig, in deren Bezirke das Bauschöffenamt seinen Sitz haben soll.

Die Errichtung des Bauschöffenamts erfolgt durch Anordnung der Landeszentralbehörde, wenn ungeachtet einer von ihr an die Gemeinde ergangenen Aufforderung innerhalb der gesetzten Frist die Errichtung auf dem in Abs. 1, 2 bezeichneten Wege nicht erfolgt ist. Alle Bestimmungen, welche dieses Gesetz dem Statute vorbehält, erfolgen in diesem Falle durch die Anordnung der Landeszentralbehörde.

§ 51. Das Bauschöffenamt besteht aus einem Vorsitzenden und mindestens einem Stellvertreter, sowie der erforderlichen Zahl von Bauschöffen; die Zahl der letzteren soll mindestens vier betragen.

Bei Aemtern, die aus mehreren Abteilungen bestehen, können mehrere Vorsitzende bestellt werden.

§ 52. Als Bauschöffe soll nur berufen werden, wer zum Amte eines Schöffen fähig ist (§§ 31, 32 des Gerichtsverfassungsgesetzes), das dreißigste Lebensjahr vollendet hat und in dem Bezirke des Amtes während mindestens drei Jahren gewohnt hat oder beschäftigt gewesen ist.

Mindestens die Hälfte der Bauschöffen soll aus Bausachverständigen bestehen.

§ 53. Die Mitglieder des Bauschöffenamts werden durch den Magistrat und, wo ein solcher nicht vorhanden ist oder das Statut dies bestimmt, durch die Gemeindevertretung auf mindestens drei Jahre nach Anhörung der Handwerkskammer des Bezirkes gewählt.

Sind Wahlen innerhalb der durch das Ortsstatut zu bestimmenden Frist nicht zustande gekommen, so ist die höhere Verwaltungsbehörde befugt, die Mitglieder des Amtes selbst zu ernennen.

Namen und Wohnort der Mitglieder des Amtes werden nach näherer Bestimmung des Statuts öffentlich bekannt gemacht.

§ 54. Das Amt der Bauschöffen ist ein Ehrenamt. Die Uebernahme kann nur aus den Gründen abgelehnt werden, welche zur Ablehnung eines unbesoldeten Gemeindeamts berechtigen. Wo landesgesetzliche Bestimmungen über die zur Ablehnung von Gemeindeämtern berechtigenden Gründe nicht bestehen, darf die Uebernahme nur aus denselben Gründen verweigert werden, aus welchen das Amt eines Vormundes abgelehnt werden kann. Wer das Amt eines Bauschöffen sechs Jahre versehen hat, kann während der nächsten sechs Jahre die Uebernahme des Amtes ablehnen. Ueber den Ablehnungsantrag entscheidet die im § 53 Abs. 1 bezeichnete Stelle.

Die Bauschöffen erhalten eine Entschädigung für Zeitversäumnis und Vergütung der Reisekosten. Die Höhe der Entschädigung ist durch das Statut festzusetzen; eine Zurückweisung derselben ist unstatthaft.

§ 55. Auf die Vorsitzenden des Bauschöffenamts und deren Stellvertreter finden die für Gemeindebeamte geltenden Disziplinarvorschriften Anwendung. Inwieweit gleichartige Vorschriften auf die Bauschöffen Anwendung finden, bestimmt sich nach den Landesgesetzen.

Für die Entfernung eines Bauschöffen von seinem Amte gelten, soweit nicht nach Abs. 1 ein anderes bestimmt ist, folgende Vorschriften. Ein Bauschöffe, hinsichtlich dessen Umstände eintreten oder bekannt werden, welche seine Wählbarkeit nach Maßgabe dieses Gesetzes ausschließen, ist des Amtes zu entheben; die Enthebung erfolgt durch die höhere Verwaltungsbehörde nach Anhörung des Beteiligten. Ein Bauschöffe, der sich einer groben Verletzung seiner Amtspflicht schuldig macht, kann seines Amtes entsetzt werden. Die Entsetzung erfolgt durch das Landgericht, in dessen Bezirke das Bauschöffenamt seinen Sitz hat. Hinsichtlich des Verfahrens und der Rechtsmittel finden die Vorschriften entsprechende Anwendung, welche für die zur Zuständigkeit der Landgerichte gehörigen Strafsachen gelten. Die Klage wird von der Staatsanwaltschaft auf Antrag der höheren Verwaltungsbehörde erhoben.

§ 56. Der Vorsitzende des Bauschöffenamts und dessen Stellvertreter sind vor ihrem Amtsantritte durch den von der höheren Verwaltungsbehörde beauftragten Beamten, die Bauschöffen vor der ersten Dienstleistung durch den Vorsitzenden auf die Erfüllung der Obliegenheiten des ihnen übertragenen Amtes eidlich zu verpflichten.

§ 57. Die Vorschriften über die Beschlußfähigkeit und den Geschäftsgang des Bauschöffenamts sind im Ortsstatute zu treffen.

Durch das Statut kann bestimmt werden, daß für gewisse Fälle, insbesondere bei Einwendungen gegen die Feststellung des Baustellenwerts und die Höhe der Baukosten, eine größere Zahl von Mitgliedern zuzuziehen ist.

§ 58. Zur Deckung der Kosten des Bauschöffenamts sind für die Tätigkeit desselben Gebühren zu entrichten, deren Höhe durch das Statut bestimmt wird. Die Gebühren fallen dem Eigentümer zur Last.

Die Gebühren bilden Einnahmen des Bauschöffenamts; ihre Einziehung erfolgt nach den für die Einziehung der Gemeindeabgaben geltenden Vorschriften. Im Falle der Zwangsversteigerung sind sie aus dem Grundstücke mit dem Range der öffentlichen Lasten des Grundstücks zu befriedigen.

Die Gebühren sollen nicht höher bemessen werden, als es zur Deckung der Kosten der Einrichtung und der Unterhaltung des Bauschöffenamts notwendig ist; soweit diese Kosten in den Einnahmen des Bauschöffenamts ihre Deckung nicht finden, sind sie von der Gemeinde zu tragen.

Wird das Bauschöffenamt nicht ausschließlich für eine Gemeinde errichtet, so ist in dem Statute zu bestimmen, zu welchen Anteilen die einzelnen Gemeinden an der Deckung der Kosten teilnehmen.

§ 59. Die Zentralbehörden der Bundesstaaten bestimmen, von welchen Organen der Gemeinde die Statuten über Errichtung von Bauschöffenämtern zu beschließen und von welchen Staats- oder Gemeindeorganen die übrigen in diesem Gesetze den Staats- oder Gemeindebehörden sowie den Vertretungen der Gemeinden zugewiesenen Verrichtungen wahrzunehmen sind. Mit den von der höheren Verwaltungsbehörde wahrzunehmenden Geschäften dürfen jedoch nur diejenigen höheren Verwaltungsbehörden betraut werden, welche nach Landesrecht die Aufsicht oder Oberaufsicht in Gemeindeangelegenheiten wahrzunehmen haben.

§ 60. Durch landesherrliche Verordnung können von den Vorschriften der §§ 50 bis 59 Abweichungen zugelassen werden.

Siebenter Titel.

Schlußbestimmungen.

§ 61. Soll das Gebäude von einem Erbbauberechtigten errichtet werden, so ist der Bauvermerk auf dem Grundbuchblatte des Erbbaurechts einzutragen. Der Wert des Erbbaurechts tritt an die Stelle des Baustellenwerts.

Bei der Feststellung der Belastungen sind sowohl die auf dem Erbbaurecht als die auf dem Grundstücke haftenden, dem Erbbaurechte vorgehenden Belastungen zu berücksichtigen.

Die sich auf den Eigentümer beziehenden Vorschriften dieses Gesetzes finden auf den Erbbauberechtigten Anwendung.

§ 62. Auf die durch dieses Gesetz den Baugläubigern gewährten Rechte kann erst nach dem Beginne der im § 22 Abs. 3 und im § 45 Abs. 1 bestimmten Frist oder nach der Anordnung der Zwangsversteigerung oder der Zwangsverwaltung verzichtet werden.

§ 63. Durch landesherrliche Verordnung können Verrichtungen, die nach diesem Gesetze dem Bauschöffenamt obliegen, einer anderen Behörde, einem Beamten oder einem Notar, ingleichen kann die Zuständigkeit für das Verteilungsverfahren einer anderen Behörde, einem Beamten oder einem Notar übertragen werden. Ebenso können durch landesherrliche Verordnung die Verrichtungen der Baupolizeibehörde oder der Treuhänder dem Bauschöffenamt übertragen werden.

§ 64. Die zur Ausführung dieses Gesetzes erforderlichen Vorschriften über die Kosten werden durch landesherrliche Verordnung erlassen.

§ 65. Die im § 9 vorgesehene landesherrliche Verordnung kann zurückgenommern werden.

Auf Neubauten, für die bereits ein Bauvermerk oder eine Bauhypothek eingetragen oder gemäß § 12 Sicherheit geleistet ist, finden die Vorschriften dieses Gesetzes ungeachtet der Zurücknahme Anwendung.

§ 66. Diejenigen Gegenstände, welche in diesem Gesetze der Regelung durch landesherrliche Verordnung vorbehalten sind, werden in den freien Hansestädten durch Verordnung der Landeszentralbehörde geregelt.

§ 67. In bürgerlichen Rechtsstreitigkeiten, in welchen durch Klage oder Widerklage ein Anspruch auf Grund dieses Gesetzes geltend gemacht ist, wird die Verhandlung und Entscheidung letzter Instanz im Sinne des § 8 des Einführungsgesetzes zum Gerichtsverfassungsgesetze dem Reichsgerichte zugewiesen.

Gesetz gegen den unlauteren Wettbewerb.

Vom 7. Juni 1909. (RGBl. S. 499.)

§ 1. Wer im geschäftlichen Verkehre zu Zwecken des Wettbewerbes Handlungen vornimmt, die gegen die guten Sitten verstoßen, kann auf Unterlassung und Schadensersatz in Anspruch genommen werden.

§ 2. Unter Waren im Sinne dieses Gesetzes sind auch landwirtschaftliche Erzeugnisse, unter gewerblichen Leistungen und Interessen auch landwirtschaftliche zu verstehen.

§ 3. Wer in öffentlichen Bekanntmachungen oder in Mitteilungen, die für einen größeren Kreis von Personen bestimmt sind, über geschäftliche Verhältnisse, insbesondere über die Beschaffenheit, den Ursprung, die Herstellungsart oder die Preisbemessung von Waren oder gewerblichen Leistungen, über die Art des Bezugs oder die Bezugsquelle von Waren, über den Besitz von Auszeichnungen, über den Anlaß oder den Zweck des Verkaufs oder über die Menge der Vorräte unrichtige Angaben macht, die geeignet sind, den Anschein eines besonders günstigen Angebots hervorzurufen, kann auf Unterlassung der unrichtigen Angaben in Anspruch genommen werden.

§ 4. [L.; s. aber § 22 Abs. 4.] **Wer in der Absicht, den Anschein eines besonders günstigen Angebots hervorzurufen, in öffentlichen Bekanntmachungen oder in Mitteilungen, die für einen größeren Kreis von Personen bestimmt sind, über geschäftliche Verhältnisse, insbesondere über die Beschaffenheit, den Ursprung, die Herstellungsart oder die Preisbemessung von Waren oder gewerblichen Leistungen, über die Art des Bezugs oder die Bezugsquelle von Waren, über den Besitz von Auszeichnungen, über den Anlaß oder den Zweck des Verkaufs oder über die Menge der Vorräte wissentlich unwahre und zur Irreführung geeignete Angaben macht, wird mit Gefängnis bis zu einem Jahre und mit Geldstrafe bis zu fünftausend Mark oder mit einer dieser Strafen bestraft.**

Werden die im Abs. 1 bezeichneten unrichtigen Angaben in einem geschäftlichen Betriebe von einem Angestellten oder Beauftragten gemacht, so ist der Inhaber oder Leiter des Betriebs neben dem Angestellten oder Beauftragten strafbar, wenn die Handlung mit seinem Wissen geschah.

Die Bestimmung straft die schwindelhafte Reklame, und zwar selbst dann, wenn der erweckte Anschein eines besonders günstigen (nicht notwendig eines besonders billigen, E. 40, 122) Angebots kein falscher ist, E. 35, 235; E. 38, 309; E. 39, 169. In Betracht kommen nur Angaben tatsächlicher Art (so ausdr. Ges. v. 96), nicht bloße Anpreisungen („Streng reell" E. 34, 140). Ueber die Beurteilung, ob das eine oder das andere vorliegt, vgl. insb. E. 40, 438. Ankündigungen greifbaren, für das Publikum erkennbaren und von diesem an der Hand bekannter Tatsachen auf ihre Richtigkeit nachprüfbaren Inhalts gehören hierher, E. 39, 171; E. 37, 266 („reeller Wert"); E. 36, 430 („prima Qualität"). Als Angabe über die Beschaffenheit von Waren erscheint auch dies., daß die zum Verkauf gestellten Möbel zum Besitz eines abreisenden Privatmanns gehören E. 33, 441; vgl. auch E. 39, 169 („Privatgelegenheitsverkauf"); die Ankündigung der Uebernahme von Krankheitsheilungen enthält eine Angabe über die Besch. gewerbl. Leistungen, E. 35, 267. Angaben über die Preisbemessung sind nur Angaben über tatsächliche Umstände, die zu dem angekündigten Preissatz geführt haben; Täuschungen über den Wert sind nicht ohne weiteres Täuschungen über die Preisbemessung, E. 34, 150. Die Bezeichnung des Geschäfts als „Konsumanstalt" enthält nicht die Angabe, die Waren seien von einer Genossenschaft eingekauft worden, — keine Angabe über die Art des Bezuges, E. 38, 308. — Zum Begriff der Auszeichnungen vgl. E. 41, 161; die Patentierung fällt nicht hierher, E. 38, 244; ebensowenig Anerkennungsschreiben von Kunden, E. 40, 371; wohl aber die staatliche Verleihung eines als Anerkennung guter Leistungen geltenden Prädikats, E. 30, 406. — Anlaß und Zweck des Verkaufs sind bezeichnet in der Angabe, es liege ein Ausverkauf, Totalverkauf, Konkursmassenverkauf vor, vgl. E. 30, 256; E. 37, 358; E. 38, 369. Diese Angaben müssen unwahr sein; die Unwahrheit wird dadurch nicht ausgeschlossen, daß die Angabe zum Teil der Wahrheit entspricht, E. 34, 163. Ueber die Prüfung der Unwahrheit vgl. auch E. 40, 128. Neben der Unwahrheit bedarf das Merkmal stets besonderer Feststellung, daß die Angabe zur Irreführung geeignet war, E. 40, 441: hierfür genügt es, wenn auch nur ein Teil des Publikums durch die Angaben getäuscht werden kann. Die Angaben müssen in öff. Bek. oder in Mitteilungen, die für einen größeren Kreis von Personen bestimmt sind, erfolgen; vgl. dazu die eingehend begr. E. 40, 122.

Täter des Deliktes kann nicht nur der Geschäftsinhaber, sondern auch jeder Dritte sein, E. 35, 417. Es kann begangen werden auch unter dem scheinbaren Schutze eines Warenzeichenrechts, E. 41, 78. Bei Begehung durch die Presse unterliegt es als Preßdelikt (s. § 20 Preßges.) der preßrechtl. Verjährung, vgl. E. 33, 326; E. 35, 375. Ueber fortges. Begehung vergleiche E. 35, 267; E. 36, 42.

§ 5. Die Verwendung von Namen, die im geschäftlichen Verkehre zur Benennung gewisser Waren oder gewerblicher Leistungen dienen, ohne deren Herkunft bezeichnen zu sollen, fällt nicht unter die Vorschriften der §§ 3, 4.

Im Sinne der Vorschriften der §§ 3, 4 sind den dort bezeichneten Angaben bildliche Darstellungen und sonstige Veranstaltungen gleich zu achten, die darauf berechnet und geeignet sind, solche Angaben zu ersetzen.

§ 6. Wird in öffentlichen Bekanntmachungen oder in Mitteilungen, die für einen größeren Kreis von Personen bestimmt sind, der Verkauf von Waren angekündigt, die aus einer Konkursmasse stammen, aber nicht mehr zum Bestande der Konkursmasse gehören, so ist dabei jede Bezugnahme auf die Herkunft der Waren aus einer Konkursmasse verboten.

[A.] Zuwiderhandlungen gegen diese Vorschrift werden mit Geldstrafe bis zu einhundertfünfzig Mark oder mit Haft bestraft.

§ 7. Wer in öffentlichen Bekanntmachungen oder in Mitteilungen, die für einen größeren Kreis von Personen bestimmt sind, den Verkauf von Waren unter der Bezeichnung eines Ausverkaufs ankündigt, ist gehalten, in der Ankündigung den Grund anzugeben, der zu dem Ausverkauf Anlaß gegeben hat.

Durch die höhere Verwaltungsbehörde kann nach Anhörung der zuständigen gesetzlichen Gewerbe-

und Handelsvertretungen für die Ankündigung bestimmter Arten von Ausverkäufen angeordnet werden, daß zuvor bei der von ihr zu bezeichnenden Stelle Anzeige über den Grund des Ausverkaufs und den Zeitpunkt seines Beginns zu erstatten sowie ein Verzeichnis der auszuverkaufenden Waren einzureichen ist. Die Einsicht der Verzeichnisse ist jedem gestattet.

§ 8. [L.; s. aber § 22 Abs. 4.] Mit Gefängnis bis zu einem Jahre und mit Geldstrafe bis zu fünftausend Mark oder mit einer dieser Strafen wird bestraft, wer im Falle der Ankündigung eines Ausverkaufs Waren zum Verkaufe stellt, die nur für den Zweck des Ausverkaufs herbeigeschafft worden sind (sogenanntes Vorschieben oder Nachschieben von Waren).

§ 9. Der Ankündigung eines Ausverkaufs im Sinne des § 7 Abs. 2 und des § 8 steht jede sonstige Ankündigung gleich, welche den Verkauf von Waren wegen Beendigung des Geschäftsbetriebs, Aufgabe einer einzelnen Warengattung oder Räumung eines bestimmten Warenvorrats aus dem vorhandenen Bestande betrifft.

Auf Saison- und Inventurausverkäufe, die in der Ankündigung als solche bezeichnet werden und im ordentlichen Geschäftsverkehr üblich sind, finden die Vorschriften der §§ 7 und 8 keine Anwendung. Ueber Zahl, Zeit und Dauer der üblichen Saison-

und Inventurausverkäufe kann die höhere Verwaltungsbehörde nach Anhörung der zuständigen gesetzlichen Gewerbe- und Handelsvertretungen Bestimmungen treffen.

§ 10. [A.] Mit Geldstrafe bis zu einhundertfünfzig Mark oder mit Haft wird bestraft:

1. wer der Vorschrift des § 7 Abs. 1 zuwider es unterläßt, in der Ankündigung eines Ausverkaufs den Grund anzugeben, der zu dem Ausverkauf Anlaß gegeben hat;
2. wer den auf Grund des § 7 Abs. 2 erlassenen Anordnungen zuwiderhandelt oder bei Befolgung dieser Anordnungen unrichtige Angaben macht;
3. wer den von der höheren Verwaltungsbehörde auf Grund des § 9 Abs. 2 Satz 2 getroffenen Bestimmungen zuwiderhandelt.

§ 11. Durch Beschluß des Bundesrats kann festgesetzt werden, daß bestimmte Waren im Einzelverkehre nur in vorgeschriebenen Einheiten der Zahl, des Maßes oder des Gewichts oder mit einer auf der Ware oder ihrer Aufmachung anzubringenden Angabe über Zahl, Maß, Gewicht, über den Ort der Erzeugung oder den Ort der Herkunft der Ware gewerbsmäßig verkauft oder feilgehalten werden dürfen.

Für den Einzelverkehr mit Bier in Flaschen oder Krügen kann die Angabe des Inhalts unter Festsetzung angemessener Fehlergrenzen vorgeschrieben werden.

Die durch Beschluß des Bundesrats getroffenen Bestimmungen sind durch das Reichs-Gesetzblatt zu veröffentlichen und dem Reichstage sogleich oder bei seinem nächsten Zusammentritte vorzulegen.

[A.] Zuwiderhandlungen gegen die Bestimmungen des Bundesrats werden mit Geldstrafe bis zu einhundertfünfzig Mark oder mit Haft bestraft.

S. Bek. vom 20. Nov. 1900 (RGBl. 1014), 17. Nov. 1902 (RGBl. 278) [Garn] und vom 4. Dez. 1901 (RGBl. 494) [Kerzen].

§ 12. [L.; s. aber § 22 Abs. 4.] Mit Gefängnis bis zu einem Jahre und mit Geldstrafe bis zu fünftausend Mark oder mit einer dieser Strafen wird, soweit nicht nach anderen Bestimmungen eine schwerere Strafe verwirkt wird, bestraft, wer im geschäftlichen Verkehre zu Zwecken des Wettbewerbes dem Angestellten oder Beauftragten eines geschäftlichen Betriebs Geschenke oder andere Vorteile anbietet, verspricht oder gewährt, um durch unlauteres Verhalten des Angestellten oder Beauftragten bei dem Bezuge von Waren oder gewerblichen Leistungen eine Bevorzugung für sich oder einen Dritten zu erlangen.

Die gleiche Strafe trifft den Angestellten oder Beauftragten eines geschäftlichen Betriebs, der im geschäftlichen Verkehre Geschenke oder andere Vorteile fordert, sich versprechen läßt oder annimmt, damit er durch unlauteres Verhalten einem anderen

bei dem Bezuge von Waren oder gewerblichen Leistungen im Wettbewerb eine Bevorzugung verschaffe.

Im Urteil ist zu erklären, daß das Empfangene oder sein Wert dem Staate verfallen sei.

§ 13. In den Fällen der §§ 1, 3 kann der Anspruch auf Unterlassung von jedem Gewerbetreibenden, der Waren oder Leistungen gleicher oder verwandter Art herstellt oder in den geschäftlichen Verkehr bringt, oder von Verbänden zur Förderung gewerblicher Interessen geltend gemacht werden, soweit die Verbände als solche in bürgerlichen Rechtsstreitigkeiten klagen können. Auch können diese Gewerbetreibenden und Verbände denjenigen, welcher den §§ 6, 8, 10, 11, 12 zuwiderhandelt, auf Unterlassung in Anspruch nehmen.

Zum Ersatze des durch die Zuwiderhandlung entstehenden Schadens ist verpflichtet:

1. wer im Falle des § 3 die Unrichtigkeit der von ihm gemachten Angaben kannte oder kennen mußte. Gegen Redakteure, Verleger, Drucker oder Verbreiter von periodischen Druckschriften kann der Anspruch auf Schadensersatz nur geltend gemacht werden, wenn sie die Unrichtigkeit der Angaben kannten;
2. wer gegen die §§ 6, 8, 10, 11, 12 vorsätzlich oder fahrlässig verstößt.

Werden in einem geschäftlichen Betriebe Handlungen, die nach §§ 1, 3, 6, 8, 10, 11, 12 unzulässig sind, von einem Angestellten oder Beauftragten vorgenommen, so ist der Unterlassungsanspruch auch gegen den Inhaber des Betriebs begründet.

§ 14. Wer zu Zwecken des Wettbewerbes über das Erwerbsgeschäft eines anderen, über die Person des Inhabers oder Leiters des Geschäfts, über die Waren oder gewerblichen Leistungen eines anderen Tatsachen behauptet oder verbreitet, die geeignet sind, den Betrieb des Geschäfts oder den Kredit des Inhabers zu schädigen, ist, sofern die Tatsachen nicht erweislich wahr sind, dem Verletzten zum Ersatze des entstandenen Schadens verpflichtet. Der Verletzte kann auch den Anspruch geltend machen, daß die Behauptung oder Verbreitung der Tatsachen unterbleibe.

Handelt es sich um vertrauliche Mitteilungen und hat der Mitteilende oder der Empfänger der Mitteilung an ihr ein berechtigtes Interesse, so ist der Anspruch auf Unterlassung nur zulässig, wenn die Tatsachen der Wahrheit zuwider behauptet oder verbreitet sind. Der Anspruch auf Schadensersatz kann nur geltend gemacht werden, wenn der Mitteilende die Unrichtigkeit der Tatsachen kannte oder kennen mußte.

Die Vorschrift des § 13 Abs. 3 findet entsprechende Anwendung.

§ 15. [L.; s. aber § 22 Abs. 4.] **Wer wider besseres Wissen über das Erwerbsgeschäft eines anderen, über die Person des Inhabers oder Leiters des Geschäfts, über die Waren oder gewerblichen Leistungen eines anderen Tatsachen der Wahrheit zuwider behauptet oder verbreitet, die geeignet sind, den Betrieb des Geschäfts zu schädigen, wird mit Gefängnis bis zu einem Jahre und mit Geldstrafe bis zu fünftausend Mark oder mit einer dieser Strafen bestraft.**

Werden die im Abs. 1 bezeichneten Tatsachen in einem geschäftlichen Betriebe von einem Angestellten oder Beauftragten behauptet oder verbreitet, so ist der Inhaber des Betriebs neben dem Angestellten oder Beauftragten strafbar, wenn die Handlung mit seinem Wissen geschah.

§ 15 fordert weder, daß die Verbreitung usw. zum Zwecke des Wettbewerbs (E. 31, 90), noch auch, daß sie innerhalb des geschäftlichen Verkehrs erfolgt; eine Anzeige an eine Behörde kann genügen, E. 31, 63. Das Verbreiten umfaßt hier auch jede vertrauliche Mitteilung, E. 31, 63. Zum Vorsatz genügt hier der dolus eventualis nicht, E. 32, 302. § 15 enthält keinen Sonderfall der Beleidigung; deshalb ist § 193 StGB. unanwendbar, E. 31, 63; andererseits ist Idealkonk. mit § 187 StGB. möglich, E. 31, 84.

§ 16. Wer im geschäftlichen Verkehr einen Namen, eine Firma oder die besondere Bezeichnung eines Erwerbsgeschäfts, eines gewerblichen Unternehmens oder einer Druckschrift in einer Weise benutzt, welche geeignet ist, Verwechselungen mit dem Namen, der Firma oder der besonderen Bezeichnung hervorzurufen, deren sich ein anderer befugterweise bedient, kann von diesem auf Unterlassung der Benutzung in Anspruch genommen werden.

Der Benutzende ist dem Verletzten zum Ersatze des Schadens verpflichtet, wenn er wußte oder wissen mußte, daß die mißbräuchliche Art der Benutzung geeignet war, Verwechselungen hervorzurufen.

Der besonderen Bezeichnung eines Erwerbsgeschäfts stehen solche Geschäftsabzeichen und sonstigen zur Unterscheidung des Geschäfts von anderen Geschäften bestimmten Einrichtungen gleich, welche innerhalb beteiligter Verkehrskreise als Kennzeichen des Erwerbsgeschäfts gelten. Auf den Schutz von Warenzeichen und Ausstattungen (§§ 1, 15 des Gesetzes zum Schutze der Warenbezeichnungen vom 12. Mai 1894, Reichs-Gesetzbl. S. 441) finden diese Vorschriften keine Anwendung.

Die Vorschrift des § 13 Abs. 3 findet entsprechende Anwendung.

§ 17. [L.; s. aber § 22 Abs. 4.] **Mit Gefängnis bis zu einem Jahre und mit Geldstrafe bis zu fünftausend Mark oder mit einer dieser Strafen wird bestraft, wer**

als Angestellter, Arbeiter oder Lehrling eines Geschäftsbetriebs Geschäfts- oder Betriebsgeheimnisse, die ihm vermöge des Dienstverhältnisses anvertraut oder sonst zugänglich geworden sind, während der Geltungsdauer des Dienstverhältnisses unbefugt an andere zu Zwecken des Wettbewerbes oder in der Absicht, dem Inhaber des Geschäftsbetriebs Schaden zuzufügen, mitteilt.

Gleiche Strafe trifft denjenigen, welcher Geschäfts- oder Betriebsgeheimnisse, deren Kenntnis er durch eine der im Abs. 1 bezeichneten Mitteilungen oder durch eine gegen das Gesetz oder die guten Sitten verstoßende eigene Handlung erlangt hat, zu Zwecken des Wettbewerbes unbefugt verwertet oder an andere mitteilt.

Die Begriffe der hier geschützten Geschäfts- und Betriebsgeheimnisse gehen in einander über, E. 31, 90. Als Geschäftsgeheimnis erscheint, was der Geschäftsgebarung des Geschäftsinhabers so eigentümlich ist, daß es in andern Kreisen nicht bekannt ist und nicht zur Anwendung kommt, E. 29, 426. Absoluten Charakter braucht das Geheimnis nicht zu besitzen; die Aufdeckung einer beschränkten Zahl von beteiligten Verkehrsinteressenten gegenüber schließt das Vorliegen des Geheimnisses nicht aus, E. 38, 110; vgl. auch E. 42, 394 a. E. Ebensowenig der Umstand, daß die Tatsache, die den Gegenstand des Geheimnisses bildet, nicht absolut neu ist, E. 31, 91; wohl aber regelmäßig die Patentierung, E. 39, 321; E. 40, 406. Geschäftsgeheimnisse bilden insb. die Buchführung, nicht aber ohne weiteres jede einzelne Eintragung, E. 29, 426; ebenso die Kundenliste, E. 39, 321. — Der Angestellte darf auch eine von ihm gemachte Erfindung nicht mitteilen, wenn er nach dem Dienstvertrage die Ausbeutung seiner Erfindung der Fabrik zur Ausbeutung überlassen hat, E. 32, 136; E. 32, 216. — Vermöge des Dienstverhältnisses zugänglich geworden sind auch solche Geheimnisse, von denen der Angestellte innerhalb des Betriebes, wenn auch außerhalb des Bereiches seiner Obliegenheiten, zufällig Kenntnis erlangt oder die er geflissentlich — etwa durch Bestechung anderer Angestellten — in Erfahrung gebracht hat, E. 33, 354. Ueber das Handeln zum Zwecke des Wettbewerbs vgl. E. 32, 28. Der Tatbestand ist auch erfüllt, wenn der Angestellte zum Zwecke des eigenen Wettbewerbs handelt, E. 33, 6; E. 39, 86. Ueber die Absicht der Schadenszufügung vgl. E. 29, 429; das Bewußtsein der Möglichkeit der Schädigung genügt nicht; als Schaden kommt nicht nur der Vermögensschaden, sondern auch andere Schädigungen, z. B. der Ehre, in Betracht.

Abs. 2 findet keine Anwendung, wenn der Handelnde in unverfänglicher Weise von dem Geheimnis Kenntnis erlangt hat, E. 30, 251, mag auch sein späteres Gebahren als verwerflich erscheinen. Als durch eigene Handlung i. S. des Abs. 2 erlangt, betrachtet E. 38, 111 auch ein Geheimnis, bei dessen Erforschung sich der Täter eines andern als Werkzeugs bedient hat. — Des Delikts können sich auch Angestellte i. S. des Abs. 1 schuldig machen, wenn sie die Kenntnis des Geheimnisses durch eine gegen die guten Sitten verstoßende Handlung erlangt haben, E. 33, 62 (Abschreiben von Kundenlisten usw.). — Die Verwertung setzt voraus, daß eine praktische Verwendung zu gewerblichen Zwecken stattgefunden hat; vgl. einerseits E. 39, 83 (Nachgießen von Gipsformen als bloßer Versuch), andererseits E. 40, 406 (Herstellung der das Geheimnis verkörpernden Maschine).

Die Delikte der beiden Absätze sind selbständige, begrifflich und inhaltlich verschiedene Straftaten; der Antrag, der sich gegen den Angestellten wegen eines Verstoßes gegen Abs. 1 richtet, erstreckt sich deshalb nicht ohne weiteres auf den Dritten, der das verratene Geheimnis verwertet hat, E. 31, 93.

§ 18. [L.; s. aber § 22 Abs. 4.] **Mit Gefängnis bis zu einem Jahre und mit Geldstrafe bis zu fünftausend Mark oder mit einer dieser Strafen wird bestraft, wer die ihm im geschäftlichen Verkehr anvertrauten Vorlagen oder Vorschriften technischer**

Art, insbesondere Zeichnungen, Modelle, Schablonen, Schnitte, Rezepte, zu Zwecken des Wettbewerbes unbefugt verwertet oder an andere mitteilt.

§ 19. Zuwiderhandlungen gegen die Vorschriften der §§ 17, 18 verpflichten außerdem zum Ersatze des entstandenen Schadens. Mehrere Verpflichtete haften als Gesamtschuldner.

§ 20. [L.; s. aber § 22 Abs. 4.] **Wer zu Zwecken des Wettbewerbes es unternimmt, einen anderen zu einer Zuwiderhandlung gegen die Vorschriften des § 17 Abs. 1, § 18 zu bestimmen, wird mit Gefängnis bis zu neun Monaten und mit Geldstrafe bis zu zweitausend Mark oder mit einer dieser Strafen bestraft.**

Ueber das Handeln zu Zwecken des Wettbewerbs vgl. E. 32, 28. Einen anderen bestimmen, heißt, seinen Willen, zu handeln, hervorrufen, — gleichgültig, durch welche Mittel; eine Frage oder Aufforderung kann genügen, E. 32, 309. Als Unternehmen ist hier jede Handlung strafbar, die nach dem Willen des Täters auf die unbefugte Mitteilung des Geheimnisses abzielt, E. 32, 309; gleichgültig, ob der zu Bestimmende bereits in der Lage ist, die fragliche Mitteilung zu machen, E. 35, 136; gleichgültig ferner, ob die zur Preisgabe des Geheimnisses zu bestimmenden Personen dem Täter individuell bekannt waren, E. 33, 355; gleichgültig endlich sogar, ob die Mitteilung, auf die es dem Täter ankommt, überhaupt den Gegenstand eines Betriebs- oder Geschäftsgeheimnisses bildet, E. 39, 321 (Konsequenz der subj. Versuchstheorie!).

§ 21. Die in diesem Gesetze bezeichneten Ansprüche auf Unterlassung oder Schadensersatz verjähren in sechs Monaten von dem Zeitpunkt an, in welchem der Anspruchsberechtigte von der Handlung und von der Person des Verpflichteten Kenntnis erlangt, ohne Rücksicht auf diese Kenntnis in drei Jahren von der Begehung der Handlung an.

Für die Ansprüche auf Schadensersatz beginnt der Lauf der Verjährung nicht vor dem Zeitpunkt, in welchem ein Schaden entstanden ist.

§ 22. Die Strafverfolgung tritt mit Ausnahme der in den §§ 6, 10, 11 bezeichneten Fälle nur auf Antrag ein. In den Fällen der §§ 4, 8, 12 hat das Recht, den Strafantrag zu stellen, jeder der im § 13 Abs. 1 bezeichneten Gewerbetreibenden und Verbände.

Die Zurücknahme des Antrags ist zulässig.

Strafbare Handlungen, deren Verfolgung nur auf Antrag eintritt, können von den zum Strafantrage Berechtigten im Wege der Privatklage verfolgt werden, ohne daß es einer vorgängigen Anrufung der Staatsanwaltschaft bedarf. Die öffentliche Klage wird von der Staatsanwaltschaft nur dann erhoben, wenn dies im öffentlichen Interesse liegt.

Geschieht die Verfolgung im Wege der Privatklage, so sind die Schöffengerichte zuständig.

Insb. sind antragsberechtigt die preuß. Aerztekammern, E. 35, 267; und zwar auch gegenüber der Ankündigung von Heilmitteln, E. 37, 173; der Kreisarzt in Preußen, E. 36, 107; die württemb. Handwerkskammern, E. 43, 44. Ueber die Vertretung bei der Antragstellung vgl. auch E. 42, 216.

§ 23. Wird in den Fällen der §§ 4, 6, 8, 12 auf Strafe erkannt, so kann angeordnet werden, daß die Verurteilung auf Kosten des Schuldigen öffentlich bekannt zu machen sei.

Wird in den Fällen des § 15 auf Strafe erkannt, so ist zugleich dem Verletzten die Befugnis zuzusprechen, die Verurteilung innerhalb bestimmter Frist auf Kosten des Verurteilten öffentlich bekannt zu machen.

Auf Antrag des freigesprochenen Angeschuldigten kann das Gericht die öffentliche Bekanntmachung der Freisprechung anordnen; die Staatskasse trägt die Kosten, insofern sie nicht dem Anzeigenden oder dem Privatkläger auferlegt worden sind.

Ist auf Grund einer der Vorschriften dieses Gesetzes auf Unterlassung Klage erhoben, so kann in dem Urteile der obsiegenden Partei die Befugnis zugesprochen werden, den verfügenden Teil des Urteils innerhalb bestimmter Frist auf Kosten der unterliegenden Partei öffentlich bekannt zu machen.

Die Art der Bekanntmachung ist im Urteil zu bestimmen.

§ 24. Für Klagen auf Grund dieses Gesetzes ist ausschließlich zuständig das Gericht, in dessen Bezirke der Beklagte seine gewerbliche Niederlassung oder in Ermangelung einer solchen seinen Wohnsitz hat. Für Personen, die im Inlande weder eine gewerbliche Niederlassung noch einen Wohnsitz haben, ist ausschließlich zuständig das Gericht des inländischen Aufenthaltsorts, oder wenn ein solcher nicht bekannt ist, das Gericht, in dessen Bezirke die Handlung begangen ist.

§ 25. Zur Sicherung der in diesem Gesetze bezeichneten Ansprüche auf Unterlassung können einstweilige Verfügungen erlassen werden, auch wenn die in den §§ 935, 940 der Zivilprozeßordnung bezeichneten Voraussetzungen nicht zutreffen. Zuständig ist auch das Amtsgericht, in dessen Bezirke die den Anspruch begründende Handlung begangen ist; im übrigen finden die Vorschriften des § 942 der Zivilprozeßordnung Anwendung.

§ 26. Neben einer nach Maßgabe dieses Gesetzes verhängten Strafe kann auf Verlangen des Verletzten auf eine an ihn zu erlegende Buße bis zum Betrage von zehntausend Mark erkannt werden. Für diese Buße haften die dazu Verurteilten als Gesamtschuldner. Eine erkannte Buße schließt die Geltendmachung eines weiteren Entschädigungsanspruchs aus.

Vgl. E. 35, 27.

§ 27. Bürgerliche Rechtsstreitigkeiten, in welchen durch die Klage ein Anspruch auf Grund dieses Gesetzes geltend gemacht wird, gehören, sofern in erster Instanz die Landgerichte zuständig sind, vor die Kammern für Handelssachen.

In bürgerlichen Rechtsstreitigkeiten, in welchen durch Klage oder Widerklage ein Anspruch auf Grund dieses Gesetzes geltend gemacht ist, wird die Verhandlung und Entscheidung letzter Instanz im Sinne des § 8 des Einführungsgesetzes zum Gerichtsverfassungsgesetze dem Reichsgerichte zugewiesen.

§ 28. Wer im Inland eine Hauptniederlassung nicht besitzt, hat auf den Schutz dieses Gesetzes nur insoweit Anspruch, als in dem Staate, in welchem seine Hauptniederlassung sich befindet, nach einer im Reichs-Gesetzblatt enthaltenen Bekanntmachung deutsche Gewerbetreibende einen entsprechenden Schutz genießen.

§ 29. Welche Behörden in jedem Bundesstaat unter der Bezeichnung höhere Verwaltungsbehörde im Sinne dieses Gesetzes zu verstehen sind, wird von der Zentralbehörde des Bundesstaats bestimmt.

§ 30. Dieses Gesetz tritt am 1. Oktober 1909 in Kraft. Mit diesem Zeitpunkte tritt das Gesetz zur Bekämpfung des unlauteren Wettbewerbes vom 27. Mai 1896 (Reichs-Gesetzbl. S. 145) außer Kraft.

Viehseuchengesetz.

Vom 26. Juni 1909. (RGBl. S. 519.)

§ 1. Das nachstehende Gesetz regelt das Verfahren zur Bekämpfung übertragbarer Viehseuchen, mit Ausnahme der Rinderpest.

Vieh im Sinne dieses Gesetzes sind alle nutzbaren Haustiere einschließlich der Hunde, der Katzen und des Geflügels.

Schlachtvieh im Sinne dieses Gesetzes ist Vieh, von dem anzunehmen ist, daß es behufs Verwendung des Fleisches zum Genusse für Menschen alsbald geschlachtet werden soll.

Als verdächtige Tiere gelten im Sinne dieses Gesetzes:

Tiere, an denen sich Erscheinungen zeigen, die den Ausbruch einer übertragbaren Seuche befürchten lassen (der Seuche verdächtige Tiere);

Tiere, an denen sich solche Erscheinungen zwar nicht zeigen, rücksichtlich deren jedoch die Vermutung vorliegt, daß sie den Ansteckungsstoff aufgenommen haben (der Ansteckung verdächtige Tiere).

§ 2. Die Anordnung und die Durchführung der Bekämpfungsmaßregeln liegen den Landesregierungen und deren Organen ob.

Die Mitwirkung der Tierärzte, die vom Staate angestellt sind oder deren Anstellung vom Staate bestätigt ist (beamtete Tierärzte), richtet sich nach den Vorschriften dieses Gesetzes. An Stelle der beamteten Tierärzte können im Falle ihrer Behinderung oder aus sonstigen Gründen andere approbierte Tierärzte zugezogen werden. Diese sind innerhalb des ihnen erteilten Auftrags befugt und verpflichtet, alle Amtsverrichtungen wahrzunehmen, die in diesem Gesetze den beamteten Tierärzten übertragen sind.

Die näheren Bestimmungen über das Verfahren, über die Form, von deren Beobachtung die Gültigkeit der auf Grund dieses Gesetzes zu erlassenden Anordnungen abhängt, über die Zuständigkeit der Behörden und Beamten und über die Bestreitung der durch das Verfahren entstehenden Kosten sind von den Einzelstaaten mit der Maßgabe zu treffen, daß gegen die Anordnungen der Polizeibehörden zur Bekämpfung der Viehseuchen im Inlande (§§ 9 ff. ein Beschwerdeverfahren zuzulassen ist.

§ 3. Rücksichtlich der eigenen Viehbestände der Militärverwaltung, in den Remontedepots nur rücksichtlich der eigenen Pferdebestände, bleiben die Maßregeln zur Ermittelung und Unterdrückung von Seuchen, soweit davon nur das Eigentum dieser Verwaltung betroffen wird, den Militärbehörden überlassen.

Die gleichen Befugnisse haben das Kaiserliche Gesundheitsamt und diejenigen zur wissenschaftlichen Erforschung übertragbarer Krankheiten bestimmten staatlichen Anstalten, bei denen ein Tierarzt angestellt ist, rücksichtlich aller eigenen Viehbestände.

Ferner können

1. den Vorständen der landesherrlichen und Staatsgestüte,
2. den Vorständen der tierärztlichen Lehranstalten und der zu diesen gehörigen Institute,

3. mit Zustimmung des Reichskanzlers den Vorständen anderer Anstalten von ähnlicher Art wie die im Abs. 2 und im Abs. 3 Nr. 2 bezeichneten

von den Landesregierungen die gleichen Befugnisse rücksichtlich aller dort aufgestellten Viehbestände übertragen werden.

In den Fällen der Abs. 1 bis 3 finden die ferneren Bestimmungen dieses Gesetzes sinngemäße Anwendung, in den Fällen des Abs. 2 und des Abs. 3 Nr. 2, 3 jedoch nur mit den Einschränkungen, die sich aus dem Zwecke der wissenschaftlichen Arbeiten ergeben.

Die Militärbehörden haben die Polizeibehörden der Stand-, Unterkunfts- und Marschorte von dem Auftreten eines Seuchenverdachts und von dem Ausbruch einer Seuche, sowie bei Seuchenausbrüchen in nicht kasernenmäßig untergebrachten Viehbeständen auch von den getroffenen Schutzmaßregeln, sofort zu benachrichtigen und von dem Verlaufe sowie dem Erlöschen der Seuche in Kenntnis zu setzen.

Die Pflicht der Benachrichtigung der Polizeibehörden vom Verdacht, Ausbruch, Verlauf und Erlöschen einer Seuche liegt auch den im Abs. 2 genannten Anstalten und den nach Abs. 3 mit selbständigen Befugnissen versehenen Vorständen ob, falls die Seuche oder der Seuchenverdacht nicht das Ergebnis wissenschaftlicher Versuche ist, die zu den Aufgaben der Anstalten und Institute gehören.

§ 4. Dem Reichskanzler liegt ob, die Ausführung dieses Gesetzes und der auf Grund derselben erlassenen Anordnungen zu überwachen.

Tritt die Seuche in einem für den inländischen Viehbestand bedrohlichen Umfang im Ausland auf, so hat der Reichskanzler die Regierungen der beteiligten Bundesstaaten zur Anordnung und einheitlichen Durchführung der nach Maßgabe dieses Gesetzes erforderlichen Abwehrmaßregeln zu veranlassen.

Tritt die Seuche in einer solchen Gegend des Reichsgebiets oder in einer solchen Ausdehnung auf, daß von den zu ergreifenden Maßregeln notwendig die Gebiete mehrerer Bundesstaaten betroffen werden müssen, so hat der Reichskanzler oder ein von ihm bestellter Reichskommissar für Herstellung und Erhaltung der Einheit in den seitens der Landesbehörden zu treffenden oder getroffenen Maßregeln zu sorgen und zu diesem Behufe das Erforderliche anzuordnen, nötigenfalls auch die Behörden der beteiligten Bundesstaaten unmittelbar mit Weisungen zu versehen.

§ 5. Die Behörden der Bundesstaaten sind verpflichtet, sich bei der Bekämpfung der Viehseuchen gegenseitig zu unterstützen.

I. Abwehr der Einschleppung aus dem Auslande.

§ 6. Die Einfuhr von Tieren, die an einer übertragbaren Seuche leiden, und von verdächtigen Tieren (§ 1 Abs. 4) sowie von Erzeugnissen solcher Tiere ist verboten. Dasselbe gilt für die Kadaver und Teile von Tieren, die an einer übertragbaren Seuche gefallen sind oder zur Zeit des Todes an einer solchen gelitten haben oder seuchenverdächtig gewesen sind, endlich für Gegenstände jeder Art, von denen nach den Umständen des Falles anzunehmen ist, daß sie Träger des Ansteckungsstoffs sind.

§ 7. Zum Schutze gegen die Gefahr der Einschleppung von übertragbaren Seuchen der Haustiere aus dem Auslande kann die Einfuhr lebender oder toter Tiere, tierischer Erzeugnisse oder Rohstoffe sowie von Gegenständen, die Träger des Ansteckungsstoffs sein können, allgemein oder für bestimmte Grenzstrecken verboten oder beschränkt werden.

Zu demselben Zwecke kann der Verkehr mit Tieren im Grenzbezirke solchen Bestimmungen unterworfen werden, die geeignet sind, im Falle der Einschleppung einer Weiterverbreitung der Seuche vorzubeugen. Die Bestimmungen sind, soweit erforderlich, auch auf tierische Erzeugnisse und Rohstoffe sowie auf solche Gegenstände auszudehnen, die Träger von Ansteckungsstoffen sein können. Auch kann für die Grenzbezirke eine Revision des vorhandenen Viehbestandes und eine regelmäßige Kontrolle über den Ab- und Zugang von Vieh angeordnet werden.

Die nach Abs. 2 zulässigen Bestimmungen können nur getroffen werden, wenn und solange gegenüber dem angrenzenden Ausland Einfuhrverbote oder Beschränkungen gemäß Abs. 1 angeordnet sind.

§ 8. Von dem Erlasse, der Aufhebung oder Veränderung einer der im § 7 bezeichneten Anordnungen ist unverzüglich dem Reichskanzler Mitteilung zu machen.

Die verfügten Verbote und Beschränkungen sind ohne Verzug öffentlich bekannt zu machen.

II. Bekämpfung von Viehseuchen im Inlande.

1. Allgemeine Vorschriften.

a) Anzeigepflicht.

§ 9. Bricht eine Seuche aus, auf die sich die Anzeigepflicht erstreckt (§ 10), oder zeigen sich Erscheinungen, die den Ausbruch einer solchen Seuche befürchten lassen, so hat der Besitzer des betroffenen Viehes unverzüglich der Polizeibehörde oder einer anderen von der Landesregierung zu bezeichnenden Stelle Anzeige zu machen, auch die kranken und verdächtigen Tiere von Orten, an denen die Gefahr der Ansteckung fremder Tiere besteht, fernzuhalten.

Die gleichen Pflichten hat, wer in Vertretung des Besitzers der Wirtschaft vorsteht, wer mit der Aufsicht über Vieh an Stelle des Besitzers beauftragt ist, wer als Hirt, Schäfer, Schweizer, Senne entweder Vieh von mehreren Besitzern oder solches Vieh eines Besitzers, das sich seit mehr als vierundzwanzig Stunden außerhalb der Feldmark des Wirtschaftsbetriebs des Besitzers befindet, in Obhut hat, ferner für die auf dem Transporte befindlichen Tiere deren Begleiter und für die in fremdem Gewahrsam befindlichen Tiere der Besitzer der betreffenden Gehöfte, Stallungen, Koppeln oder Weideflächen.

Zur unverzüglichen Anzeige sind auch die Tierärzte und alle Personen verpflichtet, die sich mit der Ausübung der Tierheilkunde oder gewerbsmäßig mit der Kastration von Tieren beschäftigen, ingleichen die Fleischbeschauer einschließlich der Trichinenschauer, ferner die Personen, die das Schlächtergewerbe betreiben sowie solche, die sich gewerbsmäßig mit der Bearbeitung, Verwertung oder Beseitigung geschlachteter, getöteter oder verendeter Tiere oder tierischer Bestandteile beschäftigen, wenn sie, bevor ein polizeiliches Einschreiten stattgefunden hat, von dem Ausbruch einer der Anzeigepflicht unterliegenden Seuche (§ 10) oder von Erscheinungen, die den Ausbruch einer solchen Seuche befürchten lassen, Kenntnis erhalten.

§ 10. Seuchen, auf die sich die Anzeigepflicht erstreckt, sind:

1. Milzbrand, Rauschbrand, Wild- und Rinderseuche;
2. Tollwut;
3. Rotz;
4. Maul- und Klauenseuche;
5. Lungenseuche des Rindviehs;
6. Pockenseuche der Schafe;
7. Beschälseuche der Pferde, Bläschenausschlag der Pferde und des Rindviehs;
8. Räude der Einhufer und der Schafe;
9. Schweineseuche, sofern sie mit erheblichen Störungen des Allgemeinbefindens der erkrankten Tiere verbunden ist, und Schweinepest;
10. Rotlauf der Schweine einschließlich des Nesselfiebers (Backsteinblattern);

11. Geflügelcholera und Hühnerpest;
12. äußerlich erkennbare Tuberkulose des Rindviehs, sofern sie sich in der Lunge in vorgeschrittenem Zustande befindet oder Euter, Gebärmutter oder Darm ergriffen hat.

Der Reichskanzler ist befugt, die Anzeigepflicht auch für andere Seuchen einzuführen und für einzelne Seuchen widerruflich aufzuheben.

b) Ermittlung der Seuchenausbrüche.

§ 11. Ist eine Anzeige erfolgt (§§ 9, 10) oder der Ausbruch einer Seuche oder der Verdacht eines Seuchenausbruchs sonst zur Kenntnis der Polizeibehörde gelangt, so hat diese sofort den beamteten Tierarzt zuzuziehen (vgl. jedoch § 14) und inzwischen dafür zu sorgen, daß die kranken und, abgesehen von der Tuberkulose (§ 10 Abs. 1 Nr. 12), auch die verdächtigen Tiere mit Tieren aus anderen Ställen nicht in Berührung kommen. Der beamtete Tierarzt hat die Art, den Stand und die Ursachen der Krankheit zu ermitteln und sein Gutachten darüber abzugeben, ob durch den Befund der Ausbruch der Seuche festgestellt oder der Verdacht eines Seuchenausbruchs begründet ist und welche besonderen Maßregeln zur Bekämpfung der Seuche erforderlich erscheinen.

In eiligen Fällen kann der beamtete Tierarzt schon vor polizeilichem Einschreiten die sofortige vorläufige Einsperrung und Absonderung der erkrankten und verdächtigen Tiere, nötigenfalls auch deren Bewachung sowie nach Vorschrift der Landesregierungen sonstige dringliche Maßnahmen zur Verhütung der Weiterverbreitung der Seuche anordnen. Die getroffenen vorläufigen Anordnungen sind dem Besitzer der Tiere oder dessen Vertreter entweder zu Protokoll oder durch schriftliche Verfügung zu eröffnen, auch ist davon der Polizeibehörde unverzüglich Anzeige zu machen.

Auf Ersuchen des beamteten Tierarztes hat der Vorsteher des Seuchenorts für die vorläufige Bewachung der erkrankten und verdächtigen Tiere sowie für die Durchführung der dringlichen Maßregeln zu sorgen.

§ 12. Wenn über den Ausbruch einer Seuche nach dem Gutachten des beamteten Tierarztes nur mittels Tötung und Zerlegung eines verdächtigen Tieres oder nur mittels Impf- oder Blutprobe Gewißheit zu erlangen ist, so können diese Maßregeln von der Polizeibehörde angeordnet werden.

§ 13. Auf die gutachtliche Erklärung des beamteten Tierarztes, daß der Ausbruch der Seuche festgestellt sei, oder daß der begründete Verdacht eines Seuchenausbruchs vorliege, hat die Polizeibehörde die erforderlichen Schutzmaßregeln nach diesem Gesetz und den zu dessen Ausführung erlassenen Vorschriften (§ 79) zu treffen und wirksam durchzuführen.

§ 14. Ist der Ausbruch der Maul- und Klauenseuche, des Bläschenausschlags der Pferde oder des Rindviehs, des Rotlaufs der Schweine, der Geflügelcholera oder der Hühnerpest (§ 10 Abs. 1 Nr. 4, 7, 10, 11) durch das Gutachten des beamteten Tierarztes festgestellt, so kann die Polizeibehörde auf die Anzeige neuer Seuchenausbrüche in dem Seuchenorte selbst oder in unmittelbar angrenzenden Ortschaften sofort die erforderlichen Schutzmaßregeln anordnen, ohne daß es einer nochmaligen Zuziehung des beamteten Tierarztes bedarf. Dieser ist jedoch durch die Polizeibehörde von jedem weiteren Seuchenfalle zu benachrichtigen.

Das Gleiche kann für die Schweineseuche (§ 10 Abs. 1 Nr. 9) und für diejenigen Seuchen, auf die gemäß § 10 Abs. 2 die Anzeigepflicht ausgedehnt worden ist, von den Landesregierungen bestimmt werden.

§ 15. In allen Fällen, in denen dem beamteten Tierarzte die Feststellung des Krankheitszustandes eines verdächtigen Tieres obliegt, ist es dem Besitzer unbenommen, das Gutachten eines anderen approbierten Tierarztes einzuholen. Die Anordnung und die Ausführung der Schutzmaßregeln werden hierdurch nicht aufgehalten. Bei Ermittlung einer Seuche durch Zerlegung eines Tieres sind aber die für die Feststellung der Seuche erforderlichen Teile aufzubewahren, falls der Besitzer oder dessen Vertreter bei Mitteilung des amtstierärztlichen Befundes sofort erklärt, daß er das Gutachten eines anderen approbierten Tierarztes einzuholen beabsichtigt. Die Aufbewahrung hat unter sicherem Verschluß oder unter Ueberwachung auf Kosten des Besitzers so zu geschehen, daß eine Verschleppung von Krankheitskeimen nach Möglichkeit vermieden wird.

Die vorgesetzte Behörde hat im Falle erheblicher Meinungsverschiedenheit zwischen dem beamteten Tierarzt und dem von dem Besitzer zugezogenen approbierten Tierarzt über den Ausbruch oder Verdacht einer Seuche, oder wenn aus sonstigen Gründen erhebliche Zweifel über die Richtigkeit der Angaben des beamteten Tierarztes obwalten, sofort ein tierärztliches Obergutachten einzuziehen und dementsprechend das Verfahren zu regeln.

§ 16. Alle Viehmärkte sowie die Viehhöfe und Schlachthöfe einschließlich der öffentlichen Schlachthäuser sind durch beamtete Tierärzte zu beaufsichtigen.

Jahr- und Wochenmärkte, auf denen Vieh nur in geringem Umfange gehandelt wird, können von den Landesregierungen ausnahmsweise von der Beaufsichtigung befreit werden.

Die Beaufsichtigung kann auf die zu Handelszwecken oder zum öffentlichen Verkaufe zusammengebrachten Viehbestände, auf die zu Zuchtzwecken öffentlich aufgestellten männlichen Zuchttiere, auf öffentliche Tierschauen, auf die durch obrigkeitliche Anordnung veranlaßten Zusammenziehungen von Vieh, auf private Schlachthäuser und Gastställe, auf Ställe und Betriebe von Viehhändlern und Abdeckern sowie auf gewerbliche Viehmästereien ausgedehnt werden.

c) Schutzmaßregeln gegen Seuchengefahr.

§ 17. Zum Schutze gegen die ständige Gefährdung der Viehbestände durch Viehseuchen können folgende Maßnahmen angeordnet werden:

1. Amtstierärztliche oder tierärztliche Untersuchung von Vieh vor dem Verladen und vor oder nach dem Entladen im Eisenbahn- und Schiffsverkehre;
2. Verbot oder Beschränkung des Treibens von Vieh, das sich im Besitze von Viehhändlern befindet, auf öffentlichen Wegen und des Treibens von Vieh auf dem Wege zum oder vom Markte sowie Beschränkung des Treibens von Wanderherden;
3. Beibringung von Ursprungs- und Gesundheitszeugnissen für das im Besitze von Viehhändlern befindliche und für das auf Märkte oder öffentliche Tierschauen gebrachte Vieh;
4. Führung von Kontrollbüchern durch die Viehhändler und Kennzeichnung von Vieh;
5. Regelung der Einrichtung und des Betriebs von Molkereien, insbesondere für Sammelmolkereien das Verbot der Abgabe oder der sonstigen Verwertung von Magermilch und anderen Milchrückständen, sofern nicht vorher eine Erhitzung bis zu einem bestimmten Wärmegrad und für eine bestimmte Zeitdauer stattgefunden hat;
6. Verbot des Umherziehens mit Zuchthengsten zum Decken von Stuten und Beschränkung des Handels mit Vieh, der ohne vorgängige Bestellung entweder außerhalb des Gemeindebezirkes der gewerblichen Niederlassung des Händlers oder ohne Begründung einer solchen stattfindet;

7. Ueberwachung der beim Bergwerks- oder Schiffahrtsbetrieb und der beim Gewerbebetrieb im Umherziehen benutzten Zugtiere;
8. Bezeichnung der Hunde durch Halsbänder mit Namen und Wohnort oder Wohnung des Besitzers;
9. Einführung von Deckregistern für Pferde und Rindvieh;
10. Herstellung von undurchlässigem Boden auf Viehladestellen für den öffentlichen Verkehr;
11. Reinigung und Desinfektion der zur Beförderung von Vieh, tierischen Erzeugnissen oder tierischen Rohstoffen dienenden Fahrzeuge mit Einschluß von Schiffen sowie der bei einer solchen Beförderung benutzten Behältnisse und Gerätschaften und der Ladeplätze;
12. Regelung der Einrichtung und des Betriebs von Viehausstellungen, Viehmärkten, Viehhöfen, Schlachthöfen und gewerblichen Schlachtstätten, insbesondere auch räumliche Trennung der Viehhöfe von den Schlachthöfen, Anlegung getrennter Zu- und Abfuhrwege für Viehmärkte, Viehhöfe und Schlachthöfe sowie Verbot des Abtriebs von Vieh von Schlachtviehmärkten zu anderen Zwecken als zur Schlachtung oder zum Auftrieb auf andere Schlachtviehmärkte;
13. Regelung der Einrichtung und des Betriebs von Gastställen und Ställen von Viehhändlern;
14. Regelung der Einrichtung und des Betriebs von Abdeckereien einschließlich der Anlagen zur gewerbsmäßigen Beseitigung oder Verarbeitung von Kadavern und tierischen Teilen;
15. Regelung der Beseitigung oder der Reinigung von Abwässern und Abfällen in Gerbereien, Fell- und Häutehandlungen;
16. Regelung des Verkehrs mit Viehseuchenerregern und ihrer Aufbewahrung sowie Bestimmung der Vorsichtsmaßregeln, die bei der Ausführung wissenschaft-

licher Arbeiten mit solchen Erregern zu beobachten sind;

17. Regelung der Herstellung und Verwendung von Impfstoffen, die zum Schutze gegen Viehseuchen oder zu deren Heilung bestimmt sind;
18. Regelung des Gewerbebetriebs der Viehkastrierer.

§ 18. Zum Schutze gegen eine besondere Seuchengefahr und für deren Dauer können unter Berücksichtigung der beteiligten Wirtschafts- und Verkehrsinteressen die nachstehenden Maßregeln (§§ 19 bis 30) angeordnet werden.

§ 19. 1. Absonderung, Bewachung oder polizeiliche Beobachtung der an der Seuche erkrankten, der verdächtigen und der für die Seuche empfänglichen Tiere.

Beschränkungen des Personenverkehrs innerhalb der Räumlichkeiten (Gehöft, Stall, Standort, Hofraum, Weidefläche, Viehausstellung, Marktplatz usw.), in denen sich derartige Tiere befinden, und auf öffentlichen Wegen.

Für Räumlichkeiten, in denen sich nicht kranke oder verdächtige, sondern nur für die Seuche empfängliche Tiere befinden, und auf öffentlichen Wegen darf die Beschränkung des Personenverkehrs nur angeordnet werden, soweit sie in diesem Gesetz ausdrücklich vorgesehen ist.

Der Besitzer eines der Absonderung oder polizeilichen Beobachtung unterworfenen Tieres ist verpflichtet, solche Einrichtungen zu treffen, daß das Tier für die Dauer der Absonderung oder Beobachtung die ihm bestimmte Räumlichkeit nicht verlassen kann und außer aller Berührung und Gemeinschaft mit anderen Tieren bleibt. Auch dürfen die Kadaver abgesonderter, bewachter oder polizeilich beobachteter Tiere nicht ohne polizeiliche Genehmigung geöffnet oder beseitigt werden.

§ 20. 2. Beschränkungen der Benutzung, der Verwertung oder des Transports kranker oder verdächtiger Tiere, ihrer Kadaver, der von ihnen stammenden Erzeugnisse oder solcher Gegenstände, die mit kranken oder verdächtigen Tieren oder ihren Kadavern in Berührung gekommen oder sonst geeignet sind, die Seuche zu verschleppen.

Beschränkungen des Transports und der Benutzung der für die Seuche empfänglichen und solcher Tiere, die geeignet sind, die Seuche zu verschleppen.

Verbot oder Beschränkung des Handels mit Tieren, der ohne vorgängige Bestellung entweder außerhalb des Gemeindebezirkes der gewerblichen Niederlassung des Händlers oder ohne Begründung einer solchen stattfindet.

§ 21. 3. Verbot des gemeinschaftlichen Weideganges von Tieren aus den Viehbeständen verschiedener Besitzer und der Benutzung bestimmter Weideflächen, ferner der gemeinschaftlichen Benutzung von Brunnen, Tränken und Schwemmen und des Verkehrs mit seuchenkranken oder verdächtigen Tieren auf öffentlichen oder gemeinschaftlichen Straßen und Triften.

Verbot des freien Umherlaufens der Haustiere mit Ausnahme der Katzen und des Geflügels.

§ 22. 4. Sperre des Stalles oder sonstigen Standorts seuchenkranker oder verdächtiger Tiere, des Gehöfts, des Ortes, der Weidefläche, der Feldmark oder eines ohne Rücksicht auf Feldmarkgrenzen bestimmten, tunlichst eng zu bemessenden Gebiets gegen den Verkehr mit Tieren und mit solchen Gegenständen, die Träger des Ansteckungsstoffs sein können.

Die Sperre der Feldmark oder eines über die Feldmark hinausgehenden Gebiets darf erst dann verfügt werden, wenn der Ausbruch der Seuche durch das Gutachten des beamteten Tierarztes festgestellt ist und wenn die Seuche ihrer Beschaffenheit nach eine größere und allgemeinere Gefahr einschließt.

Die Sperre kann auf einzelne Straßen oder Teile des Ortes oder der Feldmark beschränkt werden.

Die Sperre eines Stalles oder sonstigen Standorts,

eines Gehöfts oder einer Weidefläche verpflichtet den Besitzer, die zur wirksamen Durchführung der Sperre vorgeschriebenen Einrichtungen zu treffen.

§ 23. 5. Impfung der für die Seuche empfänglichen Tiere, tierärztliche Behandlung der erkrankten und der verdächtigen Tiere sowie Beschränkungen in der Befugnis zur Vornahme von Heilversuchen.

§ 24. 6. Tötung der an der Seuche erkrankten oder verdächtigen Tiere.

Die Tötung darf nur in den Fällen angeordnet werden, die in diesem Gesetz ausdrücklich vorgesehen sind.

Die Vorschrift unverzüglicher Tötung der an einer Seuche erkrankten oder verdächtigen Tiere findet, wo sie in diesem Gesetz enthalten ist, keine Anwendung auf Tiere, die einer der Staatsaufsicht unterworfenen höheren Lehranstalt übergeben sind, um dort für deren Zwecke verwendet zu werden, ferner auf Tiere, die unter staatlicher Aufsicht für die Erforschung oder Bekämpfung von Seuchen benutzt werden.

§ 25. 7. Tötung von Tieren, die bestimmten Verkehrs- oder Nutzungsbeschränkungen oder der Absperrung unterworfen sind und in verbotswidriger Benutzung oder außerhalb der ihnen angewiesenen Räumlichkeit oder an Orten betroffen werden, zu denen der Zutritt verboten ist.

§ 26. 8. Unschädliche Beseitigung der Kadaver oder Kadaverteile (Fleisch, Häute, Blut, Eingeweide, Hörner, Klauen usw.), der Streu, des Düngers oder anderer Abfälle von kranken oder verdächtigen Tieren.

§ 27. 9. Reinigung und Desinfektion der Ställe, Standorte, Ladestellen, Marktplätze und Wege, die von kranken oder verdächtigen oder von zusammengebrachten und für die Seuche empfänglichen Tieren benutzt sind.

Reinigung und Desinfektion oder, falls diese Maßnahmen sich nicht wirksam durchführen lassen, unschädliche

Beseitigung des Düngers, der Streu- und Futtervorräte, der Gerätschaften, Kleidungsstücke und sonstigen Gegenstände, die mit kranken oder verdächtigen Tieren in Berührung gekommen sind oder von denen sonst anzunehmen ist, daß sie Ansteckungsstoffe enthalten.

Erforderlichenfalls auch Reinigung und Desinfektion von Tieren, die Träger des Ansteckungsstoffs sein können, und von Personen, die mit kranken oder verdächtigen Tieren in Berührung gekommen sind.

Die Durchführung dieser Maßregeln erfolgt unter Beobachtung etwaiger Anordnungen des beamteten Tierarztes und unter polizeilicher Ueberwachung.

§ 28. 10. Einstellung oder Beschränkung der Viehmärkte, der Jahr- und Wochenmärkte, der Körungen, Viehversteigerungen und öffentlichen Tierschauen. Viehversteigerungen auf dem eigenen nicht gesperrten Gehöfte des Besitzers können nur dann verboten werden, wenn Tiere zum Verkaufe kommen, die sich weniger als drei Monate im Besitze des Versteigerers befinden.

§ 29. 11. Amtstierärztliche oder tierärztliche Untersuchung der am Seuchenort oder in dessen Umgegend vorhandenen, für die Seuche empfänglichen Tiere.

§ 30. 12. Oeffentliche Bekanntmachung des Ausbruchs der Seuche. Ist diese Bekanntmachung erfolgt, so muß auch das Erlöschen der Seuche unverzüglich öffentlich bekannt gemacht werden.

2. Besondere Vorschriften für einzelne Seuchen.

§ 31. Bei den nachbenannten Seuchen greifen folgende besonderen Vorschriften mit der Maßgabe Platz, daß außerdem alle nach den sonstigen Vorschriften dieses Gesetzes zulässigen Maßregeln angeordnet werden können.

a) Milzbrand, Rauschbrand, Wild- und Rinderseuche.

§ 32. Tiere, die an Milzbrand oder Rauschbrand erkrankt oder einer dieser Seuchen verdächtig sind, dürfen nicht geschlachtet werden.

§ 33. Die Vornahme blutiger Operationen an Tieren, die an Milzbrand oder Rauschbrand erkrankt oder einer dieser Seuchen verdächtig sind, ist nur approbierten Tierärzten gestattet.

Eine Oeffnung des Kadavers darf ohne polizeiliche Erlaubnis nur von approbierten Tierärzten vorgenommen werden.

§ 34. Die Kadaver gefallener oder getöteter Tiere, die mit Milzbrand oder Rauschbrand behaftet waren oder bei denen der Verdacht einer dieser Seuchen vorliegt, müssen sofort nach Anweisung des beamteten Tierarztes unschädlich beseitigt werden. Bis dahin ist für eine Aufbewahrung Sorge zu tragen, durch die eine Verschleppung von Krankheitskeimen nach Möglichkeit vermieden wird.

Das Abhäuten der Kadaver ist verboten. Jedoch kann das Abhäuten von Rauschbrandkadavern unter ausreichenden Vorsichtsmaßregeln gestattet werden.

Die gleichen Vorschriften finden beim Ausbruche des Milzbrandes oder Rauschbrandes unter Wildständen auf das gefallene oder getötete Wild Anwendung.

§ 35. Die Vorschriften der §§ 32 bis 34 können auf die Wild- und Rinderseuche ausgedehnt werden.

b) Tollwut.

§ 36. Hunde oder sonstige Haustiere, die der Seuche verdächtig sind, müssen von dem Besitzer oder demjenigen, unter dessen Aufsicht sie stehen, sofort getötet oder bis zu polizeilichem Einschreiten in einem sicheren Behältnis eingesperrt werden.

§ 37. Vor polizeilichem Einschreiten dürfen bei wutkranken oder der Seuche verdächtigen Tieren keinerlei Heilversuche angestellt werden.

§ 38. Das Schlachten wutkranker oder der Seuche verdächtiger Tiere und jeder Verkauf oder Verbrauch einzelner Teile, der Milch oder sonstiger Erzeugnisse solcher Tiere sind verboten.

§ 39. Für Tiere, bei denen die Tollwut festgestellt ist, ist die sofortige Tötung polizeilich anzuordnen, für Hunde und Katzen auch dann, wenn das tierärztliche Gutachten nur auf Verdacht der Seuche lautet. Wenn ein der Seuche verdächtiger Hund oder eine der Seuche verdächtige Katze einen Menschen gebissen hat, so kann das Tier eingesperrt und bis zur Bestätigung oder Beseitigung des Verdachts polizeilich beobachtet werden.

Für Hunde und Katzen, von denen anzunehmen ist, daß sie mit wutkranken Tieren oder der Seuche verdächtigen Hunden oder Katzen (Abs. 1) in Berührung gekommen sind, ist gleichfalls die sofortige Tötung polizeilich anzuordnen. Andere Tiere sind unter der gleichen Voraussetzung sofort der polizeilichen Beobachtung zu unterstellen. Auch kann für Hunde statt der Tötung ausnahmsweise eine mindestens dreimonatige Einsperrung gestattet werden, falls sie nach dem Ermessen der Polizeibehörde mit genügender Sicherheit durchzuführen ist, und der Besitzer des Hundes die daraus und aus der polizeilichen Ueberwachung erwachsenden Lasten trägt.

§ 40. Ist ein wutkranker oder der Seuche verdächtiger Hund frei umhergelaufen, so muß für die Dauer der Gefahr die Festlegung aller in dem gefährdeten Bezirke vorhandenen Hunde polizeilich angeordnet werden. Der Festlegung ist das Führen der mit einem sicheren Maulkorbe versehenen Hunde an der Leine gleich zu erachten. Auch kann für mindergefährdete Bezirksteile zugelassen werden, daß die Hunde entweder ohne Maulkorb an der

Leine geführt werden oder mit Maulkorb unter gewissenhafter Ueberwachung frei laufen dürfen. Es kann angeordnet werden, daß Hunde, die diesen Vorschriften zuwider umherlaufend betroffen werden, sofort zu töten sind.

§ 41. Die Kadaver der gefallenen oder getöteten wutkranken oder der Seuche verdächtigen Tiere müssen sofort unschädlich beseitigt werden.

Das Abhäuten solcher Kadaver ist verboten.

c) Rotz.

§ 42. Sobald der Rotz bei Tieren festgestellt ist, muß deren unverzügliche Tötung angeordnet werden.

§ 43. Verdächtige Tiere unterliegen der Absonderung und polizeilichen Beobachtung mit den nach Lage des Falles erforderlichen Verkehrs- und Nutzungsbeschränkungen oder der Sperre (§§ 19 bis 22).

Das Schlachten rotzkranker oder der Seuche verdächtiger Tiere ist verboten.

§ 44. Die Tötung verdächtiger Tiere muß von der Polizeibehörde angeordnet werden,

wenn von dem beamteten Tierarzte der Ausbruch der Rotzkrankheit auf Grund der vorliegenden Anzeichen für wahrscheinlich erklärt wird oder

wenn durch anderweite, den Vorschriften dieses Gesetzes entsprechende Maßregeln ein wirksamer Schutz gegen die Verbreitung der Seuche nach Lage des Falles nicht erzielt werden kann:

sie darf außerdem angeordnet werden,

wenn die beschleunigte Unterdrückung der Seuche im öffentlichen Interesse erforderlich ist.

§ 45. Die Kadaver gefallener oder getöteter rotzkranker oder der Seuche verdächtiger Tiere müssen sofort nach Anweisung des beamteten Tierarztes unschädlich beseitigt werden. Bis dahin ist für eine Aufbewahrung

Sorge zu tragen, durch die eine Verschleppung von Krankheitskeimen nach Möglichkeit vermieden wird.

Das Abhäuten solcher Kadaver ist verboten.

§ 46. Die Polizeibehörde hat von jedem ersten Seuchenverdacht und von jedem ersten Seuchenausbruch in einer Ortschaft sowie von dem Verlauf und von dem Erlöschen der Seuche dem Generalkommando desjenigen Armeekorps sowie dem Vorstande desjenigen landesherrlichen oder Staatsgestüts, in dessen Bezirke der Seuchenort liegt, sofort schriftlich Mitteilung zu machen. Ist der Seuchenort ein Truppenstandort, so ist die Mitteilung auch dem Gouverneur, Kommandanten oder Garnisonältesten zu machen.

d) Maul- und Klauenseuche.

§ 47. Für einen verseuchten Ort oder einen bestimmten gefährdeten Bezirk kann der Verkehr von Personen auch in Räumlichkeiten (Gehöft, Stall, Standort, Hofraum, Weidefläche, Viehausstellung, Marktplatz usw.), in denen sich für die Seuche empfängliche Tiere befinden, beschränkt oder insoweit ausgeschlossen werden, als er nicht zur Wartung und Pflege des Viehes sowie zur Einbringung der Ernte erforderlich ist.

Innerhalb eines gefährdeten Bezirkes dürfen, unbeschadet der nach den allgemeinen Vorschriften zulässigen Beschränkungen des Verkehrs mit Tieren, öffentliche Wege vorübergehend gegen den Verkehr auch von Personen gesperrt werden, wenn dadurch die Benutzung von Tieren, die einer Sperre (§ 22) unterliegen, zur Feldarbeit oder der Auftrieb solcher Tiere auf die Weide ermöglicht oder erleichtert wird.

§ 48. Das Weggeben roher Milch aus Sammelmolkereien und die sonstige Verwertung solcher Milch können in Zeiten der Seuchengefahr und für deren Dauer verboten werden.

Ist der Ausbruch der Maul- und Klauenseuche festgestellt, so muß das Weggeben von Milch aus dem Seuchengehöft an die Bedingung der vorherigen Erhitzung bis zu einem bestimmten Wärmegrad und für eine bestimmte Zeitdauer geknüpft werden. Kann eine wirksame Erhitzung nicht gewährleistet werden, so ist das Weggeben von Milch aus dem Seuchengehöfte zu verbieten. Für die Abgabe von Milch an Sammelmolkereien, in denen eine wirksame Erhitzung der gesamten Milch gewährleistet ist, können Ausnahmen zugelassen werden.

Für Gehöfte, in denen die Seuche nicht herrscht, die jedoch in einem Sperrgebiete (§ 22) liegen, können die nach Abs. 2 zulässigen Anordnungen getroffen werden.

§ 49. Wenn die Maul- und Klauenseuche in einer sonst seuchenfreien Gegend nur vereinzelt herrscht, so kann die Tötung der seuchenkranken und der verdächtigen Tiere angeordnet werden, sofern anzunehmen ist, daß die Seuche dadurch getilgt werden kann.

e) Lungenseuche des Rindviehs.

§ 50. Die Vorschrift des § 47 Abs. 2 findet sinngemäße Anwendung.

§ 51. Die Polizeibehörde hat die Tötung der nach dem Gutachten des beamteten Tierarztes an der Lungenseuche erkrankten Tiere anzuordnen und kann auch die Tötung verdächtiger Tiere anordnen.

Außer in dem Falle polizeilicher Anordnung darf eine Lungenseuche-Impfung nicht vorgenommen werden.

f) Pockenseuche der Schafe.

§ 52. Die Vorschrift des § 47 Abs. 2 findet sinngemäße Anwendung.

§ 53. Ist die Pockenseuche in einer Schafherde festgestellt, so muß die Impfung aller zur Zeit noch seuchenfreien Stücke der Herde angeordnet werden.

Auf den Antrag des Besitzers der Herde oder seines Vertreters kann für die Vornahme der Impfung eine Frist gewährt werden, wenn nach dem Gutachten des beamteten Tierarztes die sofortige Impfung nicht zweckmäßig ist.

Auch kann auf den Antrag des Besitzers oder seines Vertreters von der Anwendung der Impfung ganz Abstand genommen werden, sofern die Abschlachtung der noch seuchenfreien Stücke der Herde innerhalb 10 Tagen nach Feststellung des Seuchenausbruchs gesichert ist.

§ 54. Gewinnt die Seuche eine größere Ausdehnung oder ist nach den örtlichen Verhältnissen die Gefahr einer Verschleppung der Seuche in die benachbarten Schafherden nicht auszuschließen, so kann die Impfung der von der Seuche bedrohten Herden und aller in demselben Orte befindlichen Schafe polizeilich angeordnet werden.

§ 55. Die geimpften Schafe sind rücksichtlich der polizeilichen Schutzmaßregeln den pockenkranken gleich zu behandeln.

§ 56. Außer in dem Falle polizeilicher Anordnung (§§ 53, 54) darf eine Pockenimpfung der Schafe nicht vorgenommen werden.

g) Beschälseuche der Pferde und Bläschenausschlag der Pferde und des Rindviehs.

§ 57. Pferde, die an der Beschälseuche, und Pferde oder Rindviehstücke, die an dem Bläschenausschlage der Geschlechtsteile leiden, sowie Tiere der genannten Arten, die einer dieser Seuchen oder der Ansteckung verdächtig sind, dürfen so lange nicht zur Begattung zugelassen werden, als nicht durch den beamteten Tierarzt die vollständige Heilung und Unverdächtigkeit der Tiere festgestellt ist.

§ 58. Tritt die Beschälseuche in einem Bezirk in größerer Ausdehnung auf, so kann die Zulassung der

Pferde zur Begattung für die Dauer der Gefahr allgemein von einer vorgängigen Untersuchung durch den beamteten Tierarzt abhängig gemacht werden.

h) Räude der Einhufer und der Schafe.

§ 59. Wird die Räude bei Einhufern (sarcoptes- oder dermatocoptes-Räude) oder Schafen (dermatocoptes-Räude) festgestellt, so kann der Besitzer angehalten werden, die räudekranken und verdächtigen Tiere und die Schafherden, in denen die Räude herrscht, sofort dem Heilverfahren eines approbierten Tierarztes zu unterwerfen, sofern er nicht die Tötung der Tiere vorzieht.

Bei Schafherden, in denen die Räude herrscht, soll die Auswahl des Heilverfahrens dem Besitzer auf dessen Verlangen zunächst überlassen werden. Wird durch das vom Besitzer gewählte Heilverfahren die Räude nicht binnen drei Monaten nach ihrer Feststellung getilgt, so kann die Polizeibehörde die Anwendung eines bestimmten Heilverfahrens vorschreiben.

i) Rotlauf der Schweine einschließlich des Nesselfiebers (Backsteinblattern).

§ 60. Gewinnt der Rotlauf der Schweine eine größere Ausdehnung, so kann die Impfung der gefährdeten Schweinebestände eines Gehöfts, einer Ortschaft oder eines größeren Bezirkes angeordnet werden.

Den Landesregierungen bleibt die Bestimmung überlassen, ob und unter welchen Bedingungen eine Schutzimpfung in anderen Fällen polizeilich angeordnet werden darf.

k) Tuberkulose des Rindviehs (§ 10 Abs. 1 Nr. 12).

§ 61. Die Tötung von Tieren, bei denen das Vorhandensein der Tuberkulose im Sinne des § 10 Abs. 1

Nr. 12 festgestellt oder in hohem Grade wahrscheinlich ist, kann polizeilich angeordnet werden.

Wird die Tötung nicht angeordnet oder wird sie aufgeschoben, so sind gegen die Weiterverbreitung der Krankheit Schutzmaßregeln zu erlassen (§§ 19, 20, 27); insbesondere ist die Kennzeichnung der Tiere anzuordnen.

Die Milch von Kühen, bei denen das Vorhandensein der Tuberkulose im Sinne des § 10 Abs. 1 Nr. 12 festgestellt oder in hohem Grade wahrscheinlich ist, darf nicht weggegeben oder verwertet werden, bevor sie bis zu einem bestimmten Wärmegrad und für eine bestimmte Zeitdauer erhitzt worden ist.

Die Milch der mit Eutertuberkulose behafteten Kühe darf auch nach dem Erhitzen weder als Nahrungsmittel für Menschen weggegeben noch zur Herstellung von Molkereierzeugnissen verwendet werden.

3. Besondere Vorschriften für Viehhöfe und Schlachthöfe einschließlich öffentlicher Schlachthäuser.

§ 62. Auf die Viehhöfe und Schlachthöfe einschließlich der öffentlichen Schlachthäuser und auf das daselbst aufgestellte Vieh finden die vorstehenden Bestimmungen dieses Gesetzes mit den Aenderungen Anwendung, die sich aus den nachfolgenden besonderen Vorschriften ergeben.

§ 63. Wird unter dem daselbst aufgestellten Vieh der Ausbruch einer übertragbaren Seuche ermittelt oder zeigen sich bei solchem Vieh Erscheinungen, die nach dem Gutachten des beamteten Tierarztes den Ausbruch einer solchen Seuche befürchten lassen, so sind die erkrankten und alle verdächtigen Tiere sofort in polizeiliche Verwahrung zu nehmen und von jeder Berührung mit den übrigen auszuschließen.

§ 64. Nach Feststellung des Seuchenausbruchs können Viehhöfe und Schlachthöfe einschließlich der öffentlichen Schlachthäuser ganz oder teilweise für die Dauer der Seuchengefahr gegen den Abtrieb der für die Seuche empfänglichen Tiere gesperrt werden.

§ 65. Soweit Schlachtvieh in Frage kommt und die Art der Krankheit es gestattet (vgl. §§ 32, 35, 38, 43 Abs. 2), kann der Besitzer der erkrankten oder verdächtigen Tiere oder sein Vertreter angehalten werden, die sofortige Schlachtung unter Aufsicht des beamteten Tierarztes in den dazu bestimmten Räumen vorzunehmen.

Die Schlachtung kann in dringenden Fällen auch ohne vorherige Benachrichtigung des Besitzers oder seines Vertreters vorgenommen und auf alles andere in der betreffenden Räumlichkeit vorhandene, für die Seuche empfängliche Schlachtvieh ausgedehnt werden. Den Besitzern der so geschlachteten Tiere ist unverzüglich von der Schlachtung Mitteilung zu machen.

4. Entschädigung für Viehverluste.

§ 66. Vorbehaltlich der in diesem Gesetze bezeichneten Ausnahmen ist eine Entschädigung zu gewähren:

1. für Tiere, die auf polizeiliche Anordnung getötet oder nach dieser Anordnung an derjenigen Krankheit gefallen sind, die zu der Anordnung Veranlassung gegeben hat;
2. für Tiere, die nach rechtzeitig erstatteter Anzeige an Rotz oder Lungenseuche gefallen sind, wenn die Voraussetzungen gegeben waren, unter denen die polizeiliche Anordnung der Tötung erfolgen muß;
3. für Tiere, von denen anzunehmen ist, daß sie infolge einer polizeilich angeordneten Impfung eingegangen sind;
4. für Rinder und Pferde, die an Milzbrand oder Rauschbrand gefallen sind oder an denen nach dem Tode eine dieser Krankheiten festgestellt worden ist.

§ 67. Die Bestimmungen darüber:
1. von wem die Entschädigung zu gewähren und wie sie aufzubringen ist,
2. wie die Entschädigung im einzelnen Falle zu ermitteln und festzustellen ist,

sind von den Einzelstaaten zu treffen, jedoch mit der Maßgabe, daß die Entschädigungen für Tiere, die auf polizeiliche Anordnung getötet worden sind, aus Staatsmitteln bestritten werden müssen:
a) in vollem Umfange, wenn die Tiere nicht mit der Seuche behaftet waren, derentwegen die Tötung angeordnet worden ist,
b) mindestens zur Hälfte, wenn sie mit Maul- und Klauenseuche behaftet waren,
c) mindestens zu einem Drittel, wenn sie mit Tuberkulose (§ 10 Abs. 1 Nr. 12) behaftet waren,

und wenn in den Fällen zu b und c die Tötung wegen der dort genannten Seuche erfolgt ist.

Mit diesen Maßgaben bleiben die in dieser Hinsicht in den Einzelstaaten bestehenden Vorschriften unberührt. Mit der gleichen Einschränkung und insoweit solche Vorschriften nicht entgegenstehen, sind die Landesregierungen befugt, zu bestimmen, daß die Entschädigungen bis zum Eintritt einer anderweiten landesverfassungsmäßigen Regelung durch Beiträge der Besitzer der betreffenden Tiergattungen nach Maßgabe der über die Verteilung und Erhebung der Beiträge von der Landesregierung zu treffenden näheren Anordnung aufgebracht werden.

In allen Fällen sollen jedoch die Vorschriften der §§ 68 bis 73 dieses Gesetzes dabei maßgebend sein.

§ 68. Der Entschädigung wird der gemeine Wert des Tieres zu Grunde gelegt, und zwar, abgesehen von der Tuberkulose (§ 10 Abs. 1 Nr. 12), ohne Rücksicht auf den Minderwert, den das Tier dadurch erlitten hat, daß es von der Seuche ergriffen oder der Impfung unterworfen worden ist. Die Entschädigung beträgt bei den mit Rotz behafteten Tieren drei Viertel, bei den mit Milzbrand, Rauschbrand, Lungenseuche oder Tuberkulose (§ 10 Abs. 1 Nr. 12) behafteten Tieren vier Fünftel, im übrigen die volle Höhe des in der angegebenen Weise berechneten Wertes.

Auf die zu leistende Entschädigung werden angerechnet:

1. die aus Privatverträgen zahlbare Versicherungssumme, und zwar bei Rotz zu drei Viertel, bei Milzbrand, Rauschbrand, Lungenseuche und Tuberkulose (§ 10 Abs. 1 Nr. 12) zu vier Fünftel, in allen anderen Fällen zum vollen Betrage;
2. der Wert derjenigen Teile des getöteten Tieres, welche dem Besitzer nach Maßgabe der polizeilichen Anordnungen zur Verfügung bleiben.

§ 69. Die zu leistende Entschädigung wird, sofern ein anderer Berechtigter nicht bekannt ist, demjenigen gezahlt, in dessen Gewahrsam oder Obhut sich das Tier zur Zeit des Todes befand.

Mit dieser Zahlung ist jeder Entschädigungsanspruch Dritter erloschen.

§ 70. Keine Entschädigung wird gewährt:

1. für Tiere, die dem Reiche, den Einzelstaaten oder zu den landesherrlichen Gestüten gehören;
2. für Tiere, die der Vorschrift des § 6 zuwider in das Reichsgebiet eingeführt sind;
3. für Tiere, die innerhalb einer bestimmten Frist vor der Feststellung der Seuche in das Reichsgebiet eingeführt sind, wenn nicht der Nachweis erbracht wird, daß ihre Ansteckung erst nach der Einführung in das Reichsgebiet stattgefunden hat. Diese Frist beträgt bei Milzbrand, Rauschbrand und bei Maul- und Klauenseuche 14 Tage, bei Rotz 90 Tage, bei Lungenseuche 180 Tage und bei Tuberkulose (§ 10 Abs. 1 Nr. 12) 270 Tage.

§ 71. Durch Landesrecht kann die Entschädigung versagt werden:

1. für Tiere, die an einer ihrer Art oder dem Grade nach unheilbaren und unbedingt tötlichen Krankheit gelitten haben, es sei denn, daß diese Krankheit bestanden hat in Milzbrand, Rauschbrand, Rotz, Lungenseuche, Maul- und Klauenseuche oder Tuberkulose (§ 10 Abs. 1 Nr. 12), oder daß das Tier an einer infolge polizeilich angeordneter Impfung aufgetretenen Krankheit verendet ist;
2. für das in Viehhöfen oder in Schlachthöfen einschließlich der öffentlichen Schlachthäuser aufgestellte Schlachtvieh;
3. für Hunde und Katzen, die aus Anlaß der Tollwut getötet sind (§§ 12, 36, 39, 40).

§ 72. Der Anspruch auf Entschädigung fällt weg:

1. wenn der Besitzer der Tiere oder der Vorsteher der Wirtschaft, der die Tiere angehören, oder der mit der Aufsicht über die Tiere an Stelle des Besitzers Beauftragte vorsätzlich oder fahrlässig den Vorschriften der §§ 9, 10 zuwider die ihm obliegende Anzeige unterläßt oder länger als vierundzwanzig Stunden, nachdem er von der anzuzeigenden Tatsache Kenntnis erhalten hat, verzögert, es sei denn, daß die Anzeige von einem anderen Verpflichteten rechtzeitig gemacht worden ist;
2. wenn der Besitzer eines der Tiere mit der Seuche behaftet gekauft oder durch ein anderes Rechtsgeschäft unter Lebenden erworben hat und von diesem kranken Zustande beim Erwerbe des Tieres Kenntnis hatte;
3. im Falle des § 25, oder wenn dem Besitzer oder dessen Vertreter die Nichtbefolgung oder Uebertretung der angeordneten Schutzmaßregeln zur Abwehr der Seuchengefahr zur Last fällt.

§ 73. Wenn zur Bestreitung der Entschädigungen Beiträge nach Maßgabe des vorhandenen Tierbestandes erhoben werden, dürfen diese Beiträge für Tiere, die dem Reiche, den Einzelstaaten oder zu den landesherrlichen Gestüten gehören, und im Falle des § 71 Nr. 2 für das in Viehhöfen oder in Schlachthöfen einschließlich öffentlicher Schlachthäuser aufgestellte Schlachtvieh nicht beansprucht werden.

III. Strafvorschriften.

§ 74. [L.] Mit Gefängnis bis zu zwei Jahren oder mit Geldstrafe von fünfzehn bis zu dreitausend Mark wird bestraft:

1. wer vorsätzlich den Vorschriften der §§ 6, 32 bis 34, 36 bis 38, 41, des § 43 Abs. 2, des § 45, des § 51 Abs. 2, der §§ 56, 57, des § 61 Abs. 3, 4 zuwiderhandelt;
2. wer vorsätzlich den Vorschriften der §§ 9, 10 zuwider die ihm obliegende Anzeige unterläßt oder länger als vierundzwanzig Stunden, nachdem er von der anzuzeigenden Tatsache Kenntnis erhalten hat, verzögert oder es unterläßt, die kranken und die verdächtigen Tiere von Orten, an denen die Gefahr der Ansteckung fremder Tiere besteht, fernzuhalten; die Strafverfolgung wegen unterlassener oder verzögerter Anzeige tritt nicht ein, wenn die Anzeige von einem anderen Verpflichteten rechtzeitig gemacht worden ist;

3. wer vorsätzlich den auf Grund des § 7 Abs. 1, des § 11 Abs. 1, 2, der §§ 19 bis 23, 26 bis 28, 35, 39, 40, des § 43 Abs. 1, der §§ 47, 48, 58, 59, des § 61 Abs. 2, der §§ 63, 64, 73 von der zuständigen Behörde oder dem beamteten Tierarzte getroffenen Anordnungen zuwiderhandelt;

4. wer vorsätzlich die gemäß § 17 Nr. 4, § 61 Abs. 2 angebrachten Kennzeichen unbefugterweise beseitigt oder verändert;

5. wer vorsätzlich Kadaver, die auf polizeiliche Anordnung vergraben sind, oder Teile von solchen unbefugterweise ausgräbt oder wer vorsätzlich Kadaver, die auf polizeiliche Anordnung vergraben waren, oder Teile von solchen unbefugterweise an andere überläßt oder an sich bringt.

Neben der Gefängnisstrafe kann auf Geldstrafe bis zu eintausendfünfhundert Mark erkannt werden.

Vgl. zu § 1 des Rinderpestges. Idealkonk. mit § 328 StGB. ist ausgeschlossen, mit Konterbande (§ 134 des Vereinszollgesetzes) möglich.

§ 75. [A.] Mit Geldstrafe von zehn bis einhundertfünfzig Mark oder mit Haft nicht unter einer Woche wird bestraft, wer den im § 74 Abs. 1 Nr. 1, 2 bezeichneten Vorschriften aus Fahrlässigkeit zuwiderhandelt.

Eine Bestrafung wegen fahrlässiger Verzögerung

der in den §§ 9, 10 vorgeschriebenen Anzeige findet nur statt, wenn die Anzeige länger als vierundzwanzig Stunden nach erhaltener Kenntnis von der anzuzeigenden Tatsache verzögert worden ist. Die Strafverfolgung wegen fahrlässiger Unterlassung oder Verzögerung der Anzeige tritt nicht ein, wenn die Anzeige von einem anderen Verpflichteten rechtzeitig gemacht worden ist.

§ 76. [A.] Mit Geldstrafe bis zu einhundertfünfzig Mark oder mit Haft wird bestraft:

1. wer außer den Fällen des § 74 Abs. 1 Nr. 3 den auf Grund dieses Gesetzes getroffenen Anordnungen zuwiderhandelt;
2. wer eine der im § 74 Abs. 1 Nr. 4, 5 bezeichneten Handlungen aus Fahrlässigkeit begeht.

§ 77. Im Falle der Zuwiderhandlung gegen die Vorschriften des § 6 oder gegen die auf Grund des § 7 Abs. 1 getroffenen Anordnungen ist neben der Strafe auf die Einziehung der verbotswidrig eingeführten Tiere, Kadaver und Teile von Tieren, tierischen Erzeugnisse und Rohstoffe sowie der Gegenstände, die Träger des Ansteckungsstoffs sein können, zu erkennen, ohne Unterschied, ob sie dem Verurteilten gehören oder nicht.

Ist die Verfolgung oder Verurteilung einer bestimmten Person nicht ausführbar, so kann auf die Einziehung selbständig erkannt werden.

Vgl. zu § 15 NahrMittGes.; §§ 40—42 StGB.

IV. Schlußbestimmungen.

§ 78. Zur wirksamen Ausführung der in den §§ 7, 16, 17, 19 bis 29 bezeichneten Maßregeln kann eine Anzeige über das Vorhandensein, den Ab- und Zugang oder über Ortsveränderungen von Tieren oder über die in den §§ 16 und 17 aufgeführten Betriebe, Unternehmungen und Veranstaltungen vorgeschrieben werden.

§ 79. Die näheren Vorschriften über die Anwendung und Ausführung der nach den §§ 16 bis 30 zulässigen Maßregeln erläßt der Bundesrat unter Berücksichtigung der in den §§ 32 bis 65 gegebenen besonderen Bestimmungen. Das Gleiche gilt für die nach § 78 zulässigen Maßregeln, soweit sie sich auf die vorstehend bezeichneten Paragraphen beziehen.

Weitergehende Vorschriften über die Anwendung und Ausführung der im Abs. 1 bezeichneten Bestimmungen können die obersten Landesbehörden oder mit deren Ermächtigung die höheren Polizeibehörden innerhalb der Schranken dieses Gesetzes anordnen.

Vor dem Erlasse der im Abs. 1 bezeichneten Vorschriften und vor der Entscheidung der obersten Landesbehörden über solche nach Abs. 2 zulässige weitergehende Vorschriften, die auf Grund der §§ 16, 17 ergehen, sind Vertretungen der beteiligten Berufsstände zu hören. Bei Gefahr im Verzuge kann die vorherige Anhörung unterbleiben; die Anhörung muß alsdann aber sobald als möglich nachgeholt werden. Welche Vertretungen zu hören sind, wird im Falle des Abs. 1 vom Bundesrat, im Falle des Abs. 2 von den obersten Landesbehörden bestimmt. Die Gültigkeit der Vorschriften hängt von der vorgeschriebenen Anhörung nicht ab.

§ 80. Beschwerden des Besitzers gegen Anordnungen, die auf Grund der §§ 7, 11 bis 15, 18 bis 65, des § 78, soweit dieser sich auf die vorstehend bezeichneten Paragraphen bezieht, oder der dazu erlassenen Ausführungsbestimmungen getroffen sind, haben keine aufschiebende Wirkung.

Beschwerden gegen Anordnungen auf Grund anderer Bestimmungen haben nur dann aufschiebende Wirkung, wenn die Ausführung ohne Nachteil für das Gemeinwohl ausgesetzt bleiben kann.

§ 81. Das Gesetz, betreffend die Beseitigung von Ansteckungsstoffen bei Viehbeförderungen auf Eisenbahnen, vom 25. Februar 1876 (Reichs-Gesetzbl. S. 163) wird durch das gegenwärtige Gesetz nicht berührt.

§ 82. Der Zeitpunkt des Inkrafttretens dieses Gesetzes wird durch Kaiserliche Verordnung mit Zustimmung des Bundesrats bestimmt.

Mit demselben Zeitpunkte tritt das Gesetz vom 23. Juni 1880/1. Mai 1894, betreffend die Abwehr und Unterdrückung von Viehseuchen (Reichs-Gesetzbl. 1894 S. 409), außer Kraft.

Sachregister.

(Die Zahlen bezeichnen die Seiten.)

A.

F.

G.

H.

Q.

R.

S.

V.

Druck von Otto Walter in Berlin S. 14.

Guttentag'sche Sammlung

Deutscher Reichsgesetze.

Text-Ausgaben mit Anmerkungen. Taschenformat.

---

1. **Verfassung des Deutschen Reichs.** Von Dr. **L. von Rönne.** 9. Aufl. von Landrat **P. von Rönne.** 1904. Mit Abänderungen vom Mai 1906. 2 M. 40 Pf.
2. **Strafgesetzbuch** für das Deutsche Reich. Von Dr. **H. Rüdorff.** 23. Aufl. bearbeitet von Prof. Dr. **Fr. v. Liszt** und Dr. **Ernst Delaquis.** 1910. 1 M. 80 Pf.
3. **Militärstrafgerichtsordnung** nebst Einführungsgesetz Von Wirkl. Geheimen Kriegsrat Dr. jur. **A. Romen** u. Kriegsgerichtsrat Dr. jur. **Carl Rissom.** 1910. 6 M.
4. **Handelsgesetzbuch vom 10. Mai 1897 unter Ausschluß des Seerechts.** 14. Aufl. **herausgegeben von** Geh. Justizrat Prof. Dr **A. Mosse.** Im Druck.
5. **Wechselordnung vom 3. Juni 1908.** Kommentar von Justizrat Dr. **J. Stranz** und Rechtsanwalt Dr. **M. Stranz,** und das **Wechselstempelsteuergesetz vom 15. Juli 1909** von Geh. Regierungsrat **P. Loeck.** 10. Aufl. 1909. 3 M.

5a. **Wechselstempelsteuergesetz** apart. 10. Aufl. 1 M. 25 Pf.

6. **Reichsgewerbeordnung** nebst Ausführungsbestimmungen. Von **Berger** und **Wilhelmi.** 18. veränderte und sehr vermehrte Auflage von Stadtrat Dr. **Karl Flesch** in Verbindung mit Dr. **Friedr. Hiller** u. Dr. **Herm. Luppe.** 1910. 4 M.

Ergänzungsband: **Preußische Ausführungsanweisung.** 1904. 2 M.

7. **Post- und Telegraphen-Gesetzgebung.** Nebst Weltpostvertrag und internationalem Telegraphenvertrag. 6. Aufl. von Geh. Ober-Postrat Dr. **M. König.** 1908. 4 M.

8. Die Reichsgesetze über den **Unterstützungswohnsitz, die Freizügigkeit, den Erwerb und Verlust der Bundes- und Staatsangehörigkeit.** Von Geheimrat Dr. **J. Krech,** Mitglied d. Bundesamtes für das Heimatwesen. 7. Aufl. Mit Anhang: Gesetz für Elsaß-Lothringen v. 1909. 1908. 3 M.

9. **Sammlung kleinerer strafrechtlicher Reichsgesetze.** Von Dr. **N. H. Kriegsmann,** Privatdozent in Kiel. 3. Aufl. 1910. 4 M.

10. Das **Reichsbeamtengesetz** von **J. Pieper.** 2. Aufl. 1901. 4 M. 50 Pf.

— Gesetz von 1907 siehe Nr. 82.

11. **Zivilprozeßordnung mit Gerichtsverfassungsgesetz** in den neuesten Fassungen. Von **R. Sydow.** Fortgeführt von **L. Busch.** 12. Aufl. mit Nachtrag betr. Zuständigkeit des Reichsgerichts v. 22. V. 1910. 8⁰. 1910. 6 M. 50 Pf.

Die Novelle als Anhang der 12. Aufl. enth. das Gesetz v. 22. V. 1910. 25 Pfg.

12. **Strafprozeßordnung und Gerichtsverfassungsgesetz** nebst den Gesetzen, betr. die Entschädigung der im Wiederaufnahmeverfahren freigesprochenen Personen und die Entschädigung für unschuldig erlittene Untersuchungshaft. Von Dr. **A. Hellweg**, Reichsgerichtsrat. 15. Aufl. 1908. 2 M.

13. **Konkursordnung und Anfechtungsgesetz.** Von **R. Sydow.** Fortgeführt von **L. Busch.** 10. Aufl. 1906. 2 M. 25 Pf.

14. **Gerichtsverfassungsgesetz** mit Einführungsgesetz. Herausgegeben von **R. Sydow.** Fortgeführt von **L. Busch.** 9. Aufl. 1905. Mit Nachtrag v. 1. VI. 1909. 1 M. 50 Pf.

15. **Das Deutsche Gerichtskostengesetz** nebst den Gebührenordnungen für Gerichtsvollzieher, Zeugen und Sachverständige. Von **R. Sydow.** Weiter bearbeitet von **L. Busch.** 8. Aufl. 1907. Mit Nachtrag v. 1. VI. 1909. 2 M.

16. **Rechtsanwaltsordnung.** Von **R. Sydow.** 5. Aufl. von Justizrat **M. Jacobsohn.** 1907. Mit Ergänzungen vom 22. V. 1910. 1 M. 20 Pf.

17. Die **Deutsche Gebührenordnung für Rechtsanwälte und das Preußische Gebührengesetz** vom 27. September/6. Oktober 1899. Von **R. Sydow.** Fortgeführt von **L. Busch.** 9. Aufl. 1910. 2 M.

18. **Reichsstempelgesetz (Börsensteuer, Frachturkunde, Kraftfahrzeuge, Personenfahrkarte, Tantieme für Aufsichtsratsmitglieder).** Vom 15. Juli 1909. Von **P. Loeck,** Geh. Regierungsrat. 10. Aufl. 1910. 8°. 6 M.

19. **Die Seegesetzgebung.** Von Dr. **W. E. Knitschky.** 4. Aufl. bearbeitet von Oberlandesgerichtsrat **Otto Rudorff** in Hamburg. 1908. Mit Anhang vom Januar und Juli 1909. 6 M.

20. **Krankenversicherungsgesetz.** Von weil. Dr. **E. von Woedtke.** 11. Aufl. von Geh. Reg.-Rat Dr. **G. Eucken-Addenhausen.** 1905. 3 M.

21. Die **Konsulargesetzgebung.** Von Professor Dr. **Ph. Zorn.** 2. Aufl. 1901. 3 M.

22. **Patentgesetz. Nebst Ausführungsbestimmungen,** völkerrechtlichen Verträgen und der Patentanwalts-Ordnung. 7. Aufl. bearbeitet von **R. Lutter,** Geh. Reg.-Rat im Kaiserl. Patentamt. 1908. 2 M. 80 Pf.

23. **Gewerbe-Unfallversicherungsgesetz.** Von weil. Dr. **E. v. Woedtke.** 9. Aufl. von **Franz Caspar,** Direktor im Reichsamt des Innern. 1907. 2 M. 50 Pf.

24. **Aktiengesellschaft und Kommanditgesellschaften auf Aktien.** Von Justizrat Dr. **H. Veit Simon** und Amtsrichter **L. Keyssner.** 1910. 6. Aufl. Im Druck.

25. **Brausteuergesetz** vom 15. Juli 1909. Von **A. Düffe,** Oberzollrevisor. 2. Aufl. 1909. 3 M.

26. **Die Reichsgesetzgebung über Münz- und Notenbankwesen,** Papiergeld, Prämienpapiere und Reichsschulden. Von Dr. jur. **R. Koch,** Präsident des Reichsbankdirektoriums. 6. Aufl. 1910. 4 M.

27. Die Gesetzgebung, betr. das **Gesundheitswesen** im Deutschen Reich. Von Dr. jur. **C. Goesch** und Dr. med. **J. Karsten.** 1888. 1 M. 60 Pf.

28. **Bau-Unfallversicherungsgesetz.** Vom 30. Juni 1900. Von **R. Chrzescinski,** Kaiserl. Regierungsrat. 3. Aufl. 1900. 2 M.

29. **Erwerbs- und Wirtschaftsgenossenschaften.** Von **L. Parisius** und Dr. **H. Crüger.** 13. Aufl. von Dr. **H. Crüger.** 1910. 1 M. 50 Pf.

30. **Invalidenversicherungsgesetz** vom 13. Juli 1899. Von weil. Dr. **E. v. Woedtke.** 10. Aufl. von Regierungsrat **H. Follmann.** 1906. 4 M.
Siehe auch Handausgabe von Freund Seite 24.

31. **Gewerbegerichtsgesetz.** Von Stadtrat **L. Mugdan.** 6. Aufl. bearbeitet von **W. Cuno,** Erstem Bürgermeister zu Hagen i. W. 1906. 2 M. 20 Pf.

32. **Reichsgesetz,** betr. die **Gesellschaften mit beschränkter Haftung.** Von **L. Parisius** und Dr. **H. Crüger.** 11. Aufl. von Dr. **H. Crüger.** 1910. 1 M. 40 Pf.

33. **Vereins- und Versammlungsrecht.** Von Dr. **E. Ball.** 2. Aufl. von Dr. **F. Friedenthal.** 1907. 2 M. 50 Pf.
Reichs-Vereinsgesetz vom 19. April 1908 vide Nr. 88.

34. Die **Abzahlungsgeschäfte.** Gesetz vom 16. Mai 1894. 3. vermehrte Aufl. besorgt von Dr. **E. Wilke,** Landgerichtsrat. 1910. 1 M. 25 Pf.

35. Die **Reichs-Eisenbahngesetzgebung.** Von **W. Coermann,** Kaiserl. Amtsrichter. 1895. 2 M. 25 Pf.

36. Gesetze, betr. die **privatrechtlichen Verhältnisse der Binnenschiffahrt und der Flößerei.** Von **E. Löwe,** Landgerichtsrat. 4. Aufl. 1909. 3 M.

37. Gesetz gegen den **unlauteren Wettbewerb.** Von Justizrat **Pinner.** 5. Auflage. 1910. 1 M. 25 Pf.

38/39. **Bürgerliches Gesetzbuch nebst Einführungsgesetz** von Dr. **A. Achilles.** In Verbindung mit Professor Dr. **André,** Kammergerichtsrat **Ritgen,** Reichsgerichtsrat **Strecker,** Ministerialrat Dr. **Unzner** herausgegeben von Geh. Ober-Justizrat **Greiff.** 6. Aufl. 8°. 1909. 6 M. 50 Pf.

40. Gesetz, betr. die **Pflichten der Kaufleute bei Aufbewahrung fremder Wertpapiere (Depotgesetz).** Mit Erläuterungen. Von **F. Lusensky,** Geh. Ober-Regierungsrat. 2 Aufl. 1905. 1 M.

41. **Börsengesetz.** In der Fassung der Novelle vom 8. Mai 1908. 2. Aufl. Von Wirkl. Geh. Ob.-Regierungsrat **Th. Hemptenmacher,** Staatskommissar an der Berliner Börse. 1908. 2 M.

42. **Grundbuchordnung** nebst den preußischen Ausführungsbestimmungen. Mit Einleitung. Von Prof. Dr. **O. Fischer.** 5. Aufl. 1909. 2 M.

43. **Zwangsvollstreckung in das unbewegliche Vermögen** im Reiche und in Preußen. Mit Einleitung, Kosten- und Gebührentabellen. Von Dr. **J. Krech,** Kaiserl. Geh. Regierungsrat und Professor Dr. **O. Fischer.** 6. Aufl. 1910 ca. 2 M.

44. Das Reichsgesetz über das **Auswanderungswesen** vom 9. Juni 1897. Von Professor Dr. **Felix Stoerk.** 1899. 2 M. 25 Pf.

45. Das **Entmündigungsrecht** unter Berücksichtigung der für Preußen geltenden Vorschriften nebst der preußischen Justiz-Ministerial-Verfügung vom 28. November 1899. Von Landgerichtsrat Dr. **P. Koll** in Cöln. 1900. 1 M. 50 Pf.

46. Die Gesetze des Reiches und Preußens über die **freiwillige Gerichtsbarkeit.** Von **Herm. Jastrow,** Amtsgerichtsrat. 4. Aufl. 1906. 3 M.

47. **Das deutsche Vormundschaftsrecht** und das preuß. Gesetz über die Fürsorgeerziehung Minderjähriger nebst den dazu gehörigen preußischen Nebengesetzen. Von **Max Schultzenstein**, Oberverwaltungsgerichtsrat und Amtsgerichtsrat Dr. **Paul Köhne**. 2. Aufl. 1901. 3 M.

48. Gesetze und Verordnungen, betr. den **Drogen-, Gift- und Farbenhandel** außerhalb der Apotheken. Von Dr. **Broh**, Rechtsanwalt. 1899. 1 M. 25 Pf.

49. Deutsche **Kolonialgesetzgebung**. Von Professor Dr. **Philipp Zorn**. 1901. 4 M. 50 Pf.

50. Der **Viehkauf** (Viehgewährschaft) nach dem Bürgerlichen Gesetzbuche. Nebst Verordn. betr. die Hauptmängel und Gewährsfristen beim Viehhandel. Von Rechtsanwalt Dr. **H. Stölzle** und Königl. Kreistierarzt **H. Weiskopf**. 4. Aufl. 1908. 4 M.

51. **Hypothekenbankgesetz** vom 13. Juli 1899. Von Dr. **H. Göppert**. 2. Aufl. Bearbeitet v. Geh. Reg.-Rt. Dr. **Seidel**. Im Druck.

52. Gesetz, betreffend die gemeinsamen **Rechte der Besitzer von Schuldverschreibungen**. Von Dr. **Heinrich Göppert**. 1900. 2 M.

53. **Reichspreßgesetz** vom 7. Mai 1874. Kommentar von **A. Born**, Polizeiassessor. 1900. 1 M. 50 Pf.

54. Die Reichsgesetzgebung über den Verkehr mit **Nahrungsmitteln, Genußmitteln** und **Gebrauchsgegenständen.** Von Dr. **Georg Lebbin,** Nahrungsmittelchemiker. 1900. 2 M. 25 Pf.

55. Das Recht der **Beschlagnahme von Lohn- und Gehaltsforderungen.** Von Justizrat **Georg Meyer.** 4. Aufl. 1910. 2 M. 60 Pf.

56. Gesetz, betr. die **Bekämpfung gemeingefährlicher Krankheiten.** Nebst Ausführungsbestimmungen. Von Dr. **Bruno Burkhardt,** Regierungsrat, Mitglied des Kais. Gesundheitsamts. 1900. 1 M. 40 Pf.

57. **See-Unfallversicherungsgesetz.** Von **Dr. Max Mittelstein,** Oberlandesgerichtsrat in Hamburg. 1901. 2 M.

58. **Das Recht der unehelichen Kinder** nach dem BGB. Von **Hermann Jastrow,** Amtsg.-Rat. 1901. 1 M. 80 Pf.

59. Reichsgesetz über die **Beurkundung des Personenstandes und die Eheschließung.** Von Dr. **F. Fidler,** Amtgerichtsrat. 1901. 1 M. 80 Pf.

60. Gesetz, betreffend das **Urheberrecht an Werken der Literatur und der Tonkunst** in der Fassung vom 22. V. 1910. Von Oberlandesgerichtsrat **Otto Lindemann.** 3. Aufl. 1910. 1 M. 60 Pf.

61. Gesetz über das **Verlagsrecht.** Von Justizrat **F. Heinitz.** 2. Aufl. Bearbeitet v. Rechtsanwalt Dr. **Marwitz.** 1910. Im Druck.

62. Ges. über **private Versicherungsunternehmungen.** Von **H. Könige,** Reichsgerichtsrat. 2. Aufl. 1910. Im Druck.

63. **Gesetzestafel des Deutschen Reichsrechts.** Systematisch geordnete Nachweisung des z. Z. geltenden Reichsrechts. Ergänzungsband zu der Guttentag'schen Sammlung Deutscher Reichsgesetze. Von **Hugo Bruhns,** Syndikus. 1902. 8⁰. 2 M. 50 Pf.

64. Gesetzsammlung betr. den **Handel mit Drogen und Giften.** Reichsgesetzl. Bestimmungen und Anhang mit den landesgesetzl. Verordnungen sämtlicher Bundesstaaten. Von Rechtsanwalt **H. Sonnenfeld,** Syndik. d. Berl. Drogisten-Innung. 1902. 3 M.

65. Das **Weingesetz** in der Fassung v. 1909. Mit Ausführungsbestimmungen von Dr. **Georg Lebbin,** Handels- u. Gerichtschemiker. 2. Aufl. 1909. 2 M. 50 Pf.

66. Die **Eisenbahn-Gesetzgebung.** Von **W. Pietsch,** Rechnungsrat im Reichs-Eisenbahn-Amt. 2. Aufl. 1910. Im Druck.

67. **Militär-Strafgesetzbuch.** Von Romen u. Rißom. In Vorbereitung.

68. Das **Fleischbeschaugesetz.** Vom 3. Juni 1900. Von Dr. **Georg Lebbin,** Gerichtschemiker und Rechtsanwalt Dr. **Georg Baum.** 1903. 4 M.

69. **Reichsgesetz über die Naturalleistungen der bewaffneten Macht im Frieden** nebst den in Preußen geltenden Bestimmungen. Von Regierungsassessor Dr. **Walter v. Hippel.** 1903. 1 M. 25 Pf.

70. **Das Reichs-Haftpflichtgesetz,** vom 7. Juni 1871. Von Regierungsrat Dr. **G. Eger.** 1903. Preis 3 M.

71. **Kinderarbeit in gewerblichen Betrieben,** v. 30. März 1903. Von **H. Spangenberg,** Oberverwaltungsgerichtsrat. 2. Aufl. 1904. 1 M. 60 Pf.

72. **Unfallversicherungsgesetz für Land- und Forstwirtschaft** von weil. Dr. **E. von Woedtke,** fortgesetzt von **Alfred Radtke,** Geh. Regierungsrat und Senatspräs. im Reichsversicherungsamt. 2. Aufl. 1904. 4 M. 50 Pf.

73. **Entschädigung für unschuldig erlittene Verhaftung und Bestrafung.** Nebst Anhang, enth. die dazu gehörigen Nebengesetze über Schadensersatz. Von Dr jur. **A. Romen,** Wirkl. Geh. Kriegsrat. 1904. 2 M.

74. Die **Kaufmannsgerichte** nebst den preuß. Ausführungsbestimmungen. Von Prof. Dr. **Max Apt,** 3. Aufl. 1905. 2 M.

75. **Reichsgesetz** über die **Konsulargerichtsbarkeit.** Von Dr. jur. **A. F. Vorwerk,** Rechtsanwalt in Schanghai. 2. Ausgabe, mit dem Schutzgebietsgesetz und der Ausführungsverordnung, betr. die Rechtsverhältnisse in den Schutzgebieten. 1908. 2 M.

76. **Die Rechtshilfe im Verkehr mit den ordentlichen Gerichten nach deutschem Reichsrecht.** Von Landrichter Dr. **A. Friedländer.** 1906. 1 M. 80 Pf.

77. **Das Reichserbschaftssteuergesetz.** Vom 3. Juni 1906. Von **Ulrich Hoffmann,** Rechnungsrat im Kgl. Preuß. Finanzministerium. 2. Aufl. 1910. Im Druck.

78. **Zigarettensteuergesetz.** Vom 15. Juli 1909. Von Dr. **Cuno,** Regierungsassessor. 2. Aufl. 1909. Im Druck, nach Erlaß der sämtl. Ausf.-Best.

79. **Die Militärpensionsgesetze** vom 31. Mai 1906 nebst Ausführungsbestimmungen. Zum Gebrauch für Heer, Marine und Schutztruppe von Dr. jur. **A. Romen,** Wirklicher Geheimer Kriegsrat.
a) I. Teil: Offizierpensionsgesetz. 1907. 3 M. 50 Pf.
b) II. Teil: Mannschaftsversorgungsgesetz. 1908. 3 M. 50 Pf.

80. **Reichsgesetzgebung über gerichtliche Registerführung.** Von **Otto Lindemann,** Landrichter. 1906. 3 M.

81. **Gesetz,** betr. **Urheberrecht an Werken der bildenden Künste und der Photographie.** Von Dr. **Ludw. Fuld,** Rechtsanwalt. 1907. 1 M.

82. **Reichsbeamtengesetz** in der Fassung vom 18. Mai 1907 und seine Ergänzungen von Geheimrat Professor Dr. **Ad. Arndt.** 1908. 3 M.

83. Reichsgesetz über **den Versicherungsvertrag** nebst Einführungsgesetz. Von Dr. **Paul Hager** und Dr. **E. Bruck.** 2. vermehrte u. verbesserte Aufl. 1910. 5 M.

84. **Sammlung kleinerer privatrechtlicher Reichsgesetze** von Landrichter **Georg Müller.** 1908. 6 M. 50 Pf.

85. **Scheckgesetz** mit Einleitung usw. Von Prof. Dr. **Max Apt.** 5. Aufl. Mit Postscheckordnung v. 6. XI. 1908 und im Anhang „Besteuerung des Schecks". 1909. 2 M.

Postscheckordnung vom 6. XI. 08. Apart mit Erläuterungen u. Ausführungsbestimmungen. (30 Pf.)

86. **Die Auslieferungsverträge des Deutschen Reiches** von Landrichter **A. Cohn.** 1908. 4 M.

87. Gesetz zum **Schutz der Warenbezeichnungen.** Von Geh. Reg.-Rat, Mitgl. des Patentamts Dr. **Freund** u. Rechtsanwalt **Magnus.** 5. Aufl. 1909. 3 M. 50 Pf.

88. **Vereinsgesetz** vom 19. April 1908. Von Dr. jur. **A. Romen,** Wirkl. Geh. Kriegsrat. 2. Aufl. 1908. 1 M. 50 Pf.

89. **Vogelschutzgesetz** vom 30. Mai 1908 nebst den das Flugwild betr Bestimmungen der Preußischen Jagdordnung von Dr. jur. **Leo von Boxberger.** 1908. 1 M.

90. Die Haager Abkommen über das **Internationale Privatrecht** von Dr. **G. A. E. Bogeng.** 1908. 2 M. 20 Pf.

91. **Eisenbahn-Verkehrsordnung** vom 23. Dez. 1908. Mit Ausführungsbestimmungen. Von Regierungsassessor bei der Eisenbahndirektion Breslau Dr **Ernst Blume.** 1909. 2 M. 50 Pf.

92. Gesetz, betr. den **Verkehr mit Kraftfahrzeugen.** Von Amtsrichter **R. Kirchner.** 2. **Ausgabe** ergänzt durch die Bundesratsverordnung v. 3. Febr. 1910 u. das Internationale Uebereinkommen v. 11. Okt. 1909. 1910. 3 M.

93. Gesetz über die **Sicherung der Bauforderungen** von Justizrat Dr. **E. Harnier.** 2. Aufl. 1909. 1 M. 30 Pf.

94. **Haftpflicht der Reichs- und Staats-Beamten** v. Dr. **H. Delius.** 2. Aufl. 1909. Mit dem Nachtrag, betr. das Gesetz über die Haftung des Reichs für seine Beamten v. 22. Mai 1910. 3 M. 50 Pf. Nachtrag einzeln 20 Pf.

95. Die Berner Uebereinkunft über **internationales Urheberrecht** von Dr. **Herm. Dungs,** vortrag. Rat im Reichsjustizamt. 1910. 1 M.

96. **Branntweinsteuergesetz** vom 15. Juli 1909. Unter Berücksichtigung der für das Reich erlassenen Ausführungsbestimmungen. Von Geh. Reg. Rat **Johs. Nay,** vortrag. Rat im Reichsschatzamt. 1910. 3 M. 50 Pf.

97. **Schutzgebietsgesetz** nebst der Verordnung betr. die Rechtsverhältnisse in den Schutzgebieten, dem Gesetz über die Konsulargerichtsbarkeit sowie den Ausführungsbest. u. ergänz. Vorschriften. Von **Johs. Gerstmeyer,** Wirkl. Legationsrat u. Vortrag. Rat im Reichskolonialamt. 1910. 3 M.

98. **Sechs Haager Abkommen** über **Internationales Privatrecht.** Von Dr. **Herm. Dungs,** vortrag. Rat im Reichs-Justizamt. 1910. 1 M. 50 Pf.

99. **Die Abkommen der Haager Friedenskonferenz** von Dr. jur. **Hans Wehberg.** 1910. 3 M.

100. Gesetz über den **Absatz von Kalisalzen.** Von Geh. Bergrat **Carl Voelckel.** 1910. 2 M. 40 Pf.

Guttentag'sche Sammlung

Preußischer Gesetze.

Text-Ausgaben mit Anmerkungen. Taschenformat.

1. Die **Verfassungs-Urkunde** für den Preußischen Staat. Mit Einleitung, vollständigem Kommentar. Von Prof. Dr. **Adolf Arndt.** 6. Aufl. 1907. 3 M.

2. Preußische **Beamten-Gesetzgebung.** Enthaltend die wichtigsten Beamtengesetze in Preußen. Von **C. Pfafferoth.** 4., neubearb. Aufl. 1905. Mit Anhang: Abänderung vom 27. Mai 1907. 2 M.

3. **Die Aufnahme des Nottestaments** durch die bestellten Urkundspersonen. Anweisung mit Musterbeispielen und Abriß des Erbrechts von Amtsgerichtsrat **C. Kurtz.** 1904. 1 M. 50 Pf.

4. **Gebührenordnung** für **Notare** vom 25. Juli 1910. 4. Aufl. bearbeitet von Justizrat Dr. **Rausnitz.** 1910. 2 M. 20 Pf.

5. **Gesetz vom 24. April 1854 (betr. die außerehel. Schwängerung).** Von Dr. **Schulze.** 1873. 75 Pf. Gültiges Recht siehe: Reichsgesetze Nr. 58.

6. Die Preuß. **Ausführungsgesetze und Verordnungen zu den Reichs-Justizgesetzen.** Von **R. Sydow.** 3. vermehrte Aufl. 1895. 2 M. 40 Pf. S. Seite 23, Busch-Eylau, Ausführungsgesetze.

7. **Allg. Gerichtsordnung** und Preuß. **Konkursordnung.** Von **F. Vierhaus.** Vergriffen.

8. **Vormundschaftsordnung.** Von **F. Schultzenstein.** Gültiges Recht siehe: Reichsgesetze Nr. 47.

9. Die Preußische **Grundbuchgesetzgebung.** Von Prof. Dr. **Fischer.** Vergriffen. Siehe: Reichsgesetze Nr. 42.

10. **Einkommensteuergesetz.** Von **A. Fernow,** Geh. Ober-Finanzrat. 7. Aufl. 1908/9. Mit Nachtrag v. 22. III. u. 26. V. 09. 3 M. 25 Pf.

11. **Gewerbesteuergesetz.** Von **A. Fernow,** Geh. Ober-Finanzrat. 5., vermehrte Aufl. 1910. 3 M.

12. **Allgemeines Berggesetz** für die Preußischen Staaten vom 24. Juni 1865. Von **W. Westhoff** und **W. Schlüter.** 2. Aufl. 1907. Mit Nachtrag v. 1909. 5 M.

13. **Ergänzungssteuergesetz** (Vermögenssteuergesetz). Von **A. Fernow,** Geh. Ober-Finanzrat. 4. vermehrte Aufl. 1907. 2 M. 40 Pf.

14. **Kommunalabgabengesetz.** Vom 14. Juli 1893 und Gesetz wegen Aufhebung direkter Staatssteuern. Von Dr. **F. Adickes,** Oberbürgermeister. 4. Aufl. 1906. 1 M. 50 Pf.

15. Die **Kreisordnungen** für den Preußischen Staat. Von **O. Kolisch,** Landgerichtsrat. 1894. 4 M.

16. **Konzessionierung gewerblicher Anlagen.** Preuß. Ausführungs-Anweisung zu §§ 16 u. ff. der Gewerbe-Ordnung. Von Dr. **W. v. Rüdiger,** Geh. Regierungs- u. Gewerberat. 2. Aufl. 1901. 2 M.

17. **Preußisches Gerichtskostengesetz.** Vom 25. Juli 1910. **Mit Kostentabellen** Von Dr. **P. Siméon,** Kammergerichtsrat. 6. Aufl. 1910. 3 M. 60 Pf.

18. **Preußisches Stempelsteuergesetz vom** 30. Juni 1909. Mit Ausführungsbestimmungen und Tabellen. Von **P. Loeck,** Geh. Regierungsrat. 6. Aufl. mit Anhang. 8°. 1907/09. 6 M.

19. **Das Jagdscheingesetz.** Mit ausführlichen Erläuterungen. Von **F. Kunze,** Wirklichem Geh. Ober-Regierungsrat. 2. Aufl. 1899. 2 M.

20. **Die preußischen Erbschaftssteuergesetze.** Unter Berücksichtigung der Novelle vom 31. Juli 1895. Von **U. Hoffmann,** Rechnungsrat im Königl. preuß. Finanzministerium. 1905. 4 M. (Reichs-Erbschaftssteuergesetz s. Reichsgesetze Nr. 77).

21. **Gesetz über die Handelskammern.** Von **F. Lusensky,** Geh. Regierungsrat. 2. Aufl. 1909. 3 M.

22. **Gesetz, betr. Anstellung und Versorgung der Kommunalbeamten.** Von Dr. **W. Ledermann,** Magistratsassessor zu Berlin. 1899. 1 M. 25 Pf.

23. **Ausführungsgesetz zum Bürgerlichen Gesetzbuche.** Von Kammergerichtsrat Dr. **P. Siméon.** 2. Aufl. 1905. 1 M. 80 Pf.

24. **Die Hinterlegungsordnung** in der Fassung des Ausführungsgesetzes z. BGB. v. 20. Sept. 1899 nebst Ausführungsbestimmungen. Von Regierungsrat Dr. **Georg Bartels.** 2. Aufl. 1908. 2 M.

25. **Preußische Kommunalbeamtengesetzgebung.** Von Magistr.-Assess. Dr. **Fr. Kremski**, Berlin. 1901. 3 M.

26. **Gesetze über das Diensteinkommen der Lehrer und Lehrerinnen, Ruhegehalt und Fürsorge für Hinterbliebene.** Tabelle zur Berechnung der Ruhegehalts-, Witwen- u. Waisenbezüge. Von Dr. **Ed. Cremer**, Beigeordneter. 1900. 2 M. 40 Pf.

27. **Gesetz**, betreffend die **Warenhaussteuer**. Von Geh. Ober-Finanzrat Dr. **G. Strutz.** 1900. 1 M. 20 Pf.

28. **Gesetz über die Fürsorgeerziehung Minderjähriger.** Von Landgerichtsdirektor Dr. **P. F. Aschrott.** 2. umgearbeitete Aufl. 1907. 2 M. 80 Pf.

29. **Gesetz**, betr. **die ärztlichen Ehrengerichte, das Umlagerecht und die Kassen der Aerztekammern.** Von Amtsgerichtsrat Dr. **F. Fidler.** 1901. 1 M. 50 Pf.

30. Das **Preußische Staatsschuldbuch** und **Reichsschuldbuch.** Von Wirkl. Geh. Ober-Finanzrat **J. Mücke**, 1902. 2 M.

31a. **Die geltenden Preußischen Gesindeordnungen.** Herausgegeben in zwei Bänden von **Stephan Gerhard**, Rechtsanwalt in Berlin. 1902.

Band I: Gesindeordnung für die altpreußischen Provinzen vom 8. XI. 1810, mit Erläuterungen unter Berücksichtigung der Ergänzungsgesetze und der Rechtsverhältnisse der Gesindevermieter, sowie die Gesindeordnungen für Neuvorpommern und Rügen und für die Rheinprovinz. 2 M. 50 Pf.

31b. **Band II:** Gesindeordnungen für Hannover, Schleswig-Holstein, Hessen-Nassau und den Regierungsbezirk Hohenzollern. 2 M. 50 Pf.
Siehe auch Seite 24: Ratgeber von Grieben.

32. **Die Städteordnung für die sechs östlichen Provinzen Preußens** vom 30. Mai 1853. Von **Dr. jur. Walter Ledermann,** Magistrats-Assessor zu Berlin. 8°. 1902. 6 M.

33. **Rentenguts- und Anerbenrechts-Gesetzgebung in Preußen.** Von Landgerichtsrat **M. Peltasohn** und Rechtsanwalt **Bruno Peltasohn.** 1903. 3 M.

34. Sammlung der wichtigsten preußischen Strafgesetze nebst Anhang: Gesetz betr. polizeiliche Strafverfügungen vom 23. April 1883. Von **Otto Lindemann,** Oberlandesgerichtsrat. 1903. 2 M. 50 Pf.

35. **Geschäftsordnung für Gerichtsvollzieher.** Gerichtsvollzieherordnung und Gebührensätze von Amtsgerichtssekretär **Emil Exner.** 1904. 3 M. 50 Pf.

36. **Polizeiverordnungen in Preußen.** Von **Otto Lindemann,** Landrichter. 1904. 1 M. 50 Pf.

37. **Gesetz über die Enteignung von Grundeigentum** vom 11. Juni 1874. Von Oberlandesgerichtsrat **O. Meyer.** 1905. 2 M.

38. **Kreis- und Provinzial-Abgabengesetz.** Vom 23. April 1906. Von **Fr. Schmidt,** Gemeindevorsteher. 1906. 1 M. 25 Pf.

39. **Gesetz** betr. die **Unterhaltung der öff. Volksschulen.** Von **Dr. A. Marcks,** Reg.=Rat. 1906. 2 M.

40. **Verwaltungsstrafverfahren** bei Zuwiderhandlungen gegen die Zollgesetze und indirekte Reichs= und Landesabgaben, sowie die Bestimmungen über die Schlacht= und Wildpretsteuer vom 26. Juli 1897. Von **Dr. Richard Katzenstein,** Gerichtsassessor. 1907. 3 M. 60 Pf.

41. **Die preußischen Jagdpolizeigesetze.** Von **Fr. Kunze,** Wirkl. Geh. Oberregierungsrat und **R. Kühnemann,** Rechtsanwalt. 2. Aufl. 1907. 3 M. 60 Pf.

42. Die Gesetzgebung über die **Allgemeine Landesverwaltung** und über die **Zuständigkeit der Verwaltungs= und Verwaltungsgerichtsbehörden.** Von Rechtsanwalt **Dr. Karl Friedrichs.** 1908. 3 M.

43. **Gesetz** betr. die **Zulassung einer Verschuldungsgrenze** für land= und forstwirtschaftlich benutzte Grundstücke v. 20. August 1906 nebst Ausführungsvorschriften. Von Dr. jur. **R. Leweck,** Syndikus der Ostpreuß. Landschaft. 1908. 2 M. 40 Pf.

44. **Quellenschutzgesetz** vom 14. Mai 1908 nebst den Ausführungsbestimmungen von **Carl Voelkel,** Geheimer Bergrat. 1909. 1 M.

45. **Rechtsverhältnisse der Juden in Preußen** von Dr. jur. et rer. pol. **Max Kollenscher,** Rechtsanwalt. 1910. 2 M. 40 Pf.

Guttentag'sche Sammlung von Text-Ausgaben mit Sachregister ohne Anmerkungen.

Taschenformat, elegant in Leinen gebunden.

Reichs-Justizgesetze: Gerichtsverfassungsgesetz. Zivilprozeßordnung. Konkursordnung. Strafprozeßordnung. 2. Aufl. In einem Bande 3 M. 80 Pf.

Zivilprozeßordnung mit **Gerichtsverfassungsgesetz** und **Einführungsgesetzen.** Neue Fassung von 1909 mit Ergänzungen v. 22. Mai 1910. 2 M.

Konkursordnung mit **Einführungsgesetz.** 80 Pf.

Bürgerliches Gesetzbuch nebst **Einführungsgesetz.** 10. Abdruck. 2 M. 50 Pf.

Handelsgesetzbuch nebst **Einführungsgesetz** u. **Seerecht.** 8. Abdruck. 1910. 1 M. 80 Pf.

Ausführungsanweisung zur Gewerbeordnung vom 1. Mai 1904 nebst der preuß. technischen Anleitung. 2 M.

Militärstrafgerichtsordnung nebst **Einführungsgesetz** u. Ges., betr. Dienstvergehen der richterlichen Militärjustizbeamten u. unfreiwillige Versetzung derselben usw. **Militär-Strafgesetzbuch** *) mit Abdruck der entsprechenden Bestimmungen des Reichs-Strafgesetzbuchs. 2. Aufl. 1 M. 50 Pf. *) Ist auch einzeln zu haben. Preis 1 Mk.

Wechselordnung in der Fassung der Bekanntmachung v. 3. Juni 1908. Mit Anhang: **Wechselprozeß und Ausführungsanweisung.** 1908. 1 M.

Die Preußischen Ausführungsgesetze zum Bürgerlichen Gesetzbuche und Nebengesetze. Text-Ausgabe ohne Anmerkungen. 5. Aufl. Taschenformat. Geb. in ganz Leinen Preis 1 M. 80 Pf.

Reichsfinanzgesetze v. 15. Juli 1909 einschließlich der **Reichsstempelgesetze** u. des **Erbschaftssteuergesetzes.** 1909. Geb. in ganz Leinen. 2 M.

Guttentag'sche Sammlung von Text-Ausgaben mit Sachregister ohne Anmerkungen.

Die Preußischen Ausführungsgesetze, Verordnungen und ministeriellen Verfügungen zu dem Bürgerlichen Gesetzbuche und den Reichs-Justizgesetzen nebst anderen zugehörigen Gesetzen. Von **L. Busch.** 2. Aufl. von Landrichter **O. Eylau.** 8°. Preis geb. 4 M. 50 Pf.

Preußische Bürgerliche Gesetzsammlung. Sammlung der noch geltenden Landesgesetze privatrechtlichen Inhalts. Herausgegeben von den Gerichtsassessoren **D. Fischer** und **Dr. F. Schroeder.** 8°. 2 Bände Preis geb. in ganz Leinen 20 M.

Erster Band: **Das Allgemeine Landrecht mit den Einführungs-Patenten.** Preis 6 M.

Zweiter Band: **Gesetze von 1773—1902.** Preis 14 M.

Preußisches Baupolizeirecht. Mit Kommentar der Baupolizeiverordnung für die Vororte von Berlin. Vom 28. Mai 1907. Von Gemeinde-Baurat **Carl Saß,** Königlichen Reg.-Baumeister a. D. Preis 6 M.

Straßen- und Baufluchtliniengesetz. Kommentar für den praktischen Gebrauch mit zeichnerischen Darstellungen von Gemeindebaurat **Karl Saß,** Kgl. Regierungsbaumeister a. D. 8°. Preis kartoniert 3 M.

Fluchtliniengesetz. — Das Gesetz, betreffend die **Anlegung** und **Veränderung** von Straßen und Plätzen in Städten und ländlichen Ortschaften vom 2. Juli 1875. Des Kommentars von weil. Oberverwaltungsgerichtsrat R. Friedrichs. Sechste, völlig neubearbeitete Auflage. Von Senatspräsident Dr. jur. Hugo von Strauß und Torney. 1910. Im Druck.

Invalidenversicherungsgesetz vom 13. Juli 1899. Handausgabe mit Anmerkungen herausgegeben von Dr. Richard Freund, Vorsitzendem der Landes-Versicherungsanstalt Berlin. 3 Aufl. geb. 5 M.

Wie leitet man eine Versammlung? Geschäftlicher Handweiser für Vorsitzende. Von einem Mitgliede des deutschen Reichstages und des preußischen Abgeordnetenhauses. 2. Aufl. 1908. kart. 1 M.

Praktischer Ratgeber für Dienstherrschaften nach dem Preuß. Gesinderecht unter Berücksichtigung der neueren Entscheidungen bearbeitet von H. Grieben, Verwaltungsdir. a. D. u. Bürgermeister. 1908. 1 M.

Das Recht der Handlungsgehilfen und Handlungslehrlinge. Von Rechtsanwalt Hugo Horrwitz. 2. Aufl. 1905. (203 S.) Geb. in Leinen 3 M.

Die Registratur. 2. Auflage. 1906. Von Hermann Kollrack, Kgl. Polizeisekretär am Berliner Polizeipräsidium. 8°. (84 S.) Kart. 1 M. 40 Pf.

Die Pflichten des Waisenrates. Ein praktischer Leitfaden für Waisenräte und Verwaltungsbeamte. Von F. Baum, Geh. Justizrat und Vormundschaftsrichter. Achte vermehrte und verbesserte Auflage. 1906. 8°. (46 S.) 60 Pf.

Der Vormund, Gegenvormund, Pfleger u. Familienrat. Nach dem Bürgerlichen Gesetzbuch, dem Reichsgesetz über die Angelegenheiten der freiwilligen Gerichtsbarkeit und dem Ausführungsgesetz zum BGB. Ein praktischer Leitfaden. Von F. Baum, Geh. Justizrat und Vormundschaftsrichter. 1899. 8°. (64 S.) 50 Pf.

Schlagwort-Register.

R. = Nummer der Sammlung Deutscher **Reichsgesetze**
P. = Nummer der Sammlung **Preußischer** Gesetze.
S. = Seite.

11. 160 000. IX. 10.

FSC
www.fsc.org
MIX
Papier | Fördert
gute Waldnutzung
FSC® C083411

Kolibri 360 GmbH
Ferdinand-Jühlke-Straße 7
99095 Erfurt, Deutschland
produktsicherheit@kolibri360.de